옛구습을 버리고
새사람을 입으라

옛구습을 버리고
새사람을 입으라

지 은 이 | 박이스라엘
펴 낸 이 | 김원중

기   획 | 김재운
편   집 | 박순주, 박성연
디 자 인 | 옥미향, 변은경
제   작 | 허석기
관   리 | 차정심
마 케 팅 | 정한근

초판인쇄 | 2013년 12월 20일
초판발행 | 2013년 12월 26일

출판등록 | 제313-2007-000172(2007.08.29)

펴 낸 곳 | (주)상상나무
            도서출판 상상예찬
주   소 | 경기도 고양시 덕양구 행주내동 743-12
전   화 | (031)973-5191
팩   스 | (031)973-5020
홈페이지 | http://smbooks.com

ISBN 978-89-93484-85-4   03230

값 13,000원

* 잘못된 책은 바꾸어 드립니다.
* 본 도서는 무단 복제 및 전재를 금합니다.

옛 사람을 벗으면 성령 충만이 옵니다.
금식으로 새 가죽 부대를 만들면 새 하늘이 옵니다.

옛 구습을 버리고 새 사람을 입으라

박이스라엘 지음

새 사람을 입었으니 이는 자기를 창조하신 이의 형상을 따라
지식에까지 새롭게 하심을 입은 자니라(골3:10)

상상
나무

「성령충만 받으라」 뒷편책인 「옛 구습을 버리고 새 사람을 입으라」를 써주시기까지...

성경 한 권을 손에 들고 산 세월이 15년입니다.

'아버지 저는 그동안 많은 말과 일, 많은 분야를 알 수 없는 책을 읽었습니다(망한 뒤). 이제는 성경만 읽으며 아버지하고 살고 싶습니다. 내 생애에 백독의 성경을 읽게 해주세요.' 라고 말하는 순간 무릎 위에 올려 진 성경이 살아서 움직이듯이 속독이 이루어져 4일이면 1독을 할 수 있게 해주셨어요.

너무 많이 읽어 눈이 안보이니 다시 고쳐주셔서 나로 하여금 육체를 그렇게 학대하면 안 된다고 알려주신 후, 지금까지 창세기부터 계시록까지 줄지어 읽은 성경은 아는데 얼마의 성경을 읽었는지 잊었습니다. 벧엘에 도착하여도 계속 성경을 읽게 하시고 하루에 세 번, 두 번, 한 번씩 설교를 하여 이제 약 9천 번은 넘은 듯합니다. 그 후 성경이 혼에 새겨져서 제가 예전의 사람이 아닌 아버지께서 원하시는 일을 놀이 같이(공의), 놀이를 일 같이(정의) 정직하게 지키는(잠1:3) 사람이 되어 있었습니다.

성경을 가지고 무엇을 하셨을까? 생각해 봤어요.

성경을 삶으로 접목하는 일을 하고 계셨던 것이지요. 너의 민족은 율법이 없다. 이스라엘 백성들처럼 율법을 버릴 수 있는 것이 아니라, 먼저 가져야하고 그 율법을 혼에 새겨야 한다는 것이지요. 이스라엘 백성들을 중심으로 준 성경이 우리하고 맞지 않는 거예요. 왜냐고요? 어렸을 때부터 성경을 모르고 배웠기 때문에 그 부모 또한 예수를 믿어도 성경의 말과 행위가 아닌 바담풍의 연속으로 성경과 접목이 안 되는 것이지요.

많은 성경과 좋은 인격을 가르치고는 있지만 정확한 성경의 의가(행동) 이루어지지 않기 때문에 성경을 역행하여(약2:14) 땅에 복이 이루어지지 않고 될 듯 하다가 무너지고 된 것도 쓰러지는 사건이 연속되고 있는 것이지요(레26장, 돈, 건강, 자식, 가정 문제 등).

사천여명에 가까운 사람들을 이곳에 보내셔서 해보게 하셨고 알 수 있게 하셨어요. 솔로몬이 천명의 처첩과 백성들과 살면서 그 많은 잠언과 전도서를 썼듯이(전12:9~10) 사람과 부대끼다 보니 알아지는 것이 있었지요.

병든 노인들, 술에 잠긴 사람, 정신 이상자, 우울증환자, 암환자 등 각종 환자들, 마음의 예언자들, 교만자들, 많은 남녀 목사님들, 장로님들, 교수님들 그의 부인들과 남편들 각 분야의 많은 사람들을 만나며 보니 성경이 원치 않는 동일한 말과 행동을 하는 것이 너무 많았어요. 죽겠네, 미치겠네, 환장 하겠네 등… 치명적으로 삶이 다친 분들의 입. 호랑이 물어죽을 인간, TV 앞에서 일제히 나라 욕하는 것 등 수를 셀 수 없이 악인의 행동을 많이 하면서도 모르고 있는 것입니다.

왜! 그가 잘못하니까 그렇지요. 잘못하면 그렇게 해야지요. 성경은 그런데 그것 때문에 벌을 받는다잖아요. 죄가 죄인지 모르는 것이 너의 민족이라면서 한탄하시더니 죄를 비춰 볼 거울이(성경, 꿈ㆍ환상) 없었던 것이지요. '더러운 욕이 네 영광을 가리리라(합2:16).' 제 마음 밭에 성경이 새겨진 다음에 보니 절대 긍정할지 모르고 '안돼! 못해!' 만을 연발하는 부정한 입술들.

"아버지여! 왜 이렇지요? 그렇게 성경을 가르치고 외우게 하고 여기저기서 애쓰는데 왜 안 고쳐지냐고요. 안 들리니까? 네! 왜 안 들리나요?"

"철장이 쳐져 있으니까(계2:27, 12:5, 19:15)."

"왜요?"

"너희 조상들의 우상 숭배한 죄 값으로 철장이 쳐져 있어서 안 들리지."

그 죄 값을 갚는 금식을 해서 철장 쳐 놓고 있는 흉악의 결박자를 풀어내야 들린다는 것이지요. 맞아요. 나도 너도 그랬어요.

아버지여! 우리의 입술에 이사야에게 대었던 제단 숯불을 대주시고 악과 죄를 사하여 주옵소서(사6:6~7).

백 살을 행복하게 사는 것이 금식입니다. 그런데 백 살을 한꺼번에 살려니 피곤합니다. '하루만 살아라', '네, 아버지! 다시 행복해졌어요.'

좋은 환경의 사람보다 어렵고 힘든 분들을 보내셔서 나도 너도 고치는 환경에서 알게 해주셨고 이곳에서 살고 있고 살았던 30~65명의 식구들을 통하여 한 솥밥 먹고, 치고 받으면서 배우게 하셨어요.

싸우지만 말아라. 무엇이든지 다 해줄게(갈5:26, 고전9:25).

나는 쌈닭인데 어떻게 안 싸워요. 해봐! 뭐든지 다 해준다잖아. 안 싸우고 어떻게 살지? 선한 싸움을 싸우는 방법을 터득케 하신 것이지요(딤전1:18). 마무리는 수련원 장로님으로부터 하셨지요.

이 분은 돈도 있으시고 능력도 있으시고 아버지의 자랑거리셨어요. 꿈으로 보이셨어요. 재산을 형성해 줄 수 있는 멋진 인품이(의) 있으셨어요(빌1:11). 아버지께서 인정하는, 실제로는 포도원 농사 도와 드린다고 다니면서 얼마나 많은 것을 배우게 하셨는지 모릅니다.

우리는 있는 사람하면 경직되고 아부하거나 피해버리거나 미리 나쁜 행동을 하거나 생각을 가지거나 합니다. 저를 보니까 알겠더라고요. 그 모든 것을 버리고 있는 사람이나 없는 사람이나 동일한 마음으로 섬기는 자세가 될 때까지 훈련시켜 주시고, 학교 세운지 이태 째에는 장로님의 가정에서 건물을 학교로 빌려주셔서 더 큰 영광을 하나님께 돌리게 되었답니다. 멋진 장로님 가정에 자손 천대의 복을 내리실 것을 확신합니다.

우리 아버지 예수님 성령님 사랑합니다.

양면괘지와 같은 사람을 두 영이 쓰고 있다는 것을 깨닫기까지 수고한 사랑하는 벧엘의 종들과 가족, 전국에서 금식하러 오셔서 저를 훈련해주고 사랑해 주신 귀한 종들과 백성들, 이제는 제가 받는 자유의 복을 함께 받기를 원합니다.

이 일을 위해서 우리 모두가 쓰임 받았으니 복도 우리가 받고 민족과 세계가 함께 받아 공기 없는 지구에 공기가 있게 하고(성령충만 없는 것) 물과 성령으로 거듭나 하나님의 나라에 들어가(요3:1~5) 생명의 성령의 법이 주신 능력의 복을 함께 받길 소원합니다. 사랑합니다.

2013년 12월 눈이 소복이 쌓인 겨울에

벧엘에서 박이스라엘

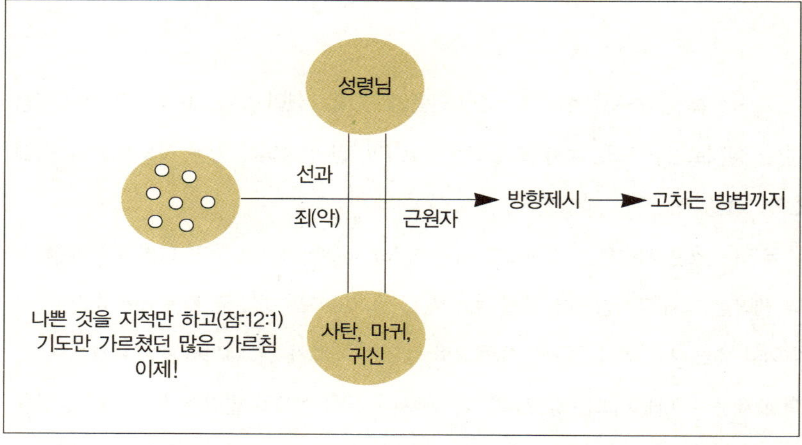

첫째, 하나님의 구원백성이 성령충만하여 하나님의 나라에 들어가게 하며(마음 성전에 성령님 모시는 것, 물과 성령으로 거듭남, 요3:5) 기이한 빛에 들어가게 하신 예수님의 덕을 선포케 하는 데 있다(벧전2:9).

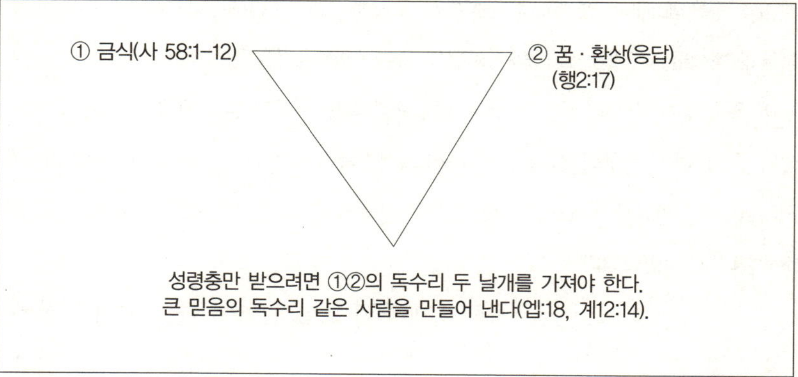

① 금식(사58:1~12)	② 꿈 · 환상(응답) (행2:17, 10:10, 19, 16:9~10, 27:23~25)

1) 하나님이 기뻐하는 금식(사58:6)
　① 하지 말아야 할 것 두 가지(사58:3)
　　a. 일하지 않는다.
　　b. 오락하지 않는다.
　② 해야 할 것 두 가지(사58:4)
　　a. 회개한다(렘2:9).
　　b. 용서한다(마5:22~26, 18:18).
2) 준비된 기도원에서 금식과 보식을 정확히 한다.
　① 금식 : 수술기간
　② 보식 : 회복기간
　③ 은사 집회 통하여 성령과 불로 세례 받는다(마3:11).
3) 아버지께서 원하시는 기간(사58:6)
(1)

금식기간	보식기간
하루	두끼
이틀	하루 반
삼일	이틀 반

(2)보식 때 먹지 않아야 되는 음식
　① 개고기(행15:29), 돼지고기, 닭고기, 소고기, 오리고기, 육고기류
　② 설탕든 음식, 냉동식품, 매운 것, 익히지 않은 음식, 익히지 않은 가루, 밥, 밀가루 음식
(3) 보식때 먹을 수 있는 음식
　① 아무것도 넣지 않은 흰죽
　② 된장국, 무국, 동치미, 부드러운 반찬, 부드러운 생선류, 과일 부드러운 것

1) 잘못된 응답법이 믿음의 장성자들을 쓰러뜨리고 있다(렘2:8). 이곳에 오신 여러분의 암환자와 삶의 환자들의 영적인 상태를 보여주시다.
　① 응답을 기다려라.
　② 세미한 음성을 들으려해라.
　③ 사랑한다는 말을 들으라.
　④ 예언하려고 하라(고전 14:24~25).
2) 우리는 삶과 인격에 너무나 많은 귀신들이 자리하고 있는 조상들의 우상숭배한 죄가 그것을 따라하고 있는 불순종의 죄가 줄줄이 3~4대를 내리고 있다(출20:5).
　① 욕 : 지랄, 염병, 환장하겠네, 죽겠네, 미치겠네 등(계16:13~14)
　② 돈, 건강 없음, 자식 안됨, 가정불화
3) 이런 일을 모두 귀신들이 내 몸속에서 하고 있고 우리는 그것을 따라하고 있는데(계16:13~14) 1번의 일을 우리가 하려고 할 때 한두번은 성령께서 하시나 성령의 일은 신속히 사라지고 그 곳에 몸 속에 있는 귀신들이 움직여 자리한다.
4) 점쟁이 귀신
5) 무당귀신들이 자리하고 춤추고 날뛰는 자리에 암들이 발생하고 치명적인 병들이 발생하고 있는 것이다.

4) 하나님이 싫어하는 금식
   1) 금식하지 않아야 될 장소
   ① 집 ② 교회 ③ 일하면서
   ④ 이곳저곳 돌아다니면서
   ⑤ 주의 종이 설교하면서
   2) 금식할 때 먹지 않아야할 것
   ① 물외에 아무것도 먹지 않는다.
   ② 물에 아무것도 첨가하지 않는다.
   ③ 쥬스, 소고기 미음종류, 차종류, 음
      식이나 가루음식이나 아무것도 물에
      타서 먹지 않는다.
   ④ 하나님은 그대로(요2:5) 따라하는 사
      람에게 기적을 일으키신다.
   ⑤ 주사 맞고 금식하지 않는다.
5) 나를 새롭게 만들고 내 삶을 새롭게 새
   땅(몸) 만들어 새 하늘을 나에게 오게
   하는 최고의 비결(계21:1)
6) 돈문제, 건강문제, 자식문제, 가정문제
   가 모두 해결된다(사58:7, 8, 11, 12).
7) 다달이 3년 이상 금식하면 조상들의 우
   상숭배한 죄가 풀린다(출20:5).
8) 금식할 때가 된 때
   ① 신랑을 빼앗겼을 때(막2:20)
   ② 성령이 나에게 아니 계실 때(마
      25:1~13)
   ③ 육체의 힘이 약해질 때(성령 충만이
      떨어진 상태)

6) 해결방법
1번의 잘못된 응답을 기다리지 않는다. 사
랑합니다는 나만 하고 들으려하지 않는다.
어떤 예언이든지 거절하고 자꾸 들리면 현
찰로(삶을) 달라고 한다. 마음의 소리 모두
거절한다. 성경을 거절하는 것이 아니라
우리의 마음 밭이 아버지 것이 아니라 사
탄 마귀 귀신들의 놀이터가 되어 있기 때
문이다. 꾸준한 금식으로 새로운 마음 밭
을 만들어 그 안에 성령님을 모실 때까지
계속 한다.
'꿈·환상으로 말씀해 주세요' 라고 말씀
드리고 잠을 자면 모든 것을 알려주신다.
해석은 전문가에게 받고 내가 배우면 된다.
7) 꿈·환상은 성령께서 주시는 우리의 구
원의 방법이며 생명의 길이다(행2:21, 28).
사단이 장난할 수 없다. 그러나 해석하는
사람에 따라서 잘못갈 수도 있다. 해석자
가 누구냐가 중요하다.
8) 응답을 잘못 받아 죽은 사람 : 사울(대
상10:13~14, 삼상28:3~)

1. 삼각형으로 나를 보고 순종의 자리로

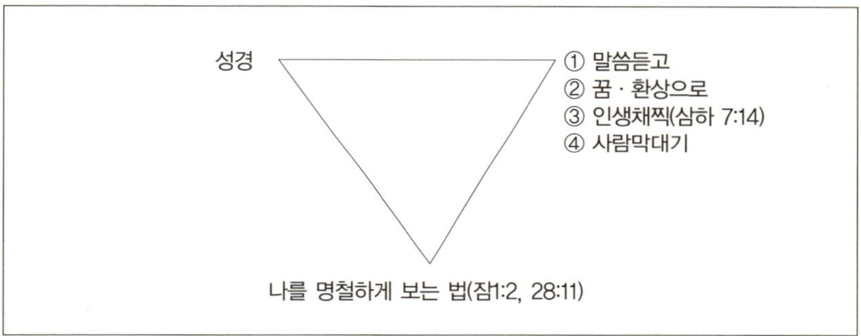

2. 다섯 가지(다윗 손의 물맷돌, 삼상17:40) 돌려 고치고

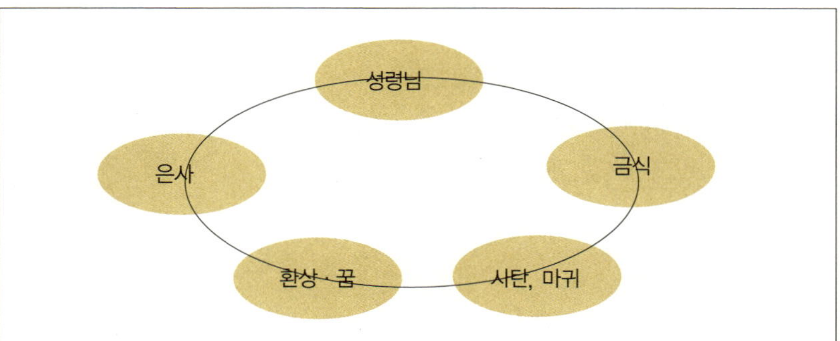

3. 0.8초 훈련한다.

   YES. 감사합니다.

   아멘. 사랑합니다.

제 2 부
새 사람을 입으라

너희는 유혹의 욕심을 따라 썩어져 가는 구습을 따르는 옛 사람을 벗어 버리고 오직
너희의 심령이 새롭게 되어 하나님을 따라 의와 진리의 거룩함으로 지으심을 받은 새
사람을 입으라(엡4:22~24)
예수께서 대답하여 이르시되 진실로 진실로 네게 이르노니 사람이 거듭나지 아니하
면 하나님의 나라를 볼 수 없느니라(요3:3)
예수께서 대답하여 이르시되 사람이 나를 사랑하면 내 말을 지키리니 내 아버지께서
그를 사랑하실 것이요 우리가 그에게 가서 거처를 그와 함께 하리라(요14:23)

제1부
옛 구습을 버리지 못한 사람

제1장

하룻길 혼의 모습

1. 성령충만한 혼

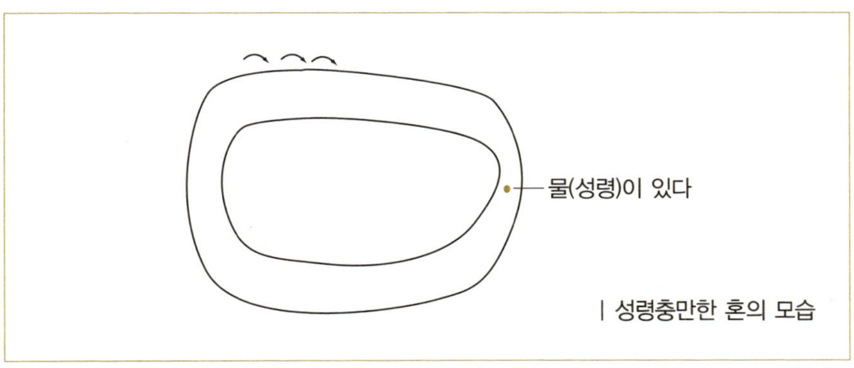

① 성령충만을 받아야 되는 이유(엡5:15~21)

지혜 있기 위해서

범사에 감사하기 위해서

피차 복종하기 위해서

② 감사함으로 그의 문에, 찬송함으로 그의 궁정에 들어가기 위하여(신부 조건, 시100:4)

문들을 통하여 성에 들어갈 권세를 받으려고(계22:14),

신부의 문에 들어가려고(계22:17)

③ 하나님과 동행하는 혼을 만들 수 있는 방법

첫째, 꿈과 환상으로 응답받아 그대로 따라한다.

둘째, 노아가 그대로 준행하여 때를(계22:2, 달) 단축시켰다(창6:22, 22:18).

셋째, 가나의 혼인 잔치 때처럼 그대로 하는 자, 삶의 기적을 본다(요2:5, 10, 11).

2. 성경충만하지 못한 혼

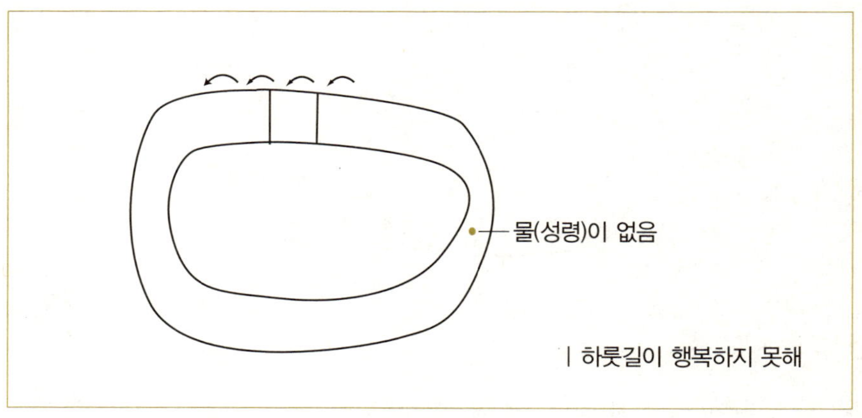

① 성령이 동행치 못해

② 보고 듣기는 하나 따라하지 못하고 내 마음대로 한다.

③ 자신의 마음에 안 드는 사람 문에 걸려 넘어지길 원해(정의 실현 못해)(잠21:10)

④ 불 뱀이 나와서 물게 하소서, 호랑이 물어갔으면 좋겠다(저주).

⑤ 부정을 이끌어내고 부정하면 함께 부정하는 사람

3. 하나님을 멸시하는 혼(원망불평자, 민14:22~23)

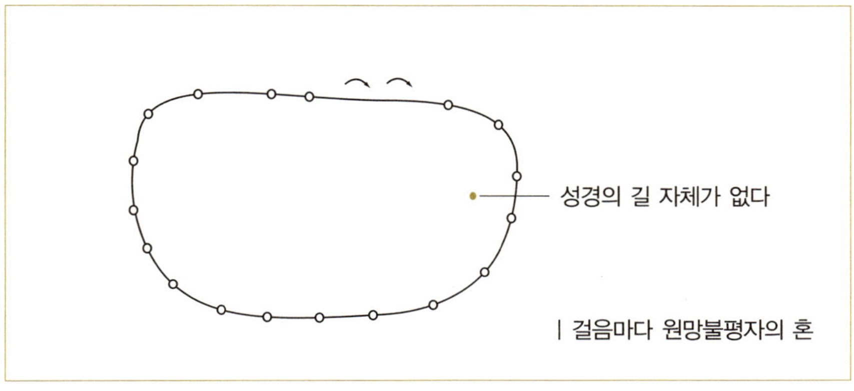

① 아예 무법, 마음이 굽은 자(잠12:8)

② 하나님이 들으시면 그대로 갚으신다. 너희와 자녀에게 광야 40년(민
14:28, 33)

③ 날마다(민14:22~23)

④ 상대가 안 해도 자기가 먼저 불평한다.

⑤ 원망불평은 하나님과 싸우는 방법, 광야에서 산다(잠19:13, 27:15,
21:19).

4. 옛 구습을 버리고 새 사람이 되려면

① 아예 새 가죽부대 운동인 금식을 해야 한다(마9:17, 막2:20, 22).

② 그러나 나를 아는 지식을 갖는 나는 새사람의 길을 시작한다. 돋우고
돋우어 길을 수축하여 내 백성의 길에서 거치는 것을 제하여 버리라
하리라(사57:14).

③ 잘못 길들여진 말과 행동이 아무리 고속도로처럼 잘되어 있다 해도 내

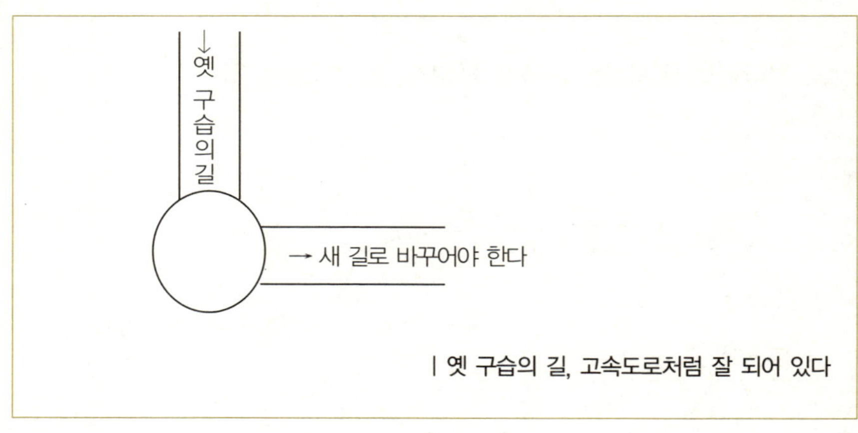

가 쓰지 않고자 하고, 그것을 부수고자 하는 지식을 오늘 갖는다면 그것은 결국은 없어지고 새로 만들고자 하는 곳에 길을 만들 수 있듯이 우리의 새사람도 그렇게 하여 언젠가는 새로운 말과 행동이 새겨집니다.

④ 삼각형으로 보고

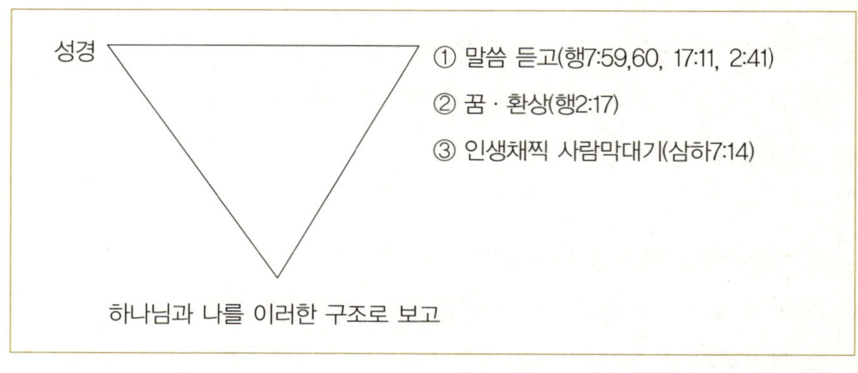

⑤ 다섯 가지를 돌려서 나를 고치고 성령님을 모시고

성령님을 위하여 금식하면 사마귀가 빠져
나가고 다시 들어오지 않게 하기 위하여
꿈 · 환상으로 응답받고 은사 받아 하나님을
충성되게 섬긴다.

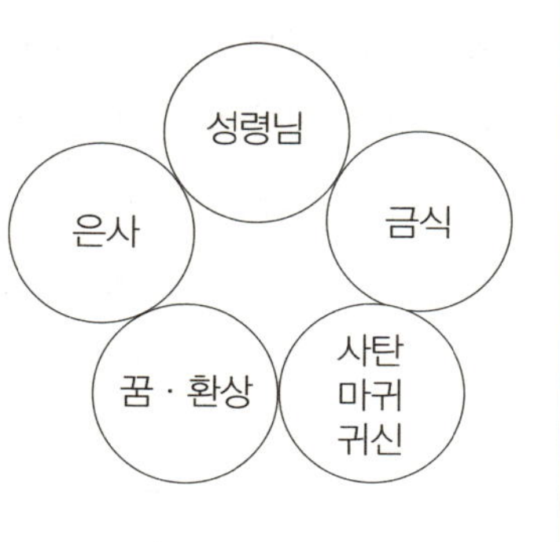

0.8초로 승리하여 아버지께 영광 돌리고 아버지의 찬송거리가 됩니다. 예수그리스도로 말미암아 의의 열매가 가득하여 하나님의 영광과 찬송이 되기를 원하노라(빌1:11). 1초, 똑딱도 못 미치는 순간에 우리의 행동이 나가는 것을 말한다. 한결같지 않은 저울추와 한결같지 않은 되는 여호와께서 미워하시느니라(잠20:10). 여전한 방법(수6:10)으로 훈련하여 나도 모르는 순간에 나가는 성경적인 행동과 사는 방법이 새 사람이 된 것입니다.

5. 승리의 하룻길

일곱째 날 새벽에 그들이 일찍이 일어나서 전과 같은 방식으로 그 성을 일곱번 돌 되(수6:10上)

0.8초의 승리

초 : 초지일관(수6:15, 전과 같은 방법)

8 : 때가 차매(겔43:27), 점도 없고 흠도 없으신 예수님께서 영광 나타나게 하신다.

여전한 방법으로 살아 때가 차면 사랑하는 예수님께서 영광 나타내게 하신다는 것이 0.8초의 승리의 뜻입니다.

1초, 똑딱도 안 되는 시간입니다. 그 보다 더 빠른 시간인데 생각해서 하거나 이렇게 해야 되겠다고 생각할 겨를이 없이 하는 우리의 행동입니다. 우리의 의의 열매는 하나님의 영광과 찬송이 됩니다. 훈련된 행동만이 우리의 삶의 열매로 이어집니다.

네가 부를 때에는 나 여호와가 응답하겠고 네가 부르짖을 때에는 내가 여기 있다 하리라 만일 네가 너희 중에서 멍에와 손가락질과 허망한 말을 제하여 버리고(사58:9). 우리는 화내고 욕하고 싸우고 피해버리고, 손가락질하고 흉보고 판단하고(롬2:1~) 이러한 행동들이 성경을 역행하여 살아가므로 해서 벌을 받을 수밖에 없이 되어 있습니다.

성경은 화내지 말고 참아주고 욕하고 싸울 일이 생겨도 온유한 마음으로 인내해주고 속상하면 피해버리고 나서 손가락질하고 흉보지 말고 '왜 그런가' 분별하여(롬12:20) 기도해주고 참아주며 잘 가르치면 그가 마귀의 올무에서 벗어나 하나님을 쫓을 것입니다(딤후2:24~26).

고발하지 말라 가르치십니다(마5:25). 미운 사람, 싫은 행동하는 사람이 있을때 '아버지! 저사람 때문에 속상해요. 저 사람 고쳐주세요'라고 기도해 보세요. '저 마음 상했어요. 당신의 잘못된 행동을 우리 고치고 행복하게 살아요.'라고 말해주고 기도하는 것입니다.

① 혼자 재미있게, 함께 재미있게
② 일을 놀이처럼, 놀이를 일처럼
③ 잘하려고 싸우지 말자

• 인정(합2:14) : 나와 하나님이 하실 일에 대하여 인정하면 물이 바다 덮

음같이 영광 나타납니다.

① 하나님이 하실 일을 인정합니다

꿈 · 환상으로 또는 예언으로 내가 너에게 큰 교회를 큰 무리를 또는 돈을 주마 하셨다면 그것을 인정하는 겁니다. 예수님을 마음으로 믿어 의에 이르고 입으로 시인하여 구원에 이르느니라(롬10:10). 마음에 있는 것은 행동으로 나오기 때문에 의에 이릅니다. 입으로 시인하여 사람들이 그것을 들으면 그 일이 이루어져 영광 나타나게 하셔서 영광 받으신다는 말씀입니다.

내 환경에 내 마음 밭에 맞추지 말고 나의 역량을 넘어 섰다 할지라도 아버지께서 말씀하셨다면 그것을 인정하는 것이 공포이며 선포라고도 합니다. 조그만 것을 준다고 하시면 말하고 내 생각에 안 될 일 같은 것을 말씀하시면 놀래서 그냥 삼켜버리고 또 혼자 기도하면서 말 못하는 것입니다.

예수께서 그들을 보시며 이르시되 사람으로는 할 수 없으나 하나님으로서는 다 하실 수 있느니라(마19:26). 말씀을 믿고 해보세요. 내 조그만 마음속에 갇혀 있던 아버지께서 껍질을 벗고 나는 것처럼 일을 하셔서 영광을 받으실 겁니다. 시험이 옵니다. 오래 참아 기다리며 오늘을 아름답게 살면 됩니다. 큰 것을 주신다고 하셨다면 애굽에 들어가서 70명이(창46:27) 60만 가량이 될 때까지 수를 불리고 계셨던(출 12:37) 성경을 기억해 보세요. 준비된 어느 날 때가 되면 주실 것입니다. 우리 아버지는 다하실 수 있습니다.

② 나를 인정합니다

비인격인 나를 인정합니다. 모든 사람이 너희를 칭찬하면 화가 있도다 그들의 조상들이 거짓 선지자들에게 이와 같이 하였느니라(눅6:26). 칭찬 받기를 좋아하게 만들어진 나, 그러나 칭찬만을 좋아하면 화가 있다고 하십니다. 성경은 나로 말미암아 너희를 욕하고 박해하고 거짓으로 너희를 거슬러 모든 악한 말을 할 때에는 너희에게 복이 있다(마5:11)고 하십니다. 나의 잘 못을 말해주는 사람, 잘못한다고 찌르고 흉보는 사람 앞에서 그렇다고 인정 하는 것입니다. 아프지요, 아닌 것 같지요, 내가 안보여서 그렇지 그것이 사 실입니다. 물에 비치면 얼굴이 서로 같은 것과 같이 사람의 마음도 서로 비 치느니라(잠27:19). 내가 보지 못한 내 얼굴이 그들이 보고 있는 겁니다. 내 가 남의 얼굴만 보이듯이 말이에요. 그것을 인정하고 '감사합니다. 기도해 주세요. 저도 고치도록 애쓰며 기도하겠습니다. 말씀해 주셔서 감사합니 다.' 라고 말입니다. 그 말을 할 때에 아프고 고통이 있고 때로는 눈물도 나 지만 그것이 훈련되어지면 나의 하루는 승리합니다.

③ 어여쁜 나를 인정합니다

책망하고 훈계하는 것을 사람은 싫어합니다. 그래서 우리는 경계, 경책, 책망을 때를 얻든지 못 얻든지 하라는 엄한 명령 속에 있습니다(딤후 4:1~2, 잠24:25). 그런데도 사람들은 칭찬하는 것을 좋아합니다. 칭찬할 거 리가 없으면 억지로 만들어서라도 하려합니다. 그것은 칭찬하면 사람이 나 를 치지 않고 핍박하고 책망하며 훈계, 경계, 경책하면 달려들기 때문입니 다. 그런데 우리 민족은 칭찬도 제대로 받지 못하는 것을 볼 수가 있습니다.

'예쁘다 잘했다' 라고 칭찬하면 '아녜요. 그렇지 않습니다' 라고 대답합니 다. 부정으로 길들여진 우리의 입술입니다. 그 또한 '감사합니다. 사랑합니 다' 로 대응하여 우리의 입술을 길들이면 내 입술에 개구리 귀신이 뚝 떨어 져서 복 받을 수 있는 입술이 됩니다. 또 내가 보매 개구리 같은 세 더러운 영이 용의 입과 짐승의 입과 거짓 선지자의 입에서 나오니(계16:13).

특히 주의 종들은 이 문제에 대해서 성도들에게 가르쳐 자신에 대하여 꾼 꿈, 좋은 것이나 나쁜 모든 것들을 말해주도록 지도하고 눈으로 봐서도 잘못된 것이 있으면 말해달라고 하여 그것을 참고하여 고치고 아버지께 의뢰하여 기도해야 합니다. 싸움을 일으키는 것이 귀신입니다. 어떤 상황 속에서도 싸움을 해서는 안 되는 것이지요(갈5:25~26). 싸우는 사람은 자신의 소원이 이루어지려면 아직 멀었지요(갈5:17).

어떤 교회는 종이 사업하다 헌금을 다써버리고 성도들은 나가라 종은 안 나간다고 싸우는 바람에 그 종과 성도들이 무서운 사단의 발톱아래 모두 복종하여 사단의 밥이 되어버린 교회는, 모두 주의 종의 잘못입니다. 주의 종들이 분별력이 없어 사업하고 양신 역사하여 귀신에게 내어주고 돈밖에 몰라 성도들 흩어대고 아버지여! 어찌하리이까? 성도들이 어떤 일을 한다 해도 부모의 마음으로 내 할 일을 잘해내면 결국은 내가 잘한 것을 아버지가 아신다면 내가 승리하지 않겠어요.

아름다운 교회를 만드는 것은 좋은 성도가 하는 것이 아니라 선한 목자가(요10:11) 만드는 것이 아니겠어요. 성도들이 지적하는 모든 것들을 옳다고 인정하는 종을 누가 쫓아내겠어요. 해놓고도 안했다고 우기니, 거짓의 입술에 아버지께서 함께 할 수 없는 것입니다. 그러다 보니 성도들의 마음속에 사단이 불 일 듯하여 교회는 파괴되고 성도들을 사단의 밥이 되 버리는 결과가 옵니다.

주의 종이 잘하겠다고 하면 가치가 떨어질까요. 부모가 자식에게 잘못했다고 하면 부모가 안 되나요. 종이 잘못했다고 하고 잘못이 지적되면 종이 아닐까요. 종이 되면 마치 완전한 사람이 되어 하나님처럼 된다고 착각하고 계신 것은 아닌가 싶습니다. 이 땅에서 똥 싸고 사는 사람은 언제나 잘못이 있다고 인정해야지요. 인정이 된다면 성도들의 질책과 잔소리를 듣고 그것을 고치기만 한다면 훌륭한 주의 종이 되지 않을까요.

얼굴에 더러운 것이 묻어서 묻었다고 했는데 왜 안 묻었다고 달려들고 싸워서 그 영혼을 지옥으로 보내는 겁니까?

산 넘고 물 건너서 한 영혼 구원해 놨더니 배나 지옥 자식을 만든다고 탄식하시는 예수님을 뵙니다.

종들의 사생활은 성도들이 알면 안 된다면서요. 왜요? 왜 그러는데요. 그렇게도 못된 일을 많이 하셔서 그런가요? 어두움에 있는 것을 드러내시는 아버지 앞에 벌거벗듯이 드러나지 않겠어요. 저에 아버지는 이렇게 가르치십니다. 강대상에서 말 못할 일은 하지 말고 했으면 강대상에서 회개하라. 주의 종은 강대상의 회개를 회개로 받아주고 말했으면 그 다음은 하지 말라고 하십니다.

왜 그리도 잘하시는 것이 많은지요, 성도들이 입을 못 연답니다.

이곳에서 금식하는 백성들의 꿈·환상으로 잘못된 것들을 보여 주시면 어지간한 것들은 그냥 기도하세요. 가르치지만 이래서는 안 되겠다고 생각되는 부분에 있어서는 주의 종에게 꼭 말씀드려야 회개케 해 주셔야 그 종에게 어려움이 없겠습니다. 하고 말씀드리면 고개는 도리도리 혀를 날름날름 하십니다. 왜 그러세요. 제가 만약에 아버지께서 하신 말씀을 종에게 하면 강대상에서 나 죽여 놔서요. 다시는 교회 못 나갑니다.

아무리 어려움을 당하셔도 저는 말 못합니다. oh! my! God! 얼마나 많은 분들이 강대권을 이용하여 무조건 누르고 있다는 것을 알 수 있습니다. 이래도 될까요? 썩은 것이 있다면 도려내야 합니다. 아무리 아파도 도려내 버려야 만이 자신이 살지 않겠어요.

제가 하는 방법으로 해 보세요. 저의 삶은 강대상에서 맑은 물을 보듯이 확연히 보이게 하십니다. 회개는 조그만 죄를 진 것 같은데 크게 말씀하십니다. 사랑하는 나의 성령님께서 성령님! 왜 이렇게 크게 말씀하셔요. 죄는 티끌만한 것이라도 용납이 안 되고 티끌도 태산 같은 것이 죄라고 가르치십니다.

이러한 저에 삶을 두고 보면 뒤에서 할 말이 없어서 성도들이 손가락질하는 죄를 짓지 않도록 도와주며 죄는 누구나 짓는다는 것을 가르치며 죄가 아니라 회개하지 않는 죄가 용서받지 못할 죄라는 것에(마11:20~24) 대해서 가르치는 아름다운 강대상이 되는 것을 봅니다. 백성들을 말 못하게 누르는 강대상이 아니라 사랑스러운 우리 아버지의 자녀들을 가장 사랑스럽게 보살피고 죄가 있는 곳에 은혜가 넘친 역사가 있게 됩니다.

용서해주시기 위해서 십자가에 달리신 우리 예수님의 은총의 해가 더욱 빛나는 하루하루가 됩니다. 승리의 나그네 인생길이 나에게 있습니다. 한번 해보세요 저도 종입니다. 아주 재미있는 하루가 됩니다. 할렐루야!

- 예수님 손에 못자국 : 나를 구원하신 고난의 흔적
- 내 손에 굉이 앉은 자국 : 나와 너의 구원 위해 애쓴 봉사의 흔적

이 세상에 존재하고 있는 두 영을 이해해야 합니다

1. 하나님의 치리법 성경

• 사마귀 : 사탄, 마귀, 귀신의 줄임말

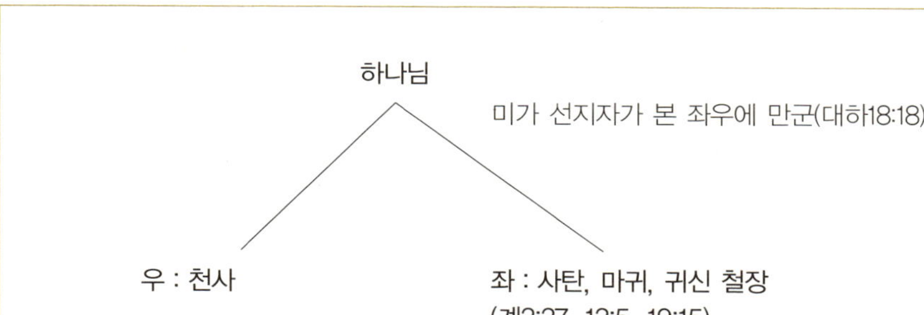

사마귀를 해결하려면

① 말씀대로 살아서 순종해야 합니다.

② 말씀대로 살고 있는지 꿈 · 환상으로 분별해야 합니다.

③ 분별되면 하나님 기뻐하시는 금식으로(사58:6) 회개하고 하나님과 사람에게 용서를 빌어야 합니다(마3:2).

성령: 성스러운 영, 거룩한 영

너희는 너희가 하나님의 성전인 것과 하나님의 성령이 너희 안에 계사는 것을 알지 못하느냐, 누구든지 하나님의 성전을 더럽히면 하나님이 그 사람을 멸하시리라 하나님의 성전은 거룩하니 너희도 그러하니라(고전 3:16~17).

(1) 사탄, 마귀, 귀신

① 사탄

불순종하거나 잘 모르고 저질러지는 일들 중에서 무법에서 일어나는 일들을 치리할 때 쓰심, 대장격 주로 머리를 붙잡고 생각을 주며 공중권세를 잡고 있습니다.

우리의 씨름은 혈과 육을 상대하는 것이 아니요 통치자들과 권세들과 이 어둠의 세상 주관자들과 하늘에 있는 악의 영들을 상대함이라(엡6:12).

이 세 가지 영, 사마귀는 직분이 나뉘어 있는 것 같기도 하고, 대장이 사탄인 듯 보입니다.

- 여호와께서 사탄에게 이르시되 네가 어디서 왔느냐(욥1:7)
- 사탄이 사탄을 어떻게 쫓을 수 있느냐(막3:23)
- 그러므로 사탄의 일꾼들도 자기의 의의 일꾼으로 가장하는 것이 또한 대단한 일이 아니니라. 그들의 마지막은 그 행위대로 되리라(고전

11:15).

- 실상은 유대인이 아니라 사탄의 회당이라(계2:9)
- 사탄의 권좌가 있는 데라, 사탄의 사는 곳에서 죽임을 당할 때에도(계 2:13),
- 사탄의 회당 곧 자칭 유대인(계 3:9).
- 큰 용을 잡으니 옛 뱀이요, 마귀요 사탄이라 잡아서 천년 동안 결박하여(계20:2),
- 천년이 차매 사탄이 그 옥에서 놓여(계20:7).

② 마귀

생각을 주고 마음을 주장합니다.

- 마귀가 예수님을 시험(눅4:2~6).
- 마귀가 벌써 시몬의 아들 가룻 유다의 마음에 예수를 팔려는 생각을(요 13:20).
- 그들을 미혹하는 마귀가 불과 유황에 던져지니(계20:10)

③ 귀신

사람을 더럽게 하는 영입니다.

- 병, 더러운 말, 더러운 삶(계16:13~14)을 만들어 냄.
- 귀신을 내쫓는 권능도(막3:15)
- 더러운 귀신이 들렸다 함이라(막3:30)
- 더러운 귀신 들린 사람이(막5:2).
- 더러운 귀신아 그 사람에게서 나오라(마5:8).
- 더러운 귀신이 나와서 돼지 떼에게(막5:13)

• 많은 귀신을 쫓아내며 많은 병자에게 기름을 발라 고치더라(막6:13)
• 귀신이 네 딸에게서 나갔느니라. 귀신이 나갔더라(막7:29)
• 더러운 귀신을 꾸짖어 말 못하고 못 듣는 귀신아(막9:25)
• 개구리 같은 세 더러운 영 용의 입과 짐승의 입과 거짓 선지자의 입에서 나오니 그들은 귀신의 영이라(계16:13~14)
• 성 바벨론이여! 귀신의 처소와 각종 더러운 영의 모이는 곳과 각종 더럽고 가증한 새들이 모이는 곳(계18:2)
여호와께서 부리시는 악령이 사울을 괴롭게 하매(삼상16:4)
• 이 재앙에 죽지 않고 남은 사람들을 손으로 행한 일을 회개하지 아니하고 오히려 여러 귀신과(계9:20)

④ 사탄, 마귀, 귀신의 역할
• 하나님의 법을 지키지 않은 자를 치리하는 경찰과 같은 존재
• 꾀는 자, 참소자(욥1:7), 시험자(약1:13)

⑤ 성스러운 영이신 하나님과 함께 살아 그분의 복을 받은 사람의 행적
  아브라함, 야곱, 다윗 등

⑥ 하나님을 거역하고 더러운 영들의 속임수에 놀아나 버림받은 사람들
• 사울, 솔로몬(처음에는 아버지 다윗의 은혜로, 나중에는 자신의 잘못된 행동으로 자식들에게 화를 끼친 왕)
• 하나님의 명령을 받았음에도 끝까지 지키지 못하고 늙은 선지자에게 속아서 사자에게 찢겨죽은 이스라엘 선지자(왕상13장),
• 아합 왕(왕상16:29)등

• 나는 그에게 아버지가 되고 그는 내게 아들이 되리니 그가 만일 죄를 범하면 내가 사람의 매와 인생의 채찍으로 징계하여(삼하7:14) 고난을 주고 그 고난 후에 죄를 그쳐(벧전4:1, 사4:4, 시119:65) 하나님의 말씀과 뜻을 따라 행복하게 살게 됩니다. 하나님의 법, 책이며 우리의 행동 반경을 결정해주고 순종하고 살면 복 받고 불순종하고 살면 벌 받습니다(레26장, 신28, 30장).

⑦ 우리는 어렸을 때부터 성경을 모르는 민족이라서 성경을 거꾸로 하여 사는 바람에 예수 믿어 복 받기를 원하나 복은 받아지지 않고 저주의 성경이 우리에게 임하여 해결할 수 없는 고통 속에서 헤맬 때가 얼마나 많은지 예수 믿으면 영·육이 구원받고 잘되어서 영광 돌리고 행복하다는데 우리의 사정은 조금 다른 것 같습니다. 이유는 성경을 정확히 몰라서입니다.

⑧ 예수님은 의인으로서 고난을 받으시므로 우리를 하나님 앞으로 인도(구원)하셨고(벧전3:8) 우리는 고난을 받으면 죄를 그치는 것이 성경입니다(벧전4:4, 사4:4). 우리 주 예수그리스도의 그 고난의 피는 우리가 할 수 없는 일을 하게 하십니다. 행위로 최선을 다하여 우리 인생의 나그네 길에 나의 행복을 위하여 살려고 노력하지만(신10:13) 끝까지 할 수 있는 것이 아니라 애굽에서 탈출하여 떠나 올 때에 애굽에 내린 열 번째 장자를 죽이는 무서운 재앙에서 이스라엘 백성들을 넘어가게 하신 것은
• 어린 양의 피와(출12:21)
• 그대로 따라하는 그들의 행위 때문에 넘어갈 수 있었습니다(창6:22, 요

2:5).

　그와 같이 우리도 우리의 행위를 아름답게 하기위하여 최선을 다하여 성경에 응하는 아름다운 행위와 선을 위하여 애쓰지만 우리의 복과 구원은 예수그리스도의 고난의 피가 아니면 결코 해결할 수 없고 그 장치를 성경에서 어떠한 상황으로 접목시키느냐만 남아있는 것입니다.

2. 예수 그리스도 안에 있는
생명의 성령의 법(롬8:12)

(1) 예수 그리스도 안에 있는 생명과 성령의 법

- 생명 : 나는 살아있다.
- 성령 : 내 이름은 성령이다.
- 법 : 나는 말씀의 법을 가지고 있다.

(2) 죄와 사망의 법

생명과 성령의 살리는 법과(순종자) 죄를 지으면 죽이는 법(불순종자) 사이에 죽이기 전에 알려주시는 장치가 있습니다. 우리의 갈 길을 지도, 지시하시고 방향을 인도하시는 것이 성경이며, 어린양은 자신의 갈 길을 알지 못하는데 단순히 말씀만을 가지고는 죄와 사망의 법을 해방 받을 수 없었습니다.

이곳에 꿈ㆍ환상을 넣어서 예수님을 만나는 방법을 터득하면 갈 길을 인도받으며 불순종을 면하고 죄 지으면 들어오는 사마귀를 막아주고 불순종 때문에 들어온 악한 영들은 기뻐하는 금식으로 흉악의 결박을 풀어주면(사 58:6) 잘될 수 있는 성경이 응하게 되며 우리의 삶에 목마름으로 남아있는

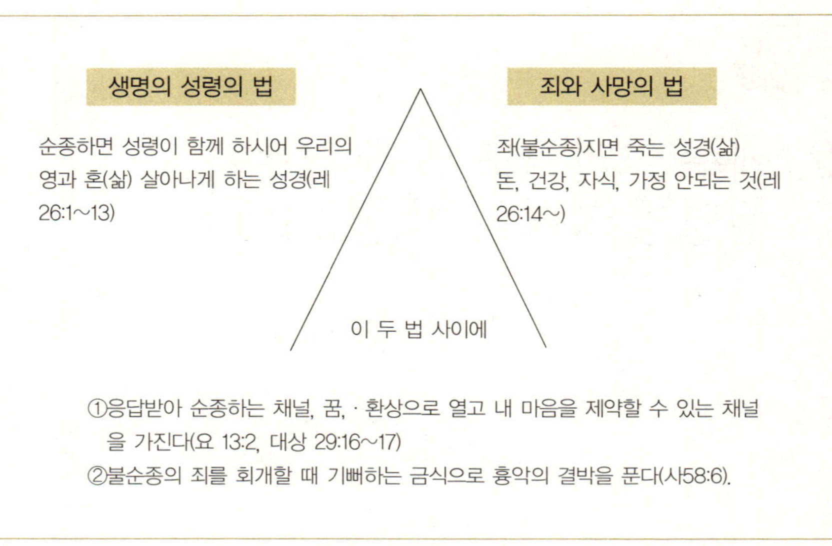

저주의 문제들이 풀리면서 우리의 하룻길인 나그네 인생길이 행복으로 접어듭니다.

꿈과 환상으로 보고 따라하면(예언은 분별) 죄와 사망의 법에서 벗어납니다.

머리로만 알고 있던 성경을 이제는 삶으로 연결하여 행동반경의 길을 지도받을 수 있습니다. 우리가 성경대로의 삶을 혼에 새기기 위하여, 완전한 성령충만에 나아가기 위한 것입니다(마5:17).

① 성경을 많이 읽어 혼에 새기고(통독) 밤 12시에 기도하고 (아침)(잠 8:17, 간절히)
② 금식하여 옛것을 씻어내는 작업을 계속하고 (점심)(사58:6, 마 6:16~18),
③ 삼위일체 하나님께 인사(인정)합니다 (저녁)(롬 10:10).
아침, 점심, 저녁 : 하나님아버지께 식사 대접하는 것, 잘 잡수면 우리를

위해서 일을 잘 해주실 수 있는 힘이 생기십니다

　10평짜리 예배당에서 4년을 넘기면서 예배당 지으려 철골만 해 놓은 자리에 예배당 지어주시기를 위해서 애쓰며 기도한지가 2년이 넘어 3년이 되어갈 즈음 밤기도 때에 '아버지! 제가 잘못한 것을 어서 용서해주시고 예배당 지어주시면 안될까요?' 라고 말씀드렸습니다.

　새벽 예배 후에 한잠자려고 누웠더니 아직 잠이 들지 않은 비몽사몽 아버지께서 옆에 앉아 계시는데 화들짝 놀라는 나에게 무엇인가를 열심히 가르쳐 주시더니 '네가 뭘 잘해서 하는 것이 아니라 내가 너를 택했기 때문에 하는 것이란다.' 하시면서 홀연히 가시는데 왜 그리도 부끄러운지, 저는 제가 예쁘고 잘나고 능력이 있어서 할 수 있는 줄 알았더니 저의 잘나고 부족하고 그것이 문제가 아니라 아버지의 택하심의 은혜라는 것을 알려주시는데(마22:14) 쥐구멍이라도 있다면 들어가서 나오지 말았으면 좋겠더군요. 그 이면에 나의 행동의 교만은 상상이 되시겠지요.

　아버지께서는 교만하고 방자하여 저밖에 잘난 것이 없는 저를 택하여 '네가 잘난 것이 아니라 내가 너를 택하여 쓰고 있기 때문에 네가 여기 있을 수 있는 거야. 그렇지 않으면 너는 지금도 세상에서 온갖 죄를 짓고 사망의 법에 매여 살아갈 수밖에 없는 가엾고 나약한 존재란다' 라고 말씀하신 것이었습니다.

　부끄러운 내 인생의 뒤안길에 늘 예수 그리스도를 믿는다는 그 표가 따라다니며 아버지의 눈동자 안에 있었고, 우리 예수 그리스도께서 나를 돌아보지도 않으시는데 그 분의 발밑에서 이리 뱅글, 저리 뱅글 돌면서 헌신하게 하시고 봉사하게 하셨던 나의 아버지! 나의 모습을 지켜보셨다가 더럽고 추악한 저를 데려다가 씻기고 닦여서 신부 삼아주신(고후11:2) 사랑하는 나의 아버지, 예수님, 성령님의 그 크신 사랑과 은총을 어찌 말로 다 표현할 수 있을까요.

눈물로도 행위로도 돈으로도 그 무엇으로도 갚을 수 없습니다. 갚을 수 있는 길이 있다면 끝까지 예수 그리스도를 믿는 그 믿음 안에서 천국에 도착해 드리는 것입니다. 나는 주와 함께 있는 나그네이며(시39:12) 이 땅은 나그네 길이며 슬픔과 고통의 나날들입니다. 그러나 암흑과 같은 세상에서 날 구하러 오신 예수님의 그 등대의 불빛을 따라가는 법(꿈·환상)을 배워서 가기만 하면 결코 천국은(①삶이 잘되는 것, ②죽어서 가는 천국) 나의 것이며 우리의 것인 줄로 믿으며 오늘도 최선을 다하는 저와 여러분이 되었으면 합니다.

잘하면 무엇을 잘할 수 있을까요? 하루가 시작되면 먹고 싸고 씻고 닦고 잠자기를 반복하고 있는 우리의 인생길은 나그네입니다(시39:12). 우리 주 예수 그리스도의 사랑에 감복하여 이 일을 기쁨으로 감당하여 이 땅에 살아 있다가 때가 되어 부르시면 웃으면서 아버지 앞 본향으로 옮겨가기만 하면 되는 것이지요. 인생을 너무 무겁게 살지 않고 성경을 통하여 기쁨으로 살 수 있는 방법을 터득하면서 말입니다. 오직 위에 있는 예루살렘은 자유자니 곧 우리 어머니라(갈4:26) 그렇게 해주시는 분이 나의 성령 어머니 예수 그리스도 안에 계시는 성령님이신 것입니다. 나의 하룻길을 가장 행복하고 사랑으로 살 수 있게 하십니다.

3. 나의 사랑하는 성령 어머니

우리의 어머니는 어떤 분이신가요? 생명의 근원자이십니다. 하와라는 뜻이 생명이듯이 뱃속에 잉태하여 10개월, 낳아서 젖 먹이는 기간 약 10개월, 그 뒤에도 먹는 것 챙겨 먹이고, 옷 빨아 입히고 우리의 24시간을 보살피느라고 이마에 잔주름이 생기고, 손이 거칠어지고 팽팽하고 예뻤던 모든 것이 쭈그러지고 일그러진 우리 어머니들은 언제나 자식을 보면 밥 먹었나를 묻지 않으면 다음 말이 무엇인지도 생각나지 않습니다. 그래서 아들은 엄마는 '밥 먹어 밖에 할 말이 없느냐' 고 묻습니다. 어머니들은 밥이 생명인 것입니다.

탄생이 생명이며 그 일을 감당하는데 그의 일생 그의 생명 모든 것을 투자하고 낳아서 길러서 죽는 그날까지 그 자식을 위해서 애쓰며 수고하는 수

한이 70이며 강건하면 80이라하셨는데(시90:10) 하루살이가 그 하루에 모든 것을 마치고 생을 마감하는 것과 무엇이 다른가요? 우리의 인생의 하루는 하루살이 같이 그날만을 위해서 최선을 다해야하는 시간들이 아닐까요? 그 시간 속에 빼놓을 수 없는 어머니의 역할, 그 분 나의 영의 어머니가 바로 성령님이십니다.

먹는지, 우는지, 슬픈지, 기쁜지, 고민하는지, 이를 어떻게 닦는지, 사람들하고는 어떻게 사는지, 무슨 생각을 하는지 육신으로 낳아준 어머니는 보이는 것 외에는 눈앞에 있을 때 외에는 알지 못합니다. 하지만 사랑하는 성령 어머니는 못 보는 시간이 없으시니 24시간 하루의 시간 속에 춤을 추듯이 발을 맞추어 주시고, 더디 갈 때와 빨리 갈 때, 잘 때와 일어날 때 무엇이든지 다 아실 수 있는 것은 영이시기 때문이지요. 택하시고 그냥 놔두는 것이 아니라 생명을 다하여 낳고 기르듯이 24시간의 하루를 눈동자 같이 지키셔서 실족하지 않고 좌절하지 않도록 인도하시고 보살피시는 어머니 성령님을 주신 것입니다.

첫째는 우리를 구원키 위해서(계1:5)

둘째, 우리를 나라와 제사장을 삼으시려고 예수님을 이 땅에 보내시고, 고난의 피를 흘리게 하셨지요(계1:6). 우리를 임마누엘하여 돕기 위하여 우리를 성전삼아 함께 사시려는 계획이셨습니다.

미쁘다 이 말이여 우리가 주와 함께 죽었으면 또한 함께 살 것이요, 참으면 또한 함께 왕 노릇 할 것이요(딤후2:11~12).

사실은 택하심에 의해서 내가 죽는 것이 아니라 주께서 죽이시는 것입니다. 예수님도 죽이셨듯이(계2:27, 5:9) 우리도 육을 죽이고, 우리 안에 살아

나신다고 표현하는 것이 옳겠습니다. 복 주시고자 하시는 자를 복 받을 그릇으로 준비시키시고 그 일을 위하여 늘 애쓰고 수고하시며 꿈·환상을 활발히 주셔서 앞뒤를 분간케 하시고 해야 할 일과 하지 말아야 할 일들을 지시하시며 울고 싶을 때 위로해 주시고 사람에게 어려움을 당할 때 가르쳐 주셔서 용기를 갖게 하십니다. 사랑과 위로와 채찍과 인도를 반복해 가면서 이방인의 뜻을 따라 육신으로 조상들의 망령된 행실에서 벗어날 수 있도록 인도해 주십니다.

하나님의 형상을 따라 지음 받은 우리가 그 아름다운 형상위에 걸쳐 놓은 누더기들이 육신의 삶에서 길들여진 혼에 새겨진 방법입니다. 그것을 죽이는 것이 바로 죽음이며 새겨져 있기 때문에 다시 새기는 것이 수월찮은 것이지요. 얼마나 어려우면 그것을 생명으로 표현하셨을까요(요12:25). 예수님을 죽이셨듯이 우리도 죽이시고 또 죽이시는 사랑의 프로그램을 갖고 계십니다. 훈련되어지는 기간을 잘 참음으로 우리는 왕 노릇하게 됩니다. 성경으로 다시 훈련되어야만 이 죄와 사망의 법에서 온전히 벗어날 수 있습니다.

이 일을 지도하셔서 복된 삶을 살 수 있도록 인도해 주시는 분이 생명의 성령의 법, 살아계셔서 말씀을 가지고 우리를

거룩하게 만드시고 복 받게 해주 시는 성령, 어머니의 역할을 대신해 주시는 나의 성령 어머니이십니다.

4. 영혼과 육중에 혼에 역사

평강의 하나님이 친히 너희를 온전히 거룩하게 하시고 또 너희의 온영과 혼과 몸이 우리 주 예수 그리스도께서 강림하실 때에 흠없게 보전되기를 원하노라(살전5:23).

우리가 이 땅에 사는 동안 모든 삶을 새기는 비행기의 블랙박스와 같은 혼 마음으로도 말씀하시고 있습니다. 우리의 옛 구습은 성경 없이 엄마 뱃속에서부터 배워서 사탄의 세상에 것이 새겨진 것을 말하는데 얼마나 깊이 있게 새겨져 있는지 금강석 철필로 새겨놨다 하시니(렘17:1) 금식을 몇 년씩 해도 나이에 따라 고쳐지지 않고 있는 부분이 얼마나 많은지 그러나 우리는 하나님의 형상을 따라 지식에까지 새롭게 될 때까지 고쳐서 우리의 말과 행동이 성경에 응해지게 해야 합니다.

말하고 행동하는 것이 성경이 복주는 쪽이면 복을 받고(갈5:22),

말하고 행동하는 것이 성경이 저주 받는 쪽이면 저주가 응하는 것입니다
(갈5:16~21, 롬1:29~).

(1) 우리의 얼굴은 양면괘지(고후3:3)

산제사(삶) (롬12:1)	내 몸을 성령께 드리면 그리스도의 편지(고후3:3)	내 몸을 사탄, 마귀, 귀신에게 주면 귀신의 편지
양면괘지	① 그리스도의 얼굴과 삶으로 나타남	② 귀신의 얼굴과 삶으로 나타남
성경적 근거	사랑, 희락, 화평, 오래 참음, 양선, 충성, 온유, 절재(갈5:22) 돈, 건강, 기도의 빠른 응답, 자식의 잘됨, 가정의 잘됨(사58:6~12, 레26:1~13)	음행, 더러운 것, 우상숭배, 원수 맺는 것, 분쟁, 사기, 분노, 분열, 이단 투기 술 취함, 방탕함(갈5:16~21) 모든 불의, 추악, 악의가 가득한 자요, 살인, 분쟁, 사기, 악독, 비방하는 자, 하나님께서 미워하는 자, 능욕하는 자, 교만 자랑하는 자, 악을 도모하는 자요, 부모 거역하는 자, 우매한 자, 배약한 자, 무정한 자, 무자비한 자, 사형에 해당한 자들(롬1:29~32), 상실함에 버려진 우리의 모습 돈과 건강이 없어지고 자식이 안 되고 , 죽을 병, 가족의 힘을 잃고(레26:14~)
내 입에 나타난 현상	감사와 찬송(시100:4, 계22:14) 때에 맞는 아름다운 말(잠15:23, 25:11, 긍정의 말(사57:19)	죽겠네, 미치겠네, 환장하겠네 등 각종 욕, 한숨, 부정, 불평, 흉보는 소리(사57:19, 계16:13, 14, 개구리 귀신) 화가 나고 조급해지고 경솔해지고
나도 모르는 나의 모습	얼굴이 환하게 빛이 나고 웃음이 가득해진다. 사람들이 사랑해주고 내가 가는 곳에 싸움이 멈춘다 그리스도의 화목직책감당(고후5:18)	얼굴빛이 어두워지고 험악해진다(오만 자, 시1:1, 사28:22) 눈이 눈깔이 되고 코는 콧구멍이 된다. 입은 주둥이가 되고, 귀는 귓구멍가 된다. 머리는 대가리가 되고, 손은 손목아지가 된다. 발은 발목아지가 되고, 이 사람은 이새 끼된다(잠9:1의 일곱 기둥).

열매	극상품 포도(사5:2)	들, 포도(사5:2)
하나님의 얼굴	노래하신다(사5:1, 빌1:11)	슬퍼 눈물 흘리신다(사5:3~7)
삶의 현상	복 받아 웃고 산다(신28:1~14)	벌 받아 울며 산다(신28:15~68)
이유	순종과 때에 맞는 아름다운 말 (잠25:11)	불순종과 미련한자의 입, 원망, 불평 (잠11:9, 12:13, 18)

너희는 우리로 말미암아 나타난 그리스도의 편지니 이는 먹으로 쓴 것이 아니요 오직 살아 계신 하나님의 영으로 쓴 것이며 또 돌판에 쓴 것이 아니요 오직 육의 마음판에 쓴 것이라(고후3:3).

우리의 싸움을 혈과 육에 대한 것이 아니요, 통치자들과 권세들과 이 어둠의 세상 주관자들과 하늘에 있는 악의 영들을 상대함이라(엡6:12). 우리가 움직이고 싸우고 나쁜 일하는 위의 표와 같은 일들은 내가 하는 것 같지만 그렇지 않고 악에 영들과의 싸움에서 진 나의 모습이라는 것을 설명하고 있습니다.

공의와 정의를 행하는 것은 제사 드리는 것보다 여호와께서 기뻐하십니다(잠21:3).

공의(정해진 나라의 법 즉 하나님 섬기는 법, 출20:1~11)

정의(사람과 사는 정해진 법, 출20:12~17,) 즉 예배드리는 것보다 더 기뻐하시는 것은 하나님의 법을 지켜주고 사람과도 법을 지켜 사랑하며 사는 것을 더 기뻐하신다는 말씀입니다(롬12:1).

우리의 삶을 아름답게 살아드리는 것이 살아 있는 제물과 같아서 우리를 기쁘게 받으십니다.

보라 내가 도둑같이 오리니 누구든지 깨어 자기 옷을 벌거벗고 다니지 아니하며 자기의 부끄러움을 보이지 아니하는 자는 복이 있도다(계16:15).

우리의 벌거벗음을 부끄러운 일입니다. 우리 아름다운 행위로 살아가면 도둑같이 오는 사마귀를 아버지께서 보내지 않으십니다.

우리가 교회에 가서 예배드리는 것이 중요합니다. 그런데 그 예배보다 더 중요한 것은 그 예배를 예배답게 하는 우리의 행위가 더 중요하다는 것을 성경이 이렇게 증거하고 있으며 우리의 씨름을 사탄과의 영적전쟁이며(엡6:10~) 우리의 움직임이 사탄의 조종에 의해서 나쁜 일을 하고 있다는 것을 증명하는 말씀들입니다.

도둑 같은 귀신을 아버지께서 보내신다는 또렷한 말씀입니다 내가 도둑같이 오리라. 여러분 귀신이 도둑입니다. 우리의 아름다운 삶을 모두 뺏어버리고 파괴해버리는 파괴자라는 것을 알려주고 있는 말씀이며 그것을 하나님자신이 보내고 있으며 혼자 아무렇게나 움직일 수 있는 영이 아니라 것입니다.

그래서 우리는 하나님의 말씀대로 살 수 있도록 영을 알아 대처하고 금식으로 흉악의 결박들을 풀어내고 0.8초로 훈련하여 아름다운 행위를 하여 성경의 복을 받아 우리 주 예수그리스도의 복음을 선전하는 복된 종들과 백성들이 되시기를 간절히 소원합니다.

그는 외치지 아니하며 목소리를 높이지 아니하며 그 소리를 거리에 들리게 아니하며(사42:2), 아무 소리도 안하셔도 철장권세로(계2:27, 12:5, 19:15, 철장같이 움직일 수 없게 가둔다는 것) 잘하면 천사가 잘못하면 사마귀를 보내셔서 물 흐르듯이 말씀을 가지고 처리하십니다.

이것이 우리의 삶에 그대로 나와 자녀들에게 이루어진다고 생각해 보세요. 소름 끼쳐지지 않는가요? 하나님 기뻐하는 금식으로 회개하며 용서하며 고치면 천국 같은 삶이 옵니다(마3:2).

(2) 나를 잘되게 하기 위해서 화내지 않습니다.

화는 귀신의 최고의 장난이며 화내게 하고 욕하고 싸우게 하여 자신들의 영역을 넓혀나갑니다 말씀 읽어 혼에 새기는 것이 중요합니다.

그러나 삶의 예배는 더욱더 중요합니다. 삶을 위하여 예배드리고 예수님을 믿는 것이지 다른 것이 아닙니다. 예수님을 위하여 믿어드리는 것이 아니라 나를 위하여 예수님을 믿는 것입니다.

믿음의 정의가 조금 바뀐 것은 아닌가 싶습니다. 모든 사람이 예수님을 믿고 나면 마치 예수님을 위해서 믿어주는 것처럼 하는 사람이 너무나 많고, 마치 교회를 위하여 다녀주는 것과 같은 모습을 보입니다. 그것은 잘못 알고 있습니다.

누구를 위해서 예수를 믿어주는 것이 아니라 나를 위해서 믿는 겁니다. 그러기 때문에 나 잘될 수 있는 방법을 성경 안에서 찾아나가야 하는 것이지요.

나의 24시간을 나의 기쁨이며 면류관인 사랑하는 자들과 절대 싸우거나 화내지 않습니다. 화날 일이 있지요 그럴 수 있다고 너그럽게 생각합니다. 그럴 수 있기 때문이지요. 나하고 다른 행동과 말을 하고 있을 뿐입니다.

그렇게 살다가 저 사람에게 꼭 권면할 것이 있으면 훈계해주고 그가 못 받아들이면 조용히 물러나서 기도해주고, 때가 되면 그 사람이 알게 되지 않겠어요.너무.조급하여 한꺼번에 알려 주려하니 화나고 성질내고 신경질 부리게 되는 것이지요.

나의 삶에 화를 불러 드리는 것이 화내는 것입니다(계9:13). 귀신들이 우리를 그렇게하고 우리의 마음 성전을 파괴시키는 최고의 범인입니다. 금식하면 나갑니다.

제 3 장

하나님이 만드신 작품인 사람과 성경의 관계

1. 사람

하나님이 이르시되 우리의 형상을 따라 우리의 모양대로 우리가 사람을 만들고 그들로 바다의 물고기와 하늘의 새와 가축과 온 땅과 땅에 기는 모든 것을 다스리게 하자 하시고(창1:26)

사람이 변할 수 있는 것일까?(골3:1)

사람들은 나와 같지 않은 많은 사람들의 행위와 생각 때문에 당혹해하며 쓰러지고 넘어지며 때로는 복 받을 일을 하기도 하고(잠12:1), 때로는 벌 받을 일을 하기도 합니다(롬2:1).

아버지께서 만드신 원색의 사람이 변한다면?

만드신 작품에 무엇인가 더하거나 뺀다면?

그것을 미쳤다고 합니다. 성경도 써놓으신 것을 빼고 더하면 재앙이듯이 말입니다(계22:18).

우리의 삶에 무엇인가 더해지는 것이 있어 그것이 잘못한 부분이라면(레 26:14~36) 저주라 하고 우리의 삶에 더해지는 것이 있어 그것이 좋은 부분이라면 축복장이 될 것입니다. 사람이 변해야 되는 부분이 있다면 그것은 상실함에 버려진 우리의 모습으로서(롬1:29, 갈5:16) 떼어내야 되는 부분이지 그 원형을 변형시킬 수 없는 것입니다. 우리가 만들어질 때에 이미 양심에 법이(고전8:7, 10:25, 딤전4:3) 있었는데 그것은 성경이 말씀하고 계시는 것하고 똑같고 성경이 말하고 있는 저주와 복은 우리가 하고 있는 행위와 너무 흡사합니다.

성경이 만들어지기 전에도 복과 저주의 개념은 똑같았기 때문입니다. 그렇게 사람을 만드시고 거기에 준하여 성경을 만드셨기 때문이지요. 아버지가 사람을 통하여 성경을 쓰셨기 때문입니다. 누가 시켜서 결혼하며 누가 시켜서 아이들이 많아야 그들이 잘되고 창대해지며 잘되는 것이 복이라고 가르쳤는가요? 성경이 있기 전에도 그것은 사람의 복이었고 저주의 개념이었습니다. 자식이 많고 그 자식이 잘되고 창성하고 사람을 다스리면 축복(창1:26, 레26:1~13)이요, 자식이 없고 돈도 없고 병들고 가난하며 죽음과 고통이 오면 저주를 받았다고(레26:14~) 생각했던 것은 누가 가르쳤는가?

그것은 이미 우리의 뇌 속에 프로그램 되어 있어서 우리는 그대로 움직이고 있고 나중에 만들어진 성경은 우리를 만드신 하나님께서 거기에 준하여 자신이 만들고 프로그램 되어 있는 것에 맞추어 쓰시고 이미 너희에게 양심(마음에 있는 두 개의 안테나, 하나는 좋은 것을 체크하고 하나는 나쁜 일을 체크하게 만들어진)에 법이 있었다고 가르치고 계십니다(고전8:7외).

그래서 우리의 원색은 변할 수 있는 것이 아니라 원석이면 예쁘게 다듬는 부분을 훈련이라 표현하고, 변해야 되는 부분이 있다면 그것은 저주받은 것으로 떼어내야 되는(계시록에서는 그것을 철장으로 다스리리라고 하셨고,

꿈·환상으로 보면 철장이 쳐져 있음 계2:27, 19:15) 부분이지 원색이 변할 수 없습니다(벧전1:17). 그래서 우리는 물 흐르듯이 흐르고 있는 사람의 행위를 보고 연구하여 흐르는 물을 흐르게 하고 그곳에 의자 놓고 앉아서 콧노래 부르며 낚시하는 사람이 되어야지 왜 물이 높은 곳에서 낮은 곳으로 흐르느냐고, 왜 졸졸 소리를 내느냐고, 왜 패여 있는 곳에서 머물러 있느냐고 왜 돌맹이 있는 곳에서는 튀어 오르느냐고 하며 시비를 붙는다면?

시비하는 그 사람을

왜 판단하느냐?

왜 정죄하느냐?

왜 손가락질하느냐?

왜 핍박하느냐 하시며 벌을 내리시고(롬2:1~)

그것을 이해하고 그곳에 앉아 콧노래를 부르며 낚시하며 즐기는 사람에게 너는 귀한 사람이 되었구나(요12:26)

너는 죽어서 왕 노릇하게 되었구나(딤후2:12)

어린 양의 피로 산 바 되었으니 땅에서 세세토록 왕 노릇하며 영광 돌리게 해주마하시며(계5:10~12) 천대까지의 복을 허락하고 계십니다(출20:5).

나의 삶에 복과 저주는 하나님 섬기는 것(40%),

사람들과 어떻게 사느냐에(60%) 달려있는 것입니다.

십계명에 나와 있습니다(출20:1~17).

세상을 어떻게 사느냐의 자세와 평가가 사람인 것이지요.

자신이 만드신 작품이시며(창1:26),

자신의 최고의 행복이시며(창1:31),

자신의 최고의 고통이시며(요19:30),

자신의 형상인 사람의 움직임이 하나님의 기쁨이며 사랑이 되십니다(사

5:1, 빌1:11).

우리도 그렇듯이 말입니다

자식(천국으로 비유하심, 마19:14, 막10:13~16)들과 대화가 통하지 않으면 고통스럽고 힘들듯이 그래서 만드실 때 이미 우리와 어떻게 대화하실 것인가까지 생각하셔서 대화의 방법을(행2:17) 구원의 방법으로 제시해놓고 계십니다(행2:21). 대화가 통하지 않으면 아버지로부터 도움을 받을 수 없다는 것입니다. 당연한 것 아닌가 생각합니다. 사랑하는 자식들과 대화하고 싶으신 것입니다.

내가 사랑하는 자녀들과 사랑하는 자들과 대화가 통해야 행복을 느끼듯이, 하나님 아버지도 우리와 대화하고 싶으신 것이 당연한 것입니다. 그 분은 살아계신 하나님 아버지이시기 때문입니다. 그래서 구약에는 한사람을 택하여 선지자를 세우시고 그 사람을 통하여 말씀하셨고(삿6:8외 16개), 그것이 잘 안되어 결국은 말라기 선지자 이후 430년 동안의 침묵 뒤에 자신이 예수의 이름으로 사람의 모양으로 친히 오셔서 우리에게 임마누엘(성령)하셔서 우리를 직접 도우시며 함께 하시는 일을 계획하시고 이루시고 돕고 계시는 것입니다.

예수께서 대답하여 이르시되 진실로 진실로 네게 이르노니 사람이 거듭나지 아니하면 하나님의 나라를 볼 수 없느니라(요3:3).

예수께서 대답하여 이르시되 사람이 나를 사랑하면 내 말을 지키리니 내 아버지께서 그를 사랑하실 것이요 우리가 그에게 가서 거처를 그와 함께 하리라(요14:23).

비슷한 내용의 말씀인데요. 하나님의 나라를 보려면 계명을 지켜야하고, 거듭나야하고, 하나님의 나라에 들어가려면 물과 성령으로 거듭나야 된다는 말씀입니다. 하나님께서 나의 어머니가 되어 주시기 위해서 이러한 성경

의 절차를 통하셔서 나와 하나가 되셨으며, 나의 어머니이시며(요14:18, 창
27:13, 갈4:26), 나의 생명이시며 나의 아버지이시며(요일5:20), 나의 모든
것이 되어 주셨습니다. 모든 일에 절차와 순서가 있듯이 성령님을 내 안에
모시는 것에는 성경적인 엄격한 절차와 방법이 있는 것입니다.

삼위일체 하나님
① 여호와 하나님: 계획하시는 분(출3:14, 렘51:19, 대하18:18)
② 예수 하나님 : 이루시는 분(요19:30)
③ 성령하나님 : 도우시는 분, 어머니의 역할, 임마누엘 하신 분(창27:13,
　 갈4:26)

2. 옛 구습을 버리려면
성경부터 알아야 합니다

성경의 새로운 지식을 열어야하고 그것을 삶으로 연결해야 합니다.

사람의 교훈(막7:7), 장로의 전통(막7:5, 마15:2~3), 사탄의 세상에서 배운 것을 버리고 성경을 통하여 새롭게 배우고 익혀야 합니다.

시간은 조금 걸리지만 훈련(습관, 0.8초)되면 영·육간에 복을 받게 됩니다.

40여명의 기자가 쓴 성경은

첫째, 삼위일체 하나님에 대하여(출 3:6, 사9:6, 요일 5:20)

둘째, 십계명과 율법(출20:1~23)

셋째, 적용된 성경의 인물들이 있습니다.

이것을 성경은 야곱이 하나님과 사람을 겨루어 이겼다고 쓰여 있습니다 (창32:28).

사람을 이기지 못한 자는 승리자라고 말할 수 없다는 말과 같은 맥락을 가지고 있습니다.

그래서 야곱의 씨름을 배우면서 우리도 인생의 씨름에서 사랑으로 승리
하고자 합니다.

십계명을 보겠습니다(출20:1~17).

하나님의 사랑 40%

첫째, 다른 신을 네게 두지 말라.

둘째, 새긴 우상을 만들지 말라.

셋째, 너는 네 하나님의 여호와의 이름을 망령되이 부르지 말라.

넷째, 안식일을 거룩히 지켜라.

이웃사랑 60%

다섯째, 네 부모를 공경하라.

여섯째, 살인하지 말라.

일곱째, 간음하지 말라.

여덟째, 도둑질하지 말라.

아홉째, 네 이웃에 대하여 거짓 증거 하지 말라.

열째, 네 이웃에 집을 탐내지 말라.

(1) 첫 번째 씨름, 하나님 앞에서 밤 기도로 합니다.

야곱이 형의 장자권을 뺏고 죽이고자 하는 형을 피하여(창27:1~) 삼촌집
으로 도망하다가 어느 곳에 이르러 돌을 베게하고 누웠더니, 꿈에 본즉 사
닥다리가 땅 위에 서 있는데 그 꼭대기가 하늘에 닿았고 또 본즉 하나님의
사자들이 그 위에서 오르락내리락하고(창28:12) 그곳에서 씨름하여 하나님

께 복빔을 받고(창28:14) 밧단아람에 있는 삼촌집에서 20여년을 살다가 삼촌의 행동이 자신을 별로 좋아하는 것 같지 않아 야곱이 어려워하는 것을 하나님께서 보시고 이제 본토 아비 집으로 돌아가라고 하실 때 삼촌에게 말하지 않고 떠나, 3일 만에 삼촌이 알고 쫓아왔으나 하나님께서 선·악간에 말하지 말라하셔서 외삼촌의 손에서 건져주셨습니다.

많은 자식과 재산을 가지고 돌아가고 있는 중에 형 에서가 400명을 데리고 자신을 마중 나오고 있으니 위협을 느낀 야곱이 가족 모두를 얍복강을 건네 놓고 밤새 기도하여 하나님께 자신에게 복을 주신다고 약속했던 것을 말씀드리며 씨름(기도)이 시작되었으니 새벽이 되어 가시려하나 붙잡고 복을 달라고 매달리는 야곱을 보고 환도뼈를 치고 이름을 바꾸어 야곱에서 이스라엘(승리자)로 바꾸어 주고 가셨습니다(창32:13~29).

우리도 복 받기를 위하여 날마다 아버지 앞에 밤기도, 새벽기도를 드리는 것이 바로 하나님을 이기는 방법이라는 것을 깨닫습니다(천국은 침노하는 자의 것, 마11:12).

마태복음 6장의 두 번째 성도의 의무가 기도인데 우리는 지금 어떻게 기도하고 계시는지요. 이제 우리가 주의 종으로서 백성으로서 복을 받기 위해서는 밤 기도의 씨름을 열심히 해야 되겠지요. 능력받기를 원하는 주의 종은 밤12시부터 3시간 이상 다섯 시간까지는 기도를 해야 되지 않을까 싶습니다.

캄보디아에 있는 어떤 선교사님은 꿈에 아버지께서 오셔서 여의도 순복음교회 조용기 목사님은 5시간씩 기도했다고 알려 주더랍니다. 자기에게 그렇게 기도하라고 말씀하신 것이라면서 열심히 기도하며 선교하고 계십니다. 기도와 금식(어떤 성경에) 외에는 이런 종류가 나갈 수 없다고 예수님께서 말씀하셨기 때문입니다(막9:29).

능력이 없으면 백성들을 도울 때에 귀신들에게 맞아서 내가 먼저 쓰러져 버리기 때문에 내가 먼저 병들고, 내가 먼저 성질나고, 내가 먼저 고통을 당해서 백성들이 이런 종하고 살면 너무 힘들겠지요. 나를 위해서 기도해야 합니다. 그것이 하나님께서 원하시는 우리의 씨름입니다.

(2) 두 번째 씨름, 내 인생의 하루를 절대 포기하지 않습니다.

하루 밖에 없는 내 인생, 이 인생 역경이 나에게 닥쳐오면 다윗은 이렇게 기도했습니다. 여호와여 나의 기도를 들으시며 나의 부르짖음에 귀를 기울이소서. 내가 눈물 흘릴 때에 잠잠하지 마옵소서. 나는 주와 함께 있는 나그네이며 나의 모든 조상들처럼 떠도나이다. 주는 나를 용서하사 내가 떠나 없어지기 전에 나의 건강을 회복시키소서(시39:12~13).

사울에게 쫓기며 고통 받으며 병중에 있는 다윗의 노래, '아버지여! 나의 나그네 인생길에 하늘나라 가고 싶어요. 탄식에 노래이나 그는 결코 인생을 포기하지 않았고 많은 고난과 역경을 딛고 일어나 예수님의 족보를 잇고 멋진 왕으로서의 인생을 산 것에 대해서 사무엘상·하, 열왕기상·하에서 말씀해주고 있습니다. 죽고 싶고 죽을 수밖에 없는 많은 나날이 있었으나 그는 결코 포기 하지 않았습니다.

그러나 지금 우리는 어떻게 하고 있는지 많은 사람들이 자신의 생명을 스스로 끊어 지옥의 바닥으로 내리고 있고 백성의 지도자 된 사람들도 목숨을 끊어 자신의 인생을 포기하여 많은 백성들에게 삶의 포기를 선언해주고 있는 이 세태는 우리의 씨름을 멈추는 것입니다.

이기는 자와 끝까지 내 일을 지키는 그에게 만국을 다스리는 권세를 주리니(계2:26).

우리는 어떤 어려움이 있어도 내 하루를 내 손으로 마감해서는 안 됩니다. 가장 아름다운 것은 끝까지 싸우며 이기는 것이 숨이 다하는 그날까지 포기하지 않는 것입니다. 우리나라 속담에도 하늘이 무너져도 솟아날 구멍이 있다는 것이 성경이며 그때 하늘을 보고 아버지, 예수님을 부르고 찾으면 응답하십니다. 조금만 기다리시면 됩니다.

살아있는 오늘 잘했다고 말하면 '감사합니다' 잘못한 일이 생기면 '용서해주세요, 앞으로 잘하겠습니다' 라는 말을 수도 없이 되풀이 해가면서 우리의 씨름을 계속해 나가야 합니다.

나의 인생을 책임진다는 것은 잘 먹고 잘살고 멋있는 차타고 사는 것이 목적이 아니라 내가 오늘 살아서 이 하루를 지내고 있다는 것입니다.

이 하루가 슬프거나 기쁘거나 또는 웃거나 울거나 누가 나를 좀 때리거나 아프게 하는 시간들을 보내고 있는 것이지요. 살아있다는 증거입니다. 죽은 자는 그런 것을 느낄 수 없습니다(시37:4, 전9:4). 예수 믿으면 천국 가는 것이요. 안 믿으면 지옥 가는 것이 이미 정해진 인생의 이치이며 성경의 이치입니다.

무엇인가 부족하여 죽을 것 같다고요. 우리의 부족이 소망이 되고 소원이 되며 그것이 우리의 삶의 끈이 된다고 아버지께서 말씀하십니다. 다 이루고 싶고 다 갖고 싶으시다고요? 예수님은 "다 이루었다" 하시더니 돌아가셨습니다(요19:30).

우리도 다 이루면 천국 가는 것 아닌가요? 우리의 부족은 기도가 되고 그 기도가 아버지 만나는 기쁨이 되는 것입니다. 결국 인생은 부족의 연속을 살고 있다고 말해야 하는 것입니다. 결국 만족은 우리주의 성령이 내게 임하여 영혼이 신나면 다 신나는 것이지 무엇을 가지고 무엇을 사면서 가질 수 있는 것이 아니었습니다.

내 속에 있는 속사람이 신나면 그곳이 초막이나 궁궐이나 하늘나라라고 하셨습니다(눅17:20~21). 그것이 참인 것 같습니다. 욕심을 버리고 하루밖에 없는 이 하루를 행복하게 이끌 방법을 터득해 보세요. 사랑하는 성령님께서 도와주실 것입니다.

(3) 세 번째, 사람과의 씨름

① 모략과 모사 뱀 같은 지혜와 비둘기 같은 순결함으로(마10:16)

여호와의 영 곧 지혜와 총명의 영이요, 모략과 재능의 영이요, 지식과 여호와를 경외하는 영이 강림하시리니(사11:2).

성령님이 우리에게 오시면 이러한 은혜를 우리에게 주셔서 사람들과 살아갈 때에 그들을 사랑스럽게 돕고 악을 쓰러뜨릴 수 있는 성경에 지혜를 주셔서 살아가게 하십니다. 이 세상은 악의 영들의 세상입니다(엡6:12). 그래서 뱀 같은 지혜가 필요합니다. 뱀같이 차갑고 무서운 세상을 곰같이 살아가려 한다면 이길 수 없다는 것입니다. 성경적인 지식을 가지고 모략과 모사와 명철을 가지고 사람들과 살아내야 되는 것입니다.

② 사람을 나의 기쁨이요 면류관으로 삼습니다.

나의 사랑하고 사모하는 형제들, 나의 기쁨이요 면류관인 사랑하는 자들아 이와 같이 주 안에 서라(빌4:1).

누구든지 하나님을 사랑하노라 하고 그 형제를 미워하면 거짓말하는 자이며, 보이는 형제를 사랑하지 아니하면 보이지 않는 하나님을 사랑 할 수 없으니 하나님을 사랑하는 자는 그 형제를 사랑하라고 하셨습니다(요일4:20~21).

말은 쉬운데 잘 안되니 그것이 문제이지요. 잘되는 일이라면 이렇게 중요하게 말씀하시지도 않으셨지요. 사도바울께서는 사랑하는 자들을 나의 기뿜이요, 면류관이라고 하셨는데 어떻게 하면 그렇게 말할 수 있는 것인지 갈수록 어렵다는 것을 깨달으면서 왜 사람이 나의 기쁨이요, 면류관이라고 표현을 했는지 속을 알아봐야 될 것 같습니다.

나로부터 시작되는 인생이 나 없으면 아무것도 필요 없는데 그렇다고 해서 상대가 없다면 나도 필요 없는 것이 상대적 존재가치입니다. 하루뿐인 내 인생이 나 없으면 없으니 철저한 이기주의자로 나만을 위해서 살아야 하는데 나만을 위해서 산다하여 상대에게 어려움을 주면 그 상대가 또 가만히 있질 않으니 이것이 문제가 아닌가 싶습니다.

그래서 아주 철저한 이기주의자로 사는 방법을 터득하면 아주 쉽습니다.

나는 나만을 위해서 사람을 사랑합니다.

나는 나만을 위해서 사람을 어렵게 만들지 않습니다.

나는 나만을 위해서 사람을 찌르지 않습니다.

내가 하는 대로 사람이 반응하기 때문입니다.

잘해주면 잘해주고, 사랑하면 사랑하고, 어렵게 만들면 참아주고, 찌르면 고치고 상대를 건드리지 않는 것이지요. 다만 사랑스러운 훈계와 가르침이 있을 뿐입니다(잠12:1).

우리나라 속담에 '되로 주고 말로 받는다' 는 말이 성경이며 내가 하나 때리면 상대는 열개를 때린다는 것이지요. 내가 건드리지 않는 방법 밖에는 없는 것입니다.

사람들과 사랑스럽게 사는 방법을 터득하여 그가 나의 기쁨이요, 면류관인 것을 나그네 인생의 내 하룻길을 행복하게 하는 것이 이웃을 사랑하는 것입니다. 내가 행복하면 나를 만나는 모든 사람이 행복하고 내가 불행하여 웃지 못하면 나를 만나는 모든 사람들을 불행하게 만드는 것이 우리의 인생이니까요.

③ 하나님과 사람들과 다투는 것을 멈추는 것입니다.

다투는 여인과 함께 큰 집에서 사는 것보다 움막에서 사는 것이 나으니라 (잠21:9).

우리는 하나님과 사람과 다투며 싸우는 것이 나에게 어떠한 불유익이 오는지를 모르고삽니다 그것을 알았더라면 우리가 어려움 당하지 않고 행복한 삶을 살 수 있었을 것입니다 이제 싸움을 멈추기 위해서 새로운 성경의 지식을 열어 명철의 말씀을 깨닫고(잠1:2, 28:7) 나를 살펴 행복해지길 원합니다. 다투며 성내는 여인하고 한 집에서 사느니 광야에서 혼자 사는 것이 났답니다(잠21:19).

이 말씀은 누구하고든지 다투면 광야 즉, 가난해진다는 것입니다. 이스라엘 백성들이 광야 생활은 만나 생활인데(민8:1), 하늘에서 만나가 내려서 먹고 사니 얼마나 기쁘겠어요. 그런데 그곳은 광야입니다. 집도 없고 천막 속에서 물도 아버지가 주셔야 합니다. 그 생활이 좋다면 광야에서 살지 뭘 하려고 가나안에 들어가려 하겠어요. 그것은 힘들고 그날그날 먹여만 주는 곳 기적에 현장이지만 가나안의 소산을 늘 바라는 것입니다(수5:12). 가나안은 젖과 꿀이 흐르는 곳이며 골짜기든지 시내와 분천과 샘이 흐르고 밀과 보리의 소산지요, 포도와 무화과와 석류와 감람나무와 꿀의 소산지라(신8:7~19). 광야는 그날그날 먹고사는 노동자의 생활이라면 가나안의 쌓아놓고 먹는 부잣집이라고 봐야지요. 써도 써도 줄지 않는 부요, 자생하여 일어나고 있는 물질로 봐야합니다.

이렇게 갖고 싶고 자유로운 풍요를 누리고 싶건만 우리에겐 그것이 없으니 그 이유가 하나님과 사람과 싸워서 그렇답니다. 그러면 싸우지만 않으면 그렇게 살 수 있다는 말과 같은 뜻이지요. 그렇다면 싸우지 않을 방책을 세워 봐야겠지요.

첫째, 하나님과의 싸움을 멈추어야 합니다.

내가 다시 싸우고 너희 자손들과도 싸우리라 여호와의 말씀이니라(렘 2:9).

회개하지 않으면 하나님과 싸웁니다. 회개하기에 앞서 순종하는 방법을 배우면 어떨까요? 이제까지는 우리가 아버지를 만나 대화하는 방법을 알지 못하여 순종하지 못하였다면, 이제 대화하여 아버지 원하시는 대로 살기만 하면 다투는 것을 멈추는 것입니다.

저는 하나님을 꿈과 환상으로 만나 지시를 받고 원하시는 대로 해드렸더니 하나님과의 싸움이 멈추고 복을 받았습니다.

하나님은 영이시고 사람은 육체를 가진 속에 영이 있으니 육체를 통과하지 않으면 영이신 하나님을 만날 수 없습니다. 그래서 비몽사몽 환상 또는 꿈으로 만나서 지도를 받아서 원하시는 데로 순종하면 자동으로 불순종이 면해지면서 싸움이 멈추어지는 것 아니겠어요. 꿈과 환상으로 한번 만나보시고 대화해 보시겠어요. 어떤 분은 느낌으로 하나님을 만난다는데 저의 육신의 아버지가 돌아가셨는데 느낌으로 만납니다. 그렇게 만나는 하나님은 내 삶에 도움이 되지 않는다는 말입니다.

확실하게 살아계시는 것을 알고 보며 만지고 느끼며 내가 뭘 좋아하는지 뭘 싫어하는지 슬퍼하는지 기뻐하는지 뭘 원하는지 무슨 음식은 좋아하고 무엇을 싫어하는지 오늘은 기분이 어떤지 알고 알려주며 대화하고 웃고 울며 재미있게 사는 것이 살아계신 아버지 아닐까요. 요한은 하나님의 말씀과 예수 그리스도의 증거 곧 자기가 본 것을 다 증언하였느니라(계1:2).

그렇게 할 수 있는 것이 꿈과 환상으로 보고 대화하는 것입니다. 핸드폰 화상통화 같은 것입니다. 조종이 잘못되면 안보이고 조정이 잘되면 보이고 어떨땐 흔들리고 해석이 안될 때도 있지만 이렇게 만나기만 한다면 싸울 일이 뭐가 있을까요. 예언은 꿈·환상으로 분별하여 아버지께서 좋다고 하시면 하고 싫다고 하시면 안하면 그만인 것입니다. 몰라서 불순종하고 몰라서 화나게 해드려서 아버지 마음 상하시면 나도 모르는 사이에 가난해지고 병들며 자식이 안되고 죽을병이 들고(레26:14~, 호4:6) 고통이 나의 삶 속에 물밀듯이 밀려들어와서 나를 사람구실 못 하게하고 손가락질 당하게 하고 많은 사람들로부터 외면당하는 사람이 되고 마는 것입니다.

너희의 자녀들은 너희 반역한 죄를 지고 너희의 시체가 광야에서 소멸되기까지 사십 년을 광야에서 방황하는 자가 되리라(민14:33).

하나님과 다투면 광야로 갑니다. 다투는 것을 멈추는 사람이 지혜로운 사람이며 그 집에는 귀한 보배와 기름이 있으나 다투는 자는 미련하여 이런 것들을 다 삼켜버립니다(잠21:20). 예수님이 십자가를 지신 것은 하나님과 우리의 싸움을 멈추게 하는 방법입니다(롬8:1) 얼마나 우리가 말을 안 들었으면 죽음을 택하셨겠어요. 우리도 싸움을 멈출 대안을 한번 찾아보고 화목의 직책을(고후5:18) 감당해야 합니다.

둘째, 사람과 다투는 것을 멈추어야 합니다.

사람과 화목하게 살려면 먼저 사람을 알아야 합니다. 사람은 하나님이 만드신 작품인데 세계 60억 인구 모두가 걸작입니다. 하나도 닮은 사람이 없고, 하나도 똑같이 하는 것도 없고, 모두 자신이 잘났다고 생각합니다. 모두 자신이 정당하다고 생각하고, 모두 내 얼굴은 안보이고, 다른 사람 얼굴만 봅니다. 모두 내가 잘못한 것이 아니라 다 상대가 잘못했다고 생각합니다. 그런데 이런 사람을 아버지께서 만드셨고, 심히 좋았다고 하셨습니다(창1:31).

그 사람을 위해서 자신의 아들을 죽이셨다 살리셔서 그 아들의 영이 우리 안에 오셔서 우리를 나라와 제사장으로 삼으셨습니다(계1:5~6).

얼마나 사랑하셨으면 자신의 아들을 죽이셨을까? 자식이 있으세요. 저도 자식이 있습니다. 자식이 있어서 알게 되었습니다. 아버지의 그 크신 사랑을 말입니다.

저는 남편 만나 좋아서 사랑했더니 두 자식이 나왔습니다. 그런데 아이러니하게도 아주 이해심이 많고 이해 못하는 일도 없고 태평양 바다같이 마음을 넓게 해주셔서 많은 사람을 가슴에 넣고 아버지의 뜻대로 인도하느라고 늘 노심초사합니다.

별로 화내는 사람도 미운 사람 없고 늘 잘 주고 잘 챙기고 사람들하고 화목하게 사랑하고 삽니다. 그런데 절대 가만히 못 있는 일이 있는데요. 내 자식을 건드리거나 내 자식이 못났다고 하면 꼭 화를 내거나 욕을 하거나 가만히 두지 않고 펄펄 뛰는데 그것이 30년이 되었습니다.

우리 예수님 믿은 지 30년 동안 아이들 때문에 많은 사람하고 부대꼈고 자식을 나무라면 용서하지 않는 이상한 버릇이랄까요 습관이랄까요 다른 사람들은 우리 아이들이 당한 일을 당하면 천천히 움직이는데, 우리 아이들이 당하면 이성을 잃어버리는 나를 보면서 우리 아버지를 생각해봤습니다.

나는 좋아서 나은 아이들을 향하여 이와 같이 움직이는데 우리 아버지는 자신의 아들을 죽여서 우리를 낳으셨으니(시2:7), 그 사랑은 관연 무엇일까요? 누군가 나에게 백억을 줄 테니 네 아들 손가락 하나 달라고 하면 나는 과연 어떤 행동을 할까? 실컷 두들겨 맞고 갈 그 사람의 뒷모습이 선명합니다. 그런데 우리 아버지는 과연 우리를 얼마나 사랑하실까?

우리를 만드시고 세상에서 유일하게 하나 밖에 없는 나로 불순종하여 말듣지 않고 자신들이 하고 싶은 대로 하며, 자신의 마음을 아프게 하는 자식들을 전쟁을 일으켜 이웃나라에 부치기도 하고 죽이기도 해보고, 회유 설득도 해보고 해도 해도 말 듣지 않는 자식들을 바벨론에 70년을 보내보기도 하고(렘22:25) 아~ 답답한 심정 말라기선지 이후 나 너희들하고 못 살겠다 하시고, 430년을 침묵하시고 짝사랑하시고 택하신 방법이 자신의 아들 죽여 아니 자신이 죽어 너희를 사리라고 하셨습니다.

자식들이 말 안 들으면 미워도 해보고 내가 다시 너를 보나 봐라, 화를 내고 집 나가서 들어오지 않고 방황하는 말 통하지 않는 자식을 바라보며 오기만 해봐라 가만 안 놔 둘 거야! 너 내 자식 아니야 별말을 다해도 다시 돌아오면 좋아서 끌어안고 돌아온 탕자를 위해 송아지 잡는 것이 아버지 모습(눅15:11~32)입니다.

왜 성경 속의 아버지하고 나는 똑같을까요? 부모의 짝사랑은 자식들은 모르는 사랑이지요. 그자식이 자식을 낳아야만 알 수 있는 외로움은 바로 아버지의 마음이었습니다.

그렇게 만드시고 예수님의 피로 다시 사신 우리에게 아버지가 복을 못주시는 이유는 무엇일까요? 성경이 말하고 있는 것을 우리가 몰라서였습니다. 싸우는 여인하고는 안 사신다는 거예요. 예수님으로 보면 우리가 여인인 것입니다.

야곱이 하나님과 사람과 겨루어 이겼다면(창32:16) 그것은 사람하고의 씨름이 우리의 승리의 방법이라는 것과 같습니다. 보이는 형제를 사랑하지 못하면 보지 못하는 하나님을 사랑할 수 없다(요일4:20) 하셨습니다.

그래서 우리는 사람과 사는 방법을 터득하지 아니하면 지극히 작은 소자에게 하는 것이 곧 나에게 하는 것이라고 하시니(마25:45), 돈이 있든 없든 그런 문제가 아니라 내 앞에서 살아서 움직이고 있는 사람을 터득하여 사랑하는 방법을 새롭게 해야 되지 않을까 싶습니다. 아버지께서 그렇게 사랑하신 나, 나만 사랑하시겠어요. 바로 그도 사랑하시거든요. 그러기 때문에 나 때문에 다친 사람이 있어서도 안 되고 어렵다고 못 본척해도 안 되는 것입니다. 좀 달라고 하면 그대로 보내도 안 되겠지요.

오른뺨 치면 왼뺨 까지 내 주고 오리가자고 하면 십리가고 겉 옷 달라고 하면 속옷주고 그것이 우리가 해야 할 일입니다(마5:38~42). 핍박하면 감사하여 복 받고 칭찬하면 더 감사하고 또 잘못하는 것이 있다면 책망하고 경책하고 경계하며 권해줘야 하고(딤후4:2, 잠24:23~26), 나의 사랑하는 가족과 이웃에게 조금의 소홀함도 없이 대해야 되는 것입니다.

그가 저주하면 나는 축복해주고 그가 욕해도 나는 축복해야하고 내가 잘못이 없다 해도 그렇게 해야 합니다(마5:11). 원수가 주릴 때에 먹이고 벗을 때 입히고 목마를 때에 먹이고 그러면 핀 숯을 그 머리 위에 두는 것이라(잠25:21). 원수 갚는 것이 네게 있는 것이 아니라 아버지께 있다하시니(롬12:19), 우리가 해야 할 일을 그가 원하는 데로 말하고 행동해주고 잘못한 것이 있으면 가르쳐주고 말 안 들으면 할 수 없고 그저 사랑해주고 오래 참아주고 인내하며 예수님을 위해서 이웃과 사는 것이지요. 그러면 복이 있고 부요가 있고 환난과 곤고가 나에게 없답니다.

그렇지 않고 판단하고 비판하고 손가락질하고 욕하며 늘 환란과 곤고가 나에게서 떠나지 않을 것이로되 그렇지 않고 형제를 사랑해주는 자에게는 영광과 존귀가 나에게 있습니다(롬2장). 금방 되는 일이 아니겠으나 이제부터라도 나를 성경에 길들여서 성령의 아름다운 열매를 맺어(갈5:22) 싸움을 멈춰야 되겠지요. 승리의 삶을 야곱같이 살기위해서 말이에요. 사랑합니다.

3. 환란에서 벗어날 수 있는 입술

외모로 보시지 않고 각 사람의 행위대로 심판하시는 이를 너희가 아버지라 부른즉 너희가 나그네로 있을 때를 두려움으로 지내라(벧전1:17).

우리의 말과 행동이 우리의 삶을 결정합니다.

(1) 아버지께는 어떻게 말씀드리는 것이 좋을까요?

우리는 많은 것을 아버지께 구하고, 사탄의 세상에서 나그네 생활하면서 필요할 때 위험할 때 아플 때, 슬플 때, 그 외 어떠한 상황이 우리에게 올 때에 아버지! 도와주세요. 물에 빠졌어요. 아파요 슬퍼요 힘들어요. 우리 아이가 어려워요 도와주세요라고 부르짖고 외치고 울며 기도 합니다 그런데 우리 아버지는 계시는지 아니 계시는지 아무 응답이 없고 메아리만 돌아오니 무슨 연유인가요? 그의 나라와 의를 구하지 아니해서 그런가? 그러면 그의 나라와 의는 무엇인가? 돈 문제라면 주시면 11조하고 감사도하고 떼어서 건축헌금도 한다고 하면 되겠지만 다른 문제는 어떻게 해야 하나 답답하시지요. 저도 답답한 세월 많이 보냈습니다.

이렇게 해보세요.

내 가정도 아버지 것, 남편도 아버지 아들 아내도 아버지 딸 자식도 위탁모 위탁부이지 내 것이 아니지요. 그것을 인정한다면 기도가 달라지지 않겠어요.

'아버지! 아버지의 딸 제가 옷이 필요해요. 자식이면 아버지의 손녀딸, 손자가 학비가 필요해요. 아버지! 주세요.'

'아버지! 집이 필요해요. 자동차가 필요해요. 꼭 주세요. 언제 주실래요.'

달달 볶는 기도는 굉장히 싫어하시고요. 구했으면 주실 때까지 묵묵히 기다리며 자신의 일에 최선을 다하면 되고요 아버지! 저는 아니 주셔도 사랑합니다. 주시기 어려우시면 안주셔도 괜찮아요. 그리 아니하실지라도 사랑합니다. 다니엘의 세 친구의 기도를 한다면(단3:18) 얼마나 대견스러워하시겠어요.

제가 해보니까 더 잘 주시고요. 사랑과 함께 덤도 주십니다. 주권을 온전히 돌려드리면 일을 더 잘하십니다.

아버지! 제가 구한 것 이 제게 있는 것이 좋을까요. 없는 것이 좋을까요. 있고 없는 것을 아시고 육신으로 구하는 것 받지 못하는 것은 정욕으로 쓰려고 잘못 구하기 때문이라고 하셨는데(약4:3), 내가 구하는 것이 어느 쪽인지 모르기 때문에 이렇게 하면 육신적인 것이면 안 주시면 되고 하나님 나라와 의를 위하여 나에게 필요한 것이라면 주시면 되는 것이지요. 어때요 한번 해보실래요. 너무 예뻐하세요. 자유함이 있고 사랑스런 관계도 유지할 수 있으며 내 욕심도 버릴 수 있습니다.

(2) 사람에게는 어떻게 말하고 행동하는 것이 좋을까요?

우리의 말하는 것을 조금만 살펴보면 쉽게 복 받는 길이 열립니다. 우리가 예수님을 믿어 부끄러움 당하지 않고 사는 것이 성경인데(벧전2:6) 우리의 삶은 성경과는 달리 부끄럽고 영광 돌려 드릴 수 없는 일들이 너무나 많습니다. 그래서 다시 성경을 살펴야하고 어떻게 말하고 행동하는 것이 옳은 것인지를 성경에서 찾아야 하는 숙제를 안게 되었습니다. 사람들이 나에게 하는 말에 유순하게 대답하면 화났던 사람이 분노가 가라 않는다는 것인데(잠15:1) 우리는 쉽게 '싫어요, 안 해요, 못해요, 안 돼, 못해, 왜 그래하며 나하고 맞지 않는 상대에 말에 통명스럽고 부정적으로 말하기 때문에 싸움이 일어나고 얽히고설키는 일들이 만들어지고 있는 것입니다.(회개거리)

누가 내 마음에 맞는 말을 해 주겠어요, 누가 내입에 달콤한 것만 주겠어요, 칭찬받기만 원하면 화가 있다(눅6:26)하시니 좋은 것만 줄 수 있다면 참으라는 얘기도 없을 테고 성경에 여러 가지 이야기를 바꾸어야 되겠지요.

무슨 부탁을 하더라도 또 내가 하기 싫은 것을 해달라고 부탁을 할 때에도 오리가자고 하면 십리가고 겉옷 달라하면 속옷도 주고 네게 구하는 자는 주라고 하신 말씀을 생각해서(마5:38~42) 예스! 라고 대답하면 어떨까요. 오만상(시1:1, 사28:22) 다 쓰면서 대답하면 우리에게 기쁨이 없고 예스로 대답하면 기쁨을 얻습니다(잠15:23). 우리의 통명스럽고 멋없는 많은 말들 중에 대답하는 말을 고친다면 사랑하는 가족도 내주위에 형제도 분노 할 일 없어지고 나도 기쁨을 얻으니 한번 혀를 길들여 보실래요. 혀를 길들일 사람이 없다고(약3:8) 하셨는데요. 제가 해보니까 길들여집니다. 사랑해요 감사해요 oh! yes! 아주 재미있는 인생이 됩니다.

유덕한 여자는 존영을 얻고 근면한 남자는 재물을 얻느니라(잠11:16). 유덕의 뜻은 유는 버들유, 덕은 덕스럽다는 뜻인데 모든 사람에게 유들유들하고 덕스럽게 하면 존귀와 영광을 돌리게 된다는 말씀입니다. 제가 해보니까 정말 그랬습니다. 사람들하고 법 없이 덤벼 자신이 가지고 있는 사고가 법이 되고 자기 마음대로 하는 것은 법이 아닌 것입니다.

사랑하는 자들아 거류민과 나그네 같은 너희를 권하노니 영혼을 거슬러 싸우는 육체의 정욕을 제어하라(벧전2:11)

육신의 나라에도 지켜야 될 법이 있고, 하나님 나라 백성들이 지켜야 될 법이 있는데 그것을 무시하고 자신이하고 싶은 데로 하고 살면 무법자가 되어서 광야에 떠도는 거류민 같은 나그네가 되는 것입니다. 성경은 사람하고 함께 사는 법이 정해져 있어 모든 사람 나에게 잘해주던 못해주던 욕하던 손가락질하던 어떤 일을 한다할지라도 그들에게 복을 빌어주고 유덕하게 하여(마5:11,12) 그들의 마음을 상하게 하지 않고 그들의 마음을 부드럽게 만들어주면 가시밭같이, 돌짝밭같이 거친 풀이 있고 거친 돌들이 가득한(잠24:31) 사람도 순해져서 서로 사랑하게 되고 서로 이해하게 되는 것을 볼 수 있었습니다.

수많은 사람들과 상대하며 살다보니 나의 말과 행동이 사람이 나를 가까이 할 수 있도록 길을 여느냐 마느냐의 선택이라는 것을 깨닫습니다. 내가 사람들하고 유덕하게 살면 우리 예수님이 나를 위하여 일하시는 길에 진달래꽃을 깔아드리는 것이요 내가 사람들하고 사랑스럽게 살지 못하는 것은 가시덤불 바위에 거친 풀을 길에 까는 것과 같아서 나의 예수님이 그 길을 치우느라고 나에게 아무것도 갖다 줄 수 없는 것입니다.

영권, 인권, 물권이라 합니다. 우리가 아무리 큰 영권을 가져도 사람과 사랑스럽게 사는 방법을 터득하지 못하면 물권이 없다는 것하고 같습니다. 이 세상을 살기위해서 또는 큰일을 하기 위해서는 꼭 물권이 필요합니다. 그것을 갖기 위해서 사람과 사랑스럽게 사는 방법을 터득하여 존영(존귀영광)을 얻으시기 바랍니다.

　어느 날 무엇인가 필요하여 구했더니 아버지 말씀하시기를 '사람을 얻으면 다 얻는 것이요, 사람을 잃으면 다 잃는 것이다' 라고 하셨습니다.

4. 하나님과 이웃 사랑하는 법을
다시 터득해야 합니다

잘못 알고 있는 지식은 우리를 죄의식을 갖게 하여 행복한 우리의 삶을 그르칩니다. 하지 않아야 될 일을 내가 해야 되는 것처럼 착각을 하면서 살기 때문입니다. 이제 바른 하나님 섬김이 우리에게 있어지기를 원합니다.

첫째 계명 : 예수께서 이르시되 네 마음을 다하고 목숨을 다하고 뜻을 다하여 주 너의 하나님을 사랑하라 하셨으니(마22:37)

**(1) 첫째, 마음(혼)에 새겨진 습관 버리고 영(성경)으로 사는 방법 터득
해야 합니다.**

너희가 알거니와 너희 조상이 물려 준 헛된 행실에서 대속함을 받은 것은 은이나 금 같이 없어질 것으로 된 것이 아니요(벧전1:18).

우리의 조상들이 물려준 망령된 행실 모든 악독, 모든 기만 외식 시기와

모든 비방하는 말을 버리고(행동반경) 갓난아기 같이 순전하고 신령한 젖을 사모하면 구원에 이릅니다(벧전2:12). 우리의 행동과 신령(신실한 성령) 그가 주신 구원의 젖은 우리의 갈 길을 인도받아 불순종을 면하는 것입니다. 젖이 말씀인데 말씀을 그냥 그대로 받아드리면 우리의 행동을 결정하지 못해 불순종을 합니다. 우리의 행동을 결정하여 구원으로 이끄는 젖은 꿈과 환상으로 응답받아 나아갈 방향의 지식을 갖고 가야만이 우리의 삶이 예수 그리스도의 덕을 선전해 드리는 것입니다(벧전2:1, 2, 9).

(2) 둘째, 목숨입니다.

한 알에 밀이 땅에 떨어져 죽지 않으면 한 알 그대로 있고 죽으면 많은 열매를 맺느니라. 자기의 생명을 사랑하는 자는 잃어버릴 것이요 이 세상에서 자기 생명을 미워하는 자는 영생하도록 보존하리라(요12:24~25).

이 말씀은 누구든지 순교한다고 생각합니다. 그런데 그것은 아닌 것 같습니다. 우리의 혼에 새겨진 육신의 생각과 습관 된 그 모습을 버리는 것을 죽음이라하시고 옛 구습의 행동을 버리는 것이 죽음이지요. 조상들로부터 배운 말과 행동 위선적인 일들 악한 생각 탐욕 등(롬1:29~, 갈5:16~21)을 버리는 것이 바로 우리의 생명이며 자존심이며 내 것 인줄 알고 인격 건드리지 말라고 하는데 그것은 내 인격이 아니라 사탄의 인격이며 하나님의 형상으로 만들어진 우리의 본 모습은 숨겨놓고 그 위에 덧씌어진 것을 벗어버리고 하나님의 형상을 찾아야 되는 것입니다.

옛사람과 그 행위를 벗어버리고 새사람을 입어 자기를 창조하신이의 형상을 따라 지식에 까지 새롭게 하심을 입은 자니라(골3:9~10). 우리는 새로운 지식을 가지고 하나님의 형상 따라 지음 받은 내 모습을 찾고 옛 구습을 벗어버리는 것이 바로 목숨(혼, 살전5:23)을 버리는 것이며 옛것을 버리는 것이 목숨을 버리는 것처럼 어렵다는 것을 성경이 우리에게 알려주고 있습니다.

어려움을 불구하고 버리는 자는 영생하도록 보존할 것이나(요12:25) 그렇지 아니하면 이 땅에 모든 것을 잃어버려 나그네 인생길인 나의 삶이 슬픔과 고통의 연속이 되어 사랑하는 나의 예수님의 그 기이한 빛에 들어가게 해주신 놀라우신 덕을 선전할 수 없는 것이지요(벧전2:9). 어렵지만 버리기를 시작해 보실까요.

(3) 셋째, 뜻입니다.

우리에게는 자신이 하고 싶은 일들이 모두 있습니다. 그것을 포기하고 아버지께서 원하시는 길을 가드리는 것이 뜻을 다하는 것입니다.

특히 사명(목사, 사모)의 길에 택함을 받으신 분들이 있으시다면 그것은 곧 생명입니다(사43:1~5) 자신이 뜻을 둔 여러 가지 길을 버리고 속히 아버지의 뜻을 따라야(순종) 세상에서 버림받는 일이 없을 것입니다. 세상이 내어준바 되면(요17:14) 되는 일이 하나도 없습니다. 그때까지 가지 말고 순종하시면 세상이 나에게 순해져서 모든 것을 내어줍니다

(4) 넷째, 구하는 것입니다.

우리는 세상을 살면서 갖고 싶은 것이 너무나 많습니다. 집이 없을 때 집이 갖고 싶고 차도 갖고 싶고 좋은 옷도 입고 싶고 아이들에게 좋은 것들을 사주고 싶습니다. 그리하여 구하기도하고 때를 쓰기도하면서 얻기도 하고 못 얻기도 합니다.

얻는다 할지라도 그 감사는 잠깐뿐이요, 집을 얻었는데 예를 들면 20평짜리를 얻었습니다. 그런데 조금 지나면 이제 30평짜리가 부럽고 30평을

얻으면 50평짜리를 갖고 싶어집니다. 이것이 사람인 우리가 하는 구함입니다.

무엇인가 우리가 구하는 것이 소망이며 그 소망이 삶이 끈이 되어 날마다 무엇인가를 구하며 하나님을 기대하며 예수님께서 나타나주시기를 기대하며 사는 것이 우리의 아름다운 삶이라는 것을 알게 되었습니다. 무엇을 구하든지 구해야만이 사는 재미를 느낄 수 있다고 봐야 합니다. 구하는 것들이 이루어지는 것도 있지만 오랜 시간 동안 이루어지지 않는 것들이 너무 많습니다.

저 같은 경우는 애들 아버지의 술 문제였고요, 우리 권사님은 딸 문제이구요, 또 어떤 분들은 자식들이 교회가지 않아서 평생을 기도해도 이루지지 않는 것입니다.

이러한 문제들을 보면서 성경은 구하라 주실 것이요 찾으면 찾을 것이요 두드리면 열리리라(마7:7~8) 하셨습니다. 그런데 저는 되지 않아서 14년을 살다가 이혼을 했습니다. 우리 권사님은 몇 십 년을 붙잡고 고치겠다는 믿음을 가졌지만 결국 못 고치고, 천국 가는 날까지도 자식이 예수님께 돌아오는 것을 보지 못하고 천국 가는 사람이 너무나 많은 것은 무슨 연유 때문인지 알아봐야 될 것 같습니다.

예수님께서 주기도문을 통하여 우리에게 어떻게 기도할 것인가를 본을 보여주셔서 어떤 사람들은 절에 가서 3000배하듯이 주기도문을 3000번을 외우니까 이루어지더라고 하는데 그것은 조금 문제가 있는 듯합니다. 삼천 번을 외울 동안 시간이 가서 때를 만난 것 이지요 주기도문은 그렇게 사용하면 안 될 것 같습니다. 나라가 임하시오며(마6:10) 하나님의 나라가 이 땅에 임하기를 기도하고 하늘에 뜻이 땅에 이루어지기를 구하라는 말씀입니다. 하나님의 나라가 임하는 것이 무엇일까요?

예수께서 대답하여 이르시되 진실로 진실로 네게 이르노니 사람이 물과 물로 임하신 성령이 너에게 오시면 하나님 나라에 들어간다고 하시고 무엇이든 가질 수 있는 것이지요. 중언부언하지 말고 은밀한 중에 계신 네 아버지께 기도하라 은밀한 중에 보시는 네 아버지께서 갚으시리라(마6:6~7) 그래서 사람들은 속으로 기도도 해 보고 부르짖으라하면(렘33:3) 소리를 냅다 질러도 봤습니다.

분명히 주신다고는 성경에 되어있고 나도 준다고 믿어지는데 이루어지지 않고 있는 이유는 분명히 찾아봐야 될 줄로 압니다. 그것은 하나님의 나라가 임하느냐 임하지 않느냐 하늘의 뜻을 알고 구하느냐 모르고 구하느냐의 문제인 것 같습니다(마6:10). 성령께서 나에게 오시어 하나님의 나라가 내게 임하면 꿈·환상이 분명해지고 하늘의 뜻을 알려주십니다.

내가 너에게 줄 수 있는 것 줄 수 없는 것 네가 지금 구하고 있는 것이 옳은 것인지 그른 것인지를 알려주십니다. 그렇게 하면 우리가 없앨 것을 없애고 아버지께서 원하시는 것만을 구해서 기도하다보면 얼마의 때가 지나서 구하는 것을 얻게 됩니다. 네가 용서해라 내가 용서할게(마6:14~15). 땅에서 매면 하늘에서도 매이고, 땅에서 풀면 하늘에서도 풀어주셔서 두 사람이 구하는 모든 것을 들어주신 답니다(마8:18~19). 얻고 싶으면 용서해야겠지요.

아버지는 우리가 구하는 것을 받아서 기뻐하며 사는 것을 원하시는데 우리가 성경을 우리의 삶에 잘못 적용하므로 받지 못한 것이 우리의 고통인 동시에 아버지의 고통이 되십니다. 아버지는 우리에게 주고 싶어서 애태우시는 분이시기 때문입니다.

저는 이렇게 구해서 늘 받으면서 아버지를 기쁘게 해드리며 저도 기쁨의 삶을 누린답니다.

아버지께서 저를 통하여 이루실 일이 있으시다고 보여주시면 그것이 저에게 아무리 어렵게 느껴져도 저는 그것을 yes!로 대답합니다. 저에게는 아버지께서 이곳에 짓고 싶으신 예배당이 있으신데요. 그 평수가 바닥이 3000평이며 극장식으로 지으시려 하십니다. 그런데 저는 이것이 너무 저에게 버거워서 몇 가지 질문과 대답이 이루어진 다음에 ok 했습니다.

① 왜 지으려하시는지? 이민족을 금식과 기도로 저들의 마음 성전에 있고 싶은데 그것은 바른 금식이 필요하다 너에게 내가 가르쳤고 가르친 그것을 사용하여 이 민족에게 바른 금식과 성령을 가르쳐 그들에게 임하고 싶으시다는 소원이십니다. yes!

② 아버지! 그런데 저는 그 예배당을 청소하기가 너무 어렵습니다. 그래, 그러면 지금 있는 인원의 10배를 주면 괜찮겠니? 지금 40명이니까 400명 정도의 훈련생들이라면 청소하는 일은 걱정이 없겠구나 하여 ok!

③ 아버지! 그런데 저는 돈이 없습니다. 그러니 아버지께서 지으시되 저나 저에게 맡겨주신 종들과 백성들이 빚지지 않게 하실 수 있으면 하세요. 지금의 예배당을 지으실 때에 마지막에 2천만 원 빚졌는데 저는 감당할 길이 없었어요. 3~4개월 뒤에 다 갚아 주셨지만 어려웠습니다. 이 큰 예배당을 지으실 때에 만약에 빚을 진다면 얼마나 많은 빚을 지겠어요. 그러니 솔로몬이 성전 지을 때 느헤미야, 에스라서에서 바벨론 포로에서 돌아와 재건할 때에도 그 물질과 물건들이 쓰고도 남았던데(대하24:14) 그렇게 하실 수 있으시면 좋겠어요. 그래 알았어. 빚 안지면 되는 거지? ok!

쓰고도 남게 하실 수 있나요? 있고말고! 그러면 그렇게 해주시고 헌신한 사랑하는 종들도 개척해서 내보내 주세요. ok!

이렇게 하늘에 뜻에 응대할 때에 제가 넘어지지 않을 수 있는 방책을 세운 뒤에, ok 하고 너는 너에 행복을 위해서 살아라(민10:13)는 말씀을 기억하며 이 땅 에서 아버지의 뜻을 이루는데 아버지 기쁘게 해드린다고 나를 무조건 내놓으면 나도 빚지고 성도들도 빚지게 해놓으면 그것을 어떻게 감당하겠어요. 그래서 우리는 지금의 예배당을 얻을 때와 똑같이

① 있는 사람은 최고 많이 드린다(대상22:14, 대상29:17, 자원).
② 없는 사람은 달라고 기도드린다(대상29:16, 저축).
③ 안주시면 그냥 기도로 최선을 다하며 봉사한다.

이러한 원칙을 세웠습니다.

그 원칙을 깨고 빚지는 분들이 2~3명 정도는 있더라고요. 그래도 끝까지 말리지만 감당할 만한 믿음 자 들은 그냥 놔두시는 것 같았어요. 그러나 원칙은 절대로 받아서 드리는데 끝까지 초점을 맞춥니다. 형편껏 구한 것을 받는 것 모두들 잘 따라 해주셔서 지금의 예배당도 재미있게 지어드렸습니다. 앞으로의 예배당도 그렇게 지어드릴 예정이랍니다.

빚지면 잘 안 갚아 주시더라고요. 기다렸다가 받아쓰면 아주 행복한 하루를 살 수 있답니다.

(5) 다섯째, 전도하는 것입니다.

너는 구제할 때에 오른손이 하는 것을 왼손이 모르게 하여(마6:3).

전도지요, 육신의 배고픈 자에게 밥을 주는 것도 구제이지만 실제적인 구제는 전도입니다. 가난한 자에게 아름다운 소식을 전하게 하려 함이라(사61:1) 심령이 가난한 자는 천국이 저희 것이요(마5:3) 심령이 가난한 자들을

전도하는 것을 구제로 표현하고 있고 실제로 구제하며 많은 전도를 합니다. 그러나 육신의 배고픈 사람들만 찾는다면 전도가 어렵지 않겠어요. 요즈음은 별로 주위에 가난한 자들이 눈에 띄질 않아서 구제하기가 어렵습니다. 꼭 어려운 사람들만 찾는다면 전도가 거꾸로 가는 나라가 되지 않을까요? 예수 믿어 아버지가 우리나라에 복을 주셔서 날로 좋아져서 기초생활비를 나라에서 지급하고 있는 상황이니 말이에요. 그래서 돈이 있고 없고를 따지지 말고 심령이 가난한 자들을 찾아서 전도해야 되는 것이지요.

부자는 천국에 못 간다는 말씀이 있어서요? 아닙니다. 사람은 할 수 없으나 하나님으로서는 다하신다고 하셨고요. 낙타를 줄여 바늘귀로 들어가든 바늘귀가 커져서 낙타를 들어가게 하던(마19:16~) 그것은 상관 할 바가 아니고 우리가 해야 할 일은 예수님을 전하여 그를 믿게 하는 것입니다.

예수님을 새 무덤에 모신 분이 부자 아리마대의 요셉이고 그도 제자입니다(마27:57~61), 부자가 예수님을 더 잘 믿지 않겠어요. 믿을 만한 사람이 있나요 바로 예수님을 믿게 하면 돈도 잘 지켜주실 건데요 예수님처럼 믿을 만한 분이 어디계신가요 돈 많이 달라고 할까봐요. 제가 10년을 목회를 하는데 돈이 많다고 무조건 뺏나요. 그것은 사기꾼이지요. 본인들의 믿음 따라하는 것이지 누가 돈 많다고 뺏을 수 있나요 아리마대의 요셉도 예수님을 위해서 무덤을 드렸다고 했지 언제 돈 드렸다고 되어 있나요 물론 많이 있으니 풍족하긴 하겠지요. 그렇게 무분별한 성경이 아닙니다.

5. 전도가 안 되는 이유는 무엇일까요

너희는 택하신 족속이요 왕 같은 제사장들이요 거룩한 나라요 그의 소유가 된 백성이니 이는 너희를 어두운 데서 불러 내어 그의 기이한 빛에 들어가게 하신 이의 아름다운 덕을 선포하게 하려 하심이라(벧전2:9).

(1) 첫째 계명, 하나님 사랑

전도와(예수님의 도를 전하는 것) 전파, 선포(내 삶을 전하는 것, 간증)를 동시에 해야 만이 전도가 될 것인데 예수님은 전할 수 있는데 예수님을 믿으면 구원(영.육) 받는다는 말에 확신이 없지요 천국은 가봐야 알고 삶은 안되니 말이에요. 철이 엄마 예수 믿어 그러면 천국도 가고 이렇게 좋은 일도 생긴다고 해야 전도가 될 터인데, 철이 엄마 예수 믿어 천국가~, 죽어서 가는 천국밖에 못 전하는 것입니다. 좋은 것이 뭔데 하면 그냥 좋아...... 좋은 일이 없는 것이지요. 마음이 아주 평안해만 가지고는 전도가 약하지요 우리 집에 이렇게 돈도 생기고 아이가 공부도 잘하고 건강도 좋아지고 등등을 꼽아줘야 전도가 힘이 생기는 것입니다.

부활하신 예수님은 만나는 제자들에게 평안하냐(마28:9) 평강이 있을지어다(요20:19, 21). 부활하신 예수님을 만나면 평안하고 평강하다는 것이지요. 성령님을 모시고 부활하신 예수님을 새롭게 만나게 되면 평강과 함께 삶은 자동으로 잘되는 것 아니겠어요. 삶을 떼어놓고 어떤 말을 하겠어요. 네 영혼이 잘되면 범사가 잘되고 강건하리라(요삼1:2).

우리가 빚진 자로되(롬8:12) 우리는 예수님으로부터 갚을 수 없는 생명의 빚을 졌습니다. 그래서 당연히 해야 하는 것이 전도인데 그 전도를 못하고 있는 것을 보면 우리 아버지께서 얼마나 마음이 아파하실까요. 자신의 아들을 내놓으셔서 우리를 피로 사시고 날마다 천국 백성을 만들기를 원하시는 것이 우리 아버지이신데 우리가 그 소원을 들어 드릴 수가 없으니 무슨 대책을 세워봐야 되겠지요.

구원 백성들도 세상 방법을 통하여 가르쳐 성경이 우리의 삶에 응하지 못하고 망하고 어려움 당하고 귀신이 무엇인지 성령이 누구신지 알지 못하여 심령에 기쁨을 갖지 못하고 이 교회 저 교회를 전전하며 고통당하고 있는 현실을 어떻게 해결해야 할지 전도해도 데려다 줄 교회가 마땅치 않다는 분들도 갈수록 많아집니다.

영의 일을 하는 분들을 보면 양신의 역사가 확연한데도 본인들도 모르고 성도들은 더 모르니 이 얼마나 안타까운 일인지요. 말하지 아니하고 불타는 것 같은 제 마음을 제어하기가 어렵습니다. 어디서부터 생각을 잡아야할지 앞이 아득한 시대가 되었습니다.

교회의 모습은 세상 방법이 아니면 안통하고 교회들이 목사님들과 지도자들과 성도들의 싸움 때문에 성도들의 안정되지 못한 모습이 눈에 확연하고 이것이 무슨 밥그릇 싸움인지 주의 종이 성도들 눈치, 재정부장님 눈치 아니면 또 막무가내로 자기 마음대로 돈을 써버리니 그냥 내줄 수도 없고 안줄 수도 없는 모두 그런 것은 아니겠지만 너무나 많은 교회들이 이렇다 보니 우리 모두가 될 수밖에 없는 것입니다.

요즈음은 교회에서 세상 걱정하는 것이 아니라 믿지 않는 분들이 교회 성도들 걱정이 많다고 하는데 정말 그런 시대가 아닌가 싶습니다. 전도를 해야 하는데 전도를 당하는 것이지요. 이단에 절에 점쟁이에 무당까지 세상에 어떻게 해야 할지 싸우고 망하고 나가고 찢기고, 모든 나약한 성도들을 사탄의 발톱 아래 던져 넣고도 절대 물러서지 않고 싸움을 계속하니 어쩌면 좋단 말인가요. 눈물 흘리시는 아버지의 모습 내 맘대로 할 테니 가시면류관 쓰신 채로 그냥 계세요. 금식하면 해결됩니다.

내 마음 대로(대상29:16~17) 다닐 테니 발에 못 박힌 채로 계세요. 응답 받는 통로를 찾지 못하여 마음대로 생각나는 대로 습관 된 대로 살다가 부서지고 자빠지며 징계로 넘어져서 고통당하는 사랑하는 종들과 백성들을 바라보는 아버지의 마음은 어쩌실까? 얼마나 아프셨나, 못 박힌 두 손과 발 죄 없이 십자가에 못 박히신 예수님. 어디서부터 어떻게 손을 써야 만이 좋을지는 모르겠으나 그래도 다시 시작해봐야 되는 것은 확실합니다.

내 마음 대로 생각하면 예수님의 머리에 가시면류관 다시 씌워드리고(요 14:27),

내 마음 대로 일하면 예수님의 손에 다시 못을 박고,

내 마음대로 다니면 예수님의 발에 다시 못을 박고,

잘못 살아 사람들에게 욕 얻어먹으면 예수님의 옆구리를 다시 창으로 찌르니,

우리가 어찌해야할꼬 다시 아름다운 삶을 살도록 나를 꺾어 오늘을 아버

지 앞에 드려야하지 않을까요(고전9:27).

응답을 받아서 아버지 뜻대로 해야 합니다.

마음에서 나는 그런 음성 말구요(겔13:1~) 꿈·환상으로 말입니다(행2:17, 계1:2).

꿈·환상으로 응답을 받아서 내 삶에 접목시키면 어떤 상담자에게 어떤 사람에게 물어본들 그렇게 대답해 주시겠어요. 마음의 생각과 뜻을 감찰하시어 말씀해주십니다(히4:12) 교회 짓는 문제, 성도들의 생활문제, 진로문제, 부부문제, 어떤 상담자가 우리의 마음을 그렇게 속속들이 알겠어요.

나의 심령 속에 계시는 성령께서 보시고 그대로 나타내주셔서 우리의 삶을 형통하게 이끌어주시며 순종하며 살 수 있게 이끌어 주십니다. 교회의 지도자들하고 성도들하고 의논할 것이 아니라 아버지께 기도하고 금식하여 여쭤보는 것이 먼저인데 우리들은 아버지 예수님 성령님은 폼으로 세워놓고 자신들이 결정하고 자기 맘하고 안 맞으면 목사도 쫓아내고 마음대로 안 되면 휘저어버리고 지도자라는 분들이 교회를 치리하여 목사를 쫓아내고 그 뒷감당은 환난과 고통을 당하면서 감당할 수 없는 지경으로 넘어지면서도, 아 ~ 목사가 목자가 되고 부모가 되어줘야 하는데 몇 년 계약하여 그때까지 나가야하니 부모가 되는 것이 아니라 삯군 목자를 만드는 구조는 도대체 어떻게 해야 하나요.

성경에는 예수님이 교회의 주인이신데(골1:24) 우리나라는 왜 지도자들이 하나님이 되어서 교회를 치리하고 있는 것인지(벧전5:1, 요삼1:1).

이러한 다툼을 멀리하기 위해서는 응답받는 방법을 터득하여 목사 장로 성도 모두에게 맞춤형교육을 하여(요14:23) 성령께서 꿈과 환상으로 가르치시도록 지도하면 아무런 문제도 생기지 않고 목사가 잘못하면 아버지께서 성도에게 말씀하시고 성도가 잘못하면 목사님에게 성도들에게 서로서로 말씀해 주셔서 보여 주신 대로 회개하고 서로 사랑하며 사는 이런 간단한 원리를 왜 이리들도 몰라서 성도들을 안정하지 못하게 하는 것인지 참으로 안타까울 뿐입니다.

교회가 예수님께 치리를 맡기고 그대로 따라하는 구조만 만들어 준다면 이리저리 떠돌아다니게 하지 않고 안정되게만 해준다면 얼마든지 많은 성도들을 보내주셔서 교회가 부흥되고 나라가 더 잘 될 텐데 지금의 구조는 싸움닭 구조로서 주의 종도 성도도 경계 구조가 될 수밖에 없어 영혼들이 늘 평안치 못하니 병이 생기고 가정들의 화근 덩어리이입니다. 이제 꿈 · 환상으로 응답 받아서 평안하고 예수님이 직접 자신의 교회를 치리하여 순종하고 복 받는 교회 한번 만들어 보지 않으실래요? 너무 재미있습니다. 교회가 재미있어야 다니지 그렇게 고통을 주면 다니고 싶겠어요. 평안은 얼굴의 웃음으로부터 옵니다. 웃어보세요. 사랑합니다.

전도의 방법을 새롭게 터득해 보세요

먼저 상대를 정하여 죽 기도하면 그 사람의 가정사와 좋고 나쁜 것에 대해서 꿈. 환상으로 보여주십니다. 그러면 그것을 해석하여 먼저 아는 척을 하는 것입니다. 그것은 세상에서는 점쟁이 성경에서는 선지자라고 합니다. 그 기도한 가정에 좋고 나쁜 일들을 미리 알아서 조금씩 알려주면서 접근하면 얼마 지나면 아마도 예수 믿고 있을 것입니다. 세상은 변화하고 있는데 우리도 전도 방법을 바꾸어 봐야지요. 어렵고 가난한 사람만 찾아서는 안 된다는 겁니다. 그렇다고 어려운 사람을 모른척하라는 말이 아닙니다 늘 어렵고 힘들고 부족할 때에 오른 뺨 때리면 왼뺨을 돌려대고 겉옷 달라고 하면 속옷까지 주고 오리가자고 하면 십리를 가주고(마5:38~42) 어떤 형제든지 아니야~ 아니야~ 하고 달려들지 말고 그가 말하는 것 그가 행동하는 것을 그대로 밀어줘서 그가 나를 먼저 사랑할 수 있도록 내가 최선의 봉사와 헌신이 있는 다음에야 전도가 가능한 것이 아니겠냐는 겁니다.

오른뺨 때려 나 아프게 하면 열배를 더 아프게 해버리고 겉옷 달라고 하면 행위 고치라고 하는 것이지요(계3:18). 네가 뭔데 나한테 고치라고 하느냐고 달려들고 억지로 오리를 가자고 하면 십리를 가라는 것은 이것조금 도와달라고 하면 완전하게 도와주라는 것입니다.

하기 싫어도 구레네 사람 시몬을 생각하면서(눅23:26) 아주 사랑스럽게 돕고 사랑해야하는 것이지요. 이렇게 한다면 전도가 안 될 리가 있겠어요. 조금만 나하고 다르면 쌈하기 바쁘고 때리고 흉보기 바쁘니 어떻게 전도가 될까요. 나를 희생하여 우리를 구원하셨는데 우리는 희생하려하지 않고 누군가에게 희생을 강요만 하고 있는 것은 아닌가요. 십자가의 도를 잘 못 이해하고 있는 것 아닌가요. 예수를 믿는다는 것은 함께 십자가를 매고 가며 평안한 삶을 얻고 육신의 구원과 함께 복이 오는 것이 아니던가요.

그런데 우리는 전혀 다른 성경을 갖고 있어서 마음대로 싸우고 마음대로 욕하고 손가락질하고 사람들이 뒤돌아서기가 무섭다고 할 정도입니다. 왜 그러겠어요. 돌려세워놓고 흉보기 때문입니다. 죄 없으면 흉봐야지요. 그러나 죄가 있다면 그도 용서하고 기도해주는 것이 우리가 해야 할 일이 아닌가요. 죄가 없다면 뭐 하러 예수님을 믿어요. 예수님은 죄인이 필요하신데요. 의원은 환자를 위해서 있다고 하셨지 않던가요(마9:12). 그래서 우리는 모두 죄인이기 때문에 죄 중에 있는 자들을 데리고 예수님을 가르쳐야지 흉보고 때리고 하면 안 되는 것입니다. 그래야 전도가 되지 않겠어요.

사람 하나를 전도하려면 적어도 몇 년씩 공을 들여야 하고 10년째 공을 들이고 있는 사람도 있는데요. 어떻게 공들이냐고요. 그와 사랑스럽게 사는 것입니다. 누가 못하냐고요. 나를 너무나 괴롭게 해도 참아주고 인내하면서 기다리는 것 말입니다. 그랬더니 이제는 원장님을 존경한 다고 합니다. 그런 말 들으려고 하는 것은 아니지요. 나의 움직임 전체는 우리예수님의 복음을 위해서 해야 한다는 모토를 정한 것이지요. 그랬더니 뭔가 때가 온 것이지요 말하는 것 손해 보는 것 손해 봐야지요. 우리 예수님은 죽으시기 까지 손해 보셔서 우리를 살리셨는데 예수 믿는 사람들이 왜 그리도 빡빡한 거예요. 유덕이 존영입니다(잠11:16). 유들유들하게 하면 존귀와 영광을 준다잖아요.

한번 해보세요.

이민족을 2천만 명을 먼저 구원하시겠다고 하시니 전도에 대열에 참여하여 내가 먼저 본을 보이는 것이 마땅한 것입니다. 누구든지 어려우면 예수님을 찾습니다. 어려울 때를 기다려야하지만 그것은 너무 진보에 늦다는 것이지요. 어려움을 당하기전에 예수를 믿게 해주면 행복이 지속되어져서 아버지께서 더 좋아하신다는 설명이었습니다. 잘됩니다. 잘 될 겁니다. 우리 한번 해보세요. 복 받습니다.

(2) 둘째 계명, 네 이웃을 네 몸같이 사랑하라(마22:39).

네 이웃을 네 몸처럼 사랑하라 하셨는데 이웃을 어떻게 보느냐에 따라서 엄청난 오류들이 생기는 것을 봅니다. 저는 잘못배운 이웃 때문에 사탄이 제 울타리 넘어서 오는 것을 막지 못하여 가정이 깨지고 어린 자식들에게 씻을 수 없는 상처와 아픔과 고통을 안겨줬고 남편에게도 그랬습니다.

많은 목사님들이 이웃에게 쌀 갖다 주는 것, 병 고치는 것, 병든 자에게 희생하여 그들을 돕는 것을 테이프를 통하여 듣다보니 그것이 전부인줄 알고 병든 자는 다 내차지 쌀 갖다 주고 어려운 자를 보살펴야 만이 하나님을 가장 잘 섬기는 줄 알고 그렇게 했고 그 뒤에 희생당하고 있는 것은 제 가족이었습니다.

아이들 보살피지 못하고 애쓰고 다니며 전도하고 병든 자 보살피고 낙심자 일으키고 다니느라고 정작 신경써야하는 가족을 등한시한 바람에 나중에 엄청난 일이 벌어지고 말았습니다. 정작 테이프에서 은혜 받은 그 목사님도 가정이 깨졌고 보살피지 못한 아내가 가버리는 고통을 보면서 이것은 뭔가 우리가 성경을 잘못알고 가르치고 배워서 우리의 삶에 오류가 나고 있는 것은 아닌가하고 기도하며 성경을 보니 잘못되어 있다는 것을 알게 되었습니다.

과연 나의 가장 가까운 이웃은 누구일까요? 가족입니다. 가족 중에서도 부부이지요. 이것을 망각한 우리의 교회 안에서의 가르침이 분명하질 않아서 열심 있는 일꾼들의 가정이 위태하고 많은 어려움을 당하고 있다는 것을 알게 됩니다.

십계명을 보아도 별로 중요하게 나와 있지 않은 부부의 이야기가 우리의 삶에 이처럼 중요한 것을 울타리 넘어 이웃이 중요한 것이 아니라 먼저 울 안에 내 남편 아내가 더욱더 중요한 존재라는 것을 깨달으면서 아브라함의 아내 사라가 그의 남편을 주로 섬겼다고 하니(벧전3:6) 우리의 아내들도 그리하였으면 좋겠지만 현실은 만만치 않은 난관이 많이 있는 듯합니다.

아내들아 순종하라(벧전3:1, 엡5:22 ~)
자기 아내 사랑하기를 자신같이 하라(엡6:33)
이웃을 사랑하는데 자신 같이 하라(마22:39)
내 몸 같이 사랑할 수 있는 이웃이 과연 누구일까요?

다쳐서 쓰러져 있는 사람을 사마리아인이 돌봤습니다(눅10:25~37).

그를 선한 사람이라고 성경이 말합니다. 그러나 그 사람도 데려다주고 돌봐주라고 하며 자신의 길을 갔고 가슴 아팠겠지만 있는 돈 주고 그것으로 그만이었습니다. 그 다음은 주막 주인의 몫이었습니다. 병든 사람 배고픈 사람, 헐벗은 사람 어떤 사람을 도와도 그것은 부분이지 완전히 함께 할 수 없습니다.

제가 어려움을 당하여 먹을 것이 없고 입을 것이 없을 때에 여러 사람이 도와서 쌀도 사다주고 옷도 사주고 돈도 주고 애들 학비도 보태줬습니다. 하지만 3년의 고통의 만나 기간 동안에 그 분이 도와준 여러 가지의 물품과 돈은 두 달 정도 연명할 수 있었고 나를 도운 그분들은 항상 잘 먹고 잘살았습니다.

전적으로 책임 질 수 있는 분은 아버지 밖에 없는 것이지요. 제가 지금 거꾸로 해보아도 그 누구의 아픔도 전적으로 책임질 수 없고 나는 많은 것을 갖고 쓰고 돕는 것은 내가 가진 것의 작은 것을 할애하여 이웃을 도울 수밖에 없으나 그것 또한 백배의 복이 나에게 와서 늘 풍족하고 행복한 삶을 보면서 과연 내 자신(몸)과 같이 사랑할 수 있는 사람은 누구냐는 것입니다.

내 남편과 아내라는 것을 깊이 생각하면서 우리의 가정문제와 부부의 문제들을 되돌아보며 아름다운 예수 안에서의 가정을 꿈꿔봐야 되지 않을까 싶습니다.

우리의 남편들 "먹자, 자자, 아이들 잘 있지?"라는 세 마디의 말로 일축하고 아내가 무슨 말을 하려하면 "시끄럽다"고 소리 질러 버리는 시대는 이제 지나갔지요.

이제는 아내가 그러고 있는 가정들이 늘어가면서 이혼한다고 엄포주다가 이혼해버리는 세상은 완전히 변하여 우리의 엄마 아빠의 시대로 살 수 없는데 남편들은 그냥 시끄럽다고 소리 지르고 아내가 뭐라 하면 밖에 나가서 놀아버리고 비껴버리면 그만이라면 이런 가정은 깨지기 쉽겠지요.

남자는 말이 많으면 안 된다는 가르침에 묶여서 사랑한다는 말 한마디 입으로 못하고, 어머니들은 사위가 부엌에 들어가면 사위 잘 봤다고 하고, 아들이 들어가면 며느리 잘못 봤다고 하는 이중적인 행동에 어떻게 해야 할지 알지 못하여 안타까운 어린 남편감들, 무엇인가 맞지 않아 어려움을 토론하는 딸에게 살지 말아버리라는 어머니의 충고, 내 며느리의 어머니를 생각하고 말을 해야 합니다.

우리 젊은 부부들이 이와 같이 이원론적인 현상 속에서 드라마와 다른 현실의 삶을 견디지 못합니다. TV에 나오는 젊은 부부들은 너무 아름답고 남편이 너무 잘해주는데 현실은 드라마와는 전혀 딴판이지요. 드라마를 바꾸어야하나 내 인생을 바꾸어야하나? 드라마는 그들의 일평생에 몇 번 있을 둥 말 둥 하는 멋진 것만 보여주지만 현실에서의 많은 고통은 건너뛰고 해피엔딩의 순간 포착용입니다.

어두움에 있는 것들을 드러내시며 귓속에서 말하는 것을 지붕위에서 말씀하시는 아버지 앞에(고전4:5)부끄러움 없고 비밀 즉 거짓이 없는 나의 삶이(벧전3:10) 내 가정과 아이들을 온전히 지켜내지 않겠어요.

어떤 남자가 술집에 가서 쭉쭉 빵빵한 여자들과 한판 놀아보려고 죽 들어온 여자들의 인사를 받았는데 자세히 보니 그 중에 아내가 있었다는 이 참인지는 모르겠으나 있을 법한 이야기지요. 모든 것이 내게 자유하나 (벧전2:16) 그 자유를 법 없이 방종으로 사용한다면 그것은 씨앗이 뿌려지면 때가되면 자라서 나물이 되고 나무가되고 과실을 먹게 해 주듯이 나의 오늘의 나그네 길이(벧전2:11, 시39:12) 슬퍼지지 않을까요? 저의 가정이 이와 같은 고통의 씨앗들이 뿌려져서 때가 되어 먹게 되었고, 부부간에 비밀을 갖는 것은 곧 파경이며 가정의 죽음이라는 것을 깨닫게 된 것입니다.

성경적인 부부 관과 이웃에 관하여 다시 되짚으며 가야만이 우리 아이들의 가정이 바르게 이끌림 받지 않을까 싶습니다.

'남자는 말이 많으면 재수 없다, 말 잘하는 남자를 만나면 굶진 않는다'와 같이 이원론적인 말이 무엇인지, 남자는 주방에 들어가면 고추가 떨어진다고 하는데 이렇게 가르쳐놓고 주방에 들어가서 아내를 돕는 아들과 사위를 놓고 이중으로 말하면 어떻게 합니까? 사위 잘 봤고 며느리 잘못 봤다 이제 이러한 맞지 않은 말들 속에서 우리 아이들의 가정들이 풍랑 이는 배와 같이 되어서 며느리들이 설자리가 없고 사위가 어떻게 해야 할지 모르는 고통의 시간들을 보내며 장모를 미워하고 시어머니를 미워한다면 이것은 내 딸과 내 아들에게 우리의 손자들에게 손해가 아닐까요.

제가 해보니까 남자가 주방 가서 가사를 도와도 아프다고 소리 지르는 사람 전혀 없고 말을 쿵짝 쿵짝 서로 잘해도 재수 없는 남자가 없습니다.

말 잘하면 설교 잘하고 아내 설득 잘하고 아이들하고 잘 놀아주니 이처럼 멋진 남자가 어디 있나요. 저도 남자가 주방가면 안된다고 배워서 우리 아이들 어렸을 때에 딸에게 얼마나 혼나고 살았는지 몰라요. '엄마! 시대가 변했는데 왜 아들은 무조건 가만히 놔두고 나만 시켜 먹고 여자니까 해야 한다고 하느냐고 나도 싫어요.' 아들도 시켜야만이 아름다운 가정을 자라서 꾸릴 수 있을 거라고 혼내더군요.

들은 이야기가 귀와 마음에 박혀 남자는 안 되는데 했지만 울며 겨자 먹기로 시켜보기도 하고 그냥 놔두기도 했는데 그 아이들이 자라서 결혼하니 둘이 맞추는 기간 1년 정도 지나니 서로 도와줘가면서 알콩 달콩 사니 딸이 할 일은 딸이 아들이 할 일은 아들이 하지만 별격 없이 도와줘가면서 살아가는 것을 보며 우리에게 이러면 안 된다는 것은 없는 것이구나하고 생각하였습니다.

남자가 여자에 보조를 받아 그리스도 안에 머리이며(엡5:23) 그 남편을 보조하여 사는 것이 이치이나 형편과 처지에 따라 그때그때 다르게 움직일 수 있구나 그 움직일 때에 우리의 잘못된 가르침이 이 아이들의 마음속에 분란을 일으키고 고통을 갖다 주고 있구나! 그렇다면 어려서부터 이러한 말들을 하지 않고 자유롭게 기르면 자동으로 자기의 성을 찾으며 아버지의 창조의 원리에 따라 사는구나를 깨닫습니다.

남자는 이러면 안 되라고 하면 그것을 해야 되는 입장이 되면 속에서 분란이 일어나고 여자도 마찬가지 아닐까요. 아내도 형편에 따라 돈을 벌 수 있는데 꼭 남편만 벌어야 한다는 개념이 있다면 그가 가정을 책임져야 할 때가 되면 그게 아닌데 해야 하니 고통이 그 가슴 속에 맺혀 병들어버리는 일들, 우리 조금 자유해지면 어떨까요? 오늘도 하룻길 나그네 길을 가다보니 이런 저런 일 좋은 일 슬픈 일 태어나는 일 죽는 일(전3:1~10) 별 일이 다 있었습니다.

우리는 오늘 하루의 삶이 평안하기만 원하지만 그러지 못할 때가 더 많아서 평안하지 못하니 평안을 늘 원하는 것이지요. 그렇다면 늘 평안을 유지할 수 있는 방법을 터득하면 되지 않겠어요.

부부는 한 몸이라고 말하나 절대 한 몸이 아니라는 것을 인정한다면 내 몸(자신)처럼 사랑하기(엡5:33) 위해서 애써야하고 한 몸이 아닌데 한 몸이나 다름이 없으니 하나가되도록 애쓰라고 하신 것 아니겠어요.

생각도 다르고 몸도 다른데 한 몸이라고 하니 아내가 되면 마치 내 남편이 나의 모든 것을 아는 것처럼 착각하기 때문에 말하지 않고 다 알아주길 원하는 것이지요. 사랑을 마음으로 뜨겁게 하라(벧전1:22) 하니까 정말 마음으로 하면 되는 줄 아는 것이 우리의 문제점입니다. 아닙니다. 사랑은 마음과 입과 얼굴로 하는 것입니다.

마음에 있는 것은 열길 물속은 알아도 한 길 사람 속은 모른다는 속담과 같이 성경도 마찬가지입니다. 마음에 성령님께서 계셔야 사랑이 된다는 말씀이지 마음으로만 사랑해서는 상대가 알 수 없는 것이지요. 사랑해요, 아파요, 슬퍼요, 화났어요라고 자신의 마음을 표현해야하는 것이지요. 표현하는 방법을 어렸을 때부터 터득하지 못하다 보니 배운 대로 퉁명스럽고 무뚝뚝하게 해서 상대의 마음을 찔러버리니 상대도 아파서 튀는 것이 싸움입니다.

생각과 환경과 사는 방법이 다른 두 사람이 한 몸처럼 굴러야 되는 것이 부부가 아닐까요. 이제 서로 사랑스럽게 둘이 사는 방법을 터득하면 행복해집니다.

상대가 무슨 말을 하든지 먼저 '아니야! 못해! 안 돼!' 라는 말을 빼고 yes! 로 대답하고 그 다음에 천천히 대화를 나누어 가면 어떨까요? 조급하고 빨리빨리에 길들여진 우리 민족의 습성은 성경을 역행합니다. 하나님의 의를 이루지 못하여 다된 밥에 재 뿌리는 것입니다. 그러니 이제 돌아가지 말고 천천히 하여 직선 길을 갈 수 있도록 준비하면 어떠실는지 no!라고 대답하면 사탄의 말이 되어 사람을 긴장하게 만들고 화나게 만드는 찌름이 되고 yes! 라고 말하면 먼저 너는 나와 하나야 라는 부드러움을 안겨주기 때문에 사람을 거스르지 않게 하여 부드럽게 대처할 수 있는 끈을 놔주고 있는 것입니다.

결혼하면 내가 저 사람을 뜯어 고쳐야지라고 말하여 둘이 함께 사는 것은 저 사람을 나와 똑 같이 만들어 매사에 자신이 하고자 하는 대로 되어야 사랑이라고 생각하는 경우가 너무 많은데, 결혼은 모가 난 두 돌이 만나서 둥글둥글하여 서로를 감싸주고 안아주고 이해해 줄때까지 부대끼고 사는 것이 아닌가 싶습니다.

사랑이란 단어는 무엇인가?

① 사1, 죽어가는 사람에게 낭랑하게(유들유들)대하는 것

② 사2, 스승 즉 윗사람, 가르치는 사람에게 낭랑하게 대하는 것이라고 저의 성령님이 가르치시는데 맞는 대답이 아닌가 싶습니다.

사람을 뜯어 고쳐 나하고 똑같은 사람을 만드는 것이 아니라 내 방에 들어온 어떤 남자와 여자를 낭랑하게 대하여 그 가진 색깔 그대로를 가지고 나에게 자연스럽게 스며들게 하는 것인데 칫솔질은 왜 이렇게 하며 잠잘 때 왜 왼쪽으로 돌아눕느냐 빨래는 왜 여기다 두느냐 밥은 왜 이렇게 먹느냐 구두는 왜 이렇게 놓으며 말은 왜 이렇게 하느냐고 따지고 싸우고 때리고 이혼하고… 세상이 왜 이런가요?

밖에서 만났던 멋진 남편이 방안으로 들어가자 너무나 복잡스럽고, 화장을 예쁘게 했던 미인이었던 아내가 왜 이렇게 머리를 헝클고 갑자기 악녀로 바뀌어서 소리를 날카롭게 질러대며 당신 나에게 연속극처럼 안 해주냐고 달려드니 놀라서 뒤로 넘어지려하는 철이 그것을 보고 대화가 안 통해 저렇게 멋없는 남자는 처음 봤어 이웃집 똘이 아빠는 안 그러는데 당신은 왜 그래 옆집 순이 엄마는 안 그러는데 당신은 왜 이리 안 예쁜가요.

그러면 그 집으로 한 번 가보실래요. 사람 사는 것은 똑같지 않을까요. 그전에는 그것을 몰랐고 지금은 한방에 들어왔으니까 아는 것입니다. 아침에 일어나면 냄새나는 이 닦고 눈곱 낀 눈 세수하고 화장품 바르고 옷 입고 밥 먹고 화장실가서 똥 싸고 또 닦고 직장 가서 일하고 또 돌아오면 씻고 닦고 먹고 싸고 자고 다람쥐 쳇바퀴 돌듯이 계속 돌며 사는 것이 인생인데요. 누가 그렇게 만들어 놨을까요. 하나님께서 만드셨습니다(창1:26~27).

제4장

우리의 사명은 살아있는 것

1. 오늘 하루

내가 희락을 찬양하노니 이는 사람이 먹고 마시고 즐거워하는 것보다 더 나은 것이 해 아래에는 없음이라 하나님이 사람을 해 아래에서 살게 하신 날 동안 수고하는 일 중에 그러한 일이 그와 함께 있을 것이니라(전8:15).

살아서 먹고 싸고 씻고 닦고 이 땅에 살아있는 것입니다. 이 땅에서 먹고 사는 낙 외에 무엇이 있냐고 했는데 먹고 살아있는 것이 우리의 사명입니다. 그렇다고 먹기 위해 사는 것은 아니지요. 살기 위해서는 꼭 먹어야하는데 또 거기만 치우치니 사는 것이 조금은 이상해지는 듯해지기도 합니다.

그렇게 프로그램 되어 있어서 먹는 것이 그렇게 맛있고 항상 먹는데 질리지도 않고 말입니다. 아내는 남편과 자식을 주려고 하루 종일 먹는 것, 만드는 연구 외에 뭐 특별히 하는 것이 있으시나요. 일을 해도 그 생각 친구들하고 모여서 하는 얘기도 그 얘기 무엇일까요? 왜 하루에 세 번 먹게 해놓으셨으며 왜 날마다 씻게 만들어 놓고 뭐 하러 날마다 잠자게 해놨으며, 이것을 무산시키면 외계인이 되지요. 지구에 아버지가 만들어 놓은 모든 사람 짐승 풀 꽃 별 그 무엇도 혼자 못 움직이지요. 그것은 하나님이 만드실 때에 프로그램 되어 있기 때문에 왔다 갈 때 까지 그 일만을 계속하면서도 거기서 행복을 찾고 거기서 슬픔과 고통을 느끼며 사랑하고 위로하며 살게 만들어 놓으신 것입니다.

아버지! 왜 이렇게 날마다 세 번 먹고 날마다 씻고 닦고 이렇게 해놓으셨어요. 일 년에 한번 먹고 일 년에 한번 씻으면 아주 쉽고 간단할 텐데요. 너희가 쉽고 간단하면 사는 재미가 없지 그러면 그 남은 시간은 뭐 할 건데 정말 딱히 할 것이 없지요. 잠자는 일 밖에 더 하겠어요. 그러면 죽는건데? 너희가 게을러서 눈곱도 안 닦고 씻지도 않아 더럽고 애기 낳아도 아기를 키울 수 없는 것 아닐까? 그래서 오늘도 하룻길로 만들어 놨지 하루하루가 쌓여서 일 년이 되면 한 살, 또 일 년이 되면(벧후3:8) 두 살 지구와 모든 것을 맞추어서 그렇게 해놓으니 너희들이 날이 가고 해가가면 복이 쌓여 상도 받고 잘못하면 쌓였다가 벌도 받고(롬2장) 그래야 재미있지 않겠니? 주께는 하루가 천년같고 천년이 하루 같다는 것을 잊지 말라(벧후3:8).

우리 하나님 아버지의 작품인 우리 연구 대상이지요. 한사람도 같은 생각을 할 수 없고 한 사람도 닮지 않았고 한사람도 같은 일을 할 수 없이 다 따로 만들었는데도 우리는 개미와 같이 두령도 간역자도 없는데 일사분란하게 살고 있으니까요(잠6:6~8). 이렇게 생긴 우리가 가정을 이루어야하고 교회를 이루고 나라를 이루며 각종 단체를 이루어 그 단체 속에서 나뉘지 말라하시니 그리고 나뉘지 않고 잘살고 있으니(잠18:1) 신기하지 않으세요?

그 단체와 가정과 교회 나라를 더욱더 튼튼한 성루를 만들 수 있는 방법이 있는데요. 그것이 꿈 · 환상, 금식입니다. 부부가 왜 안 맞는지 왜 싸우는지 그 이유를 자세히 알려주시고 싸울 땐지 화해 할 땐지 아픈지 슬픈지를 알려주셔서 사랑하고 이해하게 하며 발로 찰 땐지 빠질 땐지를 그때를 알려주셔서 대처하여 살 수 있는 은혜를 주시는 방편입니다.

　우리의 가정에 부부가 하나 되지 못하고 불화하면 부모 자식 모든 형제들의 고통이며 슬픔이며 근심거리이지요. 살아내는 것이 요즈음은 더욱 어려운 것 같습니다. 함께 돈도 벌어야하고 아내들이 함께 경제 활동을 해야 하니 그 또한 감당하기 어려운 문제들이 산제하고 있으니까요. 경제력이 생기니 고분고분하지 않지요. 그것뿐이겠어요. 남자들만의 영역에 여자들이 들어서다 보니 남자들은 자동으로 위축되고 마치 여자를 눌러야 만이 내가 이기는 것 같은 착각에 빠지는 부분도 없지 않아 있는 것 같습니다.

　여성 상사가 있어 직장에서 당하면 그 화가 어디로 갈까요. 당연히 내 아내인 여성에게 화가 치밀지 않겠어요. 참으로 신약에 우리 예수님의 은혜로 성령님이 오시면서 남종과 여종에게 성령을 부어 주리라(행2:18)하신 이후에 여성들의 활동이 대단해졌는데요. 과연 멋진 이들이 많아지고 있으며 앞으로는 더욱더 활발한 활동이 각 분야에서 이루어지지 않을까 싶습니다. 그런데 여성들의 활동이 이와 같이 되면서 문제는 가정입니다. 사랑이 버려지다시피 자라있는 아이들, 할머니, 할아버지 손에, 보육원에 어린이집이 유아방 꼭 있어야 될 일인데 우리 아이들을 기르는데 무슨 장치가 있어야 되지 않을까 싶습니다. 장치가 지금은 급속도로 좋아지고 있어서 감사합니다만은 엄마의 손길 속에 자라지 못하고 다른 사람의 의무 속에 할머니의 구방법 속에 자란 아이들의 마음속에 사랑 있어야 될 자리에 병이 있고 우울증 고통 중 온갖 병들이 자리하고 있습니다.

　사랑이 있어야 할 빈자리가 이러한 여러 가지의 병과 귀신들의(컴퓨터,

핸드폰, 오락 등) 함성의 장소로 바뀌어 고통당하고 있는 것을 볼 때에 우리의 짧은 시간의 가정생활 속에 아름다운 연결고리가 하나님 앞에서 주어진다면 그것을 사람사람 사이의 사랑의 가교 역할을 합니다. 어렸을 때부터 사람이 아닌 하나님과의 관계에 믿음을 쌓아가면서 우리를 만드신 하나님 아버지께서 부부사이 부모사이 자식사이에 아름다운 사랑의 구름다리를 놓아 사랑으로 가득하게 이끌 수 있게 하는 도구가 바로 꿈·환상으로 대화하여 하나님 아버지를 우리들의 사이에 운행하게 해드리는 것입니다.

남편과 아내의 직업이 다르고 그 다른 사람들과의 어울림이 성이 다른 사람이라면 쉽게 이야기 꺼내지 못합니다. 오늘 어떤 여성이랑 한잔했다고 하면 아내가 펄펄뛸 것이고, 아내가 오늘 남자 상사와 식사했다고 하면 남편이 펄쩍 뛸 것이니 그냥 입을 다무는데, 사람은 말을 해야 살 수 있는데 이와 같이 하다 보니 입이 집에서 다물리고 답답하니 밖에 헤매다 보니 마귀들의 소굴이 빠질 확률이 많습니다.

2. 대화가 없어서가 아니라 못해서입니다

아내 몰래 술집 여자와 바람 피우는 일이 어찌 남자들이 혼자 가능한 일이겠어요. 여자 없으면 남자가 어찌 그런 일을 하겠어요. 요즈음은 이런 일이 흔하게 일어나는 일이라서 제가 외곽에 살다보니 어찌나 여관도 많고 호텔도 많은지 그런데 우리나라가 복 받을 때가 되었나 봅니다. 그런 업종들이 망해 간다네요. 그것은 바람피우러 나오는 사람이 줄어가고 있다는 말과 다를 바가 없는 것이겠지요. 이것이 얼마나 큰 죄인데 죄인지를 모르고 있으니 성경의 거룩한 법이 우리의 삶속에 하루속히 진리가 되기를 간절히 바라는 마음뿐이랍니다. 우리의 기도가 이루어져 이런 죄들이 우리나라에서 없어지기를 날마다 기도하고 있답니다.

사람은 육신의 사랑만으로 살 수 없는 것입니다. 영혼이 만족되어야 사는데 영혼의 만족은 잘되고 건강까지 갖다 줍니다(요일3:2). 그런데 영혼을 담고 있는 사람은 대화를 통하여 내가 이해가 되어야 하고 이해되는 지식

안에서만 움직일 수 있기 때문에 그 지식은 대화로 사람을 설득하여 그 사람이 이해하여 움직이게 하는 것을 지식으로 볼 수 있습니다. 그것을 위하여 교회에서나 직장에서 여러 가지의 모임과 훈련 과정을 갖는 필요한 것이지요(새로운 지식).

밖에서는 위와 같은 새로운 지식들이 펄펄 끓어 넘치고 있는데 집에 돌아오면 대화 단절 무슨 말을 해야 할지 모르는 것입니다. 그러니 부부가 잠만 자면 그만이냐고 달려드는 것이 아내이고 갈수록 할 말이 없어 잘 있었지 먹자 자자로 줄여지고 마는 것입니다. 이제 내 남편과 아내에게 하고 싶었던 말과 해야 할 말들의 사이에 우리 성령님을 모시면 어떨까요. 아버지 제가 아내에게 또는 남편에게 할 말이 있습니다. 꿈으로 보여주세요. 하면 그날 밤 아니면 여러 날 후에 꿈을 주시며 그 꿈을 해석하여 대화를 이끌면 백발백중으로 내가 하고 싶은 말과 일을 다 해결하여 기쁨으로 살 수 있는 길을 열 수 있습니다.

3. 머리맡에 노트와 볼펜을 놓아 보세요

날마다 먼저 일어나면 꿈이 있나 한번 적어보실래요 대화의 끈을 놓치고 고통 속에 살고 있는 부부들에게 이 방법을 제시해서 해봤더니 놀랍게 회복되어 하나님과의 대화도 트이고 남편과 아내가 대화하여 서로의 변화에 대해서 놀라고 예수님의 그 고난의 피에 대가가 우리에게 이와 같은 역사가 이루어지고 있음에 놀라고, 믿음뿐만 아니라 자신의 행복을 이와 같이 회복시켜 주신 은혜의 감격하는 모습을 보며 저는 살맛이 납니다.

암울했던 지난날 남편 따로 나 따로 나는 교회로 남편은 직장으로 그 다음은 어디를 헤매는지 모르나 밤 열두시가 넘어 늘 술에 취하기만 했던 그, 대화를 어떻게 해야 하는지, 그냥 배운 대로 소리 지르고 나가라고 하면 나가면 끝나버리고 또 술 먹고 잠자버리면 그만인 그 생활은 14년 만에 청산하고 이혼이라는 것을 택했을 때에 오는 그 무서운 파생을 어찌 감당 할 수 있었던지 그것은 아버지가 아니셨더라면 우리 예수님이 아니셨더라면 시켜

먼 구덩이에서 나올 수 없었고 내가 빠질 때 나의 태의 열매인 사랑하는 아이들도 함께 빠져 허우적거리며(호4:6) 헤어나지 못했던 지난날 그것은 대화가 시작인지 끝인지, 대화할지 모르는 우리 민족의 슬픔이라는 것을 뒤늦게야 성경을 배우며 알게 되었습니다.

그때 대화할 수 있는 통로를 누군가가 알려줄 수만 있었다면 사랑하는 나의 사람들이 이런 고생과 고통을 겪지 않고도 수순에 따라 얼마든지 훌륭하고 아름답게 살 수 있는 길이 열렸을 텐데, 조상들로부터 배운 망령된 행실은 가졌으나(벧전1:18) 성경을 알지 못하고 배운 성경을 위배하는 행실을 버리지 못했고 버리는 방법도 알지 못한 채 결혼하고 내가 본 좁은 시야와 엄마 아빠가 했던 것만을 답습한 나의 인생은 배운 그대로 엄마 아빠가 살았던 삶을 답습하고 있었던 것입니다.

우리는 보고 배우고 듣는 대로 움직여 살고 있으며 그것이 최고이며 그것이 전부인 것처럼 느끼고 사는 것이 인생입니다. 그것이 저주였습니다.

그 아픔의 시간들을 겪으며 우리예수님의 은혜로 아버지의 품안에서 성경을 배우며 익히다 보니 우리는 완전히 성경을 위배하여 거꾸로 살고 있다는 것을 알게 된 것입니다.

우리 민족은 성경의 민족이 아니라 유교 불교 그러나 원래의 뿌리는 하나님이십니다. 하나님이 창조한 우리가 노아 시대이후부터 바벨탑사건으로(창11:9) 흩어져 그 뿌리가 우리에게 왔고 하얀색 좋아하는 것 영을 사모하여 성령이 아닌 귀신을 많이 섬기는 사모함, 그 열성이 대단하여 하나님도 잘 섬기지만 귀신도 잘 섬기는 것이 문제이지요. 영혼이 있어 늘 하나님을 사모하니 하나님이 만들어준 우리가 자신의 주인을 모르니 그곳에 귀신을 모시고 사는 것입니다.

하나님이 창조한 우리의 작품이 어디 다를 수 있나요 진화론을 주장하는 분들을 보면 자신이 짐승의 자식이라는 것을 증명하느라고 애쓰는 것인데요. 과연 귀신의 세계가 짐승인데 그 또한 나는 귀신의 사람이며 짐승이 나를 낳았습니다. 짐승이라고 자처하며 나오는 것이니 정말 유감스러운 일 아닌가요. 보이지 않는 세계의 일이니까요 분명히 하나님의 자녀로 위대하고 명철하며 모사와 모략(사11:2) 대단한 힘의 주인공의 자식인데 원숭이 자식을 자처하다니 유감스럽다 못해 웃기는 것 이지요 빨간 궁둥이 내놓고 얼굴 붉적거리며 나무를 오르내리는 볼썽사나운 짐승의 후손을 자처하니, 웃음의 연속극 아니겠어요.

이 세상의 두 영을 이해하지 못한다면 해결 할 수 없는 우스꽝스러운 일을 계속하면서 내가 잘났니? 네가 잘났니? 하며 짐승들의 놀이를 계속하는 것 이지요 우리는 마치 로봇 같은 존재입니다. 하나님의 영이신 성령이 내 안에 오시면 지극히 인격적인 사람이 되어 하나님을 알아보고 감사와 찬양을 하나님께 돌리고(갈5:22) 귀신의 영이 사람 속에 들어가면 하나님을 거역하고 비인격적인 행동을 하며(갈5:16~약3:15, 롬1:29, 벧전4:2) 성경을 반대로 하는 일을 이끌어서 벌을 받고 지옥으로 끌고 가는 일을 계속하는 것이지요.

4. 부부는 어떻게 사는 것이
가장 행복할까요

너희도 각각 자기 아내 사랑하기를 자신 같이 하고 아내는 자기 남편을 존경하라(엡5:33).

첫째, 하나님을 향하여 함께 가야하겠지요.

대화를 이끌어갈 수 있는 초점은 하나님을 향한 예수 그리스도를 내 주인으로 모시는 것이 첫 번째 일이겠지요 내 마음에 성령님 모시고 이분이 주인이 되시면 내 반대가 잘못해도 넉넉하게 받아 줄 수 있겠으나 내 주인이 남편이며 아내가 된다면 제 1계명을 정면으로 도전하여 썩어질 사람에게 나를 준 대가로 상실함에 버려지기 부터하지 않겠어요(롬1:23~29). 우리 하나님이 만드셨고 이미 우리의 삶은 프로그램 되어 그 누구도 그것을 벗어 나려하지 않습니다. 누가 일평생에 애기 낳아서 키우다가 가라고 했어요.

20살이 넘으면 아롱아롱 남녀 찾아 잠자서 애기 갖고 애기 없으면 그 집에 시집간 여자는 큰소리 한번 못치고 숨죽여 살아야 되고 아기 낳으면 그때부터 힘을 받아 또 너무 사나워져서 탈이 나지요 누가 하루 세 번 밥 먹게 만들어놨고 누가 씻고 닦으라고 만들어놨으며 누가 돈 많고 자식 잘 되고 병 안 들고 수한이 다되기 전에 죽지 않는 것이 복이라고 가르쳐줬어요(레26장). 엄마가요 아빠가요? 그 누구도 가르쳐주지 않았는데 우리의 복의 개념이나 저주의 개념이 사람이 다 똑같으니 말이에요. 정도의 차이는 있으나 말이에요. 엄마 아빠는 누가? 할아버지 할머니가? 그러면 그 위는 결국은 우리의 머릿속에 만들어진 프로그램은 하나님께서 만드신 것이지요. 나는 영이고 너희들은 육체를 가졌으니 앞으로 대화는 뚜뚜뚜...... 전파를 보내시는데 받는 것은 꿈·환상입니다.

나는 영이라서 너희들이 눈을 뜨고 보면 사도 바울의 다메섹 사건과 같이 눈이 안 보이는 사건이 생길 것이고(행9:8~9), 사도바울은 대낮에나 보셨지 저는 꿈에 빛으로 뵈었는데도 그 빛이 너무 강하여 5년 정도 안경을 끼었다가 다시 고쳐주셨습니다.

예수 믿는 초창기에 무덤을 파고 제가 그곳에 돌 두 개 놓고 솥을 올려놓은 다음 불을 때기 시작하니 그 무덤에서 갑자기 시커먼 것이 나오더니 나를 계속 쫓아 와서 도망을 가다가 뒤로 벌렁 넘어졌습니다. 나를 덮치려 하는 시커먼 물체를 바라보며 ‘아버지! 나 살려줘요’ 했더니 하늘에서 한줄기 빛이 내려와 그 시커먼 사람 같은 물체를 통과하자 사라졌고 내 눈에 맞았는데 그때 이후로 눈이 침침해 졌고 안경을 쓰게 되었던 것입니다.

눈을 뜨고 뵌 사람들도 있겠으나 보편적으로 비몽사몽 꿈속에서 비몽사몽 기도 속에서(환상) 만나는 것이 많은 부분을 차지하고 있는데 이것은 누가 이렇게 했을까요.

우리가 만들어질 때에 이미 이렇게 한 것이 아닐까요? 우리의 24시간 하루밖에 없는 나그네 인생길을 베드로 사도는 거류민의 나그네라고 표현하셨고(벧전2:11) 우리가 이 땅에 천막치고 사는 나그네인 것이지요. 높은 빌딩숲에 또 외곽을 보면 아름다운 집들을 많이 짓고 얼마나 많은 사람이 살지만 하늘에서 보면 그것이 천막이요 성냥갑 같은 불면 날아가 버리는 일본의 쓰나미 사건은 그것을 증명하고 있지 않나요.

때가 되면 나그네 인생길을 접고 본향으로 가야하는 우리의 프로그램 누가 만드셨다고요? 내가 지은 그의 영과 혼이 곤핍할까봐(사57:16) 혼내는 것도 계속하지 못한다고 하셔요. 나는 하나님의 형상과 모양을 따라 만드시고 그들로 바다의 물고기 하늘에 새와 가축 온 땅과 땅에 기는 모든 것을 다스리게 하자 하시고 그들에게 복주시며 생육하고 번성하며 땅에 충만 하라 땅을 정복하라, 바다의 물고기 하늘의 새, 땅의 기는 모든 생물을 다스리라(창1:26~31).

하나님의 프로그램 된 소프트웨어가 우리 머릿속에 있고 아침에 일어나면 잠이 들 때 그 뒤에 꿈을 꾸며 환상을 보아 대화 하는 것까지 하루의 24시간이 실행되고 있는 것이지요. 역행 할 수 있는 사람이 있다면 그 사람은 미쳤구나로 통하는 것입니다.

옷을 날마다 빨고 씻고 닦고 하지 못하면 복지 대상이구나. 남들 다 같이 공부하는데 거기서 이상한 행동하면 미쳤구나. 똑같이 말하고 행동해야 하는데 대화가 통하지 않으면 미쳤구나. 아버지가 만들어 논 24시간의 프로그램에서 벗어나면 미친 것입니다. 다른 세계가 있어 이런 사람이 천재인 나라가 있을지 모르나 성경에 의해서 말씀이 육신 되어서 오신 우리 예수님을 믿고 아버지의 자녀가 된 나라에서는 그런 사람이 미친 것이지요. 우리가 온전한 것은 하나님의 말씀이 우리 안에 그대로 이루어지고 있는 현상입니다. 사람의 죄악성 아버지의 생각과 반대된 우리의 행동 때문에 다시 말씀이 육신 되어 오신 분이 계시는데 그분이 바로 사랑하는 나의 예수님이십니다(요1:14).

죄악을 속량해주시고(히2:17) 복 주시려고 그 고난의 십자가를 지시고 우리를 구원하시고 그의 아버지 하나님을 위하여 우리를 나라와 제사장을 삼으셨습니다(계1:5~6). 하나님께서 만들어 놓으신 사람의 기본을 알아야 남편도 아내도 이해가 되는 것 아니겠어요. 물 흐르듯이 살고 있는 만들어진 작품을 모르면 반대가 내 마음대로 되는 줄 알고 내 뜻대로 고쳐보려다가 한평생 다 허비하는 것이지요. 남편도 아내도 목사도 엄마도 아빠도 할아버지 할머니 대통령 사장님 그 어느 누구도 알려하지 말고 사람을 먼저 알면 사람 속에 너울을 쓰고 있는 것이 직분이며 직책입니다.

자기 두루마기를 빠는 자들이 복이 있으니 그들이 생명나무에 나아가며(계22:14) 사람으로 태어나서 자신의 맡은 가정부터 충실하지 않으면 생명(잘 되는 것)이 사라져서 짐승같이 된다는 것이지요.

사랑은 그가 변할 때까지 기다려주는 것이며, 사랑은 내가 그가 되어 하나 되어주는 것이며, 사랑은 그가 머리부터 발끝까지 변해야 함에도 그냥 좋은 것이 아닐까요(마5:38~43).

사람은 변할 수 있는 것이 아니라 하나님의 형상위에 더해진 상실함에 버려진 우리의 모습이 있고(롬1:29~) 육신의 현저하게 나타나는 모양이 있는데(갈5:16~) 이것은 죄 때문에 사탄의 모양이 우리에게 나타난 것입니다. 그것은 떼어내야 하는 사탄의 행위지 변할 수 있는 것이 아닙니다. 떼어내면 변하는 것이고 떼어내지 못하면 변할 수 없는 죄악 때문에 들어온 귀신에 길들여진 우리 육신의 모습이 있는 것이지요. 그런데 우리는 내 마음대로 해주지 않는 것을 변화시키려고 한평생 고통 속에 살고 있습니다. 너와 내가 다르고 우리의 얼굴과 행동 남녀가 다른데 우리는 모두 닮은꼴을 만들고자하고 있는 것입니다. 우리가 서로 다른 것이 아름다운데 옷도 똑같이 입으면 좋던가요.

남들이 안 입은 옷을 입으려고 무진 애를 쓰면서 부부는 너와 내가 다른 것을 인정하려하지 않는 것인지요. 밖에서 데이트하다 결혼하여 함께 맞추는 시간이 필요한 것인데 다른 생각 다른 삶을 30년 가까이 살다가 한 공간에 너무나 다른 이방인이 모였으니 불편하고 어려운 것이 당연한데 연속극을 보듯이 남자는 항상 짠하여 이벤트하고 여자는 항상 다소곳하여 내내 참아주기만 하는 것으로 생각한다면 그 가정이 얼마나 가겠어요.

우리의 인생은 70~80년 동안 연속극 만들고 영화 찍다가 갑니다. 그러나 TV에서 보는 연속극이나 영화하고는 조금 다르지요 그곳에서 우리의 삶을 몇%나 나타낼 수 있다고 생각하시나요.

자주하면 그것은 이벤트가 아니지요. 1년에 한번 몇 년에 한번 하니까 이벤트라고 표현하는 것 아니겠어요. 늘 무엇인가 짠! 하고 나타나기를 원한다면 늘 빚쟁이의 삶을 벗지 못 하겠지요. 평범한 삶 속에서 1년, 5년, 10년 뒤 내일을 위하여 오늘 내핍하고 적금 들고 모으고 복 받기 위해서 구제하고 아끼느라고 애써야하는데 그것을 거꾸로 하고 있습니다.

우리가 하나님 안에서 하나 된다는 것은 예배드리러 가서 주일날도 하나가 되어야겠지만 그 기본을 빼고 진실로 가정에서 아버지께서 원하는 아름다운 삶을 새로운 지식(사람의 행동을 결정하는 것)으로 터득하는 것 또한 굉장히 중요한 숙제인 것을 잊어서는 안 될 것 같습니다(골3:10). 이제는 가정도 교회도 아름답게 꾸며서 가정에서도 웃음꽃 피게 하려면 하나님께서 만드신 우리 서로를 이해하여 행복한 가정을 이끄는 비결을 터득해 나가길 원합니다.

둘째, 대화의 방법을 터득하면

모든 사람의 말을 그대로 받아주어 그의 마음도 평안하게 하여 나는 대견한 사람이라고 스스로 자랑스러운 사람이 되어 보세요.

자신이 불화하여 웃지 못하는 사람의 원인을 보면 시어머니는 왜 이렇고 시아버지는 시누는 시동생은. 여자들의 문제이지요. 여자는 약하고 어머니는 강하다고 했던가요. 어머니의 자리를 벗어나 여자, 아내의 자리로 생각이 바뀌면 보호 받으려하고 위로 받으려하고 뭔가 애처로워 보여야 사랑을 받을 것 같은 귀신들의 착각 속에 길들여진 우리는 남자의 눈에 그렇게 보이려하다 보니 늘 볼썽사나운 모습을 보일 때가 많지 않나싶어요.

남자는 태어나서 10개월 젖먹이고 11년 평생 밥 먹여 주고 입혀 주고 청소해 준 엄마에게 길들여져 있는데 그 엄마는 언제나 웃어주고 훈계해주고 맞을 일을 해서 매를 때려도 금방 안아주고 사랑해 주었지요.

그런데 똑같은 여자인데 아내는 혼날 일하면 이혼하자고 달려들고 밥은 왜 나 혼자 해야 하냐고 퍼부어대고 왜 집안 살림 안도와주느냐고 달려들죠. 우리 엄마와 다른 아내의 행동에 놀라면서 아내들이 가장 싫어하는 말을 하는 것입니다. 우리 엄마는 반찬도 이렇게 해서 맛있었고 우리 엄마는 빨래는 이렇게 해서 넣어줬고 우리엄마... 우리 엄마~ 마마보이 너희 엄마랑 살아라하고 싸우고 실제로 이혼해서 엄마랑 사는 사람도 있더라고요. 조금만 달리 생각하면 왜 그러는지 이해가 되지 않겠어요.

평생을 보살펴주신 자상한 어머니의 손길에 길들여진 남편이 새내기 주부이며 엄마가 아내로 바뀌었으니 사랑스럽고 사랑하지만 삶의 불편이 힘든 것입니다. 그럴 때는 이미 이런 모든 것이 교육되면서 사랑스런 삶의 교육자들이 필요하지 않나싶습니다.

대처하는 방법, 삶은 사랑만 가지고 되는 것이 아니라 훈련되어진 나의 움직임에 의해서 행복과 불행이 결정되지 않겠어요. 엄마는 내 자식이 밥 한 끼 안 먹으면 큰일 나는 줄 아는데 엄마는 밥 먹이는 생명자, 딸이 결혼 했는데 제 방 옆에 조그만 주방에서 밤늦게 덜거덕 거리며 음식하고 치우느라고 애쓰는데 나는 성가시고 귀찮아서 '얘 그러지 말고 주방에서 얻어다 먹어라' 했는데 '엄마 안 돼요 내 평생에 이 사람을 밥해주고 나도 먹어야 하는데 부지런히 연습하여 숙달시켜서 빠른 시간에 밥해먹고 집안일하고 그 남은 시간에 공부해야하기 때문에 열심히 연습해야 해요' 라고 대답하는 딸에게 네 말이 맞다고 말한 것이 엊그제 같은데 벌써 결혼한 지 여러 해되어 사랑하는 아들 키우면서 엄마의 마음도 알아가고 아가 때문에 자신이 버리지 못했던 것들을 버리면서 그 아들을 사랑해서 어찌할 바 모르는 딸의 모습을 봅니다.

남편을 화났을 때 좋을 때 슬플 때에 함께 하는 방법을 터득해 나가는 중 결국은 서로가 500미터 정도의 거리에서 서로 떨어져 살며 자신들의 삶을 뒤돌아보고 있는 중에 이제 아버지의 어루만짐이 있어 다시 만나 재기를 조심스럽게 꿈꾸는 딸을 봅니다. 우리가 알았던 부부간에 지식을 조금만 바꾸어 베이스를 알고 대처하면 어렵지만 무난하게 해결되지 않나싶습니다.

귀신들은 가정을 깨는데 최선의 노력을 합니다. 그것이야 말로 최고의 승리이기 때문입니다. 얼마나 많은 파생의 효과가 있는지요. 어린 자녀들을 사탄의 발톱아래 마음대로 조종할 수 있는 울타리를 깨버리기 때문에 최고의 승리자로서의 환성을 울릴 수 있습니다.

그래서 우리는 가정의 울타리를 잘 가꿀 수 있도록 최선의 성경적인 가정관과 함께 탄탄한 가정에 부부가 되도록 서로 돕고 힘쓰고 애씀이 있어야 하겠습니다.

결혼하여 하나가 둘이 되어 사는 것이 자연스러워질 때까지 어느 정도의 시간이 지나는 것은 모두 알고 있으나 기본을 알고 훈련되어지는 것과 그렇지 못하고 조상들로부터 배운 망령된 행실을 그대로 하여 무조건 기선을 먼저 잡아야 된다든지 남편이 아내의 말을 잘 들어주면 좋다든지 그러면 다 들어 주면 어떻게 되나요. 남편이 아내의 행동을 체크하지 못하고 그대로 방치하면 나중에 뒤통수 맞지요 이혼하자고, 그것은 방치이지 좋은 것이 아닙니다.

내 시간을 쪼개어 아내의 시간과 합쳐주고 아무리 좋은 자리가 있다 해도 내 아내를 제일 앞자리에다 둔다면 하늘의 복이 임하지 않겠어요. 남편이 밖으로 돌면서 가족하고 함께하는 시간을 주지 않고 길들여지면 집 안에서는 남편 아빠 없이 자신들끼리 노는 것이 길들여지기 때문에 나중에는 귀찮아져서 나가서 놀라고 하고 따로 국밥 되어 우리 가정 같은 어려움이오지 않겠어요.

주일에 쉬는 날은 나는 교회로 이 사람은 집안의 대소사로 쫓아다니느라고 바쁘고 이렇게 시간이 지나다보니 자동 분리되어 이혼했는데도 아이들이 덤덤해져 있었습니다.

처음에 결혼하여 혼자 행동하던 남자가 아내를 동행하여 행동한다는 것은 상당히 어려운 것이겠지요. 허나 꾸준히 함께하면 그것도 그러려니가 됩니다. 언제나 내 옆에 있어야 되는 사람 언제나 나와 함께 내 몸과 같이 움직이는 사람이라고 내가 자연스러워 질 때까지 길들여져야 되는 것입니다. 그러는 사이에 짜증도 나고 싸움도 나고 하겠지만 높은 고지를 점령하는 심정으로 천천히 하루하루를 접목한다면 남편이며 아이들 아버지며 나의 평생 함께 갈 사람을 만드는데 성공하지 않겠어요.

부부 평생에 철칙처럼 지켜야 되는 법칙이 있다면,

상대가 비밀을 얘기했을 때 무슨 말이든지 담담하게 대처하고 충격적인 이야기라 할지라도 호들갑하지 않는 것이 기본입니다.

방방 뛴다든지 어떻게 그렇게 할 수 있냐고 뒤집어진다면 상대는 다시 말하려하지 않을 것이고 비밀이 쌓여 언젠가 문제가 될 것입니다. 예수님의 능력은 자신이 뒤집어지지 않도록 무거운 추를 입과 마음에 달아주는 것입니다. 그리고 태연하게 웃어주는 것입니다.

우리가 알고 있는 예수의 이름으로 귀신아 나가라고 말하는 것만 능력인 줄 알았지요. 많은 분들이 그런 능력을 받아 귀신도 쫓아내고 귀신하고 말하고 울고 대화하고 굉장히 대단한 능력이라 생각합니다. 그런데 더 큰 능력이 있습니다. 그것은 나를 다스리고 내 가정을 다스리고 내 사랑하는 자들을 내 옆에서 안연히 살도록 평안을 이끌어주는 것이 더 큰 능력이며 더 큰 아버지의 명령이라는 것을 성경에서 배웠습니다(마22:37~).

많은 분들이 그런(은사적인, 고전12:1~) 능력을 받아서 일하지만 자신의 가정을 다스리지 못하여 고통을 당하는 사람이 한둘이 아닙니다. 영계를 봐서 대단하다고 하는 분들이 자신의 아내에게 고통을 주고 자신의 아내로부터 버림받아 떠돌고 있는 사람이 어디 한 두 사람이던가요?

아버지는 교회를 먼저 만드신 것이 아니라 가정(아담. 하와)을 먼저 만드셨기 때문에 둘이 하나가되듯이 움직이는 것이 터득되지 못하면 사회나 가정이나 어느 단체에서든지 사람구실 못하게 만들어 놓지 않던가요. 아무리 큰 소리쳐도 가정에서 어려움 있고 자녀들이 아름답게 능력 있게 성장하지 못하면 그것은 잘났다고 말하는 것에서 제외되는 것이 성경이며 우리의 삶이 아닌가 싶습니다. 우리의 가정을 능력 있게 이끌고 나의 사랑하는 자들을 오늘 하루를 행복하게 해주고 나도 행복할 방책을 연구해 볼까요?

셋째, 남편은 아내를 어떻게 생각하는 것이 좋을까요?

너희도 각각 자기 아내 사랑하기를 자신 같이 하고 아내는 자기 남편을 존경하라(엡5:33). 이 말씀은 네 이웃을 네 자신 같이 사랑하라는 예수님의 강령과 맞물리며 우리가 가장 사랑해야할 이웃이 가정이며 아내인 것을 이 두 말씀이 증명해주고 있습니다. 이 말씀 안에서 우리의 삶을 자세히 들여다보며 살펴보니 우리가 조상들의 망령된 행실을 배워서 하나님의 선하시고 아름다우신 그 형상을 잊어버렸다는 것을 알게 되어 다시 새로운 성경의 지식으로 남편으로서 아내로서의 자리를 굳히며 아름다운 성경이 원하는 가정을 만들어 나가면 자동으로 복이 온다는 것을 알게 되었습니다(신 7:12~15).

- 우리가 봉사를 빙자하여 남자가 다른 여자를 내 몸과 같이 사랑하면 그것은 바람난 것이요, 여자도 마찬가지입니다.
- 예수님의 사랑을 앞세워 얼마나 많은 사람들이 혼동하고 사는가, 다른 여자에게 천군과 같이 웃어주고 자신의 아내에게는 차가운 냉소를 보내는 남편입니다.
- 핸드폰, 문자, 컴퓨터 대화방들을 통하여 정신적인 연애는 딴사람하고 하고 육체적인 연애만을 사랑으로 느끼고자하는 부부입니다.
- 자신들의 섬기는 지도자에게는 별스런 웃음을 다보내면서도 내 남편에게는 의무만을 요구하고 그런 냉소적인 얼굴과 웃음을 보내는 많은 아내들입니다.

우리 민족의 고통은 남에게는 잘하고 자신의 가족과 아내에게는 대화와 웃음을 아끼고 가부장적인 태도로 나오는 것은 잘못배운 습관인데 저주받을 행동이며 죽음과 같은 고통을 아내에게 안겨줍니다. 조선왕조 500년 때에는 죽음과 같은 고통 속에서도 살고 있었지만 지금은 열려있는 여성들의 길을 따라 이혼해버리고 가서 다른 남자를 봐버리는 것이 현실입니다.

우리 어머니, 아버지에게서 태어날 때부터 배워오고 답습해 온 것인데 말씀은 그런 우리의 삶을 치료하십니다(히4:12). 혼과 영과, 가장 깊은 곳까지도 말씀은 치료하실 수 있습니다. 금식으로, 영혼은 사람의 씨와 같은 것입니다.

대안이 있습니다.

이제부터 다른 사람에게는 그가 누가되었든지 잘하려말고 평범하게 대하는 것입니다.

내가 밥 먹을 때 그가 있으면 같이 먹고 그가 내 곁에서 옷이 없으면 입혀주고 그가 오리 가자고 하면 갈 수 있을 때 10리 가 주고 못갈 형편이면 가지 말고, 내가 씻을 때 어떤 여자가 내 옆에 있어 내 아내가 아니거든, 내놓고 나 혼자 씻고, 내가 잘 때에 어떤 여자가 내 옆에 있어 내 아내가 아니거든 내놓고 혼자자고 아니면 아내하고 자고, 내가 어느 길을 갈 때에 내 옆에 길게 갈 여자가 있다면 그 여자를 아내로 대처해주고, 아니 될 일을 처음부터 시작하지 말라는 것입니다. 숯불을 품에 안고 '아이고 뜨거워~ 이거 어떻게 해, 누가 좀 치워줘' 해봐야 누가 치워줍니까 데지 않으려면 내가 치워야지요(잠6:27).

내가 신경 쓰고 잘해줘야 할 사람은 내 아내 남편이지 다른 사람이 아니라는 것 이지요 이제는 정신 차려 내 아내에게 모든 서비스하고 다른 사람은 평범하게 해야 한다는 것입니다. 우리가 거꾸로 합니다. 그러니까 철이 아빠는 좋고 내 남편은 싫다는 것입니다. 철이 엄마는 좋고 내 아내는 싫다는 것이 아닌가요.

어느 조그만 부분을 도와줄 수 있는 것이지 내 자신같이 사랑 할 수 있는 사람은 오직 아내와 남편뿐입니다. 그래서 그리스도께서 교회를 사랑함같이 사랑하라고 하지 않으셨겠어요. 누구든지 언제나 자기 육체를 미워하지 않고 오직 양육하여 보호하기를 그리스도께서 교회에게 함과 같이 하나니(엡5:29).

넷째, 사랑하는 방법

둘이 있을 때는 육체의 사랑도 나누고 사랑한다고 말하고 다정한 것 같은데 사람들이 앞에 나오면 모른척하고 당신 누구냐는 식으로 대하는 사람입니다. 그것이 우리의 조상들에게 배운 잘못된 습관입니다. 내 아내가 얼굴이 못 생겨서, 마음에 드는 데가 없어서가 아닙니다. 그것은 핑계이지요. 조상들에게 은연중에 배워서 몸에 익혀져 있는 겁니다. 다시 익혀보세요. 많은 사람들이 있을 때 더욱 다정하게 여보! 사랑해! 더욱 다정한 포즈로 취해보면 100점짜리 남편으로 대우를 받을 것입니다.

다른 사람이 내 아내와 남편의 나쁜 점을 들어서 이야기 할 때에 그것이 맞다할지라도 맞장구를 치지 말고 나는 그런 아내를 사랑한다고 편이 되어줘야 합니다.

남편이라는 이름이 남 앞에서 내편인 사람입니다. 그 편이 되어주지 못하면 내 팔을 밖으로 꺾는 것입니다. 얼마나 아프겠어요. 결국 아픔을 당하지요. 아내가 기쁘지 않았기 때문이지요. 나의 습관 때문에 나는 그와 같은 고통을 당하며 살 것입니다. 반대로 하면 내 팔이 온전하여 평안히 살게 될 것입니다. 인생은 내가 하는 대로 갚아주는 것입니다(잠20:11).

가정은 잠만 자는 데가 아니라 사랑을 터득하고 무엇이든지 해 볼 수 있는 훈련장입니다. 밤에 이곳저곳을 배회하는 습관이 들면 그것은 죽음입니다. 얼른 집으로 들어가서 가족과 사는 것을 습관 드려야합니다. 사람이 나를 섬기려면 나있는 곳에 너도 있으면 아버지께서 그를 귀히 여기시리라 하셨습니다(요12:26). 그러면 퇴근 후에 예수님은 나를 어느 곳에서 기다리고 계실까요? 술집, 친구 집, 오락실? 집에서 기다리고 계실 거예요. 주일이 되면 교회에서 여러분은 어떠세요. 저는 아침이 되면 책상 글 쓰는 자리에서 오후2시, 7시에는 강대상에서 오전 열시면 심방 받고자하는 숙소에서 사랑하는 자들이 희력(울력: 울면서 하는 일, 희력: 웃으면서 하는 일) 할 때 가서 일을 지도하고 맛있는 것도 갖다 주고 밤12시가 되면 기도자리에서 기다리고 계시면서 제가 그곳에서 늘 예수님을 만나는 습관을 들였더니 저를 귀하게 만들어 주셨습니다.

원래 저는 예수님이 이렇게 기다리시는 줄 몰랐고 망아지처럼 나하고 싶은 대로 했더니 천자 앞에 서게 되었습니다. 예수님이 원하시는 곳을 꿈으로 지시하신대로 따라서 나를 훈련시켰더니 이제는 전문인이 되어 누구 앞에서도 두려움이 없는 사람이 되었습니다(잠22:29). 한번 습관 들여 보세요. 처음에는 내가 살던 곳으로 자동으로 가지만 몇 번 꺾어 돌이키면 또 새로운 것이 재미있어집니다. 사도바울께서도 자신을 복음자로서 새롭게 길들일 때 자신을 쳐서 복종시켰다고 하셨어요(고전9:27). 우리도 되겠지요. 네 됩니다.

좋은 습관은 평강의 삶을 나에게 갖다 줍니다.이것을 저희 가정은 잘 못해서 파탄이 났습니다. 그것은 슬픔이었고 고통이었으며 이와 같은 일들을 여러분이 겪지 않기를 원하여 열심히 펜을 빌려드리느라고 땀을 뻘뻘 흘립니다. 집에서 가족과 함께 지내는 것은 대화가 통해야 재미가 나겠지요. 밖

에 있는 남편이 돌아오면 천사처럼 잘해주겠다고 기다리던 아내가 남편의
말 한마디에 삐져가지고 입이 툭 튀어나와서 말 한마디 하지 못하게 해버린
다면 그 남편이 집에 들어오는 것이 두려울 것입니다.

다섯째, 대화하는 방법을 터득해 보세요.

내가 생각하지 않는 말이 날라 와서 내가 아플 때는 지금 화살이 날아 와
서 내 가슴을 찌르고 있는 것입니다. 그럴 때 어차피 찔린 화살이라면 왜 그
래! 하며 소리 지르지 말고 윽! 하고 참고 응 알았어요. 하고 말꼬리를 내리
면 상대가 의아해하며 순해지지만 왜 그래? 하고 말꼬리를 올려 뱀 꼬리 흔
들듯이 흔들어대면 그 화살을 빼서 두 개를 던지는 효과가 있어서 두 개 빼
서 4개 던져 4개 빼서 8개 던지면서 싸움이 벌어지고 싸움이 벌어지는 가
정에 남편이 들어오고 싶지 않기 때문에 밤에 친구를 찾고 술을 찾아 배회
하고 있는 것입니다. 사탄이 싸움을 벌이게 유도하고 있습니다. 싸움시켜놓
고 가정의 화목을 깨고 돈을 낭비하게 하는 역할을 하고 있는 것입니다.

어떤 화살을 던지더라도 그 화살을 받아서 내리는 것이 유순한 대답이며
(잠15:1) 유덕이며 능력입니다(잠11:16). 말꼬리를 올리는 것은(왜! 그랬는
데요? 왜! 그렇게 하세요? 안돼요? 못해요? 등 질문형식의 말) 화살을 받아
던지는 것이고 말꼬리를 내려(그러세요, 그렇군요, 네, 알았어요, 순하게 대
답해 주는 것) 유순한 대답하고 유덕한 사람이 되면 존영(존귀영광)을 얻습
니다.

귀신은 우리의 가정에 말(부정 폭언, 욕, 죽겠네 등)을 타고 은사로서 사
람들을 섬기는 이 하루를 상을 버리게 하는 역할을 우리도 모르는 사이에
우리의 삶, 인격 속에서 하고 있답니다(계9:20, 16:13~4).

우리가 우리의 입에서 나가는 말과 행동을 조금만 살펴보면 그 상급을 온

전히 하여 때가 되면 아름다운 하늘에 보고가(신28:12) 열려 우리의 소원을 이루어 주신답니다.

상대가 어떤 말을 하던지 나와 다른 그 사람이 그렇게 말할 수 있다고 인정한다면 물 흐르듯이 받아줄 수 있지 않겠어요. 당신이 어떻게 나에게 그럴 수 있어라고 말할지 모르지만 네! 그럴 수 있습니다. 다른 생각의 소유자이기 때문입니다. 그렇다면 남편이 사실은 남의 편을 내편으로 만드는 것은 아내의 재치와 인내와 용기 그리고 오래 참음의 사랑이 필요한 것이지요. 그래서 하나님께서 보조자로 만드시질 않았겠어요. 사랑의 보조자 말이에요. 그리고 그 이름이 하와, 생명입니다.

남자가 어떤 아내를 만나느냐에 따라서 바보 온달이 온달장군이 되기도 하고 아무리 잘난 지위와 존귀를 가졌다 해도 어떤 여자는 그것을 다 헐어 바보온달로 돌려버리는 여자도 있더라고요. 어느 쪽이 좋을까요? 아내의 통통 튀는 재치와 웃음이 필요합니다.

가정의 얼굴은 아내의 얼굴이지 남편의 얼굴이 아닙니다. 아내의 아름다운 미소가 잘 길들여지고 배워진 우리가 잘난 우리의 남편들을 더욱 잘나게 하지 않겠어요. 멋지게 웃어주고 잘못하면 나무라주고 뒤 끝없이 사랑해주는 이 폭넓은 사랑이 우리 대한민국의 남아들을 세계의 일터로 능력 있게 보내어 금과 은을 캐다가 가정을 능력 있게 만들어 나라와 세계를 그들의 손에 넣게 하지 않겠어요. 우리 힘을 내어 우리의 남편들을 사랑할 수 있는 방법을 터득해야 합니다(잠31:10~31).

우리의 남편들은 아내들을 멋진 보조자로 만들 마음 밭을 크게 하여 잔소리 잘하고 짜증 잘 내는 아내를 품어 줄 수 있는 품을 가져봅시다. 사랑스럽지 않으세요.

대화하여 말을 들어줄 때는 아내는 엄마가 되어주세요.

대화하여 말을 들어줄 때는 남편은 아빠가 되어주세요.

이 땅에 단 하나밖에 없는 나의 사랑입니다. 까다롭기도 그와 같겠지요.
어떤 여자가 어떤 남자가 나에게 까타로움을 피우겠어요. 오직 나의 사람이
기 때문에 할 수 있다고 생각한다면 무엇을 못 받아 주겠어요.

5. 역이용법

두려워하지 말라 내가 너와 함께 하여 네 자손을 동쪽에서부터 오게 하며 서쪽에서부터 너를 모을 것이며(사43:5)

우리가 주 안에서 서로를 위하여 기도해주고 예수 믿어 나라와 가정과 서로를 위해 거룩한 손과 발로서 기도해 줄 수 있는 가정이 만들어지는 것이 최고의 복이 아닌가 싶습니다. 저는 그런 가정을 만들어 나가는 중에 사탄의 침을 당하여 가정이 깨지고 살이 찢기는 아픔과 고통을 가족 모두에게 준 미련하고 어리석은 인격의 소유자였습니다. 그때 우리 아버지 예수님 성령님을 알고 금식을 알고 꿈·환상을 알았더라면 그것들이 귀신이며 사탄마귀가 보이지 않는 곳에서 그렇게 사람들을 술 먹이고 화나게 하고 짜증내게 하고 싸움과 분쟁을 일으켜서(롬1:24~32, 갈5:16~21) 가정의 화평을 깨고 있다는 것을 알려주는 사람만 있었더라도 나의 삶은 너무나 다른 방향으로 달라지지 않았을까 싶습니다.

싸움 대장이 바로 귀신이라는 것을 알기만 했더라도, 처음부터 아버지께서 네가 싸우면 나는 너를 위해서 아무것도 해줄 수 없다. 그러나 싸우지 않고 살기만 하면 네가 원하는 것을 다해줄 수 있다고 하셨어요. 나중에 보니까 성 경이었습니다(갈5:26, 고전9:25). 시어머니, 시아버지가 나하고 다르며 섬겨 야 될 대상이고, 귀신들은 이렇게 배후에서 조종하며, 두 분의 시어른들을 마음에 상처가 굳어져서 입으로 나오는 말과 행동은 혼에 새겨져서 식구들 이 그분의 말을 들으면 짜증나고 볶는 것처럼 느껴집니다. 그래서 싸움이 일 어나고 시동생과 시누이의 영은 이렇고 부모와 자식 자식과 형제 겉으로 나 타나는 것만 알았지 불순종의 역사하는 영이(엡2:2) 속에서 움직이고 있다는 것을 모르니 겉에서 보는 것만 가지고 대처할 수밖에 없었고 그러다 보니 쌓 이는 것은 분노요 고통이며 그것이 나타나는 방향은 병이었습니다.

두 영의 역사를 알면(성령과 사탄, 마귀, 귀신)

20살에 남편을 만나 시댁에 인사하러 가는 그 날 허술한 판자 집에 손님 왔다고 처녀들 넷을 한방에 넣어 놓고 연탄불 지폈는데 아침에 모두 연탄가 스를 마셔 뚝 방에 끌어내다 눕혀놓으니, 셋은 한참 후에 살아났고 한 사람 은 병원까지 실려 갔다가 가까스로 살아났습니다. 아무것도 없이 내가 얻은 5만원에 8천 원짜리 월세 방에서 본의 아니게 동거가 시작되어 살게 된 삶 이 죽음의 연속극을 찍는 것처럼 그 후로 저는 연탄가스 냄새만 나도 쓰러 지기를 여러 번 했습니다. 그 시절엔 연탄가스 중독으로 얼마나 많은 사람 들이 죽어갔던가요. 요즘은 기술이 발달되어 다양한 보일러도 개발되고 태 양열, 풍력발전 등 얼마나 세상이 좋아졌나요. 얼마나 빨라지고 무섭게 변 하고 있나요?

바야흐로 사람을 변형시키는 영화와 만화가 나온다는 것은 어느 때가 되면 그러한 일들이 생길 것이고 세상 어느 곳에선가는 그것을 끊임없이 연구하느라고 미쳐있는 사람들이 있겠지요. 공상과학 영화 만화 미디어 세상이 뜨고 그 다음으로 그런 일들이 만들어지고 있는 배경이 있을 테니까요.

세상이 아무리 변해도 사람은 결혼하여 가정을 만들 것이고 세상이 뒤집어져 백번 천 번을 변한다 해도 사랑하지 못하면 짐승처럼 살 것이고, 우주를 나르고 사람이 예수님처럼 컴퓨터에 의해서 시공간을 초월하여 날아 다녀도 사람 뒤에 속에 앞에서 먼저 역사하고 계시는 성령과 악영의 역사를 분별하지 못한다면 나의 오늘 하루는(에1:18 외 많음) 상당한 고통 속에서 살게 될 것입니다.

"happy together"(해피 투게더)

어느 날 사랑하는 나의 아버지께서 이렇게 말씀하셨어요. 오늘 행복하라고 그것이 무슨 뜻인지 몰랐는데 너는 오늘 밖에 없는 이 하루를 행복하게 살라는 뜻이었습니다. 제 나이가 쉰여덟이었는데 하루하루 살다보니 이렇게 되었지요. 우리 인생이 하루살이였습니다. 내가 구한 것도 내가 살아있는 오늘 받았고 내가 행복하여 웃는 것도 오늘이었고, 내가 사람들을 만나 사랑하며 행복과 불행을 경험하고 알게 되는 것도 바로 오늘이라는 하루 속에서 이루어지고 있는 것습니다.

저는 내일을 위해서 인상 쓰고 내일 사과나무를 심기 위해서 나무 사느라고 싸우고 내일 우리 아이들 잘되게 하기위해서 죽어라고 돈 벌러 다니면서 싸우고 내일 추우니 옷값 준비하느라고 싸우고 내일 시댁 식구만나야 하는데 그것이 싫어서 싸우고 나의 사랑하는 하루를 전부 내일을 위하여 싸우는데 쓰고 있었습니다. 어느 날 아버지의 말씀을 듣고 정신을 차리고 보니 너무나 거꾸로 된 사고와 생각 속에서 자신을 죽이고 있었습니다.

나를 오늘만 행복하게 할 수 있는 사람으로 아버지께서 만드셨는데 저는 50년 80년을 살기 위해서 아옹다옹하고 있다는 것을 알게 되었습니다. 사람이 이렇게 어리석구나. 우리 아버지가 아니면 인생은 불행의 극치를 달릴 수밖에 없는 것이지요.

사람의 기본을 알고 보니까 인생이 행복해졌습니다. 나는 오늘 하루만 행복하게 살면 되는 거구나 하며 눈떠서 내가 살아있는 24시간 중 20시간을 행복합니다. 네 시간 잠을 자니 그 시간은 아버지가 부르시는 그 시간까지 아버지의 시간입니다. 20시간의 내 하루를 저는 항상 웃고 삽니다.

우리 아버지를 기대하며 기뻐하며(시37:3, 9) 만나는 모든 사람에게 웃어줍니다. 그가 없어도 저는 웃거든요 내가 다른 사람을 위해서 웃고 있는 것이 아니라 나를 위해서 살고 있거든요.

나 하나만을 위해서 내가 움직이고 있지요. 내가 밥 먹을 때 옆에 남편이 있으면 같이 먹고 남편이 죽어 없으면 다른 남자 데려다 남편삼아 함께 먹고 내가 씻을 때 누가 옆에 있으면 같이 씻고 없으면 혼자 씻고 쌀 때도 없으면 혼자 싸고 있으면 함께 싸고 그 누가 동행하길 원 할 때 함께하는 것이고 그렇지 않으면 부부도 자식도 친족도 모두 따로 구나 그런데 나는 그들을 위해서 화내고 너 나한테 왜 이렇게 하느냐고 따지고 왜 이렇게 못해주느냐고 투정하고 신경질 부리고 살았구나.

'인생은 나하나 만을 위해서 사는 완전한 이기주의로구나' 깨닫게 해주시는 순간에 저는 행복해졌습니다. 나를 위해 사는 내 인생에 심심하지 말라고 아버지께서 남편주시고 시어른주시고 애들 주셔서 행복하게 살 수 있는(신10:13) 구조를 만들어 놨는데 나는 이것을 거꾸로 생각하고 살고 있었던 것입니다.

어느 날 꿈에 아버지께서 '역으로 이용하라 역으로 이용해' 무슨 말씀인가 했더니 우리가 살고 있는 사고를 역으로 하면 행복해진다는 것이었어요. '아버지! 오늘도 기대하며 기뻐합니다.' 아버지가 주신 이 하루의 삶 속에 슬픈 일이 있던지 기쁜 일이든지 자식이 속을 썩이든지 남편이 애를 먹이든지 나의 사랑하는 형제들이 나와 다른 행동을 하며 마음을 아프게 할 때에라도 그것이 인생이며 나를 위해서 주신 이모든 사람을 통해서 웃으며 그가 나를 행복하게 해주는 것이 아니라 내가 그를 행복하게 만들어 주는 나의 주체가 생겨났습니다.

이 세상을 위 아래로 한번만 흩어보면 하늘부터 땅에 있는 나무, 흙 집, 집 속에 들어 있는 모든 제품들이 사람하나를 위해 만들어졌고 어느 것 하나도 다른 것을 위해서 만들어진 것이 없었습니다. 강아지, 돼지, 꽃 장롱, 이불 정말 놀랐습니다. 설교를 9천 번 이상 했으니 얼마나 많은 성경을 읽었겠어요. 그런데 창1:26~ 이하의 말씀이 삶에서 깨달아지고 있는 것이었어요. 하나님께서 나 하나를 위해서 이 세상을 창조하셨구나. 나 하나를 위해서 내가 이렇게 귀중하고 보배롭고 존귀하구나(사43:5). 보배롭고 존귀한 나를 위하여 자신의 아들을 죽이기까지 하셨구나.

오! 사랑 내 사랑 이리보아도 내 사랑 저리보아도 내 사랑. 나 하나만을 위해 존재하고 있는 이 땅 내가 없으면 없고 있으면 있는 이 땅 그런데 이 땅이 나에게 수한이 칠십이며 강건하면 80이라(시90:10) 하시니 나에게 주어진 이 하루를 아버지께서 만들어 놓으신 이 땅에서 최고 행복하게 살아서 아버지를 기쁘게 해드려야지 내가 기쁘면 내가 행복하면 아버지께서 행복하시고 기쁘시다 하시니 우리가 생각하고 있는 것하고 거꾸로 입니다.

내일을 위해서 저축하고 진정으로 써야할 곳을 찾지 못하는 사람들입니다. 저는 이제 오늘을 위해서 아버지께서 주신 모든 것 돈, 시간을 아버지 원하시는 곳에 쓰는 예쁜 딸이 되었답니다. 내일을 위해서 바동대는 것이 아니라 오늘 하루로 모든 것을 마감하기 위해서 최선을 다하는 웃고 사는 사람이 되었습니다. 제가 가정이 깨질 무렵인 30대 후반에서 40대 초반에 이런 것들을 깨달을 수 있었다면 접목을 해봤겠지요.

예수 믿어 은혜로 구원받고 천국, 예수 믿는 행위의 아름다움으로 육신의 구원(삶)을 받는 다는 것을 뒤늦게 깨달은 것이지요. 예수 믿어 교회만 다니면 구원 받는 줄로 알았는데 그것은 천국 가는 것이며 내가 삶이 복되고 아름다운 것은 나의 인격이 복을 받게 훈련되어져야 받을 수 있다는 가르침을 살아가는 중에 성경을 통하여 터득하게 된 것입니다(빌1:11, 약1:25).

우리 한번 역이용법을 사용해 보실래요.

우리 민족의 사랑은 성경이 아닙니다. 게임을 해도 진 사람이 내지요, 그것은 그날 독을 먹는 것이나 다름이 없습니다. 져서 마음 상한 사람한테 얻어먹고 뭔가를 하라고 하면 좋은 것이 나오겠어요. 그래서 우리는요 게임을 해도 이긴 사람이 진 사람을 위해서 무엇인가를 하는 교회와 가정으로 이끕니다. 얼마나 행복한지 모릅니다.

상대가 싫어하는 일은 하지 않습니다. 상대가 원하지 않으면 해주지 않습니다. 물놀이하는 것을 보니 연약한 사람을 싫다는데 계속 물에다 집어넣어서 겁이 나서 힘 있는 사람 옆에 가지 못하는 저주 받을 일에 길들여져 있는 모습들입니다 상대가 싫어하는 일은 절대해서는 안 되는 것 이지요 그것이 사랑이 아닌가요.

상대가 원하지 않을 때는 가르쳐 주지 않습니다. 진주를 돼지에게 던지지 말라고 하셨는데(마7:6) 우리는 상대가 원하지 않는 일을 해주고 착한일 했다하고 상대가 듣기 싫어하는데 내가하고 싶어서 해주고 짜증내고 원하지 않는 일을 해주고 사랑했다고 하면서 네가 나한테 어떻게 그렇게 할 수 있느냐고 합니다. 조금 생각해 봐야 되지 않을까요?

- 싸구려 손과 입: 상대가 요구하지 않는데 내 즐거움으로 막무가내 하는 일과 말
- 비싼 손과 입 : 철저하게 준비하여 전문인이 된 후에(잠22:29) 그가 요구할 때 도와주는 손과 입

우리의 인생이 싸구려로 남발하면 안 되는데 우리는 나만 좋으면 그냥 말하고 도와 줘도 되는 것으로 알고 훈련되어 있었습니다.

제자들은 처음에 이 일을 깨닫지 못하였다가 예수께서 영광을 얻으신 후에야 이것이 예수께 대하여 기록된 것임과 사람들이 예수께 이같이 한 것임이 생각났더라(요12:26).

도움을 요청할 수 있는 사람이 전문인이며 귀한 사람이 아닐까요. 위와 같이 우리가 성경과 거꾸로 된 사고 때문에 예수 믿어 성경대로 살아 성경 속으로 우리가 들어가야 하는데 성경을 옆에 끼고 내가 살던 방식대로 살고 보니 가정이 깨지고 돈이 없어지고 자식이 안되고 죽을병이 들고 가정이 힘을 잃어버리는(레26:14~36) 성경이 우리에게 임했습니다. 천천히 우리의 행동반경을 바꾸어 나가는 것만이 나와 내 가족과 민족이 사는 길이 새롭게 열립니다.

인격을 건드리지 말라하시는데 그 인격이 하나님의 형상이 아닌 사탄의 세상에서 귀신들에게 배운(엡6:10~)것이라면 성경에 맞추는 일을 꼭 해야 합니다(요1:1, 나도 말씀이 행동되어 나오게). 그것이 인격을 건드리는 것인데 건드리는 시기를 택할 일만 남은 것이지 꼭 고쳐내야 되는 것입니다. 믿음이 연약한 자를 너희가 받되 그의 의견을 비판하지 말라(롬14:1).

약한 자들은 성장할 때까지 기다려가면서 천천히 고쳐주고 성장한자는

이제 고쳐서 복을 받아야 되지 않겠어요. 고쳐야 복을 받기 때문입니다. 사람이라면 어느 나라 사람을 막론하고 성경에 응해야 복을 받습니다. 예수 믿어 천국도 가고 삶도 잘되는 것이 영광 돌리는 일이기 때문입니다. 열매 맺지 못하는 무화과나무를 저주하셨으며(막11:14), 아버지께서는 우리의 의의 열매를 찬송하시며(빌1:11) 노래하십니다(사5:1). 나를 바꾸는 것이 힘들고 어렵지만 잘되는 길로 전진해 보실까요.

성경은 많은 부분에서(레19:17, 겔33:17~, 잠12:1, 24:25~ 마5:43~, 딤후4:2 등)견책하고 책망하고 경계하고, 그들의 잘못된 것을 지적해줘서 죽을 길에서 살길로 인도해야 함에도 불구하고 현시대에는 인격을 건드리지 말라. 그것은 무식한 일이라고 가르치고 있어서 신앙생활을 너무나 열심히 하고 믿음이 좋다고 하면 할수록 성경하고 너무나 먼말과 행동으로 부요와(마5:3) 사람들을 잃어버리고 인생채찍과 사람 막대기를 계속 맞으면서(삼하7:14) 너 왜 나를 그렇게 하느냐고 욕하고 손가락질하면서 계속 쓰러져가고 있는 이 민족의 그리스도의 사람들을 바라보시면서 아파하며 슬퍼하시는 아버지를 뵙니다.

예배드리고 나오면서 말씀부터 비판 판단(롬2:1~, 마7:1~)을 일삼아 성경을 역행하고, 신앙이 오래된 어른들의 입에서 '환장하겠네, 미치겠네, 지가 잘되나 보자고, 죽겠네' 와 같은 저주를 입에 달고 나오시니 우리의 삶이 변할 수 없고 더욱 더 깊은 수렁으로 빠져들 수밖에 없는 것이 현실입니다.

모든 지킬 만한 것 중에 더욱 네 마음을 지키라 생명의 근원이 이에서 남이니라(잠4:23), 입을 지키는 자는 자기의 생명을 보전하나 입술을 크게 벌리는 자에게는 멸망이 오느니라(잠13:3).

이처럼 성경에서 찾아 명철하게(잠1:2, 9:10, 28:11) 자신과 하나님을 섬기는 방법을 터득해 새로운 삶을 찾아야 되겠습니다. 현 그리스도인들인 우리가 쓴 소리는 듣기 싫어하고 복만 빌어달라고 하다 보니 지도자가 인격 고치려 한마디 하면 교회 식구들 데리고 철새처럼 이리저리 떠돌면서 말썽을 부리니 말로 다 할 수 없는 실정이지요.

목사님 탓하지 맙시다.

이제 우리가 다 같이 생각해봐야할 때가 아닌가 싶습니다. 목사님이 잘못되었다고요. 아니예요. 당신이 안 되고 못 되고 어려운 부분을 잘되게 하려면 당신이 살고 있는 24시간 하루의 틀을 고쳐야 합니다. 먹고 싸고 씻고 닦고 무엇인가 자신의 사명 따라 살고 있는 하루는 날마다 그대로하고 있는데 그대로 하고 있는 행복한 하루가 싸여서 복되고 잘되고 건강해야하는데 나의 삶이 행복하지 못하다면 분명히 되짚어서 나를 아는 명철을 터득해야 합니다. 내 인생은 너 때문에 잘되고 잘못되는 것이 아니라 나 때문에 잘되고 잘못되고 있기 때문에 너를 고치려 말고 나를 고치면 되는 것이지요. 그것이 안보이니 볼 수 있는 방법을 알아내야하는 것입니다. 고칠때 우리를 자세히 보여 주시는 것이 꿈ㆍ환상입니다.

나로 말미암아 너희를 욕하고 박해하고 거짓으로 너희를 거슬러 모든 악한 말을 할 때에는 너희에게 복이 있나니(마5:11)

나를 핍박하는 사람을 가져야하고 그 사람을 감사할 줄 알아야 하는데 우리는 좋은 소리만 듣고 좋은 말만 들으려하는 것이 큰 문제의 발단이 아닌가 싶습니다. 모든 사람이 너희를 칭찬하면 화가 있도다. 그들의 조상들이 거짓선지자들에게 이와 같이 하였느니라(눅6:26). 그러니 목사님이 내가 원하는 복 받으라는 말 안하고 고치라고 하면 떠나고 사랑하는 자들이 지적해주면 원수 되어서 온갖 흉을 다보고 돌아다니면서 말썽을 일으키는 것, 이런 행동은 나의 것이 아니라 귀신의 행동입니다(갈5:16~ , 롬1:29~) 복 받으라고 목사가 빌어주면 무조건 복 받나요.

그의 행위가 성경에 맞아야 복을 받는 것 이지요 주의 종이 복만 빌어서 될 것 같으면 계속 복만 빌면 되지 않겠어요. 그렇다면 우리나라는 이미 최고의 나라와 개인이 되어있어야 되지 않겠어요. 이미 빈 복만해도 세계를 제패하고도 남을 것이니까요. 이제 한숨을 돌리고 역으로 이용하는 방법을 터득해보세요.

(1) 두 손가락의 비밀(역이용의 이유)

명철한 사람의 입의 말은 깊은 물과 같고 지혜의 샘은 솟구쳐 흐르는 내와 같으니라(잠18:4)

① 엄지: 나지요. 그런데 이 손가락으로 나를 가리켜 보세요. 완전히 뒤집어야 됩니다. 그것은 나를 아는 명철은 내가 알고 있는 나를 완전히 뒤집어야 나를 알 수 있다는 것입니다. 나는 다 잘하고 멋지고 모든 것이 좋은 것 같으나 그것이 아니라는 것을 증명하는 손가락이며,

② 검지: 상대를 손가락질할 때 쓰지요 반이 뒤집히면서 갑니다. 그것은 반만 뒤집어도 상대는 알 수 있다는 것 이지요 그것도 나를 아는 자만이 알 수 있지요 곧 나를 아는 것이 모략이며 깊은 물과 같은 솟쳐 흐르는 지혜를 가지고(잠18:4, 20:5) 사람을 잘되게 하고 나도 잘되는 은혜를 가질 수 있습니다. 사람의 행위가 자기 보기에는 모두 정직하여도 여호와는 마음을 감찰하시느니라(잠21:2). 남이 나에게 해서 안 좋은 일이라면 내가 남에게 안하면 되고요 남이 나에게 주어서 좋으면 내가 주면 되지요 남이 나에게 하는 것을 볼 때 내 마음의 움직임을 체크할 수 있으며 쉽게 명철에 말씀에 이를 수 있습니다. 사랑합니다.

아버지께서는 우리를 극상품 포도나무로(창1:26, 사5:1) 만드셨는데 우리

는 들포도를 맺는 바람에 늘 화가 나시고 노여워서 그 노여움을 우리가 저주로 감당해야 합니다(레26:14~). 우리 민족 전체의 삶 속에 뱃속에서 부터 배워 나온 욕과 저주스러운 말들을 우리의 입에서 떼어내느냐 못 떼어 내느냐가 내가 사느냐 죽느냐의 길이며 민족이 사느냐 죽느냐의 길입니다.

입술의 열매를 창조하는 자 여호와가 말하노라 먼 데 있는 자에게든지 가까운 데 있는 자에게든지 평강이 있을지어다 평강이 있을지어다 내가 그를 고치리라 하셨느니라(사57:19).

입술의 열매를 짓고 계시는 아버지께서 좋은 말이든 나쁜 말이든 그대로 이루어지는 것이 성경인데 남을 축복하고 저주하지 말라고 하셨는데 축복은 고사하고 입을 열면 닫을 때까지 사람들을 판단하고 저주하고 정죄하고 흉보고 욕하는 것이(롬2장) 혼에 새겨져 있어서 예수를 믿으면서도 육의 구원(소원)을 이루지 못하고 있는 것이 우리의 입 때문입니다(계16:13~14).

예수를 믿으면 잘되어서 나 교회 다니고 예수 믿어 잘되었으니 철이 엄마도 가보자고 해야 하는데 삶을 말할 수 없는 우리의 고통은 전도가 계속 거꾸로 가서 아버지의 마음에 고통을 드려서 우리는 안타까워할 수밖에 없는 것인데 이제는 그 대안을 찾아서 우리를 바꾸어 성경이 복으로 응하는 말과 행동이 있어야 하겠습니다. 말씀이 육신이 되어 우리에게 오신 예수님을(요1:1) 닮는다는 것은 우리도 예수님처럼 해야 된다는 것입니다. 말씀대로 사는 것이 한번 하는 것이 아니라 아주 혼에 새겨서 0.8초로 나가야 됩니다.

예수 믿으면 원죄의 저주가 끊어져 천국 백성이 됩니다. 구원받았다고 말합니다. 천국 백성이 되었다면 육의 구원을 받아 돈도 많고 자식도 잘되고 병도 안 걸리고 죽을병도 안 걸리고 가정이 능력 있는 가정을 이끌 수 있어야하는데(레26:1~13) 그것이 안 되고 있는 것입니다.

그렇다면 예수 믿으면 그렇게 잘되면 안 되는 것일까? 어떤 사람은 너무 많아 교만해질까봐 먹을 만큼 주시고 너무 배고파 도둑질 할까봐 적당히 달라는 기도 한다는 것만(잠30:9) 성경인가요? 너희가 내 말에 순종하면 들어가도 복을 받고 나가도 복을 받는다고 하셨습니다(신7:12~).

이런 복된 성경이 우리에게 있으면 마치 뭐가 잘못 된 것처럼 생각하고 돈 좀 있으면 교만하여 너 언제까지 잘되나 보자하며 저주나 퍼부어 망하기를 바라는 것이 과연 우리가 해야 할 일일까요. 기복 신앙이라 하여 마치 돈이 많으면 안 되는 것처럼 말하지요 가난은 심령가난이지 돈 가난이 아니지요 심령이 가난하지 못하면(마5:3) 돈이 가난해 집니다.

서구의 여러 나라들처럼 너무나 열심히 하나님 섬겨 물질의 복 받으니 이제 하나님을 버리고 다 육신을 좇아 살아서 그것에 하나님의 진노가 임하는 것이 무섭지 않나요. 이대로 가면 우리도 그렇게 되지 말라는 법 있나요 하나님과 대화를 이루면 기도 좀 많이 하여 음성을 들으면 마치 자기가 하나님처럼 되어서 교만하고 그 누구의 말도 참고하지 못하고 있는 것은 그런 분들이 결국은 이단을 만들어내고 백성들을 지옥으로 이끌고 있으니 두렵기만 합니다. 그러나 이것 또한 바르게 해야 되지 않겠어요. 그것은 저주 때문이며 대화를 바로 하지 못하여 마음의 음성을 듣고 그 말이 하나님이신지 귀신 인지가 분별되지 않아서 이렇게 혼잡하고 고통 속에 있으니 이것 또한 꿈 · 환상으로 응답받고 분별하며 대화하여 나 자신을 명철하게 분별하며(잠1:2) 따라 간다면 안전한 길이 열립니다.

누군가 먼저 알아낸 것이 있다면 불신하고 내칠 것이 아니라 받아서 꿈 · 환상으로 분별하여 버릴 것은 버리고 취할 것은 취하면 되는 것입니다. 분별 방법이 불분명했던 지난날들을 다시 새롭게 하면 됩니다(성령 충만). 이제 어떻게 하면 현재 우리의 행동을 바꿀 수 있는지 혼에 새로운 삶을 새길 수 있는지 알아보세요.

제 5 장

성경으로 돌아가야 합니다

1. 성경을 읽어야 성경적인 사람의
기초를 가질 수 있습니다

태초에 말씀이 계시니라 이 말씀이 하나님과 함께 계셨으니 이 말씀은 곧 하나님이시니라(요1:1).

우리는 설교 말씀만 많이 들으면 되는 줄 알고 TV, 라디오 여러 가지를 통하여 목사님들의 설교만 들으면 복을 받게 되는 줄 알고 그곳에만 전념하시는데 그것은 그분의 은사로 이루어져 있기 때문에 단편적이고 그분을 중심한 성경만을 배우게 됩니다. 물론 공예배의 설교를 잘 듣고 열심히 목사님과 함께 힘을 합하여 하나님을 섬기면서 날마다 성경을 읽으면 먼저 내혼에 성경이 새겨 집니다.

성경 없이 자라난 우리의 혼에 성경의 복을 받기 위하여 날마다 시간을 정해 놓고 성경을 읽어야 성경적인 사람의 기초를 가질 수 있습니다. 기도만 해서는 안 됩니다. 기도만 하고 성경을 모르니 앞에 2번 표와 같이 들 포도를 맺을 수밖에 없는 것입니다.

이제 주의 종들도 백성들도 성경을 읽되 읽는 차원이 아니라 새긴다는 차원으로 넘어가야 합니다. 창세기부터 계시록까지 통독하며 누구의 책을 참고하지 말고 계속 읽으면 내 성경이 은사 적으로 맥이 뚫리면서 혼에 새겨지면 내 영혼이 밝아지고 내 인격이 성경적으로 바뀌는 주춧돌이 놓아지면서 내가 어느 행동이 잘못되었는지,

① 설교를 들으며 10%

② 꿈 · 환상으로 20%

③ 사랑하는 자들의 훈계로 70% 인생채찍 100%를

꿈 · 환상으로 분별하여 그때그때 고쳐나가며 아버지께 고쳐 구원해달라고 다니엘처럼 의뢰하면(단3:28) 어느 순간인지 모르게 고쳐져서 성경적인 사람이 되어있고 어느 땐지 모르게 나는 영육 복을 받는 사람이 되어있습니다.

저는 설교 때문에 많은 성경을 읽게 되었습니다. 그런데 너무나 신기한 것은 제가 성경적으로 말하고 행동하는 사람이 되었고, 그 뒤 어느 땐지 모르게 영육 간에 복을 받아 많은 사람들을 나와 같은 복을 받게 하기 위하여 애쓰는 사람으로 변했습니다.

나의 사랑하는 성령님이 주시는 지혜와 지식의 말씀으로(고전12:8)모략과 모사로 훈계와 사랑으로(사11:2) 얼마나 재미있고 얼마나 경쾌하고 얼마나 아름다운지요. 이것이 하늘나라의 맛을 이 땅에서 보는 것이 아닌가 싶습니다.

성경을 빼놓고는 우리가 하늘나라를 어디에서 찾겠어요. 꿈 · 환상으로 대화하여 아버지의 말씀을 듣고 예언을 분별하여 영으로써 육의 행실을 죽여야 합니다(롬8:13).

육신대로 살면 반드시 죽을 것이고 영으로써 육의 행실을 죽이면 삽니다

(롬8:13). 어떻게 하면 영으로서 육의 행실을 죽일 수 있느냐는 것입니다. 눈에 보이는 대로 살고 있는 우리는 아버지께서 무엇을 시켜도 내가 하던 방식으로 하게 되어 있습니다. 그렇게 내 마음이 가는 데로 내가 살던 데로 열심히 섬겼는데 우리는 안 되는 것입니다.

열심히는 사는데 내 삶은 바뀌지 않고 우리의 소원은(잠13:12) 이루어지지 않는 것입니다. 성경으로 돌아가야 합니다.

영혼이 잘되면 우리가 하고 싶은 것 갖고 싶은 것 병 문제 이런 것은 내 것입니다. 무엇인가 맞지 않아서 갖고 싶은 것도 안 오고 갖기 싫은 것만 오는 것 아니겠어요. 우리는 영이 좋아하는 것을 모릅니다. 혼에 새겨진 습관대로 사는 것입니다. 영이 좋아하는 것은 영을 만드신 우리의 육체 속에 가장 깊이 숨어있게 하신 그분 성령만이 아신답니다(롬8:27). 그래서 내가 하려고 하는 일하고 성령께서 꿈·환상으로 보여주신 것하고는 완전히 반대입니다. 그때 내가 좋아하는 것을 버리고 아버지의 뜻을 따라하는 것이 나를 꺾는 것입니다. 사도바울께서는 나를 쳐서 복종시킨다고 표현하셨고(고전9:27). 제 표현은 '꺾어!' 입니다.

저는 영으로 육을 이기는 것을 꿈·환상으로 배워나갈 때에 우리 아버지는 의붓아버지인줄 알았습니다. 왜 내가 하려고 하는 것은 다 못하게 하느냐는 것입니다. '아버지, 왜 그러세요?', '이렇게 하면 얼마나 좋겠어요' 하며 달려들고 울고 많이 몸부림 쳤어요. 죽어라 함께 산다 참아라 왕노릇한다(딤후2:11). 내가 하고 싶은 대로 하지 못하고 내가 갖고 싶은 대로 갖지 못하는 것이 죽음이며 참는 것이라는 것을 터득하게 되었습니다. 나중에 알고 보니 꿈·환상으로 말씀하신 것을 따라하는 것이 육을 죽이는 것이었습니다.

내 마음에 기뻐서 이렇게 하면 되겠다. 그것은 혼(마음)의 (대상29:16~ 17, 요13:2) 역사이지 아버지의 지시가 아니었습니다. 처음엔 어렵습니다. 그러나 나중엔 아주 쉬워집니다. 나를 훈련시키면 되는 것입니다.

다윗이 성전 지을 마음이 있었으나 하나님께서 응답하시기를 너는 피를 심히 많이 흘렸고 크게 전쟁하였느니라. 네가 내 앞에서 땅에 피를 많이 흘 렸은즉 내 이름을 위하여 성전을 건축하지 못하리라(대상22:7~8). 마음과 아버지의 응답은 이와 같이 내 하고 싶은 것을 반대로 하고 있었어요.

무슨 일을 해야 될 때, 아버지 어떻게 할까요? 꿈ㆍ환상으로 보여주세요 라고 하면 보여주시고 해석도 필요 없이 알 수 있습니다. 보여주지 않으시 면 안하시면 됩니다.

어디를 가야하는데 가는 것이 좋을까? 아니면 아니 가는 것이 좋을까? 이 사를 해야할까? 어디로 해야 할까? 어떤 문제이든지 여쭤보시고 잠을 청해 보실래요. 꿈으로 보여 주시고, 기도하시면 환상으로 보여 주십니다. 그러 나 환상은 많은 사람이 볼 수 없고요, 꿈은 모든 사람이 다 꿉니다. 그럴 때 대답이 없으시면 움직이지 마세요. 예수님도 대답 안하시니 안하셨어요. (마:39).

대답을 안 하시는 것은 첫째는 때가 안 되었든지, 둘째는 싫으신 겁니다.

신이신 하나님과 육체를 가진 사람이 그가 불어 넣으신 영이 좋아하는 것 을 알아내는 방법은 이것 밖에 없습니다. 마음이 좋고 나쁘고 감동이 오고 이런 일은 10%정도 밖에 쓸 수 없어 거의 아버지 원치 않은 쪽으로 90% 빠 지며 불순종이 나도 모르는 사이에 이루어지고 어려운 일이 생깁니다. 아주 노련하게 훈련되어지고 성령에 완전한 은혜가 주어진 어느 날 10%를 쓸 수 있습니다.

제가 감기가 아주 자주 걸렸습니다. 콜록콜록 기침하면 식구들이 안타까워서 약을 해오는데 성령께서 모두 감동을 해서 가져 옵니다. 어떤 권사님은 인삼즙, 또 다른 권사님은 배즙, 장로님은 은행 삭힌 것, 어떤 사람을 굴, 어떤 사람은 약, 어떤 사람은 이약 저 약, 왜 이렇게 성령의 감동이 다를까요? 한번 생각해봐야 되지 않을까요? 성령께서 그 사람이 아는 방법대로 이끌고 계시는 것입니다. 그러기 때문에 분별하지 않으면 거의 90% 잘못됩니다.

마음으로 감동으로 주어진 일들을 중요한 일들에 대하여 아버지 보여 주세요 하면 보여 주시는 것만 따르고 보여주지 않은 것들에 대해서는 안하시면 되는 겁니다.

이렇게 계속 훈련하여 약 3년 정도가 지나면 내혼에 아버지 원하시는 성경이, 아버지 따라하는 방법이 새롭게 지식으로 쌓이고 혼에 새겨져서 입에 욕이라든지 성경이 나에게 저주라고 표현되는 일들은 하지 않고 있는 나의 새로워진 모습을 발견하고 자신도 아마 놀라실 겁니다. 한번 해 보세요. 저절로 전도가 됩니다. 아버지 춤추시고 예수님 성령님 함께 춤을 추십니다. 그러면 내가정도 우리의 교회들도 내 나라도 세계도 춤추는 날이 오지 않을까요?

읽은 성경, 설교를 들었던 성경을 삶으로 접목하는 방법입니다.

2. 아버지의 소원인
우리의 소원 이루고 싶습니다

너희 안에서 행하시는 이는 하나님이시니 자기의 기쁘신 뜻을 위하여 너희에게 소원을 두고 행하게 하시나니(빌2:13).

여러분도 그러고 싶으시지요. 우리의 소원은 삶의 끈이며 한 가지를 이루면 또 있고 또 있어 그것이 우리의 삶의 끈이며 재미라고 하십니다.

때와 기한은 아버지 안에 있으니 우리는 알바 아니고 그때까지 너희 할 일을 잘하고 있으라고 하십니다(행1:7). 무엇을 잘하고 있어야할 지 한번 여쭤봐야지요.

첫째, 우리의 인격을 고쳐 말과 행동을 성경에 맞도록 훈련하라(잠10:11).

우리의 말이 생명이라고(잠10:11) 네 입에 복록에 족하며 네 입술에 열매로 배부르게 되고(잠18:20) 내입으로 말하는 데로 이루어진다는 것입니다.

자녀에게는 어떤 생명을 내려주고 계시나요. 욕을 벅벅 하여 지랄하네,

염병하네, 미친놈, 뒈져라 등등 이런 말을 한다면 그자식이 아무리 똑똑해도 그 말을 이뤄주느라고 절대로 안 됩니다. 밖에 나가서 그 욕대로 행동하고, 그 욕대로 사업이 안 되고, 가정이 깨지고, 사고를 당하고 이런 일들이 혹시 우리의 불손종한 대가로 우리의 입술의 열매가 자녀들한테 이루어지는 것이 아닐까요?

다 잘했다고 말할 수 없지만 특이하게 해준 아이들에 대한 이야기가 있습니다. 어떤 사람이 결혼 날짜 잡으러 가서 역술인에게 이런 말을 들었습니다. 그 집에 시집가면 딸만 낳고 죽는다는 말을 듣게 되었습니다. "딸만 낳고 30전에 죽어", "절대 가지마" 그 이야기가 내 귀에 계속 맴돌면서 어떻게 하면 그 역술인의 말을 뒤집을 수 있을까? 연구 연구한 끝에 아들 낳으면 그 여자의 말이 맞지 않게 되고, 그러면 내가 살 수 있겠구나 생각하고 아들 날 궁리를 하여 여러 사람에게 어떻게 하면 아들을 낳을 수 있느냐고 물었는데 시원치 않아서 애태우고 있는 중에 사람이 죽을 처지가 되면 하늘을 금방 쳐다보게 만들어진 이 하나님의 형상인 나의 모습이 나를 살렸습니다. 아버지께서 만드셨으니 아버지께서 살리신 것입니다.

눈을 조금 들었더니 하늘이 보이고 하나님이 혹시 계셔요. 저는 아무에게도 26살의 나이까지 하나님 이야기 예수님 이야기를 들어 본적이 없었습니다. 사람은 하나님에 대해서 알고 있었습니다. 그렇다면 저에게 아들을 주세요하고 중얼거렸는데 그 말을 그 높은 하늘에게 소리 지른 것도 아니고 혼자 말로 중얼 거렸는데 어떻게 알아들으셨는지 1980년 12월 아들을 낳았습니다.

저는 그 겨울에 몸조리 끝내고 봄에 청량리에 있는 동도교회에 나가게 되었습니다. 옆집 권사님에게 말씀드려서 데리고 가달라고 했습니다. 그런데 그렇게 주신 아들이 너무 약하여 특별한 병은 없는데 열이 자주 나고 감기

걸리고, 발도 손도 너무 작아서 아이가 이렇게 작아서 어떻게 하나, 자기 할아버지가 작으시니 닮아서 작네 어떻게 하나 걱정이 얼마나 되는지, 왜 이렇게 태어났느냐고 애를 나무라면 무슨 소용이 있겠어요. 곰곰이 생각한 끝에 복을 빌어주기로 했답니다. 우리 아들은 복덩이... 우리 아들은 박사가 될거야, 우리 아들은 부자가 되어서 많은 사람들이 받들어 줄거야라고 기도하고 또 말했답니다. 신기하지요, 그 입술의 생명 샘이 아들을 그대로 적셨고, 아들이 목사가 되어서 하나님을 섬기고 있답니다. 행복하게.

저에게 딸이 하나 있습니다. 그 아이가 태어나서 엄마와 많은 사람을 기쁘게 해줬고 얼마나 예뻤는지 딸을 들여다보느라고 밤잠을 못잘 정도였습니다. 그런데 이 딸이 자라면서 극성맞고 일도 잘 저지르는지 딸을 막느라 바빴어요. 경제적 형편이 뒤를 대줄 수 없는데 예능계통으로 공부하고 싶어하니 계속 꿈을 꺾었고 딸의 마음에 엄청난 상처와 고통을 줬고 싸움이 잦았답니다. 딸아이에게 욕은 안했지만 매도 여러 번 맞았습니다.

딸에게 복은 못 빌어주고 이와 같이 실랑이하며 내 삶에 그 아이의 꿈을 꺾어 밀어 넣고 있었던 것입니다. 어느 날 꿈에 보여준 아들과 딸에 모습은 전혀 달랐고, 아들은 순종의 모습인데 딸은 거역의 모습으로 아들은 미국 유학까지 가서 마지막 졸업 꽃다발을 나에게 안겨줬고, 딸은 물에 흐르는 벌레를 주워 먹고 있었으며 내가 그를 끌어안고 목을 뒤고 재껴 두들겨 패는데 얼마나 무지막지하게 때리는지 울다 깨나서 실신할 정도까지 갔으니 그 처참한 모습은 지금도 가슴이 저립니다.

왜 네가 이 땅에 내 딸로 태어나서 얼마나 엄마와 아빠와 할머니, 할아버지 모든 가족에게 사랑 받은 예쁜 딸을 이렇게 하고 있단 말인가 너무 놀랍고 고통스러웠지요. 기도하며 아버지께 여쭙고 해답을 얻어냈습니다. 나의 모습이었어요. 저를 닮은 딸을 내지르고 받아주지 못하고 사랑으로 대해주지 못하고, 그의 꿈을 이뤄주지 못한 것 때문에 그 아이에게 거역의 영이 들어갔고 부모에게 순종하지 못한 거역한 말씀(출20:12)이 응하여 나와 아이의 삶이 고통이 따르고 앞길이 막히고 어려움을 당하고 있다고 하셨습니다.

아들하고는 정반대였어요. 모든 것을 잃었는데 여전히 아들은 대학에 들어가고 뒷바라지를 해주고 있었지만 딸아이는 계속 어려움을 당합니다. 아～ 가엾은 녀석 나의 잘못이었구나. 아이를 대들게 만들고 부모에게 순종하도록 유도하지 못하고 불순종하게 만드는 나의 언어와 생활이 나에게 맡겨주신 딸을 위탁모인 제가 이렇게 어렵게 하여 그 아이의 고통이 바로 나의 고통으로 오면서 화가 임하는 것이었습니다.

다른 사람이 나에게 어려움을 주면 그것은 20~30%의 감흥을 줍니다. 자식은 나에게 어려움을 주면 200%의 강도로 때리는 결과가 오는 것입니다. 그러나 절대로 벗을 수 없고 벗어서도 안 되는 이 땅에 숨 쉬는 그 순간까지 가슴에 안고 천국 가는 그날에야 벗을 수 있는 사랑이며 꿈이며 아픔이며 기쁨 되는 자식(마10:24~39) 깨닫게 하시기 위하여 보여주시고 저에게 지식을 주셨으니 모든 것은 나의 불순종의 여파가 딸에게 미치고 있는 성경입니다. 이제 행동으로 옳기는 것만 남았습니다.

직장에 다니고 있는 딸아이를 벧엘로 불러들이고 딸에게 사랑을 고백하고 가르치고 대들지 않도록 말로 유도하고 아름다운 말과 행동으로 딸을 사랑한지 5~6년 뒤 맡겨주신 예쁜 딸이 이제 복을 받아 우리 딸은 나보다 100배가 나아 우리 딸은 엄마보다 백배가 나아 너는 복덩이야 너는 내 사랑! 하며 복을 빌었더니 여러분 몇 년 만에 상황이 바뀌어서 진짜 복덩이가 되었습니다.

어느 날 우리 아버지가 오셔서 네 딸은 너보다 백배가 났구나 하셨어요.

그 뒤에 정말 그렇게 되었답니다. 입술이 생명 샘입니다. 우리 말 고쳐서 아이들에게 했던 사랑하는 자들에게 했던 모든 잘못된 말들을 회개하고 저처럼 새롭게 해 보실래요 그러는 중에 많은 어려움이 있었지만 이제는 백배 나은 내 딸이 꽃미남 아들을 낳아서 예뻐하며 행복해하는 모습을 봅니다. 우리 아버지께서 승리하신 아름다운 열매가 아니고 무엇이겠어요. 사랑하는 성령님의 도우심으로 제 딸이 영육 간에 복 받았답니다. 위탁모인 제가 어떻게 하느냐가 사랑하는 자식이 하늘 아버지의 복을 받느냐 못 받느냐의 결정이 되고 있으니

함께 해보실래요. 백번 천 번 기도하고 금식하는 것보다 생명의 아름다운 말이 있다면 조금의 기도가 조금의 금식의 효과가 천배가(신1:11) 됩니다. 할렐루야!

3. 네가 맡은 일에
   요셉처럼 인정받고 충성되어라

충성되고 지혜 있는 종이 되어 주인에게 그 집 사람들을 맡아 때를 따라 양식을 나눠 줄 자가 누구냐(마24:45).

성경은 때를 따라 양식을 나누어 주는 자에게 충성되다(마24:45) 달란트를 잘 활용하여 이문을 남긴 종에게 크던 작던 충성된 종아(마25:23)라고 말씀하시며, 요셉은 형통한 사람이라고(창39:23) 또 형통케 한 사람이라고 하십니다.

우리도 항상 충성되고 내가 뭐든지 최고 잘한다고 느낍니다. 그러나 성경이 말하는 충성된 자의 뒤에 따르는 보응의 결과가 우리가 충성된 사람이 아니라는 것을 표해 주십니다. 주인이 오시면 그의 모든 소유를 맡기신다(마24:47) 하셨는데 안 맡기시고 우리의 삶은 늘 힘들고 어려워 힘든 것은 술친구와 더불어 먹고 마시는 악한 종은 아닌지 생각해 봐야 될 때가 아닌가 싶습니다.

충성되어 아버지를 섬긴다면 그 양떼에 마음이 있어야하고 성령님의 지시를(행2:28, 33) 따르는 것이 마땅한 것이 아닌가 싶은데 우리의 모습은 너무나도 내 마음과 내 뜻대로 사는 것이 많은 듯합니다. 요셉은 형통하다고 했는데 위의 말씀들과 비교한다면 충성되지 않으면 결코 형통할 수 없고 선지자의 말을 듣지 않으면 나의 형통이 내 것이 아니라는 것입니다(대하 20:20).

신약의 이 시대는 사랑하는 예수님 때문에 선지자도 사도도(고전12:28), 제사장도(히3:1, 계1:5~6, 5:10) 신부도(고후11:2, 계22:17) 될 수 있어서 얼마든지 요셉과 같이 형통한 삶을 살 수 있는데 그것 안 되고 있는 것은 뭔가 문제가 있는 것 이지요 요셉이 형들의 시기를 받아(창37:12~) 이집트에 팔려가고, 보디발의 집에서 아버지께 득죄하지 않기 위해서 그의 아내를 거절하는 과정에서 감옥으로 들어가서도 그는 형통했으나 우리의 마음 속 깊이에 품는 노나 분, 나의 행위로 하는 충성됨하고는 조금 다르다는 것을 한 가지 발견 할 수 있습니다. 왜 이렇게 형통한 요셉이 보디발의 집에서 끝나지 않고 감옥까지 갔는지가 궁금하지 않으신지요.

저는 궁금했습니다. 행위로 보이는 것은 아주 충성되어 하늘 아버지께도 사람에게도 인정을 받았지만 그 마음속에 숨겨진 형들에 대한 미움은 표현되어 있지 않으나 그의 삶이 그것을 말해주고 있습니다. 나는 형들을 만나면 결코 용서 할 수 없다고, 호리라도 남김없이 갚지 아니하면 그곳에서 결코 나올 수 없으리라(마5:26)는 말씀이 그에게 응하여 형통한데 다시 감옥으로 갈 수 밖에 없었던 이유를 성경으로 보며 삶으로 볼 수 있는 것 아니겠어요. 남의 집에 더부살이를 어차피 해야 한다면 보디발네 집이 낫지 감옥이 낫겠어요. 이곳이나 저곳이나 형통하다면 감옥보다는 보디발네 집이 나은 것이지 왜 삶이 더욱 깊이 감옥으로 들어갔겠느냐는 것입니다.

우리의 행위가 용서하지 못한 마음이 우리의 삶을 더욱 깊은 수렁으로 끌고 가고 있는 것입니다(마6:13, 18:18) 두 곳의 생활이 약13년 동안이었는데도 그동안 얼마나 많은 생각과 결코 용서할 수 없는 나를 판 형 들에 대해서 분노 했겠어요 그런데 그 뒤 총리가 되어서 형들을 만나서 한 대화를 보면 그는 그것이 하나님의 뜻이며 섭리였다는 것을 깨닫게 된 것이지요(창45:8) 우리도 하나님의 뜻을 깨닫게 되기까지 많은 시간들이 소요됩니다.

말은 거창하게 하여 떠벌려 보기도하고 여러 종들을 쫓아다니며 배워 보기도하고, 외국에서 세미나도 참석하며 배워보며 돈을 많이 써 보기도하고 형통한 듯 이리저리 불려 다니며 대접 받기도하고 그것이 마치 형통의 표본이라도 된 듯이 해 보지만 결코 충성된 종이라고 보기에는 내 삶이 따라주질 않는 것 이지요 앞서가는 선진들의 뒤를 따라 똑 같이 해보느라고 애쓰지만 결코 안 되는 것은 충성된 종에 미치지 못하고 있는 것이 아닐까요.

제가 알게 된 충성된 종(성령 충만한 종)은 결코 성령을 모시지 않고는 될 수 없으며 금식을 통과하지 않고는 될 수 없다는 것을(사58:6) 알게 되었습니다. 하나님의 형상을 따라 지식에 까지 새롭게 되지 않으면(골3:10) 성경이 없이 배운 이민족의 핏줄을 타고난 우리는 결코 충성된 많은 것을 맡길 수 있는 종이 몇 명 안 된다는 것입니다. 그래서 우리도 성령님 모시기 위하여 기뻐하는 금식하여 회개하고 용서하지 못한 사람을 용서하여 마음 성전에 들어온 귀신들을 몰아내고 성스러운 영이신 성령님을 모시고 그분이 원하는 데로 꿈·환상으로 대화하여 원하시는 길을 가고 예언은 분별하여 꿈·환상으로 우리도 충성된 종이 되며 충성된 종을 넘어 예수님의 신부까지 갈 수 있습니다(에2:12).

두 가지만 잘하면 됩니다.

① 말씀으로, 꿈·환상으로 내 주위의 사람들이 나에 잘못을 지적할 때 oh! yes로 대답하고 아버지! 고쳐주세요 하며 다니엘과 같이 아버지께 의뢰합니다(단3:28). 그러면 그러한 상황이 왔을 때에 생각나게 해주셔서(요14:27) 그것을 제어하게 해주시고 고쳐주십니다.

② 잘못 가고 있는 우리의 길을 지적하여 바른 길을 인도하시고자 하실 때 (꿈·환상) oh! yes로 대답하여 나를 꺾어 순종합니다. 꺾는다는 것은 마음과 생각을 꺾는 것입니다. 아버지 원하시는 뜻을 이룰 때에 내 마음이 동의하지 않습니다. 그것을 원하는 쪽으로 가는 것을 꺾는다고 표현합니다. 사도 바울은 나를 쳐 복종했다고 표현(고전9:27)했습니다.

이렇게 두 가지만 잘하면 요셉이 훈련 끝나 애굽의 총리가 되어 그 민족을 구했듯이 에스더가 바벨론 나라 왕의 신부가 되어 바벨론에서 그 민족을 구했듯이 우리도 예수님의 마음을 가장 잘 아는 신부가 되어 그의 양떼를 예수님의 마음으로 돌보고 큰 권세를(계22:14) 가지고 이 민족과 세계를 깨울 수 있는 종이 될 수 있게 된답니다. 예수님의 신부가 되면 별 하나를 다는 계급자가 될 수 있으며 그것이 깊어져서 별 일곱 개 까지 달 수 있는 것이 영계의 비밀입니다(계1:20).

우리나라의 가장 큰 이단의 어떤 단체의 장이 사탄나라 별이 일곱 개랍니다. 전 세계로 대단하지요. 그들을 무너뜨리고 우리 민족의 백성을 바른 길로 인도하여 천국백성을 만들어 내려면 우리가 별 일곱 개를 많이 다는 신부들이 나올 때만이 가능한 일입니다. 우리나라의 큰 목사님이 별 다섯 개를 달고 계셨습니다. 대단하시지요.

그런데 사탄나라에 못 미쳤기 때문에 그 세력을 무너뜨릴 수 없었고, 이제는 별 일곱 개 다는 방법을 알았으니 우리가 신부되어 차근차근 별을 달고 그 권세로 이민족을 바르게 구원하고 하나님을 섬긴다고 이름만 가지고 지옥가고 있는 예수님의 사랑하시는 자들을 찾아 그의 품에 안겨드리는 일이 우리가 해야 할일이 아닌가 싶습니다(마25:1~13). 나의 성전에 계시는 성령님만이 그 일을 하실 수 있습니다. 예수님의 신부(제사장, 히3:1, 계1:6) 만드는 일을요 요셉처럼 사람에게도 인정받고 형통한 충성은 이러한 방법으로 우리의 것이 될 수 있습니다.

4. 나를 행복하게 해주시기 위해서
주신 사람들과 사는 방법

그들 가운데 어떤 사람들이 주를 시험하다가 뱀에게 멸망하였나니 우리
는 그들과 같이 시험하지 말자. 그들 가운데 어떤 사람들이 원망하다가 멸
망시키는 자에게 멸망하였나니 너희는 그들과 같이 원망하지 말라(고전
10:9~10).

이스라엘 백성들이 원망 불평하다가 광야를 40년씩 돌면서 20세 이상으
로 여호수아와 갈렙 자손들 빼고 다 죽기까지 된 것을 기억합니다(민
14:36~38). 그것이 하나님을 시험하는 것이며 원망 불평하는 것은 멸망시
키는 자(사마귀)를 나의 삶 속에 불러들여 망가질 수밖에 없다고 증거하고
있습니다. 그런데 우리는 오늘의 삶 속에 내 말이 원망하는 쪽으로 흘러가
는 것이 무엇인지 모르고 입에서 흘러나오는 데로 상대를 원망하고 불평하
여 나의 인생을 귀신들의 말 밑으로 밀어 넣고 무엇인지 모른 채 당하고 있

는 것을 이제는 멈춰야 될 때가 아닌가 싶습니다.

원망하는 것이 하나님을 시험하는 것 인줄 저도 몰랐고 여러분도 몰랐습니다. 십일조 드리고 내가 너희의 창고가 차고 넘치게 붓나 아니 붓나 시험해보라는 말씀은 들었어도(말3:12) 이런 일을 몰랐기 때문에 이제는 알아서 대처해야 되지 않을까 싶습니다.

나를 행복하게 해주시려고 주신 사람들 자녀 남편 아내 그에 따르는 시댁 친정 형제들 사랑하는 이웃들입니다.

자녀들 얼마나 사랑스럽고 나를 행복하게 해줬든가 해산하는 고통은 간데없고 조그만 눈, 코, 입, 귀 그 어여쁜 손가락 젖을 빨며 그 작은 손으로 꼭꼭 눌러가며 먹던 모습, 똥 싸놓고 내가 치우느라고 힘든데 쌌다고 지가 더 크게 소리 지르며 울던 예쁜 입, 이유 없이 보채고 울어대서 옷을 벗겨보니 작은 벌레 하나가 옷 속으로 들어가서 아이를 간지럽게 하고 따갑게 하니 그것을 잡아서 밖에 내놓고 벌레 앞에 앉아서 대성통곡하니 안집 아줌마가 오셔서 무슨 일인가 살핍니다. 23살의 아이가 아이를 낳아서 벌레 앞에 앉아서 대성통곡하니 아줌마 어떻게 하라고 벌레 앞에서 우니 '몰라요' 우리 아이를 깨문 것이 너무 속상해서 막무가내 울었던 일, 아이들 아버지가 술 먹는다고 도망갔다가 우리 아이 목소리 한번 듣고 다시 돌아와 웃으며 살게 해 준 어여쁜 아이들입니다.

생각만 해도 그때가 행복하고 돈도 없고 방도 제대로 없어서 온갖 어려움을 당하는 중에도 늘 내 옆에서 함께 살기를 원했고 낮에는 일하고 밤에 집에 돌아오면 할머니 할아버지 우리 방에 못 들어오게 방문 잠가 놓고 셋이서 머리 맞대고 뭐라고 중얼대며 즐거워하던 우리 아이들 엄마만 있으면 무조건 좋아하는 우리 아이들 내가 배우지 못한 열등감에 시달리든지 말든지 자기네 아빠랑 싸우든지 말든지 항상 엄마만 보면 좋아서 어쩔 줄 몰라하며 즐거워하는 아이들, 나 같은 죄인에게 이러한 행복을 선물해주신 아버지! 찬양! 이제는 자라서 각각 남편을 얻고 아내를 얻어 행복하게 살아주므로 나의 기쁨입니다.

이제는 아이 낳아서 얼마나 기쁘고 얼마나 예쁜지 말로 표현 못해요, 나를 훈련시키시느라고 어렵고 힘들 때 우리 아이들도 힘들었고 그때는 저도 어려웠지요. 저는 그때 이렇게 말하게 하셨습니다. 속 썩이는 아이들 주셔서 감사합니다. 속 썩이는 자식 없으면 제가 얼마나 심심하겠어요.

'앞으로는 서로 속 안 썩이고 잘하게 하실 줄 믿습니다' 라고 말했더니 그대로 되었답니다. 모든 것을 잃어버리고 이제 본격적으로 훈련이 시작되던 1998년 삼각산에 거지 나그네의 모습으로 섰을 때에 하늘에 예수님께서 웃으면서 바라보고 계시는 곳이 있었습니다. 그 눈이 가 계시는 곳을 함께 보니 서울 답십리에 있는 우리 집입니다. 하늘에서 서치라이트가 비추어지고 둥근 원 속에 아이 둘과 셋이서 머리를 맞대고 우리가 예수님 안에서 어떻게 이 어려움을 해결해 나갈 것인가를 연구하고 있는 모습이었습니다.

손에 천 원짜리 하나 없이 모든 것을 잃어버리고 이제 예수님만 바라 볼 수밖에 없는 나와 아이들을 그 둥근 빛 속에 넣으시며 기뻐하고 계셨습니다. 우리가 이 땅에 자녀 낳으면 내 인생이 아닌 자녀의 인생이 내 인생인 듯 착각하게 되어 있습니다. 그래서 내가 너를 어떻게 키웠는데 네가 나에게 이렇게 하느냐고 말하게 되는 것 이지요 그런데 그것이 아닙니다. 자연히 자라면 자신들의 삶이 생기고 그곳에 몰두하게 되면 나이가 들어가는 부모를 갈수록 할 일을 잃어가겠지요. 그러면 그 자식이 서운해지고 나를 버린 것 같은 착각이 들 수도 있겠지만 그것은 감사해야 합니다. 만약 그 자식이 아파서 병원에서 인생을 산다면 그것은 나의 불행입니다.

벌어서 가정 꾸리고 자식 키우느라고 나에게 조금 소홀하다면 그것은 너무나 잘하는 것이 아닐까요. 그때 내가 해야 될 말과 행동은 너는 언제나 나의 행복이란다. 나를 위해서 준 사랑하는 자녀가 돈 조금 준다고 옷 좋은 것 안 사준다고 며느리가 버르장머리 없다고 투정하고 불평 원망하면 그때 성경이 응하여 나에게 멸망시키는 자가(귀신) 온답니다.

그것이 벌이 되어 결국 병들고 어려움 당하고 사랑하는 자녀들이 고통을 당합니다. 자녀들이 조그만 돈과 선물을 주었을 때 이웃사람들에게 내 아들 딸이 이렇게 나에게 사다줬다고 효녀, 효자라고 자랑을 많이 하면 사람들이 그 얘기를 듣고 정말 자식 잘 두었다고 복을 빌어주면 내 자식들이 복을 받아요. 네 부모를 공경하라 그리하면 땅에서 잘되고 장수하리라(출20:12)는 말씀이 응하도록 부모가 자식들이 조금 마음에 안 들어도 사람들에게 자랑하고 칭찬해줘야 하는 것입니다.

20~30년의 나이 차이가 나는 부모와 자식이 어떻게 마음에 모두 들겠어요. 생각의 차이로 맘에 안 드는 부분이 있다할지라도 나를 행복하게 해주시기 위해서 주신 사랑하는 자녀들에게 복을 빌어줘야 합니다. 제가 저에게 주신 아들딸에게 '우리 딸은 복덩이! 엄마보다 백배나아, 우리 아들은 복덩이! 멋쟁이 박사 될 거야 부자 될 거야' 했더니 그대로 되어가고 있습니다. 원망하고 불평하고 싶은 생각이 들더라도 바꾸어서 이렇게 하면 큰 복이 사랑하는 자녀들에게 임합니다. 그것이 나의 복입니다(시127:3~5).

5. 내 아내, 내 남편

나는 그에게 아버지가 되고 그는 내게 아들이 되리니 그가 만일 죄를 범하면 내가 사람의 매와 인생의 채찍으로 징계하려니와(삼하7:14).

맘에 안드신다구요? 어떻게 100% 다 맞겠어요. 맞추어 나가야하는 성령님이 주시는 지혜가 필요한 것입니다. 내가 이런 인간 만나서 인생 망쳤다고요? 다른 사람 만났어도 아마 똑 같았을 겁니다. 그것은 나를 가꾸고 있는 내 인생이지 남편의 인생이 아니기 때문입니다. 그 남편은 내가 웃으면 함께 웃고 내가 울면 함께 울테니까요. 인생이 마음대로 안 되지요. 그렇다면 그것은 나에게 고통을 가하기 위해서 귀신들의 움직임이지 그 사람이 나에게 잘못하기 위해서 일부러 그런 것이 아니라는 것입니다.

우리 인생에 팔자(8자: 영광이 꼬인 숫자, 영자가 꼬이면 팔자가 됩니다, 저주에 매인 삶)가 있습니다. 우상 숭배한 조상들의 죄 값과 성경을 알지 못하고 살고 있는 내가 격고 있는 어려움을 팔자라 하고, 성경으로 보면 저주에 매여 있는 것이지요. 그 저주에 매여 있기 때문에 인생채찍과 사람막대기가 움직이고 있고 그것을 대행하느라고 애쓰고 수고한 사람이 내 남편이요 내 아내로 보면 됩니다.

술 때문에 이혼에까지 다다랐던 애들 아버지를 진정으로 용서할 수 있었던 것은 내리고 있는 저주 때문에 당한 것이지 애들 아버지의 잘못이 아니라는 것을 깨달았기 때문입니다. 그 문제를 우리 아버지는 긍휼을 베푸사 훈련 기간으로 사용하셔서 아름답게 우리를 훈련시키셔서 사용하고 계시는 겁니다.

나를 행복하게 해주려고 남편을 주셨는데 이러한 보이지 않는 성경이 움직여서 내 남편이 남편이 아니라 나를 때리는 막대기로 바뀌고 원수가 된 것이었지요 해결 방책은 금식하여 저주를 끊어내면 순하고 멋진 남편으로 바뀝니다. 원망해서 되는 일이 아닙니다.

당신의 아내는 어떤가요?

다른 여자를 얻었더라면 더 잘 해주고 더 씩씩하고 연속극에서나 볼 수 있는 그런 가정을 꾸릴 수 있었을 것이라고요? 천만에요. 아내의 때와 똑같습니다. 나를 때리기 위한 막대기가 그 사람일 뿐입니다. 원망하지 마시고 금식하시고 기도하시면 저주가 사라지고 사랑스런 아내가 된답니다. 다른 여자를 얻으면 더 나을 거라고요? 그럴까요. 첫번째 아내보다 더 할걸요. 그것은 귀신들의 움직임에 성경을 계속 위배하고 있기 때문에 저주가 더 심해진다고 보시면 됩니다.

아내를 얻는 자는 복을 얻고 여호와께 은총을 받는 자니라(잠18:22).

나에게 가정을 주셔서 자녀를 가질 수 있는 은총을 주신 하나님께 감사하며 최선을 다하는 하루를 가져야 합니다. 내 아내는 몸이 약하고 이웃집 아내는 건강해 저 집 아내는 돈도 잘 버는데 우리 아내는 뭐야? 사람은 모두 다릅니다. 부족하게 보면 만족한 것이 하나도 없고, 내 아내가 주어져서 나에게 밥해 주고 자식 낳아주고 빨래 해주고 잠자주고 나 하나만 맨날 쳐다보며 사랑해주는 그 귀한 아내가 내 남편이 나를 사랑하고 있다는 것을 알기만 하면 늘 행복해합니다. 그러나 잔소리가 많아요. 여자의 기본입니다. 잔소리 해주는 아내가 있는 것을 최고의 감사로 알면 복이 될 겁니다. 아내는 결론을 내달라고 말하는 것이 아니라 그랬구나.

시어머니가 그랬어. 알았어. 내가 더 잘해 줄게. 아! 오늘 피곤했다고 내가 주물러줄게 하며 사랑스럽게 받아주며 가르쳐주지 않고 결론을 내려주지 않아도 행복을 느끼는 것이 아내입니다. 대처하는 방법이 필요한 것이지 원망 불평하여 가정에 어려움을 주고 말씀이 응하여 하나님 시험하고 멸망시키는 자를 불러들이면 살아있으나 죽음 같은 고통이 나에게 옵니다, 가정을 깨는 자에게 주어지는 벌입니다(마10:34~39).

사랑하는 남편들이시여! 내 아내 사랑하기를 내 몸 같이 하여 기업을 함께 나누시길 원합니다(엡5:28~33, 창2:24). 나를 행복하라고 주신 아내, 연약한 그릇이니 잘 돌보고 사랑하여 행복하시길 원합니다.

너 어떻게 나한테 그럴 수 있어 내가 너를 얼마나 믿었는데 이렇게 말하지 않도록 행동하면 되지요. 아내는 남편이 나를 배신하지 않으면 배신하지 않습니다. 안 봤다고요 하나님이 보시지요. 내 아내가 나를 배신하면 안 되는 행위가 있다면 그것은 내가 안하면 됩니다.

부부가 가장 행복할 수 있는 비결

① 절대로 비밀을 갖지 않습니다.

② 비밀로 해야 할 일은 절대로 하지 않습니다.

③ 비밀스러운 일이 저질러졌다며 빨리 폭로하여 수습합니다.

　거짓은 거짓을 만들어내기 때문입니다.

(1) 두 가지의 고난

첫째, 저주의 고난

조상들의 우상숭배 죄와 나의 불순종의 죄(출20:4)입니다. 무엇인가 하고 싶은데 돈 없고, 건강하지 않고, 자식 안되고 죽을병과 삶이 있어 하지 못하는 것입니다(레26:14~).

위의 일들이 생겨났을 때 예수님이 고난 당하셨으니 우리도 고난을 당해야 한다면서 위로하고 병원 데리고 다니면서 애는 썼지만 위로뿐이지 10명중에 1~2명 잘되고 나머지는 여전히 어렵고 힘들고 어려운 상황을 벗어날 수 없습니다. 그것은 우리가 잘못하여 저주받은 것을 예수님이 십자가 지신 고난을 우리도 당해야한다는 이야기로 제쳐버리기 때문에 그 이유도 알 수 없었고 원망하며 불평하면서도 끝없이 기도하고 예배드리며 예언자들을 찾고 수고했지만 나아진 것은 없고 연속되는 고통을 견디는 수밖에 없었습니다.

그것이 우리가 성경을 잘못알고 있는 부분이 있습니다.

우리가 예수님을 믿는 것은 예수님께서 십자가를 지심으로 우리를 대신하여 고난당하시고 삼일 만에 살아나셔서 승천하신 이후에 예수의 영이신 그리스도 곧 성령께서 우리 안에 오시므로 열매가 맺어져서(갈5:22) 우리의 행복을 위해서(신10:13) 살 수 있도록 이분이 이끌어주십니다. 그래서 우리가 예수님의 고난을 함께 짊어져야 되는 부분을 다시 되짚어야합니다.

둘째, 십자가의 고난

모든 것을 할 수 있는데 예수님을 위해서 하지 않는 것

① 그리스도의 남은 고난이 있는데 그의 몸 된 교회를 위하여 내 육체에 채우노라(골1:24). 사랑하시는 그의 백성들을 돕느라고 애쓰고 수고하며 영으로는 그들을 감당하여 보이지 않는 세계를 가르치고 감당해주는 부분으로 고난을 감당하고 있는 부분

② 복음을 위하여 당하는 고난입니다(고전9:1~).

• 기쁜 소식을 전하기 위하여 평안의 복음의 예비한 신발을 신어야 합니다(엡10:15).

복음을 위해서는 어떤 일이 있어도 평안을 유지해줘야 하고 사랑하며 살도록 애써야 되는데 이것이 쉬운 일은 아닌 듯 합니다.

사도바울께서는 부득불해야 하는 복음전하는 일에 대해서 전하지 않으면 우리에게 화가 있을 것이라고 하셨는데 여기에서 고난을 감당해야 합니다.

평안을 유지하기위해서 참아주고 인내해주고 싸우지 않아야하고 썩을 것을 위해서 투기하지 않아야 하는데(갈5:26,고전9:25) 이것이 얼마나 어려운지 이 부분을 위해서 고난당하며 애써야 되는 것입니다.

내가 내 몸을 쳐서 복종하게 함은 내가 남에게 전파한 후에 내가 버림을 당할까 두렵다(고전9:27)는 말씀에 우리가 유의하여 복음을 위하여 나를 쳐서 사랑하는 자들을 섬겨야 하며 내 가정을 평안으로 이끌어야 하고 나를 때리고 아프게 하고 손가락질하고 핍박하는 모든 사람들에게서 자유하며 화평할 수 있는 나로 만들기 위한 고난이 우리에게 필요합니다.

　성경이 아닌 사탄의 세계에서 배운 대로 하면 화내고 신경질부리고 짜증내고 내 마음대로 해버리고 싶지만은 그것은 복음을 전한 후에 내 몸을 치지 못하여 형벌 받을 일이라는 것을(약1:19~21) 성경이 증거하고 있으니 그것을 참아내어 성경의 여유 속에 나를 넣어 사랑하는 자들과의 삶 속에서 나와 맞지 않는 부분들을 조율하며 평안으로 이끌어야하는 우리의 삶이 고난을 당하여 꺾어줘야 되는 부분입니다.

　예수님을 믿어 하나님 아버지가 내 아버지가 되면 상속자로서의 영광을 받기 위해서는 고난도 함께 당해야한다고 했는데(롬8:17) 우리가 생각하고 있는 조상들의 우상 숭배한 저주가 예수님을 위한 고난이 아니라는 것을 증명하는 말씀입니다. 우리가 아버지의 상속자라면 얼마나 부요하고 얼마나 능력 있고 얼마나 아름다운 삶인가?

　일찍이 죽임을 당하자 각 족속과 방언과 백성과 나라 가운데에서 사람들을 피로 사서 하나님께 드리시고 그들로 우리 하나님 앞에서 나라와 제사장들을 삼으셨으니 그들이 땅에서 왕 노릇 하리로다. 죽임을 당하신 어린 양은 능력과 부와 지혜와 힘과 존귀와 영광과 찬송을 받으시기에 합당하도다(계5:9~13).

　위의 말씀은 예수님이 갖고 계신 것은 곧 우리의 것입니다. 능력도 부도 지혜와 힘도 존귀와 영광을 갖고 계시는데 우리는 예수님을 믿는데 가질 수 없는 것은 뭔가가 잘못된 것입니다. 주신다고 하셨는데 말이에요. 너희로 내 나라에 있어 내 상에서 먹고 마시며 또는 보좌에 앉아 이스라엘 12지파를 다스리게 하려 하노라(눅22:30). 깊이 생각해 봐야 하는 부분입니다. 있어서 그것을 나누어 주고 거저주고 꾸어주는 일을 함께하며 고난의 십자가를 질 수 있다고 하셨는데 우리는 늘 갖기 위해서 많은 기도를 할애를 하는 데도 가질 수 없는 것은 문제가 있다고 생각이 됩니다.

이 두 가지의 고난, 저주의 고난과 십자가의 고난을 착각하고 있으며 그렇게 가르치기 때문에 저주를 끊어낼 생각도 안하고 금식은 죄가 있을 때 하는 거라고 하며 제쳐버리는 것은 그렇게 말하고 있는 당신은 그러면 죄가 없다는 것인가요. 그런데 예수님은 뭐 하러 믿으세요. 죄도 없는데 말입니다. 뭔가 좀 잘못되어 있지 않나요. 그러나 우리 민족과 우리는 금식하여 잃어버린 예수님, 신랑을 찾고 부와 존귀로 인한 영광을 돌려드려야 합니다.

성령을 잃어버린 자는 예수님을 잃어버린 것입니다. 신랑을 잃어버렸을 때는 금식해야한다고 하셨습니다(막2:20, 눅5:35).

예수께서 그들에게 이르시되 혼인집 손님들이 신랑과 함께 있을 동안에 슬퍼할 수 있느냐 그러나 신랑을 빼앗길 날이 이르리니 그 때에는 금식할 것이니라(마9:15).

우리가 저주 받아 돈 없고, 자식 안되고 병들고, 죽을 병들어 망가지고, 가족이 힘을 잃은(레26) 것을 되찾는 것이 금식이며 성령님을 모시면 신랑이 오시고, 그것들을 신랑이 찾아주시는 것입니다.

저주 받은 부분은 기뻐하는 금식을 통하여 흉악의 결박을 풀어주어서(사58:6) 자유하면 되는 것이고 돈이 아무리 많아 궁궐에서 산다 해도 나를 위해 십자가 져주신 사랑하는 예수님을 능력 있게 전하기 위하여 나를 꺾어 사랑하는 자들을 평안으로 이끌 수 있는 복음을 위한 고난을 당하면서 행복

하고 기쁨이 넘치는 아름다운 삶을 살아드려야 합니다. 바로 이것이 십자가
의 고난입니다.

제 6 장

악에서 떠나야 합니다

1. 악이 무엇인지 알아야 합니다

소망이 더디 이루어지면 그것이 마음을 상하게 하거니와 소원이 이루어지는 것은 곧 생명 나무니라(잠13:12).

소원이 더디 이루면 마음이 상하고 소원이 이루어지면 생명나무가 되어 삶이 살아나며 그 나무에 열린 열매 때문에 기뻐하며 살게 된다고 하십니다. 소원을 이루기 위하여 날마다 기대하며(시37:4, 9) 아버지를 바라보고 그것이 어느 때나 이루어질까하며 기쁘게 살게 되는 것입니다.

악에서 떠나야 이와 같은 기쁨을 맛보게 됩니다. 그러면 악이 무엇인지 먼저 알아 봐야 되겠지요. 우리가 성경을 읽고 설교를 들어도 악인이 아무도 없습니다. 술 안 먹고 바람 안 피우고 사람 안 때리면 악인이 아니고요 세상에 믿지 않는 사람이 악인이지 예수 믿고 있는 우리는 모두 의인인줄 알고 있거든요 그런데 성경에는 악인이 너무 많고 성경을 갖고 있는 우리는 아무도 악인이 없는 것입니다. 그렇다면 무엇이 악인인지부터 알아봐야 합니다.

우스 땅에 욥이라 불리는 사람이 있었는데 그 사람은 온전하고 정직하여 하나님을 경외하며 악에서 떠난 자더라(욥1:1)

우리는 말씀이 원하는 대로 의인이 되면 삶이 잘되어서 돈도 많고 건강하고 자녀 잘되고 죽을 병 안 걸리고 가정이 힘이 있습니다. 성경이 말하는 대로 악인이 되면 돈이 사라지고 건강이 없어지고 자식이 안되고 죽을병이 걸리고 가족들이 힘을 잃습니다(레26). 이것이 악인이라는 표시입니다. '아닌데 나는 술도 안 먹고 바람은 안 피우고 사람은 안 때리는데?' 자꾸 이런 쪽으로만 생각합니다. 성경은 믿지 않는 사람에게 하는 말이 아닙니다. 예수님을 믿고 있는 우리에게 하고 계신 하나님의 말씀입니다.

남의 자식 때리는 부모 보셨나요? 내 자식은 마음대로 잘못했다고 채찍을 해도 남의 자식은 아무리 잘못해도 때릴 수 없는 것이 세상의 이치이며 성경의 이치입니다. 우리 아버지가 우리가 잘되게 하기 위해서 법을 주신 것이 성경이요, 그 법에 맞으면 복을 받고 그 법에 틀리면 벌을 받아 삶이 망가지고 안 되는 것입니다. 우리가 안 되고 없다면 악이 무엇인지 알아야 되는 것입니다.

첫째, 순종하지 않는 것
① 종이 종이 되지 않는 것
② 권세자 부모, 목사, 스승들 거역하는 것(롬1:30)
둘째, 지금 버려야 될 것을 버리지 않는 것입니다.
완악하다 완고하다(삼상15:23, 말3:13) 하시는데 초등학교 1학년 때 배운 것을 중학교 때 하면서 계속 어리광 부리고 중학교 때하던 것을 고등학교 때 하겠다고 엄마 품으로 파고들고 고등학교 때 하던 것을 대학교 때 하겠다고 고집부리는 것이 완고입니다.

새로운 것을 싫어하는 것입니다. 옛날이 좋다고 옛날 것만 고집하고 있는 것 이지요 과거는 해봐서 좋으신가요. 미래는 안 해봐서 겁이 나시는 것입니다. 이것이 겁쟁이 근성을 가진 우리가 하고 있는 악한 일입니다.

미래에 대한 두려움이 있는 것입니다. 성경에서 두려워하지 말라고 누군가 세어보니 365번 있다고 하던데 그만큼 우리가 새로운 것에 대한 도전을 무섭게 느끼고 있다고 보시면 되겠습니다. 우리의 현 삶에서 내가 주부여서 솥뚜껑 운전을 할 때하고 이제 주의 종이 되어서 설교를 해야 하는 입장이 전혀 달라 예전에 밥하던 것을 버리지 않으니 악하다하여 소원이 이루어지지 않고 이곳에 개척하기 전부터 피아노를 가르치셔서 20년이 넘게 아버지를 찬양케 하셨고 벧엘을 일구시는데 얼마나 요긴하게 쓰셨는데 이제 많은 종들과 백성들이 오니까 일꾼이 많아지며 저도 반대로 다른 일이 바쁘겠지요.

상담, 설교, 기도, 이제는 피아노를 만지지도 못하게 하시고, 제가 너무 좋아해서 그것을 만지기만 해도 시험에 뚝뚝 떨어져서 소원이 저 멀리 날아가는 것이 보입니다. 이상하지요. 이것이 왜 악이지요? 버리지 못한 육은 그때그때 나의 성장 속도에 따라 버려줘야 하는 것을 버리지 못하는 것이 악이라는 것입니다.

우리는 모두 자칭 의인입니다. 예수님 믿어서 의인이 아니라 말입니다. 나는 다 잘하니까요. 그런데 소원은 안 이루어지고, 자꾸 시간이 가며 나를 단련만하고 계셨어요. 그래서 알고 보니 이와 같이 옛것을 고집하여 오늘의 나의 위치와 처지에 유하게 대처하지 못하는 것이 악이었습니다. 아무리 좋아해도 아버지가 싫다고 하시면 그것은 악입니다.

내가 사명이 있어 그 사명 보다 세상에서 돈 버는 것이 너무 좋고 돈 많은 장로가 되어 교회도 짓고 구제도 하고 거저주고 꾸어주고 빌려주고 좋은 일하고 싶어서 아무리 기도를 해도 안 주시는 것은 아버지께서 원하시는 길을 가는 것이 순종이며 그 순종의 길에 설 때만이 길이 열려서 악인을 면하고 그 소원을 이루어 돈도 갖고 자식 잘되고 병도 물러가고 죽음이 나를 피해 가는 것입니다. 그래서 내가 지금 버려야하고 순종해야하는 것이 무엇인지 알아서 버리고 순종의 자리에 서 줘야하는 것입니다.

2. 칭찬받기를 기뻐하거나
즐겨하지 말아야 합니다

그러나 너희 듣는 자에게 내가 이르노니 너희 원수를 사랑하며 너희를 미워하는 자를 선대하며(눅6:26)

사람은 누구나 책망이나 훈계보다 칭찬받는 것을 너무 좋아합니다. 나를 만나는 10명 중에 두 명은 칭찬을 할 겁니다. 그러면 8명은 어떨까요. 마음에 안 드는 것입니다. 그러니까 아무 말 안 했겠지요. 그런데 우리는 두 명의 칭찬이 내가 너무 잘 한줄 알고 기뻐 뛰는 것입니다. 너무 기뻐할 것이 아니라 그 여덟 명이 나에게 갖고 있는 것을 알아야 폭넓은 사람이 되지 않을까요. 그것을 알아내려면 나를 훈계 해주고 나의 좋지 않은 면을 지적 해주는 충성된 친구를(잠20:6, 고전7:25) 가져야 되는 것입니다. 우리는 쉽게 칭찬하면 좋아하고 훈계 해주면 싫어하는데 그것을 거꾸로 하면 쉽게 악에서 벗어날 수 있는 것입니다.

　훈계와 책망을 하여 나의 잘못을 일깨워 주고자 하는 친구를 감사하며 기쁨으로 받아준다면 그 친구는 언제든지 나의 잘못을 지적해주려니와 그것에 대해서 낯빛을 변하여 싫은 표색을 낸다면 다시는 말해주지 않아서 악에서 떠날 수 있는 길이 없는 것입니다. 나는 나 자신의 악이 무엇인지 모르고 있기 때문입니다. 언제나 나는 모든 것을 잘하고 있다고만 생각한다면 아마도 소원은 평생 이루어지지 않을 것입니다.

　베이스 바꾸기 : 80%쯤 잘못하고 있다고 생각하면 누가 훈계해도 기쁨으로 받겠지요. 부족하다고 생각하고 있으니까 말입니다. 그러면 항상 그것에 눌려서 살아야 될까요. 날마다 그것 때문에 울며 기도해야 할까요. 그 부족과 죄 때문에 사랑하는 예수님이 십자가 져주셨잖아요 그 죄와 온전하지 못한 우리의 성품 때문에 그래서 부활하신 이후에 온전케 하신 성령님을 우리에게 보내 주신 거잖아요. 그래서 성령께서 가르쳐주신 대로 따라하면 그것을 완전이라고 하십니다(마5:17).

　오늘 하루를 항상 행복하게 살아라 그러다가
　① 죄를 가르쳐주거든 네 고쳐주세요 잘못했어요.
　② 잘못 가고 있는 길을 바르게 가르쳐주거든 오! 예스!하며 바꾸려고 애쓰면 이것을 완전하다 하시며 성령님이 기뻐하시지요. 결국 죄를 안 짓는 것이 아니라 지었는데 깨닫게 하셨을 때에 어떻게 반응하느냐가 우리가 완전하느냐 못하느냐의 결정이라고 봐야 되는 것입니다.

　다윗의 회개 법을 따르면 됩니다.
　생명은 살아났고 삶을 통하여 철저히 행위까지 바뀔 수 있도록 아들 압살

롬의 반역으로 엄청난 보응 속에서도 아버지 앞에 자신과 사랑하는 자들을
보호함으로 자신의 왕으로서 직무를 다할 수 있었지요.

3. 무리에게서 나뉘어지면 안됩니다

우리는 이 말씀을 정면으로 돌파하여 반대로 살면서 아버지 주시는 지혜
를 배척하여 참 지혜를 받지 못하고 살아가고 있습니다. 어떻게 하면 무리
(가정, 교회, 나라)를 잘되게 하고 나도 잘 될 것 인가의 지혜를 성령님께 다
시 터득해 나간다면 새로워진 아름다운 삶이 오지 않을까 싶습니다.

나 아닌 다른 사람이 무엇인가 하는 것을 보고 분석하여 그것을 말하고
그것을 바라보며 이리저리 궁리하는 것이 사람의 사는 모습인 것 같습니다.
맞습니다. 사람은 사람이야기하고 개는 개들의 이야기가 있고, 소는 소들의
이야기가 있을테니 말입니다.

그런데 가만히 귀를 기울여 들어보면 어떤 상황을 보면서 하는 이야기가

잘됐다 응 그래 아주 잘된 일이야 이런 긍정적인 이야기 보다는 이것은 이래서 나쁘고 이것은 저래서 나쁘다면서 그 분석이 분석하여 잘되게 하려는 것이 아니라 마치 그렇게 분석하여 나쁜 것을 많이 찾아내면 잘난 것이고 그렇지 않으면 아주 못난 사람처럼 생각하는 바탕이 깔려 있는 것을 알게 되었습니다.

나하고 아무 상관없는 사람들의 일을 놓고 갑자기 정죄하고 판단하고 욕하며 로마서 2장 말씀을 그대로 이루어지라고 제사지내고 있는 모습이었습니다(롬12:1~). 네가 지나다가 상관없는 사람의 일에 간섭하면 싸우는 개귀를 잡는 것이라고 (잠26:17)하셨는데 우리의 일상의 삶이 무의식중에 성경을 위배하여 하나님과 싸우는 결과를 가져오고 있는 것입니다

베이스를 바꾸어볼까요.

우리는 어차피 사람이라서 사람 말을 해야지요. 그렇다면 날마다 이루어지고 있는 일들을 TV, 인터넷 등 사람들의 입을 통하여 소식을 들었을 때에 먼저 하던 말을 '이 새끼들 일을 그따위로 밖에 못하냐' 가 튀어나오는 말의 일번입니다. 욕하고 비방이 바로 나를 넘어뜨리는 성경을 응하게 하고 있는 것입니다.

이렇게 해보세요. 아! 그랬구나. 정말 대단하네. 나는 상상도 못할 일을 하니 말이야 그런데 이것은 좋고 이것은 조금 분별을 해야겠구면(안 좋으면). 아버지! 이것은 잘될 수 있게 지혜를 주세요. 그래서 그들이 잘되게 하시고 나도 잘되게 해주세요. 반대를 위한 반대가 내 입에 붙어 있어 우리의 조상들의 우상숭배의 죄와 불순종의 죄 때문에 하나님께서 복 받지 못하게 하려고 와있는 분순종의 영들(엡 2:2, 5:6, 계16:13~14)이 우리 입에 삶에 깊숙이 침투하여 혼에 새겨져 있어서 나도 모르는 사이에 이와 같은 말과

행동이 튀어 나오는 것입니다.

긍휼 받을 자에게 긍휼을(약2:13) 혼에 깊숙이 새겨진 옛 구습이 하루밖에 없는 우리의 삶을 내입으로 무너뜨리고 있는 것입니다. 어떤 사건이든 듣거나 잡기만하면 그 사람을 욕하고 헐뜯고 경멸하고, 자신은 그런 일 근처에도 가지 못하면서 말이에요. 내 삶이 왜 어려움을 당하고 왜 웃지 못하고 사는가가 바로 이러한 말과 행동에 부정을 통하여 귀신들을 불처럼 일어나게 하고 있는 것입니다.

아무 상관없는 사람들 때문에 왜 내가 알지도 못하는데 말입니다. 세심하게 한번 생각해 봐야 되지 않을까요. 우리의 혼에 새겨진 생명과 같은 말을 이제 재 분별하여 버릴 때가 되지 않았나 싶습니다(요12:25). 그러면 잘 될 것입니다.

아버지! 잘되게 해주세요. 사랑합니다. 이렇게 새롭게 길들이면 하나님께서 주신 참 지혜가(잠 13:14, 15:2) 나에게 와서 잘되게 하십니다(잠9:1~6)

4. 사촌이 땅을 사면 배가 아파요

악인의 마음은 남의 재앙을 원하나니 그 이웃도 그 앞에서 은혜를 입지 못하느니라(잠21:10).

사람은 왜 남이 잘되면 배가 아플까요. 내가 아니고 남이기 때문입니다. 나는 나 때문에 사는 것이지 남 잘되라고 살고 있는 것이 아니라서 그러겠지요. 그런데 본성이 아닌 본성을 나인 것처럼 내가 나를 착각하고 사는 것이 우리입니다. 하나님의 형상 위에 덧 쓰인 우리의 모습이 하나님의 형상의 아름다운 모습으로 오해하고 사는 것입니다.

새 사람을 입었으니 이는 자기를 창조하신 이의 형상을 따라 지식에까지 새롭게 하심을 입은 자니라(골3:10)

남이 잘되는 것이 겉으로는 축하를 해주는데 속은 전혀 아닌 겁니다. 여러분은 저와 다른지 모르겠어요. 저는요 나보다 다 못살고 나한테 와서 다 얻어먹고 나만 잘되고, 다른 사람은 나보다 더 못했으면 좋겠다고 생각은 안하고 사는데 남이 잘되는 것을 보면 어딘지 배가 살살 아프고 기분이 별로 상쾌하지 않은 것이 사실이지요. 사람이 참으로 신기하게 생겼구나. 남의 재앙을 기뻐하지 복을 기뻐하지 못하고 있구나. 그러니까 잘되는 사람을 보면 흥 얼마나 가려고 그래서 나보다 잘되는 사람을 보면 얼마나 가려구를 연발하고 또 속으로 부글부글 하는 것이 우리의 마음속에 있는 악인의 기질입니다.

여러분은 어떠세요. '아! 안 그러시구나' 그런데 저는 그러더라고요. 그런데 말은 좀 이상하게 하지요. 얼마나 힘드세요. 얼마나 어려우세요. 어떻게 사셔요. 어려운 경기 속에서 무얼 먹고 사세요. 물가가 너무 비싸서요. 이 말을 뒤집어 보면 당신은 힘들게 살아야 돼, 당신은 어렵게 살아야 돼요. 지금은 경기가 어려우니까? 너는 힘들어야 돼, 너의 먹는 것은 항상 하찮아야 돼요. 왜냐하면 내가 너를 위로해 줘야하기 때문에 너는 항상 내 위로 속에서 어렵게 살아야하기 때문이야 무슨 주문 외우는 것 같지 않으세요. 사는 것이 항상 힘들고 어렵다고 주문 외워 뒤집어 씌어 놓고 그렇게 살도록 유도하고 있는 느낌이 들지 않나요.

사람들이 전화해서 얼마나 힘드냐고 물으면 재미있어 신난다고 말하면 할 말을 잃어 뒷말이 없어지고 이런저런 이야기하다 끊습니다. 6개월 정도를 이렇게 지내다가 어떻게 하면 이 사람하고 대화를 해볼까 많이 연구했나 봅니다. 전화해서 재미있니 응 아주 재미있어 신나했더니 전화를 끊더니 그 뒤에 다시 전화를 안했습니다. 그것은 자신이 하던 혼에 새겨진 습관을 뒤집었더니 죽을 것 같아서 다시는 전화를 못하는 것입니다. 속이 뒤틀린 것이지요.

40대는 이래서 쓸쓸하고, 50대는 이래서 외롭고 이렇게 대화를 하는 사람이었습니다. 말을 위한 말을 만드는데 부정이 극으로 만들어서 결국은 사람을 일부러 힘들게 만들면서 위로해 주려하는 사람이었습니다. 그러면 신나고 재미있어하고 있는 저는 그렇게 말하는 사람하고 무엇이 다를까요. 먹고 씻고 닦고 자고 똑같지요 성령님을 모시고 사는 내 마음 속에 기쁨이 있는 것이지 그 일상이 달라서 기쁠까요? 여러분이 밥 먹을 때 저는 금 먹을까요. 샤워할 때 저는 금물로 샤워 할까요 잠잘 때 이불이 금으로 되어있을까요?

아니지요, 생각을 바꾼 것입니다. 하루 밖에 없는 내 인생을 어떻게 하면 하나님을 기쁘시게 하고 나도 기쁘게 살까를 연구하고, 성령께서 참 지혜를 주셔서 하루의 삶의 우리의 말과 행동이 성경이 복 주려고 하는 일에 우리가 거꾸로 살아서 저주가 임하고 있고 그 저주는 먼저는 조상들로부터 와서 그들이 말하고 행동하는 것을 그대로 답습하여 저주가 내려가고 있고, 내려가고 있는 저주를 떼어내어서 하나님의 형상을 찾기에 지식에까지 이르러야 된다(골3:10)는 것을 알게 되어서 보니 우리가 이렇게 생겼습니다.

하루살이처럼 살고 있는 우리의 삶을 귀신들이 나를 쓰게 내버려두고(롬12:1)있는 모습을 발견한 것이지요. 속고 살고 있었구나. 이제는 이렇게 살아서 복을 버리면 안 되는구나 너희들이 겨우 구원받으면(벧전4:18) 우리가 이렇게 겨우 구원받고 있었어요. 예수 믿어 영은 천국 백성이 되었으나 육은 잘되는 자리에서 제외되고 10명에 한명정도 잘되는 구조, 이제는 벗어나야 되지 않겠어요.

이 민족에게 복을 주셨는데 나 예수 믿어 이렇게 잘되었노라고 자랑할 수 있어야 민족 복음전파가 다시 불 일듯 일어날 것입니다. 지병이란 병은 다 믿는 자들도 동일하게 가져 예수님을 무색하게 하고 자랑은 모두 병원자랑 한의원자랑 침쟁이 자랑 어떤 아주 유명한 의사자랑은 입이 마르게하여도 예수님은 잊어버린 지 오래된 우리, 고쳐주질 못하시니까 그러시겠지요.

그런데 우리가 방법이 잘못된 것입니다. 무엇이 먼저일까요. 우리가 어떻게 행동하느냐가 먼저입니다. 먼저 고칠 수 있다고 하시고 금식해보세요. 금식을 회개하느라고 하는 겁니다. 그렇게 회개가 이루어지고 용서가 이루어지면 귀신이 나가고 병은 자동으로 삶도 자동으로 나아졌습니다(사58:7~8).

이제 우리 입에 예수님을 자랑하고 싶으시다면 금식해 보세요. 영육 간에 예수님 자랑하느라고 이제 병원도 잊어버리게 됩니다. 해보세요. 신기합니다. 지도자들의 가정에 정신병자들이 나오고 술 귀신들이 음란 귀신들이 판을 치게 놔두고서야 어떻게 우리가 예수님을 능력 있으니 믿고 따르자고 말할 수 있을까요.

전도가 거꾸로 가는 것이 당연하고 우리끼리도 큰 교회 지으면 큰 교회 짓는다고 욕하고 망하면 망한다고 욕하고 서로 손가락질하고 물고 먹으면(갈5:15) 피차 망하는 것이 당연한 이치입니다. 큰 교회 지으면 '아버지! 큰 일하시네요 감사합니다. 작은 교회들도 살려서 함께 갈 수 있는 지혜를 주세요'라고 해야 하는데 기도는 안하고 비방하고 욕하고 손가락질만 하니(사58:9) 이것이 남 잘되는 것 못 보는 귀신의 가르침이 아니고 무엇일까요.

저는 이렇게 생각합니다.

세상의 변화의 추세는 그 누구도 바꿀 수 없으나 거기에 대처하는 지혜는 늘 성령께서 주십니다. 대형 슈퍼가 많아지면서 작은 구멍가게들이 다 문을 닫고 이제 다 죽는다고 떠들었어도 구멍가게 슈퍼 하던 분들이 죽었나요. 모두 거기에 대처해서 살고 얼마나 신기한 세상인지, 대처하는 것 이지요 왜 먼저 불평하여 귀신을 불러들이고 있나요. 불평하는 그 입술이 바로 귀신에게 잡혀 있습니다.

여성들이 일하는 시대에 일할 수 있도록 집으로 반찬해서 다듬어서 배달해주고 기저귀 삶아서 대주고 옷 데려다 대령해주고 밥은 해서 아침에 퍼다주는 회사는 안 생길까 싶습니다. 하나님께서 사람을 지으시고 이 땅에 모든 것을 사람을 위해서 만드셨습니다.

그러니 얼마나 멋지게 대처하며 살게 하시는지, 아이 키워 주는 사람, 빨래 해주는 세탁기, 반찬 배달해주는 사람, 찌개거리 만들어서 대주는 사람, 김 구워서 대주는 사람, 이것은 산업이 아니고 뭔가요, 구멍가게가 달리 바뀌지 않았어요. 큰 교회가 생긴다면 작은 교회도 살 수 있게 지혜를 주시리라 믿습니다. 세상은 다 공존공생하며 서구에 교회처럼 망할까 걱정하고 분석하느라고 죄 짓지 말고 대처 방안을 위해서 연구하고 거기에 발이 빨라야 되지 않을까요.

서구의 교회들이 망한 것이 거울이 된다면 우리는 그것을 보완하면 됩니다. 엘리야의 능력사역을 보완하여 엘리사가 능력 인격 사랑 사역을 하였듯이(왕하2장~8장) 모세를 보고 배운 여호수아가 그것을 보완하여 아무 말도 하지 말고 입 다물어(수6:10)라고 하여 여리고성을 무너뜨리고 가나안의 입성을 승리로 이끌었듯이 대형시대에 대형교회도 서야하고 또 작은 교회들도 능력 있게 서 갈 수 있게 금식하고 기도한다면 살아계신 아버지께서 사랑하는 예수님이 성령님께서 어찌 아니 우리에게 지혜를 주시지 않겠어요.

먼저 한숨 쉬고 불평하면 그것이 나의 것이 될 수 없으나 악인의 자리에서 벗어나 이웃이 내 앞에서 은혜를 입을 수 있는 말을 바꾸신다면 의인의 자리에서 복을 받게 될 것입니다(잠21:10).

'잘되시지요?' 그러면 사람들은 '아유 죽겠습니다' 라고 합니다. 그러면 '잘 될 겁니다, 행복하시지요? 행복해질 겁니다. 예수 믿으세요. 기도하세요. 화이팅! 잘됩니다. 할렐루야!'로 하나님께 영광을 돌리면 그 말이 응하여 수년 내에 내 가정과 교회가 나라가 부흥합니다(잠11:11).

처음에는 사람들이 이상하게 생각합니다. 그러나 나중에는 따라합니다. 특히 목회자님들은 성도들을 향하여 함께 이 운동을 해나가야 하고 내 말부터 고쳐야 될 줄로 압니다.

권사님! 얼마나 힘드세요? 어려우시지요? 날마다 찌그러져서 울상이 되어 주일되면 예배드리러오는 우리의 모습에 아버지께서 짜증나시지 않을까요?

화이팅! 할렐루야로 인사하며 예배당으로 들어오는 모습은 우리 천국 입성 모습하고 같아야 되지 않을까요? 할렐루야! 파이팅! 승리의 함성 속에 진행되는 예배의 모습을 우리 아버지께서 기뻐하시지 않을까요? 상대를 비방하고 욕하는데 쓰지 말고 먼저 내가 실천하고 가르치고(마5:19, 20) 따라 하도록 유도한다면 이 민족, 우리의 입술 고쳐내지 않을까요? 예수님께서 성령님께서 도와주실 줄로 믿습니다. 사랑합니다.

5. 남의 일에 NO!라고 대답하는 것은 귀신의 가르침입니다

기름과 향이 사람의 마음을 즐겁게 하나니 친구의 충성된 권고가 이와 같이 아름다우니라(잠27:9).

이미 그 사람이 하려고 하는 일에 내가 왜 no!라고 토를 달려고 할까요. 그것은 엄청난 어리석은 일입니다. 잘하도록 밀어주고 격려해주는 것이 우리가 해야 할 일이지요 그러세요. 네! 기도해 드릴게요. 잘 모르겠으면 응답 받아서 잘하세요. 기도해드릴께요.

'아니예요. 그게 아닙니다' 라고 계속 부인하여 상대의 마음을 찔러댄다면 그를 통하여 축복을 받을 수 없는 것입니다.

두 가지로 복을 받을 수 있습니다.
① 나의 긍정적인 말고 행동으로

② 나의 이웃이 나에게 복을 빌어주므로(축복을 받은 아브라함, 창14:19) 아버지께서 이것을 들으시고 우리에게 보응의 날을 주시는 겁니다(시 109:2, 잠11:31, 13:21, 14:14외).

저주의 보응이 아니라 복의 보응을 받으려면 나의 하루가 늘 플러스가 되도록 말하고 행동하는 것을 훈련시켜 나아가면 복 받는 것은 문제없습니다.

육의 복은 자신의 행위로 받습니다(약1:25).

영의 복(천국)은 예수 믿으면 은혜로 갑니다.

나의 말에 매사 No!라고 대답하면 나도 싫지요. 상대도 싫은 겁니다.

남을 보고 나를 아는 명철의 지혜가 있기를(잠27:9) 원합니다.

복잡한 세상을 살다보면 단순하면 미련한 것처럼 느낍니다. 그러나 최고 복잡한 세상을 산다면 내입이라도 단순하게 해보세요. 토 달지 말고 오(oh)! 예스(yes)!로 말이에요.

(1) 최고의 복덩이는 어떤 사람일까?

사람이 나를 섬기려면 나를 따르라 나 있는 곳에 나를 섬기는 자도 거기 있으리니 사람이 나를 섬기면 내 아버지께서 그를 귀히 여기시리라(요 12:26).

20일 : 완전한 사모(예수님의 신부, 제사장)의 하루, 성령이 이끄시는 완전한 하루

① 잘못된 것을 가르쳐 주셔서 회개하게 하십니다.

예수께서 권능을 가장 많이 행하신 고을들이 회개하지 아니하므로(마 11:20), 내가 너희에게 이르노니 심판날에 소돔 땅이 너보다 견디기 쉬우리

라 하시니라(마11:24).

사람을 완전하게 만드셨다면 하나님도 필요 없고, 예수님이 오실 필요도 없고 성령님이 저희에게 전혀 필요 없습니다. 왜 불완전하게 만드셨는지는 그럴 수밖에 없으셨는지 아니면 일부러 그러셨는지는 성경에 없고 우리는 불완전한 상태로 날마다 먹어야하고 날마다 씻어야하고 날마다 싸야하고 날마다 자야하고 이것만 없다면 그것은 신이지요. 하나님과 똑같은 그런데 신이 아닌 우리는 신의 작품으로서 이렇게 불완전하여 죄를 지을 수밖에 없는 것입니다. 알게 모르게 그런데 그것이 죄가 아니라 회개치 않는 것이 죄라 하십니다.

그가 깨닫지 못하다가 그것을 깨닫게 되었을 때에는 그 중 하나에 그에게 허물이 있을 것이니(레5:4下).

알고 지었건 모르고 지었건 간에 그 죄가 깨달아졌을 때에 잘못했어요. '아버지! 용서해주세요' 라고 말해야하고 유순하게 '저를 고쳐주세요' 라고 의뢰하면(단3:28) 되는 것입니다. 여기에서 잘못 배운 것들이 있는데 울며 불며 용서해 달라고 매달려야 용서가 되는 줄로 아는 것이 잘못된 것입니다.

처음에 예수 믿어 내 죄를 용서받은 그 회개의 눈물을 누가 막겠습니까마는 일상의 잔잔한 잘못을 저질렀을 때에도 늘 울어야 회개가 이루어진 것은 아니라는 것입니다. 우리의 자녀들이 잘못을 저질렀을 때에 울며불며 용서해 달라고 달려들면 좋던가요? '엄마! 아빠! 다시는 안 그럴게요' 하고 다시 안하면 됩니다.

밤새 울고불고 기도해 놓고 아침이 되면 그것을 다시 하는 것은 개가 토한 것을 다시 먹음 같고(잠26:11), 돼지가 씻었다가 다시 제자리에 눕는 것

과 같습니다(벧후2:22). 눈물 한 방울 안 나도 하나님께 말씀드리고 같은
죄를 다시 짓지 않기 위해 나를 채찍질하는 아픔과 고통의 시간들이 있어야
하는 것입니다.

① 잘못 가고 있는 길을 바로 잡아 주십니다.

길이요 진리요 생명 되신 예수님(요14:6)은 우리의 아버지께서 정해놓으
신 길과 삶에서 바른길을 가야만이 진리(요15:26, 17:17) 참을 만날 수 있고
그것이 영육 간에 생명으로 인도되어 아름다운 삶을 살게 되니 그 길은 예
수님만이 가르칠 수 있고 그 길이 바로 생명입니다.

사명의(목사의 길) 길이 정리되지 않으면 우리의 삶은 바로 죽음으로 연
결되어 거지 아니면 죽음 아니면 병으로 인생을 망치고, 사명의 길을 가야
하는지 안 가야하는지 모르는 상태에서 사람들의 충고 따라 사업이라도 시
작해놓고 보면 그것이 망가지는데 시간이 안 걸리니 이것은 아버지가 원하
시는 길하고 전혀 맞지 않아 사마귀가 침투하고 그 사탄이 우리의 삶을 망
가뜨리고 있는 것이지요. 보이는 세계는 보이지 않는 것에서 나오는 믿음입
니다(히11:1).

우리가 모른다고 해서 없는 것이 아니고 있는 것이며 우리가 안다고 하여
도 그것은 있는 것의 전부가 아니라 어느 일부분을 만지고 있는 것 이지요
천국을 40여명의 기자가 성경으로 썼어도 동일하게 흐르고 있는 것은

삼위일체의 하나님

① 여호와 하나님, 계획하시는 분(출3:14, 16, 렘51:19, 대하18:18)

② 예수 하나님, 이루시는 분(마16:16, 롬8:3~4, 사9:6)

③ 성령 하나님, 도우시는 분(요일5:20, 갈4:26)

- 십계명, 율법(출20:1~)
- 그 말씀을 적용한 모든 사람의 이야기

이 세 가지의 이야기이지만 표현은 모두 다르고 보는 각도도 달라서 달리 표현하여 코끼리의 어느 부분을 만짐과 같이 나타내봤듯이 우리가 교만할 수 없는 것은 내가 아는 것이 전부가 아닌 것은 다 알 필요도 없고 다 알 수도 없는 것입니다. 남이 아는 것은 내가 아는 것하고 다르니 그를 칭찬해주고 내가 알아야 될 것이 있다면 참고하여 그 위에 더 잘하면 되는 것입니다.

내가 알아야 될 필요성이 없다면 알아낸 그 사람을 칭찬하여 가만히 두면 되는 것이지요. 세상에 많은 길이 있으나 내 길이 아니면 가지 말고 세상에 많은 학문이 있으나 내 것이 아니면 가만 놔두면 되는 것 아니겠어요. 그것에 대해서 부정, 불평, 원망(민14:28) 안 하는 것이 내가 사는 길입니다.

이러한 많은 길과 삶 속에서 우리가 가고 있는 길 중에 어느 날 아버지께서 그 길이 아니니 접어라하면 접는 것입니다. 다 망해서 자빠질 때까지 기다리지 말고 다 늙어서 이제 인생을 마무리할 때 후회하여 황금같이 살 수 있는 인생을 쓰레기처럼 버리지 말고 껄껄껄 이럴 껄 저럴 껄 후회하는 사람은 미련한 사람이지요. 오늘 나를 꺾어(고전9:27) 길이 바꾸어지면 어디까지 이르렀든지 그곳에서 출발하여 내 삶에 생명이 주어지고 세세에 영광이 돌려지게 될 것입니다(계5:13).

우리의 복은 다른데 있는 것이 아니라 형통에 있습니다. 몰라서 잘못해도 알고 잘못해도 경찰과 같은 사마귀가(하늘의 경찰, 대하18:18) 와서 우리의 아름다운 삶을 망가뜨리고 있는데 그것을 미리 알려주셔서 막아 주시고 그것을 가르쳐 주셨을 때에 따라 하면 복을 받습니다(약1:25).

그것이 바로 복덩이입니다. 복을 내가 가질 수 있는 것이 아니라 순종하는 사랑하는 자들에게 주시는 열매입니다(약4:7, 벧전 5:5, 빌1:11). 사랑합니다.

② 오늘 하루를 자족하기 위한 일체의 비결을 터득해야 합니다.

누구든지 해보고 싶고 선망하고 있는 일인 듯합니다. 누구든지 장군이 되고 싶고 누구든지 대장이되고 싶어 합니다. 그러나 다 그렇게 되는 것은 아닌 것 같습니다. 세상을 살면서 사장이 되든지, 사원으로 일을 하든지, 백성이 되든지, 관리가 되든지, 목사가 되든지 성도가 되든지, 자유하며 살고 싶어 합니다.

그렇다면 한번 알아보긴 해야 될 것 같습니다. 모르는 것 보다는 아는 것이 낫고 사원보다는 사장이 낫고 고통스러운 사람보다는 자유스러운 것이 좋을 듯합니다. 혼돈스럽고 행복하지 않은 하루를 살고 계신다면 지금 엄청난 암흑 속에 헤매고 계신다면 오늘은 빛으로 나와야하기 때문입니다.

(2) 내가 복덩이라고 말할 수 있는 사람이 세계 최대의 복덩이입니다.

누가 나를 복덩이라고 말할 수 있을가요?

이 세상이 나를 위해서 만들어졌다는 것을 아는 사람입니다.

남편도 아내도 자식들도 모두 나의 행복을 위해서 아버지가 주셨다는 것을 아는 사람입니다.

오늘 내가 살아있는 것이 최고의 복이라는 것을 아는 사람입니다.

오늘 내가 만나는 모든 사람(잘하는 사람, 못하는 사람)이 스승이라는 것을 아는 사람입니다.

오늘 내가 만나는 모든 사람에게 칭찬해주고 훈계해주고 받으며 유덕하
게 사는 사람입니다.

오늘 하루만 살고 있는 하루살이의 나그네 인생이라는 것을 깨달은 사람
입니다.

네게는 여호와의 영이 크게 임하리니 너도 그들과 함께 예언을 하
고 변하여 새 사람이 되리라(삼상10:6)
새사람을 입었으니 이는 자기를 창조하신 이의 형상을 따라 지식
에까지 새롭게 하심을 입은 자니라(골3:10)
하나님을 따라 의와 진리의 거룩함으로 지으심을 받은 새 사람을
입으라(엡4:24)

제 2 부
새 사람을 입으라

바닥을 쳐 본 사람

1. 높이 비상하려면?

네 하나님 여호와께서 이 사십년 동안에 네게 광야 길을 걷게 하신 것을 기억하라 이는 너를 낮추시며 너를 시험하사 네 마음이 어떠한지 그 명령을 지키는지 지키지 않는지 알려 하심이라(신8:2).

높이 비상하려면 바닥을 쳐야 합니다. 원리는 아는데 그것이 무엇인지는 깨닫기가 쉽지 않습니다. 그것이 삶이라면 어느 정도인지 모두 가늠하기 어렵기 때문입니다.

1998년 어느 날 저는 알거지가 되었습니다. 남편과 이혼하기 전엔 그래도 공무원이었기에 작은 차도 사주고 그나마도 벌어다 주는 것이 적다할지라도 꾸준히 갖다 주고 있었기 때문에 어느 정도 살만했습니다. 빚이 있기는 했지만 아주 궁핍한 것은 아니었습니다. 그러다 남편이 공무원을 그만두고 하던 사업이 망하고, 갑작스레 이혼까지 하게 되었습니다. 단돈 500원이 없어서 밖에 나갈 수 없고, 카드는 정지되고, 빚까지 있어 아무것도 할 수 없는 상황에 빠지게 되었습니다.

　너무나 갑작스레 닥친 일들이기에 가슴이 터질 것 같아서 삼각산에 가서 기도하다가 만난 분들이 3~4분계신데 내가 만날 수 있는 유일한 사람이라고 해야 되겠지요. 제2의 고향과 같은 곳이 동대문구 답십리인데 그곳의 누구에게도 서로의 형편을 알아서 살핌을 받고 그럴 수 없었습니다. 10년을 넘게 그곳의 사람들과 함께 살았는데도 누구하나 무엇이 어떻게 되었는지 말할 수 없었던 것입니다.

　집을 새로 짓긴 했는데 집만 좋아졌고, 나는 말 그대로 알거지가 된 것입니다. 원래 사람들하고 돈거래를 잘 안했기 때문에 쫓아올 사람은 별로 없었는데 IMF때에 융자신청이 거절당하는 바람에 잠깐 쓰고 주겠다고 빌린 140만원의 돈이 문제가 되었습니다. 그들은 그 돈 빌려주고 나에게 자동차 사는데 보증을 서 달라는 흑심이 있어서 빌려줬다가 내가 갚을 수 없는 형편이 되자 사람이 안면은 바꾸고 욕을 하는데 별로 내 생애에 들어 볼 수 없었던 입에 담기 어려운 욕설을 들어야만 했습니다.

　'아~ 사람이 망가지면 이렇게 되나보구나.' 예전의 제가 아니었습니다. 이미 주의 종이 되어야한다는 어떤 예언자의 말을 들은 터라 주의 종은 이렇게 하나보구나 생각하면서 몇 개월을 시달렸습니다. 계속 전화해서 욕하고 비아냥대는데 갚을 길은 없고, 어떤 분이 백일기도하면 된다고 해서 백일기도 끝나면 주실 거라 생각했지만 하나님도 무심하시지 그 뒤에 찾아온 것은 더욱 고난스러운 욕설과 핍박이었습니다. 그때 저의 심정은 '어떻게 이럴까? 사람이 이래도 되나?' 하는 생각뿐이었습니다.

　그때까지 저는 돈 받을 일이 있거나 누구하고 싸울 것 같으면 차라리 내가 손해 봐버리고, 돈줄 사람 저기 오면 내가 숨던 그런 사람이었으니까요.

순박하고 온상의 화초 같고 빛에 내어놓으면 그냥 죽을 수밖에 없던 때였던 것입니다. 그때 아버지께서 저를 훈련시키고 계셨던 것 같습니다.

남편이 돈 벌어다 주고 평탄하게만 살면 훈련이 안될 것 같으니 남편을 쫓아버리고 혼자 두고, 돈도 안주시고 방에 가두어 놓고 혼자 독차지하신 겁니다. 다음에는 그 보험회사에서 빌린 돈, 카드빚 같은 문제들을 해결하려고 이리 뛰고 저리 뛰는 과정 속에 내가 하는 것인지 아니면 내가 누구에게 끌려 다니는 것인지 알 수 없는 삶 속을 헤매고 다니는 생활로 3년을 보내게 하셨습니다. 그리고 1년은 기도원에 보내서 훈련 받게 하셨습니다. 그동안 돈 한 푼이 없어 기도원의 돈을 안 받는 숙소 택하여 거기 온 사람들에게 얻어 먹어가면서 살았습니다.

그해 겨울은 얼마나 추웠는지 고등학교를 졸업한 아들에게 점퍼 하나 사줄 돈조차 없었습니다. 할 수 없이 아이 아버지가 소개해 준 곳에 아르바이트를 보냈더니 그곳 주인께서 싼 것이었지만 점퍼하고 겨울바지를 사서 입혀 보내서 지금껏 잊을 수없는 분이십니다. 저 또한 거의 7년 동안을 옷을 사 입지 못했기 때문에 얼마나 추운지 기도원의 옷 버리는 곳에 가서 혹시 버린 옷이 있나 봐도 주워 입을 만한 것 하나가 없었습니다. 그때의 겨울은 잊을 수 없습니다.

아버지께서는 광야 생활에 있는 자는 주리고 배고프고 징계 받으며 병아리 입에 물 한 모금 넣어주는 것처럼 꼭 굶어 죽지 않을 정도로 주시는 것과 같았습니다. 나를 낮추시며 나를 시험하시고, 아버지가 아니면 살 수 없는 그런 상황 속에서 보이지도 않으시는 아버지께서 만나와 메추라기와 필요한 최소한의 돈을 대주시면서 이끌어 주셨습니다.

그냥 하나님께 이끌려 살았다고 표현하는 것이 가장 적당한 표현이라고 봐야 되겠습니다. 그냥 하루하루가 살아졌습니다. 1998년 전 4년 동안 이미 이러한 일이 시작 된 듯했습니다. 예배드릴 곳도, 잠잘 곳도 없이 차 안에서 생활하며 눈물로 보내기도 했습니다. 내가 왜 이렇게 된 것인지 이해할 수 없는 나의 삶이 그냥 질질 끌리듯이 가고 있었습니다. 내 인생이 내 인생이 아닌 것입니다.

여호와여 내가 알거니와 사람의 길이 자신에게 있지 아니하니 걸음을 지도함이 걷는 자에게 있지 아니하니이다(렘10:23)라고 하시더니 제 상황이 꼭 그랬습니다.

2. 배고픔과 풍부와 궁핍에도 처할 줄 아는 일체의 비결을 배웠노라

나는 비천에 처할 줄도 알고 풍부에 처할 줄도 알아 모든 일 곧 배부름과 배고픔과 풍부와 궁핍에도 처할 줄 아는 일체의 비결을 배웠노라(빌4:12).

드디어 2001년에 신학교에 들어갈 수 있게 허락해주셨고, 그 해에 꿈에 보여주신 곳을 해석하여 찾아보니 기장대에 있는 기도원이라 8월 15일에 찾아가게 되었고 10월 31일에 이사를 갔습니다.

그런데 믿음만 있고 사람 사는 질서를 알지 못했던 나의 무분별함 때문에 기도원에서 쫓겨나 겨우 이면우 집사님 집 창고에 짐을 들여 놓게 되었습니다.

짐은 두고 여관에 가서 자라는 말에 '저는 여관에서 잠 못 자요. 여기서 잘 거예요' 했더니 깜짝 놀라는 주인은 나를 말리지 못하고 집으로 돌아갔는데, 그날 밤에 저는 밤 2시까지 단잠자고 일어나서 기도를 했습니다. 그런데 이면우 집사님은 밤에 잠을 이루지 못했던 모양입니다. 여자를 창고에

재워놓고 혹시나 잘못될까 걱정하셨던 것이 끈이 되어 '벧엘'의 땅을 제공받을 수 있게까지 되었던 것입니다. 사실 저는 아무렇게나 자는 것이 이미 훈련되어졌기 때문에 창고에서도 버틸 수 있는 은혜가 있었습니다.

그 후에도 땅을 제공받아 돈 못주고 사는 사람의 입장을 아는 사람들이 비아냥대어 이면우 집사님도 곤욕을 당했고, 저 또한 수 없는 어려움이 왔지만 이미 바닥을 쳐봤기 때문에 더 이상 내려갈 곳 없이 이겨낼 수 있게 하셨습니다.

사도바울께서도 나는 비천에 처할 줄도 알고 풍부에 처할 줄도 알아 모든 일 곧 배부름과 배고픔과 풍부와 궁핍에도 처할 줄 아는 일체의 비결을 배웠노라(빌4:12)고 하셨습니다.

오늘 나에게 허락하신 일들은 모두 나에게 필요하기 때문에 주신 것이었습니다. 아버지의 종으로서 열매를 그 입에 드리기까지 나의 환경과 사람들이 나에게 잘해주고 그들의 꾐을 받는 자리에까지 이끌기 위해서는 삶의 훈련을 통하여 우리를 길러내고 계시는 것입니다.

때리고 있는 저주들이 움직이고 있는 그 방향을 그대로 사용하여 인생채찍과 사람막대기를 사용하고 계셨습니다. 맞을 때는 때릴 때는 아팠는데 슬펐는데 그 후에 그에 연달되었더니 의의 평강의 열매가 맺어져(히12:11) 어떤 사건 속에서도 평화를 유지 할 수 있게 되었습니다. 이전에는 배고픔이 무엇인지 모르고 언제나 배부름 속에서만 살았기 때문입니다.

쌀독에 쌀이 떨어지고 호주머니에 돈이 떨어지면 그것이 생명인데 그 다음의 행동은 하늘을 바라볼 것이냐 구걸을 할 것이냐를 결정해야 되는 것만 남았습니다.

'차라리 죽으리라, 아버지께서 먹여 살리시면 살아서 종의 길을 갈 것이고, 굶기시면 죽어서 천국가면 되지, 종인 나 하나도 못 먹이는 주인을 따라갈 필요가 없다' 라고 생각하고 눈을 들어 하늘을 보고 죽기를 작정하고 구걸을 거절했습니다. 조금만 빌려 주실래요, 나 지금 배고픈데 뭐 좀 줄래요?라고 해야 하는데 하지 않았던 것입니다. 돈이 있고 풍부할 때에는 주기도하고 받기도 하는 것이 쉽습니다.

네 친구와 네 아비의 친구를 버리지 말며 네 환난 날에 형제의 집에 들어가지 말지어다 가까운 이웃이 먼 형제보다 나으니라(잠27:10).

하지만 네 환난 날에 친구 집에도 형제 집에도 가지 말라는 말씀대로 가지 말라가 아니라 가지지 않는 것이었습니다.

그렇게 고집을 부리다가 죽기를 작정하고 모든 것을 내려놓으니 아주 마음이 가벼워졌고 그 뒤에 아버지께서 쌀과 돈을 굶어죽지 않을 정도로 내려 주시기 시작했습니다. 하늘에 바늘구멍이 뚫렸던 것입니다. 처음에는 그 바늘구멍에서 천 원짜리, 쌀, 얼마의 아이들 용돈이 나온 것이 이제는 그 바늘구멍이 커져서 쓰고도 남을 만큼 풍부히 주셔서 아버지 사랑하시는 종들을 먹여 기르시며, 예배당 짓고 사랑하시는 자들을 모으시고 계십니다.

하늘을 쳐다보며 성령을 모시고 예수님의 신부될 자들을 말입니다(에2:12, 계22:17). 짐승의 머리는 땅을 내려다보고 사람의 머리는 위로 되어 있는데 그것이 눈만 들어도 하늘을 쳐다보게 만들어져 있더라고요. 사랑하는 나의 예수님은 하늘 쳐다보는 사람을 좋아하시나 봅니다. 위의 것을 생각하고 땅의 것을 생각하지 말라(골3:2) 하시더니 그곳에 이렇게 많은 먹을거리와 사람 사는 것이 쌓여있는 줄을 누가 알았겠습니까.

쳐다보면 해와 달과 별 그리고 구름 밖에 안 보이는 하늘에서 말입니다. 하늘 한번 쳐다보세요. 아버지 앞에 맡기고 하늘을 보시고 행복하고 복된 삶을 살아보세요.

지금 나의 가장 나쁜 환경이 자족의 비결을 터득하는 현장이 됩니다.

어려움을 당한 그 상태에서 만약에 더 밑으로 내려가면 지옥입니다. 사람이 아니라는 생각이 듭니다. 원망하고 불평하고 좌절하고 낙심하면 그것은 짐승으로, 삶과 영혼이 지옥이 될 것이로되 이 환경을 어떻게 하면 벗어날 수 있을까? 하고 하늘을 바라보고 예수님을 찾고 기도하며 금식하며 애쓴다면 그것은 하늘에 계신 내 아버지께서 들으시고 결국은 나를 하나님의 나라와 제사장을 삼으시기까지 하시어 세세토록 영광을 돌릴 수 있게 하십니다(계1:5~6). 저에게만 그러신 것이 아니라 성경의 진리입니다.

그 바닥에 서서 어떤 말과 행동을 하느냐에 따라 우리의 삶을 어느 방향으로 이끄느냐가 결정됩니다. 막막한 환경 속에서 두 아이와 저를 땅을 바라보는 짐승을 면하고 하늘을 바라보고 승리하는 사람이 되어서 아버지께 영광을 돌릴 수 있도록 꿈 · 환상으로 인도하시고 도와주신 것입니다.

3. 어디를 바라보느냐

고환이 상한 자나 음경이 잘린 자는 여호와의 총회에 들어오지 못하리라 (신23:1).

소돔과 고모라 쪽을 보았던 롯은 모압과 암몬 족속을 만들어 그의 후손으로 하여금 영원히 총회에 들어가지 못하게 했고, 조카 롯에게 양보하고 나머지 땅을 택했던 아브라함은 믿음의 조상으로 우리의 할아버지가 되었습니다.

나도 지금 어떠한 환경에 처해 있다 할지라도 우리 주 예수 그리스도는 우리를 모든 죄에서만 넘어가게 하시는 것뿐만 아니라 내가 할 수 없는 모든 삶에서 유월절의 어린 양이 되어 넘어가게 하는 역사를 이루신답니다. 그의 피가 말입니다. 더 이상 갈 곳이 없는 사람을 어떻게든 나갈 구멍을 찾게 되고 찾는 자에게 찾은바 되어 주십니다(롬 10:20).

믿음은 바라는 것들의 실상입니다. 보지 못하는 것들의 증거라(히11:2)하 셨습니다. 분명히 없었는데 자세히 바라보며 기다리니 그곳에 자국이 생기 고 그 자국이 결국은 모양을 만들어내며 나타내는 놀라운 사건입니다.

가을이 되면 나무 잎사귀가 다 떨어지고 앙상한 가지만 남습니다. 봄이 되면 자국만 남아있던 그 자리에서 싹이 돋아 그 잎사귀는 결국 나뭇잎을 만들어내고 또 다시 푸른 옷과 갖가지의 옷을 입고 자랑하며 펄럭대는 것과 같은 것이 믿음이었습니다.

여러분이여 안심하라 나는 내게 말씀하신 그대로 되리라고 하나님을 믿 노라(행27:25).

분명히 없었는데 기다리면 믿음이 없는 말과 행동은 있는 것을 사라지게 하고, 믿음 있는 말과 행동은 종이 뒤에 숨어있는 것을 손을 펼쳐서 종이를 치우고 그냥 가져오면 되는 것과 같은 진리입니다. 믿음의 선진들이 그래서 모든 것을 가질 수 있었고 볼 수 있었던 것입니다. 모든 것은 말로 되는 것 이라는 것(사57:19)입니다. 하나님께서 천지를 말로 지으셨듯이 말입니다.

이것을 성경에서는 형제 앞에 걸림돌을 놓지 않아 발람의 교훈을 버리고 행위를 아름답게 하여 니골라당의 교훈을 버리고 이기는 자에게는 감추었 던 만나를 준다고(계2:14~17) 하셨습니다. 말씀대로 되는 것입니다.

하나님께서는 저를 이곳에 보내셔서 10여 년 동안 땅도 무료로 사용하게 하시고, 집 팔아 남은 돈 3400만원으로 브니엘 숙소를 짓도록 하셨습니다. 아무도 없는 허허벌판에서 살아남게 하신 것은 만 원짜리 한 장을 주시던 안 주시던 그때부터 땅을 파서 씨를 심고 할 수 있는 한 자급자족을 하여 땅 에서 나는 것을 먹으며 땀을 흘리며 보내주시는 전국의 종들과 백성들을 통 하여 금식 훈련하고 훈련 받으면서 살게 하셨습니다.

기도원에 찾아오는 사람들 중에는 우리 목사님은 박사인데 너 같은 것이 뭘 아느냐라고 하면서 가는 사람도 있고, 어떤 사람은 예배 중에 더 훌륭한 목사들이 많은데 너 지금 뭐하느냐고 달려들어 싸움을 걸기도 했습니다. 금식하러 와서는 뒤에서 내 흉을 봐서 사람들을 쫓아버리고, 전국에 나를 미쳤다고 소문내서 오던 사람도 못 오게 하는 사람도 많았습니다.

그때의 저는 모든 일을 혼자 다하느라고 많이 많이 바빴습니다. 판넬로 된 10여 평짜리 예배당에 파리 떼에 개 냄새까지 여름이면 견딜 수 없이 괴로웠고, 그 예배당마저도 천장에는 철골이 훤히 보여 떨어질까 불안하고, 식당이 없어 그 한쪽에는 식당까지 겸하고 있으니 누가 봐도 무시할 만했을 것입니다. 게다가 사방이 개가 천지였습니다. 현재의 예배당 자리였던 창고에는 처음부터 끝까지 철장을 만들어 놓고 작은 개 2~3백 마리 가득 넣어 기르던 곳이었던 것입니다. 브니엘 숙소 자리에도 개, 밭에도 개 그야말로 개판에 보내신 것이었습니다. 그 때의 모든 순간순간의 씨름이 나를 단련시켰고, 그 단련의 시간들이 지금의 나를 만드는 중요한 순간들이 되었습니다.

1990년 6월 1일 갑자기 손이 나타나 이마에 도장을 찍어 계시를 받았습니다.

"땅의 모든 백성이 여호와의 이름이 너를 위하여 불리는 것을 보고 너를 두려워하리라(신28:10)"

저는 '체! 누가 나를 보고 두려워한단 말이야? 솥뚜껑 운전수에 배운 것 없고 성질만 더러운 나를 과연 누가요?' 라고 했습니다.

그때 예언하던 전도사님께서 '온실의 화초를 산꼭대기에 나무를 심으려 하시는구먼' 하고 말씀 하셨었는데 그때의 저는 무슨 소린지 알아들을 수도 없는 말씀과 소리였습니다.

그 후 사업이 망하고, 가정이 파괴되고 20여년을 수많은 시련과 괴로움을 겪으며 어느새 하나님의 사람으로 훈련되어 이제는 하나님의 사랑하는 종들을 기르시는 현장의 책임자가 되어 있습니다.

저는 이제 예전과 같은 나약한 모습이 아니라 하나님의 훈련되어진 장군과 같습니다. '사람은 훈련시켜 놓으면 그대로 살게 되는 것이로구나' 하고 깨닫게 됩니다.

제가 이렇게 글을 쓰게 될 줄도 생각도 못했습니다. 공부를 하고 싶어 하던 저에게 하나님께서는 세상 공부는 안 가르쳐 주시고, 성경 공부를 가르쳐서 성경만 가지고 살 수 있게 해주셨습니다. 성령님하고 대화하는 방법을 터득하게 하시어 나를 잘되게 하셨습니다.

그리고 이제 민족과 세계를 물과 성령으로 거듭나게 하기 위하여(요 3:1~5) 나를 만드신 그 방법으로 종들을 가르쳐서 성령의 사람이 되게 하시고 그들을 기뻐하시며 즐거워하시는 아버지! 예수님! 성령님!을 뵙게 하십니다.

아버지께서 말씀을 책으로 전하라 채근하시어 이 시간도 눈이 하얗게 와서 밖에 가서 강아지처럼 뛰고 싶은데 이렇게 방에 박혀서 글을 쓰고 있습니다. 어찌 사람이 이렇게 바뀔 수 있단 말인가요. 훈련시키신 것입니다. 훈련시켜 하나님께서 하시고자 하는 일을 시키시는 겁니다.

책상에 앉아서 유치원부터 대학원까지 나오면 공부하는데 길이 들어 자동으로 하던 일만 하는 것처럼 저도 사람과 사는 훈련으로 전국에서 3천명이 넘는 사람들이 찾아와 저를 단련시키셨습니다. 돈 한 푼 없이 영권, 인권, 물권이란 말이 무슨 뜻인지도 몰랐는데 네가 아무리 영권이 있어도 사람하고 살아내지 못하면 돈이 없다는 것을 가르치셨습니다.

나는 그에게 아버지가 되고 그는 내게 아들이 되리니 그가 만일 죄를 범하면 내가 사람의 매와 인생의 채찍으로 징계하려니와(삼하7:14).

기역, 니은으로 가르치신 것이 아니라 삶으로 인생의 채찍과 사람 막대기로 가르치신 것입니다.

기도원에 온 사람들에게 욕먹고 학대당하고 왜 남들이 하는 대로 따라하지 않고 남들이 하지 않는 얘기를 건방지게 하느냐고 하기도 하고, 처음에는 좋다고 다른 데서 안 해주는 말을 한다고 은혜 받았다하고 했다가도 세상으로 돌아가면 왜 안들은 이야기를 하느냐고 이단이라고 때리고 욕하고 배운 것도 없고 잘난 것도 없는 하찮은 것이, 다른 기도원은 건물 좋게 지어놔도 안 가는데 거지같은 조립식 집에서 어떻게 잠자고 이렇게 더러운데서 어떻게 숙식을 하느냐고 얼마나 귀가 아프게 들었는지 모릅니다.

"얼마나 아프셨을까 못 박힌 두 손과 발 죄 없이 십자가에 못 박히신 예수님······"

제가 그럴 때 사랑하는 나의 예수님은 얼마나 고초를 당하셨던가를 생각했습니다. 왜 사람들은 남들이 하는 대로 따라하면 아무 말 안하고 남들이 안하는 일을 하면 욕을 하는 것인지 나도 가난하게 사니 너도 가난하게 살고 나도 병들어 사니 너도 병들어 살고 내 자식은 안 되니 네 자식도 그냥 그대로 살아야하고 위로하고 살고 싶어서 그럴지도 모른다고 생각했습니다.

이해할 수 없어 왜 다른 것을 연구하느냐고 그냥 살면서 전국에 심방 다니는 재미가 좋고, 병원에 가면 위로해주는 것도 좋은데 왜 다른 것을 구하느냐고도 했습니다. '싫어요. 저는 고난을 그렇게 당하기 싫어요' 라고 말해보기도 했습니다.

저주로 인한 것은 예수님을 위한 고난이 아니라 우리의 죄 값의 고난이요, 복음의 고난은 그런 것이 아니라고 울부짖고 싸우고 할퀴고 때리고 하기를 10여년을 보내고 나서야 명확해졌습니다.

자녀이면 또한 상속자 곧 하나님의 상속자요 그리스도와 함께 한 상속자니 우리가 그와 함께 영광을 받기 위하여 고난도 함께 받아야 할 것이니라 (롬8:17).

　우리는 저주의 고난 속에서 헤매는 삶을 버리고(출20:5) 아버지의 자식으로서 예수님을 믿어 영광을 위하여 고난을 받아야하고 그 고난을 지금의 우리 민족이 당하는 가난, 질병, 자식 잘못되는 것, 죽을 병 등(레26:14~)의 고난하고는 다른 것이라는 것을 머리가 시원하게 알게 되었습니다.

　더 이상 내려 갈 데가 없어서 어디로 피할 곳도, 도망 갈 데도, 올라 갈 데도 없어서 버티면서 성령님께 꿈·환상을 통해 배운 10여년의 세월이 우리를 영광 돌리는 고난을 감당하는 종으로 만드신 것이지요.

　진실로 예수님을 위하여 사랑하는 자들을 받아주고 그가 욕해도 화를 안내고 돈이 있고 자식이 잘되고 건강 좋고 가정이 평안해도 구원의 역사를 위하여 때리면 맞아주고 욕하면 들어주고 할퀴면 할퀴어 주는 것이 상속자로서의 영광의 고난이라는(롬8:17) 것을 알아 낸 것입니다. 서당 개 3년이면 풍월을 읊는다더니 말입니다.

　나에게 조금이라도 돈이 있었다면 세상에 의지할 남편이 있었더라면, 돈 대줄 형제가 있고 나를 불쌍히 여겨 돌봐줄 사람이 있었더라면 저는 절대로 하늘을 보지 않았을 것이고, 눈을 들지 못하여 땅을 보게 되었을 터인데 감사하게도 이 땅에는 저를 불쌍히 여길 사람이 없었습니다. 단 한 분 하늘에 계신 삼위일체 내 하나님 아버지만이 저를 불쌍히 여겨 저에게 하늘을 바라볼 수 있는 눈을 주시고 믿을 수 있는 믿음을 주시고 버틸 수 있는 환경과 힘을 주셨습니다.

　환경은 말 할 수 없이 열악하고 처절했습니다. 개를 키우던 곳을 치우고 버려진 땅을 삽으로 파서 길을 만들고, 물고를 내고 사람들이 살 수 있도록 개집을 사람 집으로 바꾸게 하셨습니다. 짐승처럼 일을 시키셨노라고 하시고 죽음에서 살리시고 보살펴 주셨고, 무리하여 해친 건강도 치료해 주셨습니다. 원래 죽음을 열다섯 번이나 경험한 죽을 수밖에 없는 인생을 말입니다.

사람이 신이신 하나님의 일을 배우느라고 애를 먹은 것입니다. 지금은 많은 대화를 들을 수 있고 할 수 있는데도 우리 아버지 마음이 답답하실지도 모릅니다. 못들은 것이 태산 같이 많지만 알아들으려고 최선을 다하고 있는 것뿐입니다. 또 계속 최선을 다하며 하루를 살 것입니다. 깨알만큼 알아들었는지 콩알 반쪽만큼이라도 알아듣고 있는지 모르는 하늘의 비밀을 말입니다.

어떻게 알아들을 수 있을까 하늘의 비밀(마13:10)
① 많은 것을 잃고(고난)(사4:4)
② 포기하지 않은 아버지의 은혜(사43:1)
③ 개새끼 하지 마 그것이 어때서
④ 모세 그렇게 하지마 별걸 다 하지 말라네
우린 못 알아들어요. 하지 말라는 것도 왜 안해야 되는 이유도 그러나 금식의 때가 찬 어느날 알아듣습니다. 콩알 반쪽만큼, 화이팅!

4. 저는 사도바울처럼 한 번도
풍부에 처해 본 적이 없습니다

너희는 너희가 하나님의 성전인 것과 하나님의 성령이 너희 안에 계시는 것을 알지 못하느냐 누구든지 하나님의 성전을 더럽히면 하나님이 그 사람을 멸하시리라 하나님의 성전은 거룩하니 너희도 그러하니라(고전 3:16~17).

저는 비천에 처했었고 배고픔과 궁핍과 아픔과 멸시, 욕설 등 수많은 사람들의 손가락질을 받았습니다. '너 같은 게 뭘 아느냐' 하면서 나는 이러이러한 신학교, 신학원 석사가 어떻고 박사가 어떻고 하며 수많은 사람들이 멸시 천대했지만 나를 손가락질하는 그들은 정작 하나님의 음성을 꿈·환상으로 들을 수 없습니다.

그분들 중에는 권세 있는 이도 있고, 할 줄 아는 것도 많고, 수지침도 배우고 골절을 고치기도 하지만 많은 것을 알고 박사가 수도 없이 많아도 하나님과 대화를 하지는 못합니다.

사도바울처럼 분토같이 버리신다면 하늘 쳐다보고 아버지하고 대화하면 간단한데 심리연구 별별 것을 배워서 거기다 대비해도 그들의 고통스러운 삶을 해결하지 못합니다. 아버지께서 꿈·환상으로 말씀하시고 그들의 마음 속 내 마음 속 한번 보여주시면 간단하게 해결되고 금식하고 기도하면 끝나는데, 우리를 만드신 분은 놔두고 엉뚱한 연구만 하고 애를 써봤자 귀신은 더 많은 병과 고통을 가져다주니, 연구하는 사람보다 더 빠른 것이 영들의 움직임입니다. 만드신 분이 만든 법칙 하나만 알면 그렇게 고통 받고 힘든 일은 없습니다. 성경에는 자신의 몸이 아버지의 성전인데 성전이 더러워져서 화나신다고 하셨습니다. 마음 성전은 금식으로 닦아야 합니다. 간단한 성경의 진리를 모른 체 눈에 보이는 상처에만 빨간약 바르느라고 고생하는 우리를 보시면서 탄식하고 우시는 아버지의 마음이 보였으면 좋겠습니다. 아버지의 마음은 성경을 통하여 자식을 통하여 읽을 수 있게 되었습니다. 더 이상 도망 갈 수 없는 채찍 때문에 배우게 하신 것입니다.

당시에는 슬프고 고통스럽고 아팠습니다. 그런데 지금은 의의 평강에 열매가 맺어져 그 누가 돌을 던지고 욕하고 태풍이 불어와 별일이 다 생겨도 때가 되면 괜찮아지니 조용히 자신의 자리에서 자신의 일에 최선을 다하도록 지도하는 평강의 지도자가 계셨고, 저는 그분에게 배워서 그렇게 원하시는 대로 묵묵하게 가게 되었습니다(히12:11).

나무도 온실에 있는 나무와 산꼭대기, 산중턱과 산 밑에 있는 나무가 다르듯이 산꼭대기에 심겨진 나무로 만드시기 위하여 모진 바람 속에 던져놓고 쳐다보고 계셨는데 어느덧 그 나무가 그 누가 뭐라 해도 우리 아버지하시고자 하시는 일에 예수님의 하시는 일에 양면괘지가 되어(고후3:3, 우리는 그리스도의 편지라) 예수님께서 내 얼굴에 편지를 쓰시도록 내놓은 사람이 되었습니다.

더 이상 내려 갈 자리가 없으면 올라가기만 하면 됩니다.

교만했느냐 네가 낮아지리라 네가 겸손했느냐 높아지리라(잠11:2, 16:18, 18:12). 교만하여 세상의 세파 속에 사람의 채찍 속에 버려져서 어느 시간이 지났는데 많은 사람 속에서 든든히 버티는 버틸만한 나무가 되어 이 땅에 서 있고 아버지는 그 나무 밑에 예쁜 짐승을 놀게 하고 그 위에 어여쁜 새들을 날게 하여 열매를 먹고 폭풍우를 피하게 하는 나무로 만드신 것입니다.

집이 없는 괴로움을 당해보면 집이 얼마나 소종한지 알게 되고, 밥이 없어 배가 고파보면 쌀이 얼마나 소중한지 알 수 있습니다. 돈이 한 푼 없이 거지가 되어봐야 돈이라는 것이 얼마나 귀중한 것인지, 사람이 한사람도 없어봐야 내 옆에 형제가 얼마나 귀한지 알게 됩니다.

지금 알고 계신다구요? 그러면 당신은 이제 성공할 일만 남았습니다. 금식하세요. 그러면 열매 맺게 됩니다. 눈을 드세요. 그리고 하늘을 보고 불러 보세요. 아버지! 예수님! 성령님은 대답하시고 의로운 오른손으로 붙잡으시고 일으켜 주십니다. 그러면 의와 평강의 열매가 맺어져 많은 사람에게 둘려 쌓여 복된 웃음을 웃게 될 것입니다. 하루만 잘 견디세요. 내일을 걱정하지 마시고 하루만 잡수세요. 내일은 없습니다. 하루만 웃으세요. 자, 시작해 보세요. 하루의 자족의 비결을 말입니다. 사랑합니다.

각 분야에 최고의 사람이 되려면?

네가 자기의 일에 능숙한 사람을 보았느냐 이러한 사람은 왕 앞에 설 것이요 천한 자 앞에 서지 아니하리라(잠22:29). 결국 산꼭대기로 올라와서 아무리 거센 바람이 불어도 버릴 수 있는 파숫군이 되면 되지 않겠어요.

5. 만나면 유순하고 헤어지면 담대하게

너희를 대면하면 유순하고 떠나 있으면 너희에 대하여 담대한 나 바울은 이제 그리스도의 온유와 관용으로 친히 너희를 권하고(고후10:1), 십자가의 높이는 계급이요, 십자가의 깊이는 은사요, 십자가의 너비는 두 팔을 벌려 아버지께서 자신의 아들을 버리시고 얻으신 사랑하는 아들들과(롬 8:14~17, 시2:7, 82:6, 요10:34~39) 아직 구원되지 못하여 아들의 반열에 들지 못하고 있는 불신자들을 어떻게 안아 십자가의 중심으로 이끌어 영육 간에 구원받을 수 있게 사랑으로 인도하느냐의 관건이 십자가의 도를 구현하는 길입니다.

어머니의 모태에서 태어나서 열심히 신앙 생활하다가 초·중·고 졸업하고 성인이 되면서, 하나님의 창조물인 우리가 마치 한낱 원숭이가 변형된 모양으로 천둥벌거숭이가 되어 뱃속에서부터 읽었던 성경은 잊어버리고 눈에 보이는 환경을 따라 변모하여 십자가의 도가 자꾸만 무너져 갑니다. 우리 자녀들의 의무 교육인 교과서에 우리 주 예수 그리스도의 사랑이 한 줄도 전달되지 못하고 있는 이 민족의 예수님 사랑은 성경과 너무나 멉니다. 믿음은 좋은데 삶과 접목되지 못하는 비현실적인 종교 행위로 변모해가고 있습니다.

이제 우리 그리스도인들이 새롭게 변해야 승산이 있습니다. 이 민족을 그리스도의 나라로 만들기 위해서 새롭게 성령님을 모시고 변화된 성경의 법으로 이웃을 내 몸같이 사랑하는 법을 새로이 배워 터득해야 합니다. 그것을 내 몸에 익히고 말하고 행동하는 것이 성경적이 되면 의의 열매가 맺어져 하나님이 우리를 찬송하고 그의 영광이 가득하여 복된 삶으로 이끌어야 합니다. 그러려면 선한 행실과 선하지 못한 것들을 분별하여(빌1:11) 버릴 것은 버리고 취할 것은 취할 줄 아는 지극히 인격적인 삶을 추구해야 될 때입니다.

우리는 주변 사람들에게 만나면 화를 내고 내 맘 몰라준다 하고, 헤어지면 그것을 후회하여 눈물 흘리고 잘해주겠다고 다짐하였다가 만나면 다시 서운하여 화를 내곤 합니다. 마음 상해 고통 하는 모습을 재현하여 서로의 마음에 상처를 주고 씻을 수 없는 아픔을 주며 서로 찢기고 상하여 부부는 헤어지고, 부모 자식은 미워하고 친구는 돌아서는 끝없이 반복되는 이런 행위 때문에 사단의 노리갯감이 되어서 '내가 저한테 어떻게 해줬는데'를 연발하며 고통 귀신을 받아들이고, 나중에는 자신이 아닌 사단의 놀이터로 내 몸을 제공하여 제 몸을 스스로 미움의 현장을 만들어가는 것입니다. 미움은 살인입니다(마5:21~26).

만났을 때에 몰라준다고 하소연하시지요. 당연하지요. 내 마음이 상대에게는 보이지 않기 때문에 자신이 원하는 데로 움직일 수밖에 없습니다. 그럴 때에 몰라준다고 앙탈하지 말고, 있는 그대로의 내 마음을 상대한테 알리는 시간을 만들어 보세요. '왜 그랬어요? 왜 그렇게 나에게 함부로 하는 거예요?' 하고 말할 시간에 최선을 다하여 유순하게 대해주고 친절하게 잘해주는 겁니다.

한 방을 쓰는 내 남편이나 아내가 늘 화살을 쏘아대고 얼굴에 침을 뱉고, 욕설을 하는 데에야 함께 살고 싶겠어요. 오랜만에 만난 부모 자식 간에 얼굴을 울근불근한다면 부모가 자식을, 자식이 부모를 만나려 할까요.

마음의 고통은 있다할지라도 언제나 만났을 때에 아름다운 미소로 웃음으로 대면하고 사랑스런 얼굴로 내 마음을 보여 준다면 더욱 쉽게 융화가 될 수 있을 것입니다. 그런데 우리는 이러한 것을 거꾸로 하여 '내일은 잘 해 줄거야, 하지만 오늘은 화풀이 할 거야'의 삶을 연속하고 있기 때문에 슬픔과 고통의 연속을 계속하면서 하소연만 하면서 살고 있는 것입니다.

우리가 예수님을 믿어 성령님이 우리에게 오시면 성령께서 우리의 아픔을 십자가의 사랑으로 감당해 주시고 내일이 아닌 오늘, 다음 시간이 아닌 지금 웃으며 잘해주고 참아주고 가르쳐주고 인내하며(딤후 2:24~25) 나를 사랑하는 자들에게 유순하게(잠11:16) 할 수 있는 힘을 허락해 주십니다. 하려고 하느냐 아니냐가 중요한 것입니다. 나의 말과 행동에 문제가 있다는 것을 아느냐 모르느냐의 차이인 것입니다.

사랑하는 사람들과 헤어져 있을 때에는 담대하게 하나님께 맡기고 그가 아버지의 사랑하는 예수 그리스도의 은혜 아래 보호 받을 것을 믿고 맡기라는 것입니다.

그런데 우리는 거꾸로 하고 있습니다. 헤어지면 내 남편이 바람이라도 피우지 않았나? 이놈의 인간이 나에게는 잘해주지 않더니 다른 여자에게 너무 잘해 주는 것은 아닌지 의심합니다. 자식이 어디 가서 또 못된 짓하는 것은 아닌가 하여 밖에 내보내고는 계속 의심하면서 귀신이 갖다 주는 생각에 헤맨다면(요13:2) 결국 다시 만났을 때 좋은 말이 안 나오게 되는 겁니다. 내 속에 있는 귀신의 움직임 때문에 우리의 거룩한 산제사가 더러운 산제사로 바뀌는 순간입니다(롬12:1).

남편의 하루를 생각해 보세요. 그도 자식과 아내를 먹여 살리기 위해서 얼마나 애썼겠어요. 사단은 우리의 이러한 헤어져 있는 틈을 비집고 온갖 생각을 집어넣고 있는 것입니다. 예수님을 십자가에 못 박았던 가룟 유다에게 한 것과 같이 말입니다.

마귀가 벌써 시몬의 아들 가룟 유다의 마음에 예수를 팔려는 생각을 넣었더라(요13:2).

우리의 삶을 죽음으로 만들며 자신들의 성을 쌓고 우리 육체의 성전을 더럽히고 있는 것입니다(고전3:16~17).

사랑하는 사람과 떨어져 있을 때 나에게 부정한 생각 나쁜 생각들을 갖다 주는 것은 내가 생각을 하는 것이 아니라 마귀가 우리의 마음 성전을 더럽히려고 주는 것이랍니다. 그럴 때 '얘! 내가 너를 알아 귀신이자? 나 이제 너랑 안 놀아' 하면서 사단이 가져다주는 생각이라는 것을 알고, '예수이름으로 물러가라!' 하고 싸우시면 깨끗이 물러갑니다. 물론 한 번에 안 되겠지요. 처음에는 한 3~40분 싸워서 쫓아내 보세요. 다음에는 점점 쉬워집니다.

우리의 삶에 침투하여 우리를 불행하게 하는 생각을 조장하는 사단에게 생각을 빼앗기고, 마음을 빼앗기면 마귀가 장난을 칩니다. 거기서 사단을 쫓아내지 못하면 육신으로 퍼져서 귀신이 우리를 사로잡고, 그 다음은 우리의 입을 더럽혀 더러운 말을 하게하고(계16:13~14), 몸을 사로잡아 병을 만들어내고, 환경을 사로잡아 불행하게하고, 돈을 없애고, 더 나아가서는 죽음의 귀신들이 침투하여 제 수를 다하지 못 하게하고 가정들을 파괴한 답니다(신28:15~, 레26:14~).

그래서 우리는 사랑하는 나의 가족과 주변 사람을 만나는 그때에 내 맘 몰라준다고 화내고 떠들지 말고 그 시간에 사랑스런 대화로 내 마음을 알리는 대화법을 터득하여 새롭게 살도록 노력해야 합니다. 주변사람들이 내 곁을 떠나 있을 때에는 담대하게 아버지께 맡겨서 어디서나 성실하게 잘하게 하실 것을 믿고 기도하며 최선을 다하면 행복한 가정의 모습으로 바뀌어 집니다.

사단은 대장격입니다. 지도자를 붙잡고 머리에 모든 생각들을 조정합니다(계2:9).

마귀는 그다음 지도자로서 마음을 잡고 생각이 떠나지 못하도록 하구요 그들이 성공했을 때 졸병인 귀신이 우리의 몸을 주장하면서 더럽게 합니다. 정신병, 의부증, 우울증, 온갖 병, 못된 행동을 하게하는 것, 컴퓨터, 핸드폰 중독, 게임 중독 등 틈을 주지 마시고 '예수이름으로 명하노니, 더러운 귀신아 나가라! 나 이제 너랑 안 논다 말하고 싸우면, 그 일을 안 하려고 애쓰는 행동을 하면 예수그리스도의 불이 우리에게서 나가서 그들을 퇴치하게 되고 나는 성스러운 거룩한 성전을 유지하여 복을 받게 됩니다(고전 3:16~17).

6. 세상의 견고한 이론과 진을
무너뜨리는 하나님의 능력

하나님 아는 것을 대적하여 높아진 것을 다 무너뜨리고 모든 생각을 사로잡아 그리스도에게 복종하게 하니(고후10:5)

세상은 사단의 것입니다(엡1:10~이하, 눅4:6). 세상에서 배운 모든 것은 하나님과 원수가 되는 행동과 생각이 있고, 성경 속으로 우리가 들어가야 하는데 성경을 읽어 갖는 우리의 큰 믿음은 믿음이 크면 클수록 성경과 거리가 멀어 우리가 안 되고 못되고 죽을 일이 생기는 것입니다. 그래서 큰 믿음을 가졌다고 하는 분들의 삶이 망가지고 깨지고 잘되는 듯 하다가도 없어지는 (계2:22, 21:8, 둘째 사망) 이유가 바로 성경을 돌파해 버렸기 때문입니다.

우리 민족의 예수님이 왜 약화되셨고 왜 많은 영혼을 이단에 빼앗기고, 사단에게서 구하지 못하고 도리어 영혼들을 그곳에 내주고 있는지의 이유가 충분히 성경적으로 성립이 됩니다. 이르되 이 모든 권위와 그 영광을 내가 네게 주리라 이것은 내게 넘겨 준 것이므로 내가 원하는 자에게 주노라 (눅4:6).

그래서 우리는 새롭게 성령으로 거듭나야 하고(요3:1~5) 내안에 살아 계신 그리스도께서 날마다 나를 죽이시되 세상에서 배운 강력한 세상의 진을 파괴하여 죽이시고, 내 속에서 성경을 쓰신 그분 성령님이(딤후 3:16) 세상을 만드실 때, 우리를 만드실 때 함께 하셨던 분(창1:26) 성령님을 우리 안에 능력 있게 살 수 있도록 나를 제공하면 (성령 충만 뒷 페이지의 다섯 가지) 성경 안으로 우리를 인도하여 행복한 하루를 살아 아버지를 기쁘게 해드릴 수 있습니다. 잘못 알고 있었던 견고한 진 몇 개를 파괴해볼까요?

1) 첫째, 하나님께 초점 맞추기입니다.

① 내가 못하는 것은 모두 아버지! 예수님! 성령님이 하십니다.

이 세상에 과연 내가 할 수 있는 것이 뭐가 있을 까요 내가 움직이고 있는 것처럼 생각하지만 내 안에 사는 이 그리스도시니(빌1:21) 우리 성령님이 살고 계시지요 그리고 영생의 주인이신 성령님이 하십니다(요일5:20).

그리스도: 죄를 속량하고 계신 성령님(갈3:13)
성령님 : 성스러운 영이시라는 뜻(요14:26외),
　　　　　(참고:성령충만 받으라 P.56)
내가 엄마이기도 하고 원장이기도 하고 목사이기도 하고 딸이기도 하고 며느리이기도 하듯이 우리 성령님의 직임에 따라 부르는 이름도 달라지고 있습니다.

사랑하는 예수님이 십자가 달려 우리를 구원하신 이후에 우리에게 보내지신 다른 보혜사 성령께서(요14:16) 우리 예수님이 이 땅에서 생각하셔야 했던 일들을 우리를 통해서 생각하게 하시고, 자신이 하시려했던 일들을 우리를 통하여 하게 하시고, 자신이 가시려했던 곳을 우리 발을 통해서 가시고 계십니다.

그런데 우리는 예수님을 믿어 이제 내 안에 사시는 그리스도를 모셨다하면서도 내 맘대로 생각하여 불평하고 내 맘대로 일하고 내 맘대로 다니면서 마치 예수님이 그렇게 하고 계시는 것처럼 착각하고 사는 것입니다.

왜 그렇게 단정 짓냐구? 성경적인 근거가 있습니다.

사람이 나를 섬기려면 나를 따르라 나 있는 곳에 나를 섬기는 자도 거기 있으리니 사람이 나를 섬기면 내 아버지께서 그를 귀히 여기시리라(요12:26).

사실은 우리가 각각의 육신의 부모에게는 귀한 사람이 다 될 수 있었으나 사회에서는 내놓으라하는 귀한 사람 측에 들고 있는 것은 아닌 것 같거든요 그렇다면 거꾸로 보면 우리가 예수님이 원하는 데로 살아드리지 못한 것이 확연히 드러나는 것 이지요 인정해야 영광 나타냅니다. 사람들은 자신이 잘못되고 안 되고 힘든 것을 변명은 하려하나 인정은 하려하지 않습니다.

① 나 자신의 잘못을 인정하는 자
② 하나님이 하시는 일을 인정하는 자는 여호와의 영광을 바닷물 덮음같이 나타낸다라고 하셨으니(합2:14) 하나님의 하시는 일을 인정부터 해보세요.

네! 저는 귀한 사람이 못됐습니다. 그런데 귀한 사람이 되고 싶습니다(사

43:4). 천 갈래 만 갈래의 세상사람 중에 얼마나 귀한 사람이 많겠어요. 각 분야마다 그리스도인들이 귀하게 되어 영광을 드러내어야 전도가 되고, 전도가 되어야 예수님께서, 아버지께서 좋아하시고 우리에게 복을 주시지 않겠는지요. 그리고 예수님께서 진실로 우리에게 원하시는 길이 어디인지를 알아내는 것이 우리가 해야 할 일입니다.

자녀들은 예언할 것이요, 젊은이들은 환상을 보고 늙은이들은 꿈을 꾸리라 주의 영이 임하면(행2:17), 아버지의 대화의 방법인 이 세 가지 중에 꿈·환상으로 대화를 하는 것입니다. 예언, 생각, 마음은 꿈·환상으로 분별합니다.

마음에서 나는 예언은 일회적으로는 사용할 수 있으나 지속적으로 우리의 삶을 천국 가는 그날까지 인도 받기에는 두려운 점이 성경적으로 많습니다.(마음의 예언, 겔13:1~, 사단의 생각, 요13:1~2) 생각과 예언의 분별이 상당히 어렵기 때문에 꿈·환상의 분별이 필요합니다.

예를 들어 '네가 주의 종이다. 네가 지금 이래서 막혔다.' 이렇게 간단하게는 해줄 수 있으나 지속적으로 그렇게 예언을 받으면 내 혼에 새겨진 옛 삶들이 나를 새로운 삶으로 인도하여 복 받지 못하도록 마음으로 예언하고(겔13:1~), 사단이 예언하고(왕하22:21~23) 있어 우리의 갈 길을 어그러뜨리고 또한 예언자에게서 지속적으로 예언을 받으면 자신의 눈으로 보고 예언하고 인도하니 이것은 아버지의 뜻이라기보다 내 육신의 삶을 그대로 인도하여 육신은 평안하나 나를 꺾고, 날마다 나를 쳐서 복종하시는 일에는(고전9:10) 아예 접근을 못합니다.

그것은 사람의 눈으로 보고 사람이 할 수 있는 것만을 예언하고 있기 때문입니다. 그런데 무의식중에 나에게 주시는 꿈·환상의 예언은 내가 원하는 것은 이것인데 정면 돌파하여 성경이 원하는 계명대로 나에게 원하시는 사명대로(요14:21~23) 맞춤형 교육을 하여 나를 꺾지 않으면 도저히 따라갈 수 없는, 내 혼에 새겨진 대로 살면 편한데 새겨진 그 혼을 꺾어 다시 새길 수밖에 없는 나를 고통스럽게 하는 방향으로 이끌어 당혹하게 하십니다.

사람들은 말하기를 하나님이 어떻게 우리가 하는 일에 이처럼 사사건건 못하게 하고 간섭을 하실 수 있느냐 하나님은 그런 분이 아니시고 우리를 편안하게 해주시고 우리 마음대로 살도록 밀어주셔야 되는 것이 아니냐며 손가락질하고 욕하고 이단이라 하지만 그렇게 하실 수밖에 없는 것은 우리의 혼에 새겨진 하루살이의 삶은 성경이 아니라 조상들로부터 물려받은 망령된 행실이지(벧전1:18) 성경의 행위가 아니기 때문인 것입니다.

우리가 성경대로 살면 예수 그리스도로 말미암아 의의 열매가 가득하여 하나님의 영광과 찬송이 되는데(빌1:11). 1200만의 성도가 800만 이하로 떨어지고 영혼의 숫자가 줄어들었고 우리의 삶도 폐허되었고 우리의 정신과 육체도 병들어서 마치 예수님의 고난의 동참하여 기뻐하시는 줄 모르겠으나 성경은 그런 고난은 저주의 고난이고(레26:14~, 신28:15~) 예수님을 위한 고난이 아니라고 설명하고 있습니다. 아버지의 상속자로서 영광 돌리기 위한 고난이라야 되는 것입니다(롬8:17).

사랑하는 사람들을 보듬어주고 인내해주고 내 가정을 아름답게 하고 민족을 구원하기 위한 금식과 기도의 고난이며 나를 치며 박해하는 자들을 위해서 기도해주고 그를 안아 예수님 안으로 인도하는 고난이라야 하는 것입니다. 이제까지 우리가 저주의 고난과 복음 때문에 당하는 고통이 구분이 안 된 것입니다. 우리가 복음의 고난에 그처럼 동참하였다면 전도가 뒤로 가진 않았겠지요. 성령께서 귀 있는 자들에게 하시는 말씀에 NO!라고 반문할 수 없게 된 것이 우리의 현실입니다. 그래서 이제 꿈·환상으로 우리의 하루를 지도받아 잘하는 것은 칭찬해주고 잘못한 것은 나무라주십니다.

자유롭게 하는 온전한 율법을 들여다보고 있는 자는 듣고 잊어버리는 자가 아니요 실천하는 자니 이 사람은 그 행하는 일에 복을 받으리라(약1:25).

하나님께 초점을 맞추어 말하고 행동하는 것을 새롭게 터득해야하는 성경의 당위성이 인정될 수밖에 없게 된 것입니다.

꿈·환상으로 때로는 현실에서 뭔가 지시를 받고 해야 할 때에 두려움이 오기도 합니다. 부자가 천국 가는 것이 낙타가 바늘귀로 들어가는 것보다 어렵다고 하셨는데 놀라 묻는 제자들에게 사람으로서는 할 수 없으되 하나님으로서는 다 하실 수 있느니라(마19:26).

그 말씀 저도 써먹었는데 뭐라고 안 하셨습니다. 너 왜 그 말씀 써먹어서 네가 못하는 일을 내가 하게 하느냐고 나무라시는 것이 아니라 '나는 어차피 못해 우리 아버지께서는 다 하실 수 있어, 그래서 아버지께서 하실 거야. 우리 기다려보자 하시나 못하시나' 하는 이 말이 이루어져 내가 넘어갈 수 없는 강, 내가 넘을 수 없는 태산 같은 일을 다 해내시고 아버지께서 하셨노라고 인정하여 영광 돌려 드리는 일이 생기고 무에서 유가 창조되는 창조의 역사가 날마다 이어져서 사도행전이 우리의 교회에서 삶에서 일어나고 있으니 여러분도 한번 해보시길 바랍니다.

나는 못하지만 아버지는 다하실 수 있다고 하셨습니다. 우리의 말 듣고 일하시는 아버지께서 살아계신 역사의 현장이 나의 안방에서 나의 집에서 일터에서 교회에서 나라에서 일어나니 2천만 명을 구원하여 영광 돌리고 아버지 예수님 성령님을 웃게 해드리고 우리도 크게 웃으며 행복한 하루로 만들어 보세요. 그대로 됩니다(사57:19).

7. 하나님 아는 것을 대적하여
높아진 것을 무너뜨리기

하나님 아는 것을 대적하여 높아진 것을 다 무너뜨리고 모든 생각을 사로잡아 그리스도에게 복종하게 하니(고후10:5)

세상에는 많은 것을 연구하는 학식이 높은 박사들이 있고 하나님보다 더 높은 이론들이 너무 많은데, 하나님 아는 것보다 더 높아진 것들을 무너뜨리고 생각을 사로잡아 그리스도께 복종시켜야 합니다. 이것을 사도바울께서 나는 날마다 죽노라(고전15:31) 나의 생각과 세상의 이론과 과학적이라 하여 하나님보다 높아진 것에서 나를 죽이고 나를 복종시키는 말씀이 여러 곳에 있습니다. 고린도전서 9장 27절도 내 몸을 쳐 복종시킨다 하셨는데 이것이 무엇을 어떻게 복종시키고 어떤 것이며 높아져 있느냐는 것입니다.

예수 이름의 권세는 안 되는 것이 없어서 36년 된 중풍병자도 일으키시고 (마9:1~8, 막2:3~5, 눅5:17~26), 죽었던 나사로도 살리시고(요11:43~44),

나인성의 과부의 외아들도 살리시고(눅7:11~15), 죽은 줄로만 알았던 어린 아이의 손을 잡고 이르시되 달리다굼(일어나라)하니 소녀가 곧 일어나서 걷게(막5:41) 하셨습니다. 성경에 이런 것이 기록되어 있는데도 우리는 그것은 동화책 속의 일이라 생각하고 나는 무엇에 매여서 아무런 힘이 없는지를 모르는 것입니다.

베드로가 예수님을 보고 바다를 걸었다가 바닷물을 내려다보니 물속으로 빠졌듯이 우리가 예수를 믿는 조건이 여러 가지이나 일을 행하시는 삶속에 있을 때에 모든 것이 될 것 같았다가 세상의 이론을 바라보면 미쳤느냐고 하게 됩니다. 중풍병자가 예수님이 죄 사함 받았다 걸어가라 하니 걸어가고(막2:1~12), 수로보니게 여인의 딸이 그 어머니의 믿음의 고백으로 그 딸의 정신이 돌아오고(막 7:26~30), 죽었던 어린아이가 살아나고 있을 수도 없고 있어서도 안 되는 세상의 이론 속에 묻혀서 하나님보다 높아져 있는 세상 것만을 바라보고 그렇게 되서도 안 되고 될 수도 없다고 믿어버리고는 병원을 뒤지며 약을 한주먹씩 먹어가며 우리 아버지의 성전인 이 몸을 귀신들의 소굴로 만들어 놓는 것입니다.

그러고는 예수께서 문 열어라 네 속에 들어가야겠다(계3:20) 하시어 문 열어드리니 그 속에 도둑이 가득하여(안 되는 모든 문제, 병) 다시 문 닫아라 못 들어가겠다 하시는 것입니다. 깨끗이 씻고 닦아 거룩해지면 들어갈게(고전3:16,17) 하며 돌아서시며 자기 집에서 쫓겨나고 계시는 눈물 흘리는 예수님을 저와 같이 여러분도 볼 수 있었으면 좋겠습니다.

세상에 살면서 세상을 떠나 지구 밖으로 나갈 수도 없고 암흑과 같은 세상에서 빛이 되어 세상을 밝히는 촛불 노릇을 다 할 것이면 우리가 다시 터득해야하는 부분이 아닌가 싶습니다.

내가 불의의 사고를 당하여 손가락을 다치고 피가 나고 고름이 가득 고여 있다면 어서 병원에 가서 지혈하고 꿰매고 붕대로 감아 피를 멈추게 하여 치료 한 후에 예수님 저를 살리시느라고 고생하셨습니다. 사랑합니다. 이 몸 바쳐 충성하겠습니다.

자주 오는 감기나 피치 못하게 병원에 가야하는 여러 가지 병은 병원 다녀와서 아버지! 진흙 발랐어요. 치료해주세요(요9:6~15) 아버지 무화과를 이겨 발랐어요. 치료해 주세요(왕하20:7). 금식하고 기도하시면 치료해 주십니다.

세상에 난무하는 병 가운데 말을 타고 우리의 옛것 속에 숨어 있는 것들이 너무 많습니다. 몇 살쯤 되면 다리가 아프고, 몇 살쯤 되면 남자는 이렇고 여자는 저렇고 세상의 이론입니다. 모세는 120살이 되었을 때에도 지도자 노릇을 계속하였고 눈도 흐리지 않은 채 데려 가셨습니다.

우리도 그렇게 건강할 수 있는데 성경을 이해하지 못하고 있기 때문에 사단의 손아귀 속에서 온갖 학대를 당하고 있는 것입니다. 나이 먹고 몸이 늙고 병들어 오십견이니, 관절염이니, 중풍이니 하는 이야기들이 오고 갈 때에 "그렇구나 당신이나 그렇게 오십견 앓고, 나이 먹은 증세를 앓으세요. 저는 예수님 덕분에 그런 나약한 것은 갖지 않습니다." 예수이름으로 떠나라고 명령하면 세상 이론으로 그곳을 잡아 병을 일으키고자하는 귀신들은 혼비백산 도망가고 내 육체는 평안을 누립니다.

제가 해봤더니 즉효약이었습니다. 세상에 그 어떤 약이 그렇게 잘 듣겠습니까. 며칠 사이에 그곳의 아픔은 사라지고 멀쩡해집니다. 내 몸에 자리 잡으려 했던 귀신이 떠난 것입니다.

이미 지병으로 자리 잡아 당뇨, 심장, 콩팥, 골다공증 등, 뼈에 관계되거나 세상에서 고칠 수 없는 병들은 금식을 시작해 보세요. 한 달에 한 번씩 금식기도원 찾으시고 준비된 곳에서 준비된 종들과 함께 지도를 받아가면서 조금씩 금식해 나가면 약도 끊게 되고 천천히 몸을 감고 있던 귀신들이 결박을 풀고 물질의 복도, 건강의 복도, 자녀의 복도 천대까지의 복을 받으며 나는 귀한 사람의 자리까지 인도하시는 일이 생깁니다(사58:1~12).

나이 많은 권사님 한 분이 류마티스 관절염에 걸리셨어요. 서울대병원에서도 유명하신 선생님에게 진찰받고 치료받으십니다. 그런데 있을 수 없는 일이 생기신 것입니다. 약 3년여 동안 금식을 사흘도 하시다 이틀도 하시다 다달이는 못해도 계속하셨는데 류마티스 관절염의 병균이 다 없어졌다면서 담당의사 선생님도 깜짝 놀라더라는 것입니다. 고개를 갸웃갸웃, 저는 그 병이 약을 많이 먹는데 악화되지 말라고 먹는지 몰랐는데 그렇다고 합니다. 악화되지 말라고 해서 약을 줬는데 병균이 사라졌으니 약 때문이 아니었습니다. 귀신들이 잡고 있는 곳을 금식으로 결박을 풀었더니 병균이 사라지고 병이 고쳐지고 있는 것입니다.

그런데 상업과 과학이 발달하다보니 이 모든 것들의 성분을 분석하여 이것은 여기 좋고, 이것은 저기 좋고 이것을 먹으면 건강에 좋고 정력에 좋고 하다 보니, '아~ 그것을 못 먹어서 건강이 이렇구나' 하고 온갖 먹을거리에만 최선을 다하고 있으니 그 먹거리가 아니면 병도 안 낫고, 그것을 안 먹으면 병이 걸리고 부부가 잠도 못자고 자식도 못 낳게 된다는 생각을 하고 있는 것은 잘못되어 가고 있는 것입니다.

우리의 건강과 삶에 무너짐은 먼저 불순종한 우리 조상들의 죄 값과 나의 불순종의 죄 때문에 귀신이 와서 병을 일으키고 있는 것이지 뭘 못 먹어서가 아닙니다.

그러니 먼저 세상의 그 많은 음식 탓하지 마시고 불순종의 죄를 벗도록 회개와 용서를 하는 것입니다. 아버지께서 기뻐하시는 금식이 필요합니다 (사58:3~6). 제가 섬기고 있는 벧엘금식기도원에서는 많은 하나님의 종들과 백성들이 손을 잡고 천천히 움직여 금식하고 있습니다.

약을 끊게 되고 건강을 되찾은 것 뿐 아니라 불신자들의 전도가 소홀해지고 물질 문제와 가정문제, 건강뿐 아니라 자녀들이 잘되어 가정에 웃음을 찾고 행복한 가정들이 세워지고 있어서 오늘도 우리는 금식을 통하여 행복을 찾아가고 있습니다.

한번 해 보세요. 여러분도 웃게 될 것입니다. 아버지! 예수님! 성령님께서 일하시도록 내 몸을 내드려 씻고 닦으면 거룩한 성전이 만들어지고 헌 가죽 부대가 새 가죽 부대로 만들어지는 놀라운 일이 새롭게 생기면서(마 9:17) 하늘이 새로워져서 우리에게 새하늘의 복을 주십니다(계21:1~2). 우리의 육체성전이 지어져가는 만큼(고전 6:19) 우리의 삶이 변하여 거룩하고 아름다운 사람이 되어 영광 돌리게 된답니다. 세상의 모든 이론과 하나님보다 높아진 모든 것들아, 예수이름으로 물러갈 지어다! 할렐루야!

8. 하나님 보다 높아져 있는 나를
하나님 밑으로 내리는 법

내 백성이 지식이 없으므로 망하는도다 네가 지식을 버렸으니 나도 너를 버려 내 제사장이 되지 못하게 할 것이요 네가 네 하나님의 율법을 잊었으니 나도 네 자녀들을 잊어버리리라(호4:6).

자녀들은 훈계할 때 얘들아! 왜 이렇게 내 속을 썩이냐 속상해서 못 살겠다 나가라. 내가 나갈게 연례적으로 하는 우리의 자녀들과의 대화입니다. 이렇게 되면 이 자식은 내 자식이 되고 내가 책임져야 합니다. 이 땅에서 위탁해서 기르고 있는 아버지의 자녀들이 마치 내 자식처럼 마구 말로 상처주고 내 마음대로 때리고 내 마음대로 안 되면 버려도 되고 놔두고 도망가도 되고 학대해도 되는 대상처럼 생각하는 것입니다.

생육하고 번성하는 하나님의 프로그램 속에서 나는 아버지의 자식을 맡아 위탁하여 키워서 성장시키고 가르치고 먹이고 입히는 자의 대행자의 역할을 하고 있는 것입니다. 내가 벌고 내가 입히고 있는 것 같지만 아버지의 그 자식을 키워내기 위해서 나를 사용하고 계신 하늘의 뜻이 있어 그 자식 잘 키워 훌륭한 사람 만들어지면 잘했다 하시고 상을 주시고(시127:3~5) 그것이 잘못되면 화가 나셔서 네 자식을 네가 율법을 버려서 네 자식도 버린다고 하시며 그 자식이 당하는 고통 부모가 100배나 받으면서 온갖 어려움을 당하는 것입니다.

사랑하는 자녀들에게 자신의 부모를 찾아주는 말과 행동을 하시면 겸손하다 인정하시고 복 주십니다.

"얘야! 네가 그렇게 상스러운 말을 하면, 네가 그렇게 공부를 안 하면 친구와 싸우면 네 아버지가 힘드시단다."

"내 아버지가 누군데?"

"하늘에 계신 아버지가 네 아버지란다. 자~ 네 아버지가 싫어하시니 이렇게 해보지 않겠니?"

내 이름을 위하여 집이니 형제나 자매나 부모나 자식이나 전토를 버린 자마다 여러 배를 받고 또 영생을 상속하리라(마19:29). 이 말씀에 나오는 부모나 자식 형제 등 모든 사람에게 이렇게 한다면 아버지 앞에 사랑하는 자들을 당신의 아버지가 하늘에 아버지라는 것을 가르쳐 복 받게 되며 말씀대로 모든 사람을 아버지께 버린 자 되어 이 말씀의 복과 함께 영생의 복을 갖게 될 것입니다. 그 아버지 찾기 위해서 모두 예수님을 믿게 되지 않을까요(요1:12).

저는 성령께서 가르쳐 주셔서 그냥 따라 했는데 아이들이 복 받게 되는 이유가 제가 아이들을 아버지의 것을 아버지의 것으로 인정하여 자신의 부모를 찾아드렸더니 하늘의 아버지 앞에 초점을 맞추어 꿈·환상으로 응답

받은 대로 아이들과 사랑하는 자들을 이끌게 하셨습니다.

나를 괴롭게 하고 나를 속상하게 하고, 나의 생각과 맞지 않은 모든 것, 아버지의 뜻을 불순종하고 있는 모든 일들을 말할 때에 '그러면 아버지가 싫어하시지, 아! 그러면 아버지께서 좋아하시겠다, 우리 예수님이 신나시겠다, 그 일은 성령님께서 근심하시겠다. 그렇지?' 하면서 자녀들과 모든 사람과 함께 산 세월이 10여년이 지나고 나니 말씀대로의 복이 임했고, 나의 입술에 모든 말들 속에 하나님을 인정하고 예수님을 사랑하며 성령충만을 받는 비결이었다는 것을 깨닫게 된 것입니다.

내 안에 계시는 내 아버지께서 나를 통하여 이처럼 행복해 하시고 기뻐하시는 것을 꿈·환상으로 뵙고 나의 삶에서 뵈면서 왜 이리도 아름다운 삶이 있는데 우리가 몰라서 하나님이 여기 있다 저기 있다 하면서 찾고 찾아 산천을 뒤지며 어디 가서 배우면 하나님을 만날 수 있나를 계속하고 있는 것입니다(눅17:20~21). 성경 안에 계십니다. 성경으로 돌아가야 합니다.

내가 그리스도와 함께 십자가에 못 박혔나니 그런즉 이제는 내가 사는 것이 아니요 오직 내 안에 그리스도께서 사시는 것이라 이제 내가 육체 가운데 사는 것은 나를 사랑하사 나를 위하여 자기 자신을 버리신 하나님의 아들을 믿는 믿음 안에서 사는 것이라(갈2:20).

나를 나 되게 하는 것이 우리 주 그리스도 예수님이시요 내 안에 사시는 그리스도시니. 할렐루야! 날마다 사랑하며 찬양하며 내 사는 날 동안 그 후에 천국에 삶 속에서도 사랑합니다. 내 아버지를 또 여러분을 말입니다.

내가 오늘 아침에 일어나서 누구를 만나서 이런 일을 내가 해줬고 병든 김 집사를 만났더니 손을 얹어서 내가 고쳐줬고, 내가 마음에 상심한 누구를 만나서 이야기를 내가 했더니 그가 아주 좋아져서 내가 고쳐줬고, 내가 설교하였더니 사람들이 은혜를 받았고, 내가 능력이 있어 예수 이름을 사용

했더니 그가 나았고...

가수 윤복희 씨가 부르는 '내가 만약' 이라는 노래를 연상하며 이런 생각
들을 하니 재미있는 것 같습니다. 그런데 이것을 성경과 대비하여 우리가
내가 했다하고 내가 모든 병을 고치고, 내가 설교하고 내가 사람을 돕고 이
렇게 말한다면 하나님은 사라지고 나만 사는 것이 됩니다.

나를 부인하고(마16:24) 오늘 아침에 일어나서 제가 누구를 만났더니 이
러이러한 말을 할 때 성령님께서 말씀하셔서 그가 행복해졌습니다. 내가 하
는 모든 일을 내 안에 계신 성령께서 하셨다고 말하고 행동한다면 하나님이
하나님처럼 전지전능하시고, 예수님이 예수님 되시고 능력이 있으셔서 나
를 돕고 아름다운 삶을 이끄셔서 성령충만해지고 지혜가 생겨나고(잠9:1),
시와 찬송과 신령한 노래를 부르게 되며, 서로 아름답게 화답하며 예수 그
리스도 이름으로 감사하게 되고 피차 서로 복종하여 싸움이 사라지는 행복
한 삶이 우리의 살아있는 하루에 내내있게 됩니다(엡5:15~21).

9. 구하여 얻고 싶은 것이 많으시지요

세상에 소망이 없는 자가 있다면 그것은 이미 죽은 자입니다(히3:13~14).

우리의 삶의 끈이 소망이며 그것을 이루기 위하여 애쓰고 수고하는 것이 우리의 인생이며, "다 이루었다"하고 돌아가신 예수님처럼 우리도 언젠가는 이 땅을 떠나야 되는 것 입니다. 예수님은 부활하셔서 우리에 첫 열매가 되셨으나 우리는 천국에서 깨어나야지 늙어서 죽었다가 뭐 하러 살아나겠습니까.

우리의 삶의 끈은 부족이며 부족이 소망이며, 소망이 기도가 되고 기도가 이루어지는데 한 가지 이루어지는데 이상하게도 또 소망이 생기고 또 소망이 생기니 기뻐할 수 있습니다. 그것을 구하느라고 애쓰고 수고하는 것이 끝이 있는 것이 아니라 그로 인하여 내가 사는 이 땅의 삶이 계속되고 있다는 것입니다. 그렇게 본다면 기도의 끈이 있는 것이 삶의 활력이 된다고 봐도 되겠습니다. 곧 우리의 부족이 삶이 소망하게 되고 아버지께서 이루어주심으로써 행복이 된다고 봐야 되겠지요.

어떻게 구하면 좋을까요?

우리는 눈에 보이는 것을 구하고 육신의 필요한 것만 구합니다. 그러다가 탐욕 부린다고 혼나고 못 얻습니다. 그런즉 너희는 먼저 그의 나라와 그의 의를 구하라 그리하면 이 모든 것을 너희에게 더하시리라(마6:33). 먼저 아버지! 저와 같이 나약한 자에게 왜 그리 큰 것을 맡기시려 하십니까. 저는 이것으로 족합니다. 저는 아버지께서 무엇을 시키셔도 빚지고는 못합니다. 저와 저와 함께 있는 벧엘의 가족도 마찬가지입니다.

우리에게 많이 주셔서 할 수 있으면 하시고 그렇지 않으면 없던 것으로 해주세요. 이렇게 구하는 저를 얼마나 예뻐하시는지 아세요. 그리고 준비하실 동안 몇년이고 계속 기다립니다.

오늘날 여러 교회들이 모습하고는 조금 다르지요? 성도들을 빚지게 하고, 집 잡히고 교회 잡히고 그것은 어떤 예외가 있기는 하겠으나 어떤 경우라도 빚을 지는 것은 육체에 엄청난 고통을 가하게 됩니다. 그것은 내 안에 사시는 사랑하는 나의 성령님을 학대하여 밖으로 내모는 결과가 됩니다. 과연 아버지께서 원하시는 것이 그런 것일까요? 준비해 주실 때까지 기다리지 못하고 빚내고 구걸하여 미리하고 미리 써버리는 우리의 행동들, 일해놓고 내가 했다고 자랑하고 싶은 우리의 조급함을 성경은 돌파합니다.

성경이 원하는 구함을 가지려면?

이르되 이 모든 권위와 그 영광을 내가 네게 주리라 이것은 내게 넘겨 준 많이 주려하시는 아버지 앞에 적게 가지려하고, 대화하여 때를 기다리고 나의 움직임이 해내는 것이 아니라 아버지의 준비하심을 기다렸다가 아버지께서 하셨다고 영광 돌려 찬양해드려야 합니다. 내가 했다고 내 것인가요? 아버지의 것이지요. 나를 사용하여 이 땅에 아버지의 나라를 확장하시는데 쓰고 계시는 것입니다. 하나님의 사람인 나를 통하여 사단의 나라에서 아버지의 것을 찾고 계시는 것입니다.

내가 했다고 자랑하려고 서두르는 것이 빚지게 되고 성도들을 빚지게 하여 사랑하는 예수님의 피 값으로 구원한 영혼들을 길거리로 몰아내고 있습니다. 그들이 갈 곳을 잃어 사분오열하며 어느 교회를 가든지 물질에 원칙도 성도를 편하게 행복하게 하는 성경의 원칙은 없이 큰일을 행하여 우리 자랑하고 영광 돌리자는 원칙만 있습니다.

큰 교회 지으려고 성도와 교회가 빚을 지는 것, 과연 이것이 하나님이 원하시는 바 일까요? 교회가 가득차면 어련히 알아서 지어 주시려고요. 지금의 교회가 성도로 가득 차지 않았는데 무엇 때문에 예배당을 늘려야하고 새로 지어야하는 할까요.

초막이나 궁궐이나 그 어디나 하늘나라라고 하더니 다 거짓말일까요? 좋은 예배당에만 계신다는 것일까요?

이에 다윗 왕이 일어서서 이르되 나의 형제들, 나의 백성들아 내 말을 들으라 나는 여호와의 언약궤 곧 우리 하나님의 발판을 봉안할 성전을 건축할 마음이 있어서 건축할 재료를 준비하였으나(대상28:1), 우리 하나님 여호와여 우리가 주의 거룩한 이름을 위하여 성전을 건축하려고 미리 저축한 이 모든 물건이 다 주의 손에서 왔사오니 다 주의 것이니이다(대상29:16).

내가 오늘 네 행복을 위하여 네게 명하는 여호와의 명령과 규례를 지킬 것이 아니냐(신10:13). 부모는 자식의 행복을 위하는 것이지 자식의 피를 팔아 영광 돌리는 것을 원치 않으신다는 것입니다. 헛된 영광을 구하여 서로 노엽게 하거나 서로 투기하지 말지니라(갈5:26). 우리가 싸우지 않고 행복하게 살면 아버지께서 일을 너무 잘하셔서 인내와 오래 참음 속에 온전히 가져다주시는 영광을 돌려드리게 되는 것입니다. 무조건 크게 영광 돌리려고, 많이 가지려 하지 말고 나의 역량을 뛰어 넘으시는 아버지께서 마음껏 일하시도록 욕심을 버리고 행복한 하루를 꿈꿔 보십시오.

우리는 빚지고 원하는 방법만 알고 아버지는 빚 안지고 일하시는 방법만 아신다.

10. 살려하지 않고 죽으려 한다면?

인간은 육체를 가지고 있습니다. 영이신 하나님의 일을 사람인 우리가 따라한다는 것은 죽음 자체입니다. 우리가 하고 싶은 것에 거꾸로 하라고 하십니다. 육체의 소욕은 성령을 거스르고 성령은 육체를 거스르나니 이 둘이 서로 대적함으로 너희가 원하는 것을 하지 못하게 하려 함이니라(갈5:17). 하늘에 있는 것이나 땅에 있는 것이 다 그리스도 안에서 통일되게 하려 하심이라(엡1:10). 이것은 하늘의 일과 땅의 일은 동일한 룰을 가지고 있으나 땅의 법에 익숙해져 있는 우리가 하늘에 법을 따라하는 것이 바로 죽음입니다.

한 알의 밀이 땅에 떨어져 죽지 아니하면 한 알 그대로 있고 죽으면 많은 열매를 맺느니라(요12:24). 우리가 주와 함께 죽었으면 또한 함께 살 것이요 참으면 또한 왕 노릇할 것이며(딤후2:11,12). 우리가 영을 따라 참고 살

때 아버지께서 원하시는 데로 살면 왕 노릇하게 하여 주신다는 것입니다. 그런데 우리는 왕 노릇은 하고 싶은데 아버지의 영을 따라 사는 것은 하지 못하는 것입니다.

이제 한번 말씀대로 해 보실까요?

베드로가 바다를 걸어오시는 예수님을 보고 바다로 들어갔다가 '아니 내가 어떻게 여기 서 있단 말이냐' 생각이 드는 순간에 예수님에게서 눈을 떼고 바다를 바라보니 금방 물에 빠지면서, 예수님하고 불렀더니 예수님이 즉시 손을 내밀어 그를 붙잡으시며 이르시되 '믿음이 작은 자여! 왜 의심하느냐' 하시고 배에 함께 오르매 바람이 그치는지라(마14:22~23).

우리는 모두 두려워하고 연약하며 믿음이 적어 할 수 없습니다. 그러기 때문에 예수님을 잘보고 배워서 그대로하면 되는 것입니다. 노아가 그와 같이 하여 하나님이 자기에게 명하신 대로 다 준행하였더라(창6:22).

그의 어머니가 하인들에게 이르되 너희에게 무슨 말씀을 하시든지 그대로 하라 하니라(요2:5).

예수님께서 십자가에 달려 돌아가시기 전에 베드로와 세베대의 두 아들을 데리고 가실새 고민하고 슬퍼하사, 이에 말씀하시되 내 마음이 매우 고민하여 죽게 되었으니 너희는 여기 머물러 나와 함께 깨어 있으라(마26:37~38) 하시니, 아버지의 아들인 예수님께서 육체를 입고 이 땅에 계실 때에 십자가를 앞에 두고 고민하며 '내가 죽게 되었으니 나를 위하여 기도해 달라' 라고 하셨습니다. 얼마나 고민하시고 몸부림을 치며 기도하셨는지 예수께서 힘쓰고 애써 더욱 간절히 기도하시니 땀이 땅에 떨어지는 핏방울 같이 되더라(눅22:44)라고 기록하고 있습니다.

하나님의 외아들인 예수님께서 그러하실진대 육을 가진 우리는 오죽 하겠습니까. 우리가 할 수 있도록 도우시는 분이 바로 그리스도, 우리를 죽이시고 꺾으시어서 율법에서 날마다 우리를 속량해주고 계시는 예수님이십니다.

그리스도께서 우리를 위하여 저주를 받은바 되사 율법의 저주에서 우리를 속량하셨으니 기록된바 나무에 달린 자마다 저주 아래에 있는 자라 하였음이라(갈3:13).

과거에 예수님은 십자가의 사건으로 돌아가시고 부활하셔서 하나님 우편에 계셨고, 현재의 예수님은 그리스도의 이름으로 날마다 우리를 위해서 저주를 받은바 되사 율법에서 우리를 속량하셨으니, 현재 미래형으로 지금 진행되고 있는 것은 그렇게 고민하여 죽게 되어 우리가 못하게 될 때에 율법의 요구를 이루어주게 하시려고 우리를 꺾어 복종시키시면서 죽이셔서 자신이 살아나고 계신 것입니다(딤후2:11~12).

얼마나 우리의 육이 죽느냐, 우리가 얼마나 순종하느냐에 따라서 몇%의 그리스도가 우리를 통해서 나타나시느냐의 결정입니다.

그러면 갑자기 그리스도와 성령님으로 나눠지니 두 영이 되셨으니 이것은 삼위일체의 하나님이 한분이신데 하나님(계획하시고), 예수님(이루시고, 요19:30), 성령님(갈4:26)으로 자신의 사역을 감당하시듯이 예수님의 영이시나 그리스도는 속량하시어 저주를 감당하시어 육을 죽이는 가장 중요한 역할을 감당 하시는 한 부분이십니다(참고 : 성령충만을 받으라 P.56).

예를 들면 어떤 사람이 내 눈에 밉게 보입니다. 그런데 그것을 잘못 표하면 상대가 상처받겠지요. 그때 그 미움을 미움으로 표하지 않도록 죄를 눌러주고 아픈 상처를 싸매주면서 죄가 행위로 나가지 않도록 돕고 있는 생명의 성령의 법입니다(롬8:2). 사망의 법을 이길 수 있도록 우리 속에서 역사하고 계십니다.

① 베드로와 같이 바다에 뛰어들고

② 바람과 바다를 보고 무서워하여, 물에 빠져 예수님께 구원해달라고 소리 질러 기도하면,

③ 즉시 손을 내미시고 붙잡아 주시며,

④ 믿음이 작다고 책망도 하십니다.

예수께서 이르시되 어찌하여 무서워하느냐 믿음이 작은 자들아 하시고 곧 일어나사 바람과 바다를 꾸짖으시니 아주 잔잔하게 되거늘(마8:26).

그러나 예수님의 배에 오르면 곧 바람이 그치게 되고 아버지의 소원도 이루시고 내 소원도 이루시며 아버지께 영광을 돌리게 됩니다. 성령께서 내 배에 타시면, 내 안에 계시면 모든 것을 인도해 주십니다. 연약하고 믿음이 작은 것을 나무라는 것이 아니라, 내 육체가 살려고 아버지 원하시는 일에 생명(혼, 살전5:23)을 내놓지 못하는 것입니다. 이제 사랑하는 나의 예수님을 믿고 그의 영이신 그리스도, 성령님을 믿고 행동으로 옮겨 보세요. 그리하면 죽고자하는 자에게 사는 역사가 일어납니다.

11. 하나님이 보우하사 우리나라 만세

너희는 택하신 족속이요 왕 같은 제사장들이요 거룩한 나라요 그의 소유
가 된 백성이니 이는 너희를 어두운 데서 불러 내어 그의 기이한 빛에 들어
가게 하신 이의 아름다운 덕을 선포하게 하려 하심이라(벧전2:9)

아버지께서 안익태 선생님을 통하여 지어주신 애국가를 부르기만 해도
애국자가 되어 가슴에서부터 흘러내리는 눈물은 저뿐만 아닌 이 나라 국민
이라면 나라에 대한 애틋한 사랑과 내 나라가 있다는 감격이 얼마나 깊은
것일까요. 저는 일제 강점기나 6 · 25전쟁 같은 것을 겪지는 않았지만, '아!
어떻게 살아들 내셨을까?' 하면서도 '그때도 하나님 아버지께서는 언제나
우리를 사랑하고 계셨구나. 그래서 일제치하에서도, 6 · 25전쟁 때에도 이
나라와 이 민족을 구원하시고 이렇게 많은 백성을 구원하시고 우리에게 복
을 주셨구나', 이제 앞으로 내 생애 동안에 2천만 명의 백성을 구원하시고

이민족을 예수 그리스도의 나라로 삼으시려하시니 이 감격과 사랑을 어찌 말로 표현 할 수 있을까요.

먼저 믿는 우리가 이제 새롭게 되어 나라를 새롭게 사랑하고 법과 질서를 지켜서 나라 잘되기를 위해서 기도한다면 그 기도가 이루어져 이 나라 이 땅에 활짝 핀 무궁화처럼 아버지의 복음의 꽃이 피어나 세계를 깨우고 가장 많은 선교사를 보내고, 가장 많은 아버지의 일을 해내는 경제 대국이며, 결코 그 어떤 나라도 얕보지 못하는 제사장의 나라로(계1:6) 삼으실 줄을 저는 확신합니다.

하나님이 보우하사 우리나라 만세! 애국가가 있는 한 이러한 사랑 속에서 날마다 살고 있지만 대대로 내려온 조상들의 저주가 우리의 삶 속에 깊이 내리고 있는 것들이 있습니다. 이러한 것들은 우리를 잘되게 하는 것이 아니라 우리의 삶을 망가뜨리고 있어서 다시 되돌아보고 있습니다.

늙은 자와 젊은 자와 처녀와 어린이와 여자를 다 죽이되 이마에 표 있는 자에게는 가까이 하지 말라 내 성소에서 시작할 지니라 하시매 그들이 성전 앞에 있는 늙은 자들로부터 시작하더라(겔9:6)라고 말씀하시니 먼저 내 성읍(나)부터 내 가증한 일들은 무엇인가 손가락질하여 나를 고치고 나를 고친 방법으로 나라에 잘못된 일들을 두고 손가락질하는 것이 아니라 기도한다면 아버지의 은혜가 내려 우리를 고쳐 주시고 사랑해 주시지 않겠어요.

성경의 나라에서는 세금을 포탈하거나 떼어 먹지 않습니다. 우리를 돌아보니 이것은 일제의 잔재가 아닌가 생각합니다. 그 때는 이 나라를 장악하고 있는 일본의 순사를 약 올리거나 죽이거나 정치를 욕하고 뒤집으면 민족의 영웅이 되었습니다. 물론 세금도 강제로 가져갔고, 안내려고 땅을 파고 묻었지만 강제로 모든 것을 뺏어가려는 그들에게 안 빼앗기는 것이 최고 잘한 것이었지요. 그런데 그러한 행태들이 지금도 당연시되고 어떻게 해서든지 떼어먹고 나라 것은 도둑질해 먹고, 먼저 가지면 그만인 것처럼 생각해버립니다. 정부에서 국민들을 위해 좋은 정책에 돈을 풀면 그것을 역이용하는 사람들이 있습니다. 어떻게 해서든지 내가 그 돈들을 가져다쓰고 떼어먹으면 그만이고, 세금도 어떻게 하면 안낼까? 어떻게 하면 적게 낼까 궁리합니다.

그러지 말고 어떻게 하면 많이 낼까? 하면 내가 잘되지 않을까요? 잘되고 많이 있는 사람이 세금도 많이 내는 것 아닌가요? 많이 내는 것은 그만큼 많이 벌고 부자라서 그런 것이니 얼마나 좋은가요? 부자가 되게 해달라고 기도하면서 또 어떻게 하면 세금을 적게 낼까 생각하시나요? 여러분은 안 그러시지요?

이제 우리 이렇게 생각해보면 어떨까요? 내가 세금을 최고 많이 내야지. 그러면 최고의 부자가 되겠지요. 적게 내려하지 말고 많이 내려하면 남은 것이 더 많아 좋은 것입니다.

TV 재미있으시지요? 화려한 프로그램들, 재미난 연속극, 쇼, 코미디 프로그램들 저는 본지가 오래 되었지만 우리의 삶을 재미있게도 해주고 우리의 시간을 뺏어가기도 하고, 아이들을 그 앞에 잡아놓아 자기 생각을 없애버리기도 합니다. 그런데 정말 그 TV에는 거지 귀신이 많이 붙어있답니다. 시간과 생각과 모든 것을 잃게 하고 있습니다.

그런데 그보다 더 큰 문제는 우리가 벌 받는 일을 하는 것입니다. 뉴스 시간이 되면 이런 풍경이 벌어집니다. 정치문제, 사회문제로 정부와 이웃을 욕하고, 세금을 너무 많이 내라고 해서 못살겠고... 등등 온 국민이 앉아서 원망하고 욕하고 화내고, 어떤 분들은 망할 놈의 나라, 콱 망해야한다고, 전쟁이나 일어나서 망했으면 좋겠다고 막말을 하기도 합니다. 나라를 빼앗겨 본 민족, 전쟁을 겪어본 우리인데 또 망해야하고 자기 말고 다 죽으라고 욕을 해대면 전국적으로 이렇게 같은 시간대에 앉아서 나라를 향하여 손가락질과 입에 담지도 못할 욕을 하고 있으니 이 나라와 민족이 잘 될 수 있을까요?

이럴 때 누가 기뻐할까요? 우리를 망하길 원하는 귀신들이 좋아하고 북한 공산당이 좋아하겠지요. 그런데 우리가 왜 이럴까요. 누구에게 배웠을까요. 누가 가르쳤을까요. 나라를 이렇게 욕하고 나라에 대고 손가락질하고 내 손으로 뽑아놓고 날마다 모든 책임을 대통령에게 정치인들에게 돌리는 일. 내가 복 받기 위해서는 그러면 안 된다는 것입니다.

예수님을 믿는 사람이나 믿지 않는 사람이나 아무 생각 없이 하던 습관대로 계속하고, TV앞이나 만나는 사람마다 욕을 하는데 도저히 견딜 수 없는, 입에 담을 수도 없는 욕설들을 하면서도 아무렇지도 않은가 봅니다.

짐승도 생각이 있어 제 주인 앞에 꼬리치고 상냥하게 구는데 우리는 왜 제나라 제 지도자도 알아보지 못하고 이렇게 하는 것일까요. 그것들은 귀신들의가르침입니다. 사람이 하는 거라면 그렇게 못하지요. 사람이 어떻게 자기 망할 일을 하겠어요. 나는 나의 행위로 복을 받고 저주를 받는 것이지(신 28장) 나라가 잘못하거나 남이 잘못해서 내가 복 받고 저주 받는 것이 아닙니다. 그런데 우리는 나의 복이 나라에 대통령 때문에 다른 사람 옆에 붙어 있으면 복이 오는 것으로 착각하고 있는 것 같습니다.

백성들이 잘하고 살면 좋은 지도자가 서고, 백성들이 죄를 지면 나쁜 지도자가 서지요.

의인이 많아지면 백성이 즐거워하고 악인이 권세를 잡으면 백성이 탄식하느니라(잠29:2). 성읍은 정직한 자의 축복으로 인하여 진흥하고 악한 자의 입으로 말미암아 무너지느니라(잠11:11).

욕하고 데모해서 잘되는 것이 아니라 축복해주고 기도해 잘되고 악한 자의 입으로 무너진다는 것입니다. 그런데 우리는 몸으로는 나라를 위해서 일하고 입으로는 무너뜨려서 나를 어렵게 할뿐이 아니라 그 말이 바로 나를 망하게 하여 나라에 백성이 망하면 나라도 망하는 것입니다.

우리 축복의 말을 해 볼까요.
- 사랑하는 내 나라 아버지! 잘되게 해 주세요.
- 사람이 어떻게 다 잘하겠어요.
- 예수님이 잘되게 해주세요.
- 하나님이 보우하사 우리나라 만세!
- 하나님 아버지께서 잘되게 하십니다.

제 2 장

각 사람 위에 있는 권세자들에게 복종하라

1. 나라의 대통령

각 사람은 위에 있는 권세들에게 복종하라 권세는 하나님으로부터 나지 않음이 없나니 모든 권세는 다 하나님께서 정하신 바라(롬13:1).

하나님이 천지를 창조하신 것은 무너뜨릴 수 없는 질서에 의해서 지구가 탄생했고, 나라와 가정이 만들어졌는데 왜 그리도 나라의 권세자들에 대하여 헐뜯고 욕하는 것일까요. 자신들이 뽑아서 세워놓고 그렇게 하면 내 얼굴에 침 뱉기의 꼴입니다. 뽑을 때는 머리 뜯고 싸워서 뽑더라도 이미 대통령이든 국회의원이든 뽑혔다면 순한 마음으로 대처하고, 잘못하면 기도하여 잘하시도록 밀어주고 잘하면 박수를 보내서 환영하는 것이 우리 국민의 몫입니다. 나라 욕하다 내가 망하니 문제가 됩니다.

너는 재판장을 모독하지 말며 백성의 지도자를 저주하지 말라(출22:28). 성경이 하라는 것은 하고 하지 말라는 것은 하지 말아야지, 하지 말라는 것을 하면 내가 벌을 받습니다.

만약에 내가 대통령이나 나라의 지도자가 되었다고 가정해 보세요. 나라 팔아먹은 사람 되지 말란 법 있나요? 나는 나랏돈 하나도 안 쓸 것 같은가요? 나를 세워놓으면 더하면 더하지 덜할 것이라고 할 수 있나요? 그런데 훌륭한 지도자들을 늘 우리들을 통하여 하나님께서 뽑으신다 하셨습니다. 각 사람은 위에 있는 권세들에게 복종하라 권세는 하나님으로부터 나지 않음이 없나니 모든 권세는 다 하나님께서 정하신 바라(롬13:1~).

이제까지 이 나라가 흥하였고, 지금도 흥하고 앞으로도 흥할 것으로 압니다. 우리가 그리스도 예수를 믿고 최선을 다 한다면 더 잘되지 잘못 될 이유가 없기 때문입니다. 정치인들만 잘해서 잘되는 것이 아니라 백성들이 얼마나 하나님의 법을, 나라의 법을 지키고 사느냐가 우리나라가 잘되고 우리가 잘되는 길입니다. 그것을 하나님아버지께서 보시고 긍휼을 베푸셔서 잘되는 길로 인도해 주십니다.

이렇게 해보시면 어떨까요?

내가 잘되기 위해서입니다. 내가 복 받기 위해서 입니다. TV볼 때 어떠한 뉴스가 나온다 할지라도 부정한 소식이 먼저 나오곤 합니다. 그럴 때 '아버지! 싸우네요. 잘되게 해주세요, 어려운 일이 있다고 하면, 잘되게 해주세요', 연속극에 부정한 일들이 나올 때에도 '그러지 않게 해주세요. 잘되게 해주세요' 하면서 모든 일에 복을 빌어주는 긍정의 입술로 바꾸는 것입니다.

사람은 그 입의 대답으로 말미암아 기쁨을 얻나니 때에 맞는 말이 얼마나 아름다운고(잠15:23). 때에 맞는 아름다운 말로 내가 기쁨을 얻고, 그 아름다운 말에 열매를 맺어서 나에게 복 주십니다. 어떤 환경과 여건 속에서도 욕하지 말고 그를 축복하고 잘되기를 원하면 그 사람은 잘못의 행위대로 보응을 받고 나도 내 입술에 보응을 그대로 받는 것입니다. 복을 받습니다. 내가 결국 복을 받기 위해서 욕을 안 하는 것입니다.

내 나라의 내 지도자를 내가 욕하고 내가 벌을 받으니 이 얼마나 수치스러운 일입니까? 그 사람들이 잘못하는데 어떻게 하냐고요? 사람은 항상 잘못하고 삽니다. 당신도 그러시지 않나요. 나도 잘못하고 그도 잘못하니 그냥 놔두시고 욕하는 잘못을 벗으신다면 삶이 행복으로 바뀌시고 하루가 아주 즐거워질 겁니다. 우리가 죄인 되었기 때문에 예수님께서 십자가 지시고, 우리의 죄악을 용서해주셨습니다.

2. 우리에게는 세 분의
지도자가 있습니다

나라의 대통령의 대통령입니다.

대통령은 대표자로서 5년의 임기라서 그렇지 사실은 우리의 얼굴이며 부모 격입니다. 이웃에 어떤 사람이 경제적으로 빈곤하여 힘든데 나라에서 도와주지 않는다고 동사무소에 가서 대통령 욕을 욕을 했다는데 얼마 후 그 사람의 자식이 암 걸려서 죽었다는 소식이 전해졌습니다. 우연일까요? 저는 그것이 성경이라는 것을 압니다. 부모를 불순종하는 자식은 죽였다는 것을 구약 성경을 보면 알 수 있습니다.

우리의 이 자식은 완악하고 패역하여 우리 말을 듣지 아니하고 방탕하며 술에 잠긴 자라 하면, 그 성읍의 모든 사람들이 그를 돌로 쳐죽일지니 이같이 네가 너희 중에서 악을 제하라 그리하면 온 이스라엘이 듣고 두려워하리라(신21:20~21).

그러므로 권세를 거스르는 자는 하나님의 명을 거스름이니 거스르는 자들은 심판을 자취하리라(롬13:2)라고 하셨습니다. 앞에서 해도 안 되겠지만 뒤에서 해도 안 됩니다. 하나님께서 들으시고 그대로 갚아주시기 때문입니다.

3. 나의 부모

나를 진자리 마른자리 마다 않으시고 키워주신 부모님이십니다. "네 부모를 공경하라 그리하면 땅에서 잘되고 장수하리라(출20:12)고 하신 것은 공약입니다. 왜 공약을 하셨겠어요? 어려운 일이기 때문입니다. 자식들이 아버지, 어머니의 고충을 어찌 다 알 수 있겠습니까. 그 나이가 되면 자연히 알게 됩니다. 세월의 차이 때문에 알 수가 없는 것입니다.

이제 꿈 · 환상을 중간에 놓고 대화해 보세요.

성령께서 중재자가 되시면 대화가 수월해집니다. 사람은 사람 속을 알 수 없지만 성령 하나님은 우리의 마음을 각각 다 아시기 때문에 쉽게 접근할 수 있습니다. 마음을 살피시는 이가 성령의 생각을 아시나니 이는 성령이 하나님의 뜻대로 성도를 위하여 간구하심이니라(롬8:27).

한 살짜리 아이의 마음도 꿈으로 다 보여 주십니다.

내가 세상에 화평을 주러 온 줄로 생각하지 말라 화평이 아니요 검을 주러 왔노라 내가 온 것은 사람이 그 아버지와, 딸이 어머니와, 며느리가 시어머니와 불화하게 하려 함이니 사람의 원수가 자기 집안 식구리라(마 10:34~36).

예수님께서 하신 말씀이 집안 식구가 원수라는 것입니다. 그것은 영의 일입니다. 사단의 집안에 빛 되신 예수님 들어가시면, 사단과의 싸움판이 벌어집니다. 그런데 성령님께서 개입하시도록 유덕하게 인도하신다면 가정에 평안이 분명히 이루어집니다. 엄마가 아들의 마음을 모릅니다. 그런데 아버지가 아셔서 꿈·환상으로 알려주시고 부모가 자식의 마음을 자식이 부모의 마음을 알아주게 됩니다. 그러나 어디까지나 부모가 많이 양보하고 인내하며 자식들이 잘되게 해야 합니다.

4. 목사님은 하나님께서 기름 부어 세우신 예수님의 종입니다

자기 사람들에게 이르되 내가 손을 들어 여호와의 기름 부음을 받은 내 주를 치는 것은 여호와께서 금하시는 것이니 그는 여호와의 기름 부음을 받은 자가 됨이니라 하고(삼상24:6)

신앙생활이 방학이 있는 것도 아니요, 한번 시작하면 천국 가는 그날까지 가야하는 것인데 인생에는 참으로 말도 많고 탈도 많습니다. 이유는 딱 한 가지입니다. 모든 대화와 삶에 아버지 성령님을 빼놓고 자기들끼리 결정하고, 자기들끼리 해결하려 하니 그런 것이지요.

저희 교회는 모든 것을 아버지가 주관하셔서 아주 행복하고 아름답습니다. 모든 일에 꿈·환상으로 응답받아서 장로님이 원하시거나 제가 원하거나 권사나 집사님이 아닌 우리 아버지께서 원하시는 대로 해드리기 때문에 아무런 말썽과 싸움이 없이 행복한 나날과 사도행전의 연속이 날마다 일어나고 있습니다.

살아계신 예수님을 날마다 꿈·환상으로 만나고 그 만남을 삶으로 그대로 이끌어 내려서 날마다 할렐루야! 우리 예수님 부활 승천하셨네! 내 안에 사시네를 부르며 춤추며 찬양합니다. 성경에 아담이 가인과 아벨을 낳았습니다. 그런데 예배를 열납 받은 아벨을 가인이 죽였습니다. 영의 자식을 육의 자식이 죽인 것입니다(창4:1~).

이스마엘(종의 자식, 창 21:10)과 이삭(약속의 자식), 에서와 야곱, 사울과 다윗을 보면 영육이 나뉘어 집니다. 사울은 자기 마음대로 하여 아버지를 노엽게 하여 버림을 당하였고(삼상15:22~23), 다윗은 죄를 지었으나 금식하며 회개하고 하나님과 동행하여 아버지 마음에 합하게 살아 자손대대로 등불을 끄지 않았습니다(왕상14:8, 행13:22, 삼상13:114).

들사람으로서 성경대로 하지 못한 에서, 형의 장자권을 빼앗아 이스라엘 민족을 일구어낸 야곱(사58:15), 지금도 이와 같이 영육의 자녀들이 섞여 사는 이 땅, 다 잘하시고 다 멋지십니다(계2:24~26). 그런데 싸움은 하지 말아야 합니다. 싸움을 멈추는 방법은 응답입니다. 내 마음대로 하면 육신의 생각이고, 응답 받아서 하면 영의 생각입니다. 너희가 육신대로 살면 반드시 죽을 것이로되 영으로써 몸의 행실을 죽이면 살리니(롬8:13).

하나님이 말씀하시기를 말세에 내가 내 영을 모든 육체에 부어 주리니 너희의 자녀들은 예언할 것이요, 너희의 젊은이들은 환상을 보고 너희의 늙은이들은 꿈을 꾸리라(행2:17~21). 꿈·환상으로 응답을 받고 금식을 하시면 성령께서 일하십니다(사58:6). 예언, 생각, 마음은 꼭 꿈·환상으로 분별을 하셔야 합니다. 예언의 적중성이 너무나 적어서 이것을 고집하시면 나중에 큰 화근이 됩니다.

성령을 모시고 산다고 말만하고 응답은 받지 않고 내 맘대로 하면 내가 책임을 져야 합니다. 응답을 받아서 하다가 어려움이 오면 합력하여 선을 이루어 주십니다(롬8:28). 아버지의 일, 곧 신의 일을 하면서 사람 마음대로 하려 하니 얼마나 어렵겠습니까. 그러니 목사님들이 어렵고 성도들도 어려운 것입니다.

무엇이든지 사람과 의논을 하니 힘든 것입니다. 그 자리가 사단의 진이 되어 버리는 것입니다. 사단의 공격이라는 나타남이 싸움입니다. 교회가 어떠한 상황이든 목사님하고 싸우면 안 됩니다. 목사님도 성도하고 싸우면 안 됩니다. 그것은 자식이 다치기를 원하는 부모하고 같습니다. 너는 두려워하지 말라 내가 너를 구속하였고 내가 너를 지명하여 불렀나니 너는 내 것이라(사43:1) 하셨습니다.

목사님을 치는 사람은 부모를 치는 자식과 같은 것입니다. 목사님들은 하나님께서 기름 부어 세우신 예수님의 종입니다. 영혼이 잘되면 범사에 잘되기 때문에 우리 육신의 삶이 잘되고 잘못되는 것은 모두 영혼에 달려 있으며, 그것을 책임지고 가르치고 먹이고 입히는 분이시며 바로 영의 부모대행자입니다. 예수님을 대행하여 영의 자식을 보살피는 것입니다. 그러므로 어떤 일이 있어도 싸우면 안 되는 것입니다(갈5:26, 고전9:25).

기름 부은 받은 자를 치면 안 됩니다. 다윗의 예를 보세요(삼상24:6, 26:23). 정말 싸워야 될 일이 있다면 차라리 다른 교회로 떠나야하고, 떠나야 한다면 서로 사랑스럽게 헤어지며 맺히지 않는 삶이 필요한 것입니다(마18:18). 목사님은 부모같이, 성도는 자식같이 서로서로 아버지의 응답 안에서 아름다운 교회를 가꾸는 것이 땅에 사는 성도들의 본분입니다. 싸우고 새로운 사람 보살필 여력이 없다면 전도는 안 되겠지요. 하면 뭐하겠습니까 또 싸워서 내보낼 테지요. 싸우는데 힘을 다써버리면 무슨 여력이 있겠습니까.

우리 기도원에 어떤 성도가 와서 했던 이야기입니다. 어떤 교회에서는 에 어컨 하나 목사님이 샀더니 그것이 시비가 붙어서 싸우다가 집사님이 헌금 올려서 목사님 회개하라고 봉투에 써서 올렸더니 목사님이 혈기가 나서 당장 나가라고 소리 지르고 예배가 아니고 난장판이 된 것입니다. 그것 때문에 많은 사람들이 교회를 떠나고 또 사단의 발톱 아래로 떨어져 나가는 것입니다. 왜 그렇게 할 수 밖에 없었을까요. 샀으면 필요해서 샀나보다 성도는 생각하고 또 성도들이 그러면 목사님은 괜히 샀네요. 무를까요? 하면서 자연스레 풀었으면 얼마나 좋았을까요. 싸움으로 이끌어 인도할 수밖에 없는 목사님도 성도들도 다 잘못된 것입니다.

오늘날의 교회에서 이와 같은 일이 비일비재합니다. 교회들의 상황이 이러하니 아버지의 마음이 어떠실까요. 그 마음을 한번이라도 생각해보시고 이렇게 싸우고 때리고 할퀴는 것일까요. 여러분의 자식들이 이렇게 싸우면 기분이 어떠시던가요.

우리 예수님은 죽음에서 살아나셨을 때에 예수께서 오사 가운데 서서 이르시되 너희에게 평강이 있을지어다(요20:26)라고 하셨는데 이는 부활하신 예수님을 만나면 평안하다는 말씀입니다.

성령의 열매를 맺기 위해 금식하세요. 꿈·환상으로 응답 받으세요. 평강의 삶으로 생명의 성령의 법이 인도해주실 것입니다. 사랑합니다.

제 3 장

자식에 대한 생각을 바꾸면 아주 행복해집니다

1. 행복하라고 주신 자식

오직 우리가 어디까지 이르렀든지 그대로 행할 것이라(빌3:16).

하나님 아버지께서 나의 먹고 자는 하루를 행복하게 해주시려고 남편, 아내, 자식을 주셨습니다. 결혼해서 또 아기 낳아서 얼마나 행복하셨어요. 그런데 우리가 하는 행동은 어떤지 생각해 보세요. 네 녀석 때문에 내가 얼마나 고생했는데 내가 너를 어떻게 키웠는데 네가 그럴 수가 있느냐? 당연한 이야기 같지요. 틀렸습니다. 이렇게 말해야합니다.

"애야! 네 덕분에 내가 행복했다. 내 아들 딸을 하나님께서 나에게 위탁해 주지 않으셨더라면 내가 너무 쓸쓸했을 거야. 내 아들딸을 나에게 맡겨주신 하나님을 감사해. 애들아! 고맙다. 이 엄마 아빠를 행복하게 해줘서 고마워, 사랑한다."

아이들하고 싸우지 마세요. 아이들은 내 것이 아니라 아버지 것입니다.

내가 마음대로 화내고 함부로 하면 안 되는 귀한 아버지의 자녀들입니다. 그런데 우리가 너무 했지요. 물론 키우다보면 별일이 다 있습니다. 이제부터 자식에 대한 생각을 바꿔 보시면 행복해질 것입니다.

사위, 며느리 보셨다고요? 축하합니다. 그러면 그들의 행복을 위해서 기도하세요. 사랑하는 딸에게 어디서 그런 버릇없는 녀석을 데리고 와서 속 썩이느냐고 한다면 딸이 몹시 속상하겠지요. 이미 얻은 사위와 며느리를 왈가왈부하면 행복해 질 수가 없지요. 딸에게 사위가 아주 맘에 든다고 하면서 아들로 삼으세요. 내 아들이라면 어떨까? 사위가 주방에서 일해주면 사위 잘 봤고, 아들이 주방 들어가면 며느리 잘못 본 아직도 그렇게 이중적인 어머니이신가요?

이제 바꾸어 보세요. 아들과 사위를 아들같이, 아들을 사위같이 그러면 며느리가 딸이 되네요. 그런데 어떻게 며느리가 딸이 되겠어요. 딸 삼으려 하지 말고 며느리는 친정어머니 삼으려 하지 말아야 합니다. 어떻게 시어머니가 친정어머니가 되나요. 여기서부터 오류가 있습니다. 며느리는 어디까지나 며느리이고 사위는 사위예요. 공평한 눈으로 보기 위해서 예를 드는 것입니다. 딸이 옷 사다 주면 맘에 안 든다고 해도 계속 사다 주구요. 며느리는 한번 사다 줘서 안 입는 것 같으면 다시는 안사다 줍니다. 며느리에게 시어머니는 어려운 것입니다. 딸은 어렵지 않으니까 계속 사다 주면서 웃는 것이지요. 안 입으면 다음에 다른 것 사다주면 되니까요.

시어머니가 며느리를 싫어한다고, 며느리가 시어머니를 싫어한다고 생각하고 들은 것이 우리 민족의 저주입니다. 그 옛날 시어머니에게 당하며 살았던 지독한 시집살이를 우리의 어머니들이 자신의 며느리들에게 무의식적으로 대물림하고 있는 것입니다. 이제 바꾸어야합니다. 계속하면 그 저주가 대물림되어 우리 아들 며느리, 딸 사위의 삶을 무너뜨리고 어려움을 갖다줍니다.

마음가짐을 바꾸어 보세요. 아들 며느리가 딸 사위가 행복하게 웃고 재미있게 사는 것이 너무 좋다고 말해주고 둘이 행복해하면 그것으로 만족하는 겁니다.

2. 무슨 이야기든지 며느리하고 하세요

　　남편 하나 따라서 남의 집에 시집와서 자리 잡을 때까지는 시간이 걸립니다. 그때 시어머니가 아들하고만 귓속말을 한다면, 자신이 그 며느리 입장이라 생각한다면 마음이 어떠시겠어요. 이제 좋은 일이든 나쁜 일이든 며느리에게 이야기하여 아들에게 말하게 하고, 중요한 일은 아들과 며느리를 같이 불러서 말하고 잘못된 것은 바로 잡아줘 가면서 천천히 다가가세요.

　　며느리가 어렵다고요? 지금 내가 어렵게 하고 있는 것입니다. 친근하게 다가가서 딸처럼 아들의 이야기를 하면서 사랑해주고 다독거려주고 예쁘다고 해주세요. 잘못된 것만 지적하면 안 되지요. 다른 집안이라는 것은 영의 색깔이 다르다는 것입니다. 영의 색깔은 사는 방법이 다르다고 봐야 되겠지요. 혼에 새겨진 다른 색깔은 적어도 3년은 지나야 자연스럽게 바뀝니다. 너무 빨리 우리 집안 식구를 만들려하지 마세요. 조심스런 접근과 기도와 사랑과 배려와 오래 참음의 어머니가 되어야 하는 것입니다. 시샘은 금물입니다. 아들과 딸을 빼앗겼다 생각 말고 아들 딸 하나씩 더 데려다 줬다고 생각하면 되지요. 사실이니까요. 아들과 딸이 택한 며느리와 사위에게 자랑을 아끼지 말고 잘못된 것은 덮어주고 잘한 것을 칭찬하면 효자를 만듭니다. 하지만 잘못된 것만 지적하고 잘한 것을 감추면 불효자를 만듭니다. 불효는 부모의 입에서 나는 것입니다.

저는 돌쟁이 손자 다윗에게 이렇게 말합니다.

"복둥아! 예쁜 엄마하고 멋쟁이 아빠하고 뭐하고 놀았니. 할머니에게 말해주세요"

그렇게 하면 옆에서 보는 그 아이 엄마, 아빠가 얼마나 좋겠어요. 우리의 재치 있는 말과 행동이 아이 키우느라고 애쓰는 사랑하는 아들과 딸, 사위와 며느리에게 위로의 말이 됩니다.

이혼이 급증하고 있는 젊은 세대들의 문제점을 볼까요.

첫째는 영들의 움직임을 모른다는 것입니다.

조상들의 우상 숭배한 죄 값은 우리의 가정을 파괴하고 그 자리에 고통 귀신을 불러들여 자리를 잡고 부모와 어린 자녀들 속에 파고듭니다. 그렇기 때문에 가정을 망가뜨리려 하는 사단의 세력을 파악하여 어려움이 생기면 금식하고 천천히 움직이며 하나님의 영의 지식을 가지고 해결해야 합니다.

3. 시어머니, 친정어머니들이 문제입니다

자식들이 좋아하면 과감하게 끌어안아야 합니다. 함께 좋아해주고 어려운 일이 생기면 금식을 시키고 기도하도록 가르쳐야 합니다.

친정어머니로서 사위가 못마땅하다고 딸에게 헤어지라고 하거나 그것을 강요하지 마세요. 인생 자체가 싸움의 연속인 것을 가르치고 이기며 승리하도록 이끌어야 합니다.

제가 30대 때에 어떤 분의 딸을 보았습니다. 그 어머니는 귀하게 키운 외동딸 하나가 있었는데 사위가 무능하다는 이유로 강제이혼을 시켰습니다. 자신의 남편을 사랑하고 있었던 딸은 이혼 후부터 탈선의 길을 걸어 이 남자 저 남자 만나다가 집에 불을 지르고 그 딸이 거기서 타죽고 말았습니다. 그때 그 어머니의 처참한 모습은 차마 눈뜨고 볼 수 없었습니다. 돈 좀 못벌면 어떤가요? 사랑하며 그냥 잘 살도록 지켜봐 주어야 했던 것을 강제로 떼어놓아 결국은 자식을 어머니가 죽음으로 몰아갔던 것입니다.

우리나라는 자식들이 성인이 되어서도 온전히 독립시키지 못하고 자기 뜻대로 하려는 어머니들이 상당히 많은데 그것이 사단의 생각입니다.

사단이 주는 생각에 매여 제대로 생각할 수 없는 것이지요. TV 드라마에서 이혼이 하도 흔하게 나오니까 너무 쉽게들 생각하지요. 그런데 그것은 잘못된 것입니다. 내 일생을 망치는 귀신이 내 사랑하는 자녀들을 버리고 있는 것입니다. 우리 모두 정신 차려서 금식하며 기도해야 합니다. 그러면 우리의 자녀들이 잘됩니다.

자녀들의 불화를 부모님들의 금식으로 잠재 울 수 있습니다. 아이들의 움직임이 심상치 않거든 속히 금식하셔서 움직이고 있는 사단의 영들을 제압해주면 조용히 잘 살아갈 수 있는 길이 열립니다.

제4장

이웃과 행복하게 사는 법

1. 너무 친한 척 하지마

악인은 남의 재앙을 원하나니 그 이웃도 그 앞에서 은혜를 입지 못하느니라(잠21:10).

나로부터 시작되는 하루의 인생길에 간섭하고 잔소리할 남편도 아내도 없고 엄마 아빠도 없다면 정말 자유스럽겠지요. 그렇죠? 나한테 아무도 시비할 사람이 없고 자유롭게 살 수 있으니 말입니다. 하지만 우리는 알고 있습니다. 아내에겐 남편이 있어야 하고, 남편에겐 아내가 있어야 하며, 자식이 있어야하고 늙은 부모가 부담스럽게 느껴질지라도 할머니, 할아버지도 계셔야 한다는 것을 말입니다. 내 인생에 네가 있어 좋다고 어울려서 살도록 만드시고 행복하게 해주신 하나님 아버지께 감사해야 합니다.

너무 친한 척하지 마라.

우리의 행동 중에 신기한 것들이 있습니다. 친한 친구를 두기 원하고, 나만을 특별히 사랑한다고 하는 사람을 두길 원하는 것입니다. 그래서 결혼도 하고 그래서 부모가 좋고 절친한 친구가 좋지요. 그런데 친한 사람들끼리 하는 일들을 보면 좋은 것들이 많은데 또 흉을 보기도 하고, 남의 좋지 않은 비밀을 말하기도 합니다. 그러고는 당신한테만 말했으니까 절대 소문내면 안 된다고 당부까지 합니다. 그런데 일 터져서 보면 재미있어요. 내가 너를 얼마나 믿었는데 그럴 수 있느냐, 어떻게 비밀을 감춰주지 못하느냐 원망합니다.

(1) 믿음의 대상은 하나님이지 사람이 아닙니다(빌3:3, 육체를 신뢰하지 않는 우리).

사람은 섬김의 대상입니다. 사람이 왜 그러느냐 그렇게 하지 말고 처음부터 비밀은 그냥 말하지 말아야 합니다. 그냥 사랑만 해주면 될 것을 사람들은 사랑한다고 하면서 매우 무거운 짐을 지웁니다. 비밀을 말해놓고 말 하지 말라고 하니 말을 할 줄 아는 사람은 비밀을 못 지킵니다. 그 자리에서 떠나가면 그냥 말 한다고 보시면 됩니다.

하루 참으면 많이 참은 것입니다. 말하지 않았다면 그것은 다음 사람을 만날 시간이 없었던가 아니면 말할 시간이 없어서 못한 것일 뿐입니다. 입이 무겁다고요. 믿지 마세요. 그에게 고통을 주는 것입니다. 다음 사람 만나면 남에게 하지 말라는 말까지 그대로 합니다. 그러니 사람을 어떻게 믿겠습니까. 굳이 말해야 하겠다면 이것을 기억하시기 바랍니다.

첫째, 세상에는 비밀이 없다는 것을 미리 알고 이야기 하세요.

둘째, 내 앞에 있는 이 친구에게 무게가 가거나 말해서 안 되는 일은 애초에 말하지 말아야 되는 것입니다. 나중에 입이 가볍니 이러니저러니 해봐야 소용없습니다. 입엔 자물쇠가 없지요. 말은 한번 내뱉으면 주워 담을 수 없는 것이니까요. 물은 쏟아지면 닦고 낙엽은 떨어지면 주워서 태우면 되는데 말은 그럴 수 없으니 사람을 너무 친한 척하지 말고, 믿지 말고, 그냥 사랑하여 만나면 사랑스런 대화로 끝내고, 그가 원하는 말을 들어주고 좋은 음식으로 대접해 주면 됩니다.

그가 원하는 데로 물 흐르듯이 흘러가면서 대처해 주면 행복하지 않을까요?

비밀스러운 말과 부정의 말은 그 사람에게 독을 준 것과 같기 때문에 독을 머금은 사람은 자기 죽지 않으려고 뱉는 것이 기본이며, 참지 못하고 말하는 원인이라고 성령님이 가르쳐 주셨습니다. 이솝우화에 임금님 귀는 당나귀 귀라고 말하는 이발사와 같은 것입니다. 속에서 끓는 화장실과 같아서 견딜 수 없는 것이지요. 친절한 내 이웃에게 어려움 주고 나는 사람을 믿어 어리석은 사람이 악인이 됩니다. 하나님을 믿읍시다.

나를 잘 살피면 땅에서 잘되는 약을 얻는다는 것입니다. 사람은 잘되기를 원하는 것이 기본입니다. 그런데 남이 잘될 때 그것을 아낌없이 복을 빌어주지 못하더라는 것입니다.

(2) 그러면 의인이 되는 말을 찾아야 합니다.

악인은 저주를 받고 이런 말들 때문에 우리가 어려움을 당하고 살았다고 보면 됩니다. 이제 이렇게 해 보세요.

첫째 : 잘되는 사람을 보면 배가 아프지요. 예~ 저도 아파봐서 알았습니다. 아버지! 정말 잘돼서 좋겠네요. 부러워요 저도 잘되게 해주시고요. 저

사람도 잘되게 해주셔서 감사합니다. 이 말을 하였으니(민:28) 나는 백배로 잘되게 해주세요. 하면 아주 신납니다. 내가 저 사람보다 백배가 잘될 거니까요. 입술의 열매가 맺어져 내가 잘됩니다.

둘째: 힘드시지요, 어려우시지요. 대신에 잘되시지요. 행복하시지요. 처음에는 너무 어색한데요. 자꾸 하다 보면 저 사람 보다 내가 더 행복해지고, 부자였던 그 사람보다 내가 더 부요해 집니다. 일 많이 하려하지 말고 말 잘하면 최고의 복이 임하게 됩니다.

귀를 막고 가난한 자가 부르짖는 소리를 듣지 아니하면 자기가 부르짖을 때에도 들을 자가 없으리라(잠14:31, 19:17, 21:13).

우리의 삶 중에 가장 어려운 문제가 어려운 사람들과 나에게 꾸고자하는 자에게 어떻게 할 것인가 입니다. 해달라는 데로 모두 해줄 수도 없고 다 모른 척 할 수도 없습니다. 성경이 원하는 데로 해야 합니다.

타인을 위하여 보증이 되는 자는 손해를 당하여도 보증이 되기를 싫어하는 자는 평안하니라(잠6:1~11, 11:15). 어떤 일이 있다할지라도 집을 담보 잡혀 주거나 말로 담보해주면 안됩니다. 네가 그렇게 해주겠다고 약속했으면 빨리 가서 네 스스로 간구하여 너를 구원하여야 하는데 한 밤을 지내지 말고 금방 가서 하면 노루가 사냥 군의 손에서 벗어나는 것 같이 새가 그물 치는 자의 손에서 벗어나는 것 같이 구원을 얻을 것이로되 시간을 지체하면 네 빈궁이 강도같이 네 궁핍이 군사같이 이를 것이라고 경고하십니다(잠 6:11).

성경의 나라는 보증제도가 없답니다. 신용으로 나라에서 보증을 서준다고 합니다. 그런데 성경나라가 아닌 우리나라는 보증이 아니면 사업을 못하게 되어 있으니 나라 법부터 고쳐야 되겠지요. 그만큼 믿을 만한 사람이 없는 것입니다. 그런데 거기에서 내가 빠져나갈 수 있는 것은 절대 서주지 않는 것입니다. 얼마나 많은 사람들이 집을 잃고 고통 속에서 헤매고 있던가요? 그것은 어떻게 안 서줍니까? 얼마나 신기한 대답입니까? 자신의 재산을 강도들에게 군사들에게 내어주어서 내가 거지가 되는 것을 알고도 내줄 수밖에 없다는 것입니다.

많은 예들이 있지만 요즘 교회들에 새신자로 들어와서 밥 사주고 잘해주고 칭찬해주면 온갖 목사님 흉 다보고 돈 빌려 주고, 흉보려고 사는 사람처럼 온갖 해야 할 말 안해야 할 말들을 하고 그러니까 이 교회에서 나가자고 해서 자신들의 세를 불리는 사람들이 있다고 합니다.

거꾸로 한번 생각해 보시면 어때요. 뭣 때문에 그렇게 잘해주겠어요. 우리가 생각하듯이 요즘 세상에 말입니다. 뭔가 자신의 이속을 바라고 있는 것이 아닌가요. 상대의 허물을 덮어주는 것이 성경이요, 교훈이건만 믿는 우리가 목사님 전도사님 권사님 그 외 내형제 예수의 형제 허물이 보이기만 하면 흉보지 못해서 안달난 사람처럼 하는 것을 이제는 고쳐야 합니다.

험담하는 자가 없어지면 다툼이 없어집니다(잠26:20). 아무 이유 없이 잘해주고 친 하자고 하는 사람들을 조금은 생각해보고 대처를 해야 합니다. 내입과 내 행동을 자제하지 못하여 함께 흉볼 사람 찾다가 우리의 교회들이 이단의 사슬에서 벗어나지 못하고 있는 것입니다.

나무가 다하면 불이 꺼지고 말쟁이가 없어지면 다툼이 쉬느니라(잠26:4). 어리석은 자의 그 어리석음을 따라 대답하지 말라 두렵건대 너도 그와 같을까 하노라 하였습니다. 옛 구습을 버리고 그들을 위해서 기도해주고 사람은 그럴 수 있다고 생각하는 넓은 마음을 가져야 하고 기도하고 금식하고 애써야 될 때가 아닌가 싶습니다.

며칠 전에 이단의 사슬에 괴로움을 당하고 있는 나라의 교회들 이야기를 어떤 사람을 통해서 들었습니다. 신천지라고요, 얼마나 어려우면 신천지를 자신들이 만들어보겠다고 하겠어요. 우리의 교회들에서 정신을 차려야 될 때가 아닌가요, 우리들의 버림받은 모습이 아닌가 싶습니다.

귀신들이(계16:13,14) 준 인격을 그들이 그대로 이용하여 불평불만 하는 자들을 골라서 교회에 침투하고 그것을 이용해서 식구들을 빼앗아 간다는 이야기를 듣고, 네, 맞습니다. 사단이 우리에게 준 인격 불평불만을 어떻게 해결 할 것 인가에 대한 대처 방안을 전혀 가르치지 못하고 좋은 소리만하고 좋은 소리 듣는 것만 가르친 우리들의 후속적인 삶이 아니겠어요.

믿음이 연약한 자를 너희가 받되 그의 의견을 비판하지 말라(롬14:1).

연약한 갓난 아이 때에는 그냥 받아준다 해도 어느 정도 장성해가는 과정에서는 훈계를 어떻게 받고 할 것인가(잠12:1)를 가르치고 훈련을 시켜야하는데, 좋은 소리만 해주고 하나님이 사랑이라고만 하고 진정한 하나님의 사랑이 무엇인지를 안 가르쳐주시니, 하나님의 진정한 사랑은 자기 아들을 죽인 것입니다.

반대로 사랑은 내가 죽지 않고는 사람을 사랑할 수 없다는 것입니다. 성도들에게 육이 죽는 방법을 가르치지 못한 우리의 뒤가 이렇게 된 것입니다. 그 대처 방안을 가르치지 못한 우리 교회들의 상황을 이용한 이단이 설치고 있는데, 아무것도 배운 것이 없는 성도들은 그 곳에 넘어질 수 밖에요.

사단이 만든 것이 이단이니 신기한 술책이 아니고 뭐겠습니까. 지금부터라도 우리는 이제 성경적인 행위와 성경적인 훈계를 받는 법, 책망하고 견책해주는 방법을 배워 나를 세우고 상대를 세우는 방법을 터득하여 가난에서 벗어나 부요를 갖고 이단의 사슬에서 사랑하는 자들을 보호하고 찾아와야 될 때가 아닌가 싶습니다(잠23~34).

절친한 벗이 있다는 것은 좋은 일입니다. 그런데 우리는 친하면 좋은 일을 하는 것이 아니라 친하다는 이유로 흥보는 일, 남의 허물 뜯는 일을 많이 하기 때문에 이것부터 먼저 고쳐야 하겠습니다. 친하기 때문에 가족이기 때문에 그래서 친한 척 하지 말라고 형제도 자식도 안 됩니다.

기도원에 오는 많은 사람들이 자식에게 보증했다가 재산을 잃고 찾아오곤 합니다. 자식도 안 되지요. 어린 자식이 부모의 재산이 귀하게 여겼을까요? 아닙니다. 그들은 그것이 종이인줄 압니다. 자신들의 피땀이 아니기 때문에 모르는 것입니다. 모르는데 주는 사람이 나쁜 것입니다.

그들도 땀을 흘려 돈의 귀중함을 알게 하고, 단돈 백 만 원이라도 모으려면 얼마나 어려운지 알게 해야 하는데 내가 얼마나 고생스러웠는데 너라도 고생을 안해야지 하며 그냥 내줘 버리고 알거지가 되는 겁니다. 우습지요. 성경이 보증을 서주지 말라고 하니 우리도 서주지 말고 내 재산을 내가 지켜야지 누가 지키겠어요. 누구든지 보증 서달라고 하시면 이렇게 해보세요.

내가 갖고 있는 돈 중에서 일부를 주세요. 백만 원 있으면 50만원, 200만 원 있으면 100만 원쯤 주세요. 10만 원 있으면 5만원 나누어 주세요. 그리고 이제 이런 부탁을 나에게 하지 말라고 말하세요. 내가 가진 것을 나누어 주지 않고 그냥 말하면 그 사람은 절대로 포기하지 않습니다. 빌려주지 말고 그냥 주는 겁니다. 그냥 주면 있는 것만 줘도 되지만, 빌려주려면 남의 것까지 꾸어서 주게 됩니다.

너희가 받기를 바라고 사람들에게 꾸어 주면 칭찬 받을 것이 무엇이냐 죄인들도 그만큼 받고자 하여 죄인에게 꾸어 주느니라(눅6:34~35).

네게 구하는 자에게 주며 네게 꾸고자 하는 자에게 거절하지 말라(마5:42).

돈도 많이 꾸러 오지요, 꾸어주고 거저주고 서로 통용하며 사는 것이 이웃이입니다. 반드시 네 손을 그에게 펴서 그에게 필요한 대로 쓸 것을 넉넉히 꾸어주라(신15:8).

(3) 꾸는 것도 거져 주는 것도 형평성이 있어야 합니다.

'철이 엄마 나돈 2천만 원만 빌려주라'

'왜? 그러세요?'

'이리이리해서 필요해'

'제가 없는데요'

'옆집 영이 엄마 있는데 그것 좀 꿔다주면 안될까? 내가 급해 내가 이자 많이 줄게' 여러분 속지 마세요, 내가 있으면 꿔주세요. 그때는 다 받을 자신 있습니다. 그러나 돈이 남의 손으로 넘어가면 돈 잃고 친구도 잃습니다. 어떻게 아느냐고요. 제가 그래서봐서 알았지요. 그 누구도 피해갈 수 없는 진리입니다. 나는 나만이 보호할 수 있습니다.

이럴 때 지혜를 가지세요. 가진 것 중에 얼마를 그냥 주세요. 내가 돈 있는 것을 알고 왔다면 절대로 그냥은 안 갈 겁니다. 조금을 줘서 자존심을 상하게 하고 보내면 다시는 안 옵니다. 그리고 금식전도하세요. 돈을 하나님이 주십니다. 히스기야 왕이 자기의 내탕고에 보물을 다보여주고 나서 그들의 자손들이 바벨론으로 잡혀갔습니다. 그것은 자신의 것을 다보여 줬기 때문입니다(왕하20:12~21).

자기의 것은 '나 돈 있어' 라고 자랑하면 그 돈은 알게 된 그 사람의 것입니다. 내 것을 남에게 뺏기기 싫으면 말하지 않아야 합니다.

우리 민족은 얼마나 사람들이 좋은지, 내 것인지 네 것인지 이리 빌려주고 저리 빌려다 주고 이리떼이고 저리 떼이고, 지혜가 없는 것인지, 세상이 그렇게 돌아가고 있어서 그냥 그것이 사는 것이라고 생각하는 것인지 아니면 아무 것도 모르는 것인지, 내 것 네 것을 구별 못하는 사람을 조심해야 합니다. 결국 내 것도 제 것을 만들고 많은 사람을 울리고 예수님을 얼굴에 먹칠하고, 귀신의 행동이며 사단의 사고입니다.

2. 거져 줘야할까요?

네게 구하는 자에게 주며 네게 꾸고자 하는 자에게 거절하지 말라(마 5:42).

사업 자금을 빌리러 오면 무조건 거절해야 합니다. 저 집에서 빌려다 달라는 것도 거절해야 합니다. 이자 늘려주는 것도 당연히 안해야 합니다. 당장 추운 방에서 자식들하고 어려움을 당하는 사람, 먹을 것이 없고 입을 옷이 없어 추위에 떨고 있는 사람에게 먹을 것, 입을 것을 주고 얼어 죽지 않도록 도와야 합니다.

병든 사람 내가 지금 이 자리에서 돕지 않으면 생명의 위협이 있는 사람을 먼저 도와야 합니다.

내가 주릴 때에 너희가 먹을 것을 주었고 목마를 때에 마시게 하였고 나그네 되었을 때에 영접하였고 헐벗었을 때에 옷을 입혔고 병들었을 때에 돌

어느 날 아버지께 여쭤봤습니다.

"외국에도 일이 많아 구제해야 할 일이 많고 주위에도 많은데 어떤 순위로 해야 하는 것인지 궁금합니다."

"네 눈에 보이는 사람을 먼저 하거라"

오직 성령이 너희에게 임하시면 너희가 권능을 받고 예루살렘과 온 유대와 사마리아와 땅 끝까지 이르러 내 증인이 되리라(행1:18)하시니, 성령이 우리에게 오셔서 복음이 전파되는 과정입니다. 예수님이 우리에게 권능을 주시고, 가시면서 전파하여 말하되 천국이 가까이 왔다 하고 병든 자를 고치며 죽은 자를 살리며 나병환자를 깨끗하게 하며 귀신을 쫓아내되 너희가 거저 받았으니 거저 주라(마10:1~8). 복음을 전하는 데는 구제와 고침이 함께 따르는데 어디서부터 할 것 이냐는 것이 행1:8절의 순서입니다. 예루살렘: 나의 집, 유다: 교회, 나라, 사마리아 :이웃집 이웃나라, 땅 끝: 먼 이웃 먼 나라까지.

내 눈앞에 없을 때에 도울 사람이 없을 때 멀리 있는 사람을 돕는 것입니다.

기회 있는 대로 모든 이에게 착한 일을 하되 더욱 믿음의 가정들에게 할 지니라(갈6:10).

교회 안에서도 멀리 있는 사람 찾으려 애쓰지 말고 자신의 교회 안에 어려움 당하는 자들을 먼저 살피는 것이 옳은 것입니다.

제일 먼저는 자신의 가족을 돌보는 것이 제일입니다. 자신의 가족(가정, 교회)을 돌보지 않고 낯 내느라고 보내는 돈과 제물은 아버지께서 이미 안 받으십니다. 자신의 할 일을 다 하고서야 밖으로 손을 내밀 수 있다고 하십니다. 우리 모두 어려운 사람들을 찾아 돕고, 돌보고 그들을 전도하기에 최선을 다하여 내가 어쩌다 어려움 당하면 그 심어놓은 복 때문에 하늘에 동아줄이 내려와 빨리 구원해 주실 수 있습니다. 나의 상대를 성경이 원하는 데로 돕고 사는 것이 영생과(천대의 복) 영벌의 조건이 됩니다(마25:45~46).

여호와를 소망하는 자들은 땅을 차지하리로다(시37:9).

오늘은 어제가 있었다는 증거이고, 어제의 일에 힘들어 울고 있다는 것은 살아있다는 증거입니다. 나의 최고의 사명은 이 땅에 숨 쉬고 살아있는 것입니다(창1:28). 그것이 최고의 행복입니다. 그래서 웃을 수 있는 것입니다.

눈물은 오늘 때문에 웃음은 내일(소망) 때문에 그러나 오늘은 최고의 날이며 시작이며 끝입니다(말세).

너는 내일 일을 자랑하지 말라 하루 동안에 무슨 일이 일어날는지 네가 알 수 없음이니라(잠27:1).

오늘 하루라는 단어, 내일 일을 자랑하지 말고 내일 일을 염려하지 말라고 하셨습니다. 내일 일은 내일 염려할 것이요, 한 날의 괴로움은 그 날로 족하니라(마6:34). 사랑하는 자들아 하루가 천년 같고 천년이 하루 같다는 이 한가지를 잊지 말라(벧전3:8)라고 하셨습니다. 하루를 살아 천년되고 천년도 하루 살아 되었다는 뜻입니다. 오늘 네 행복을 위하여 네게 명하는 여호와의 명령과 규례를 지킬 것이 아니냐(신10:13). 오늘 지키라는 것입니다. 내일이 아니라 오늘이라기보다는 지금입니다.

태어나는 것도, 오늘 죽는 것도, 오늘 구하는 것도, 오늘 받는 것도, 오늘 웃음도, 오늘 싸움도 오늘 이 하루가 얼마나 소중한가요. 냇가의 하루살이는 하루밖에 살지 못했는데 다음해에 보면 또 있습니다. 하루 동안 자식 번식 해놓고 갔다는 증거입니다.

우리는 어떤가요. 70~80세에 천국 가려하니 손자, 손녀에 자식에 줄줄이 서서 슬퍼하지요. 언제 그렇게도 많이 낳으셨나요. 오늘 결혼하고 오늘 낳았고 오늘 키웠고 오늘 장가보냈고 오늘 손자 봤고 오늘 죽는 것입니다.

왜 오늘이 이렇게 중요할까요? 내 인생이 오늘밖에 없는 하루살이이기 때문입니다. 그래서 오늘 해야 하고 오늘 행복해야하고 오늘 웃어야하고 오늘 전도도하고 오늘 성경도 읽고 오늘 기도도하고 오늘, 오늘, 지금 해야 합니다.

우리의 인생은 늘 마지막이 있기 때문에 그 종착역에 달하면 예수 믿지 않으면 지옥가지요. 땅도 갖고 싶고 남보다 좋은 것을 갖고 싶다면 오늘 지금하세요. 내가 해야 할 일을, 사랑하는 것도 금식도(사58:6) 이해도, 용서도 훈계도 책망도 경계도(딤후3:6) 오늘 지금 해야 합니다. 그래야 내가 원하는 것들을 가질 수 있습니다.

3. 거듭나 하나님 나라를 보다

예수께서 대답하여 이르시되 진실로 진실로 네게 이르노니 사람이 거듭 나지 아니하면 하나님의 나라를 볼 수 없느니라(요3:3)

첫 번째 거듭남

하나님의 나라를 소망하며 우리의 소원을 이루기 위하여 헌금하고 봉사 하고 애쓰고 수고하며 살아갑니다. 그러나 우리의 소원이, 삶이 끈이 되어 있으나 그것을 이루어 영광 돌리는 것은 낙타가 바늘귀로 들어가는 것만큼 이나 어려워서 눈물 흘리며 기도하며 애쓰고 있는 우리의 모습이 하늘나라 를 바라보는 모습입니다. 그러면 바라보지만 말고 그것을 만지고 가지고 먹 고 마실 수는 없는 것일까요?

예수께서 대답하시되 진실로 진실로 네게 이르노니 사람이 물과 성령으로 나지 아니하면 하나님의 나라에 들어갈 수 없느니라(요3:3~5).

두 번째 거듭남

물과 성령으로 거듭나야 하나님의 나라에 들어갈 수 있습니다. 베드로가
이르되 너희가 회개하여 각각 예수 그리스도의 이름으로 세례를 받고 죄 사
함을 받으라 그리하면 성령의 선물을 받으리니(행2:38). 예수님을 믿으면
성령이 우리에게 오시는데 그것은 등불에 기름 같아 쉽게 달아지듯하여 사
라지고 다시 채워야하는 것이 성령이십니다. 성령을 소멸하지 말며(살전
5:19) 성령이 우리 안에서 생수와 같이 영원히 목마르지 않게 자리하시게
하는 것이 바로 두 번째 거듭남입니다. 첫 번째 거듭남은 바라보기만 했고,
두 번째 거듭남은 온전히 들어갈 수 있습니다. 성령이 내 안에 오셔서 거처
를 함께 하는 것입니다(요14:23).

어떻게 할 수 있을까요?

너희는 너희가 하나님의 성전인 것과 하나님의 성령이 너희 안에 계시는
것을 알지 못하느냐, 누구든지 하나님의 성전을 더럽히면 하나님이 그 사람
을 멸하시리라 하나님의 성전은 거룩하니 너희도 그러하니라(고전
3:16~17).

금식하여 조상들의 우상 숭배한 죄와 나의 불순종의 죄 때문에 더러워진
육체 성전을 깨끗하게 씻어주는 것입니다. 그렇게 되면 생수 되신 성령님이
나에게 오셔서 물로 임하십니다(요4:1~). 물로 임하신 성령이 오신 것을 우
리가 하나님 나라에 들어갔다고 표현하고 계십니다. 이렇게 되면 말씀대로
나는 하나님 나라의 것을 마음껏 가질 수 있습니다.

구하는 것, 말씀해 주신 것, 그렇지 않은 것도 주셔서 하늘나라의 사람으

로서 이 땅에서 하늘나라를 살게 되는 것입니다. 물론 죽으면 또 예수님 오시면 천국가고 이 땅에서 천대까지의 복이 임하게 되며 이 사건을 제사장이며(계1:5~6, 5:10), 예수님의 신부이며(계19:7~10), 내가 또 들으니 하늘 위에와 땅 위에와 땅 아래와 바다 위에와 또 그 가운데 모든 피조물이 이르되 보좌에 앉으신 이와 어린 양에게 찬송과 존귀와 영광과 권능을 세세토록 돌릴지어다 하니(계5:13). 할렐루야!

금식할 때에 필요한 말씀과 영계

내가 기뻐하는 금식은 흉악의 결박을 풀어 주며 멍에의 줄을 끌러 주며 압제 당하는 자를 자유하게 하며 모든 멍에를 꺾는 것이 아니겠느냐(사 58:6)

① 샤워실 : 회개할 때에 씻긴다.

회개 시킬 수 있는 말씀을 이렇게 표현하신다.

② 화장실 : 회개하며 귀신이 빠져나가는 것을 원활하게 할 수 있는 말씀

귀신들의 정체를 알아서 잘못할 때에 들어온 불순종의 영이 회개하면 나가는데 그것을 더러운 영이 나갈 때의 모습을 가르치는 말씀을 이렇게 표현하신다.

③ 세탁실 : 잘못되어 있는 인격을 고치는데 그것이 어느 곳인지를 알리고 가르쳐서 온전히 옷을 빨아 입듯이 가르치는 말씀(계 3:18, 16:15, 19:17).

금식기도원의 사역을 할 때는 이렇게 말씀을 무장하고 사마귀를 아는 종들이 지도하며 금식을 시키고, 지도하면 금식을 조금해도 아주 효과가 좋고 복 받을 수 있는 길이 열립니다, 영적인 병원이라고 합니다.

4. 상대가 어떤 말을 하든지
그대로 밀어줍니다

내가 그들의 조상들에게 맹세한 땅을 결단코 보지 못할 것이요 또 나를
멸시하는 사람은 한 사람도 그것을 보지 못하리라(민14:23).

비아냥대는 말, 비웃는 말 진정으로 복을 빌지 않고 내리까느라고 빌고
있는 복이라 할지라도 그 어떤 고통의 말이라도 거스르지 말고 그대로 밀어
주면 내가 복을 받습니다.

저희 교회를 짓느라고 6월부터 동네 사람들이 가만 안 놔둔다고 하여 쫓
겨 다니다 좋은 이웃이 될 테니 용서해달라고 빌며, 무슨 정신으로 그렇게
하고 있는지 알지도 모른 체, 너무 돌아다녀서 다리가 말을 안 들어서 고장
이 나고 또 급하게 고쳐주시는 기적을 봐가면서 9월이 되었습니다.

언덕에 가서 내려다보니 옛날 우리교회는 간데없고 길게 늘어선 집이 생
겼는데 식당, 주방, 교회, 숙소들 약 200평가량이 세워져 있었습니다. 그

감격에 젖어 있는데 뒤에서 내 편 같아 보이지 않는 분이 오시더니 '원장님 참 수고하셨어요. 위쪽 땅도 아래 땅도 이 동네도 자기 집도 다 사라고, 어떤 원장님도 복을 받아 그렇게 하더라' 면서 복을 빌어주시니, 감사합니다.

우리 아버지께서 그렇게 하실 줄 믿습니다. 했더니 기분 나쁘다는 듯이 내려가고 있었습니다. 아니에요 저 같은 사람이 어찌 그런 일을 하겠어요라고 말할 줄 아셨겠지요. 그분은 이런 나의 대답을 기다렸던 것입니다. 이와 같이 어떠한 대화도 꺾지 말고 그대로 밀어서 욕도 얻어먹고 복도 빌어주게 하여 그 사람을 거스르지 않도록 훈련되어진다면 우리는 0.8초의 멋진 하루의 승리로 이끌어 주십니다.

나의 행동과 말을 성경이 복 주시도록 길들이는 데에 3년 이상 걸립니다. 우리 민족은 뱃속에서 성경을 배운 사람이 극히 드뭅니다. 배운다 해도 그 부모가 성경의 사람이 아니라서 그 아이 또한 성경의 사람이 아니고, 아빠 엄마가 하듯이 '바담풍' 하더라고요.

어렵지만 해보시면 아버지! 예수님! 성령님께서 기뻐 춤추시며 복주십니다. 0.8초 승리자로 파이팅!

(1) 가나안의 복을 받지 못한 자

어떻게 하면 예수 믿어 영육 간에 복을 받아, 나는 예수 믿어 이렇게 되었노라고 자랑하며 전도하며 행복하게 살 수 있을까요?

민수기 14장 23절을 보니 '열 번이나 나를 시험하고 내 목소리를 청종치 아니한 그 사람들은 내가 그들의 조상들에게 맹세한 땅을 결단코 보지 못할 것이요. 또 나를 멸시한(원망, 불평) 사람은 한사람도 그것을 보지 못하리라' 하셨습니다.

열 번이나 시험한 자(날마다 열 하룻길)

호렙 산에서 세일 산을 지나 가데스 바네아까지 열 하룻길이었더라(신 1:2).

가나안에 정탐하고 돌아와서, 다시 모여 긍정한 여호수아와 갈렙을 쫓지 않고 부정하는 그 나머지 열 사람을 쫓아 하나님이 약속하신 것을 믿지 못하고 원망하며 돌아 가자고한 이스라엘 백성에게 열 번이라는 숫자는 완전이며, 날마다 너희가 나에게 그렇게 했다고 말씀하고 계십니다.

우리가 가나안에 들어가려면 하룻길인 나그네 인생길에 오늘을 항상 긍정으로 생각하고 말하고 함께 모여 사는 이웃이나 가족이나 누구라 하더라도 부정하는 쪽보다는 확실히 응답받아 긍정하며 행복한 하루를 쫓는다면 가나안은 우리의 것이 될 것입니다.

내 목소리 청종치 아니한 그 사람 날마다 불평 원망하여, 열 번이나 나를 시험하였다고 할 정도이나 부모 말씀 안 듣고 뺑돌이처럼 구는 자식과 똑같은 것입니다. 우리도 똑 같지 않은가요? 아버지의 약속은 구원인데 대화가 통하지 않아 육의 구원이 이루어지지 않아 형식으로 믿고 있는 것이지 조금만 아파도 빨리 병원가고 좋은 약초가 나를 낫게 하지 언제 예수님이 나를 치료 하셨던가요.

돈이 필요하면 빨리 사람에게 가고 은행으로 빌리러 갔지, 기도하여 아버지께 달라고 먼저 손 내밀며 기도 하며 기다려 봤던가요? 나를 핍박하는 원수를 아버지께 맡기고 기도하라 하셨는데 우리는 그 사람 보다 더 많이 손가락질하고 더 많이 욕했지 언제 그를 말씀대로 참아 봤던가요, 그것은 이미 그의 목소리를 잊어버린 행동입니다.

그것은 구하여도 얻지 못하고 주지 않고 계시는 하나님 아버지에게서 우리는 이미 불신 속에 하나님이 만들어주신 성경의 법이 맞지 않는다고 재껴 놓은 상태를 증명하는 행위가 아니고 무엇이겠는가? 이미 오랜 시간 믿음 생활해봤으나 안되었던 우리의 고통의 몸부림이기도합니다. 이제 대안을 찾아 아버지 하시는 말씀이라면 팥으로 메주를 써도 믿을 수 있게 되려면 우리의 행동을 바꾸어 새로운 방향을 제시 받아 대화의 통로를 열어야 되지 않겠는지요.

(2) 꿈 · 환상으로 대화해 보세요.

예언, 꿈 · 환상 중에(행2:7) 예언이 마음에서(겔13:1~) 사단이(렘14:14, 20:6) 성령이 세 가지의 예언이 됩니다. 이 예언을 꿈 · 환상으로 분별해가면서 하늘 아버지와 대화를 이루시면 예전에 변덕쟁이처럼 맨 날 사랑하고 금방 해 준다고 약속만 하고 해주지 않던 하나님이 이제는 변덕이 없어지십니다. 그것이 내 마음에서 나는 소리였다는 것을 금방 깨닫게 되어 내 마음이 변덕을 부렸고 내가 하나님과 대처를 잘못했다는 것을 알게 되어 회개를 이루는 사람이 되고 믿음의 온전한 사람이 되는 것을 볼 수 있습니다.

5. 목소리 청종은 들음에서 비롯됩니다

네가 그의 목소리를 잘 청종하고 내 모든 말대로 행하면 내가 네 원수에게 원수가 되고 네 대적에게 대적이 될지라(출 23:22).

이렇게 듣는 채널이 확실해지면 움직임 또한 불순종에서 순종으로 넘어가 믿음이 반석 같아지면서 우리의 삶의 변화를 가질 수 있습니다. 병들어 혹시 약이 필요하면 먹고 바르고 예수님 진흙 발라 났어요. 치료해 주세요. 우리 예수님이 치료해주셨어요, 돈이 필요하면 기도하고 기다렸다가 받아 쓰고 우리 아버지께서 하셨노라고 자랑하고, 나를 핍박하고 괴롭히는 사람들은 '사람이 그러겠냐 귀신이 그러지' 라고 참으며 나를 살펴 고치면서 그들 복 받게 해달라고 기도하면 그가 복 받기 전에 내가 복을 받으니(마 5:11~12) 우리 성령님이 하셨노라고 자랑하며 아버지를 기쁘게 해드리니 가나안은 나의 것이 됩니다. 우리 꿈·환상으로 응답받고 분별하여 반석 같은 믿음 위에 아름다운 집을 지어 보세요(마7:24).

(1) 나를 멸시한 사람은 한사람도 그것을 보지 못하리라

하나님을 멸시한 것은 어떠한 행동인가, 믿음은 행위인데(약2:14) 우리의 잘못 배운 잘못 생각하고 있는 행동이 하나님이 그렇게 생각하신다면 알아서 고쳐야하겠지요, 애굽에서 탈출하여 열 하룻길 동안 날마다(열 번) 물 없을 때(민20:6) 배고플 때, 고기 먹고 싶을 때마다(민11:4, 31~35) 그들은 원망 불평하여 아버지 마음에 노여움을 드렸고(민11:1) 하나님이 세우신 지도자 모세를 통한 이적, 광야에서의 계속되는 이적에도 믿지 못하고 대적해 버리는 말과 행동을 보고 혹시 멸시했다고 말씀하고 계시는 것은 아닌지요.

우리의 습관적인 원망과 불평은 나에게도 이렇게 말씀하고 계신지 모릅니다. 이제는 습관적인 말과 행동을 고쳐서 감사가 늘 입에서 떨어지지 않도록 길들여서 어떠한 상황 속에서도 하나님이 주시는 하루의 삶을 행복으로 대처해 내시기를 간절히 소원합니다.

(2) 하나님 기쁘시게 하려면 시험에 합격하라

주를 기쁘시게 할 것이 무엇인가 시험하여 보라(엡5:10).

가나안에 들어가려면 원망하지 말아야 합니다(민12:22~38). 지금은 시험이 없지만 저 때만해도 시험이 있었지요. 벌써 초등학교 5~6학년이 되면 남아서 공부하고 중학교에 가기 위한 공부에 열중하고 고등학교도 마찬가지였습니다. 지금은 대학교시험에 열중하듯이 말입니다. 나는 얼떨떨해서 잘 모르는데 중학교를 반 장학생으로 붙었는데, 엄마 언니가 그렇게 좋아했습니다.

우리가 삶에서 잘하면 하나님 아버지께서 그렇게 좋아하시지 않겠어요.

이스라엘 백성들의 삶을 가만히 살펴보면 원망불평에 연속입니다.

이유 또한 있습니다. 애굽에서 종살이하던 때의 습관이 그렇게 된 것입니다. 우리 민족하고 비슷합니다. 우리도 아직 일제의 잔재들이 우리의 삶과 말 속에 그대로 스며있어서, 나라를 대하는 태도나 사람을 대하는 태도며, 내일은 없는 듯이 막 살아버리는 화내버리고 욕해버리고 나라가 내 나라인데 남의 나라 대하듯이 망해야한다는 식의 말들을 들으면서 일제 귀신들이 우리의 삶과 말 속에 뿌리 깊게 내려있다는 것을 실감하게 됩니다.

이스라엘 민족은 나라가 어려움에 처하면 어떠한 일도 내려놓고 나라에 돌아가서 자신의 나라를 위해서 생명을 내놓는다고 들었는데, 우리는 반대로 하고 있으니 만약에 출애굽 하기 전에 광야에 가면 이런 이런 일이 있으니 이럴 때는 이렇게 기도하고 지도자에게는 이렇게 대하고 배고프면 아버지 먹을 것 주세요. 목마르면 물주세요라고 확실한 교육을 시켜서 데리고 나왔다면 그렇게 광야에서 계속적인 시험과 순종치 않은 벌 속에서 사람들이 죽어갔을까요.

우리도 한번 생각해보고 날마다 영적 싸움이 살아 숨 쉬는 순간순간 계속되고 시험이 나를 두르고 있는 것을 알지 못하여 그 시험이 계속 넘어진다면 하나님을 기쁘시게 하는 삶에서 무너지겠지요(계2:10).

두번 시험에 합격하시면 한가지 소원을 이루어 주십니다. 시험 합격은, 공의(하나님 사랑) 정의(이웃사랑)가 성경으로 실현되어야 합니다.

(3) 어떤 상황 속에서도 원망하시면 안됩니다. 욕하시면 안됩니다.

여호와의 얼굴은 악을 행하는 자를 향하사 그들의 자취를 땅에서 끊으려 하시는도다(시34:16).

　악을 행하는 자들을 성경을 살펴보니 그것은 말이었습니다. 말이 곧 영이니라(요6:63) 사단이 우리의 말을 부정하고 원망하게 하여 우리를 하나님께 미움 받게 하여 이 땅에서 잘되는 것을 제외시키고 있습니다. 그것은 조상들의 우상 숭배한 죄 값이 내리고 있기 때문에 복 받게 할 수 없는 상황을 만들고 있는데, 아무리 일을 잘해도 다 망가뜨릴 수밖에 없는 것은 말입니다.

　이제 우상 숭배한 조상들의 죄 값을 청산하기 위하여 하나님 기뻐하시는 금식을 해야 되겠고요(사58:6). 바르게 배워서 하루밖에 없는 나의 삶을 행복으로 이끌 수 있도록 준비해원망하고 불평할 일이 생기거든 '어차피 인생은 그런거야. 우리 아버지 예수님 성령님이 계셔서 나는 행복해' 라고 바꾸어 보세요. 불행해 보였던 나의 삶이 갑자기 빛이 환하게 비치는 것을 알게 될 겁니다.

　이런 말을 하고 살면 자연히 행복해집니다. 어려운 시험이 왔다고요. 살아있는 자는 언제나 시험이 옵니다. 생명의 면류관을 주려고 우리에게 시험을 통한 환란을 주십니다(계2:10). 주를 기쁘시게 하는 것이 시험을 합격하는 것이라 하십니다(엡5:10). '아! 내가 살아있구나 아버지 피할 길을 주세요' 하면 예수님의 피가 우리를 넘어가게 하십니다(고전10:13).

　시험은 살아있다는 증거이며 하나님 아버지를 기쁘게 해드려 상 받을 일이고, 피(예수의 피) 할, 할례 받은 자에게 내는 길이 피할 길입니다.

6. 포도주와 독주에 취한 우리

너는 와서 내 식물을 먹으며 내 혼합한 포도주를 마시고 어리석음을 버리
고 생명을 얻으라 명철의 길을 행하라 하느니라(잠9:5~6)

우리 예수님은 어디로 가셨는가, 우리는 예수님이 주신 복에 취하여 진실
로 예수님을 잊어버렸습니다. 병나면 한 번도 기도해보지 않고 여쭤보지도
않고 병원으로 가서 째든가 바르든가 먹든가하고 자랑하는 것은 얼마나 유
명한 의사에게 다녀왔는가에 대해서 계속 자랑합니다. 병나면 예수님이 고
칠 수 있다고 말하는 것이 아니라 어느 침술원이 침 잘 놓고 어느 한의원이
진맥 잘하고 어떤 보조식품이 건강에 좋은지 매실주, 수세미주, 풀주 등 수
도 없는 효소들을 만들어서 그 효소가 병을 낳게 하지 절대로 우리 예수님
은 못 고치십니다. 병원에도 가야지요. 그러나 과학이 이렇게 하나님보다
높아졌고, 병원이 예수님의 힘을 능가했고, 효소가 예수님의 힘을 아예 없

애 버렸습니다.

그 의사 자랑할 때 그 한의원 소개해 줄 때 그 침쟁이 말해줄 때 그 입으로 예수님이 다하실 수 있고 진흙만 바르면 예수님이 눈먼 자도 귀머거리도 다 고칠 수 있다고 자랑만 했더라면 우리 예수님이 이렇게 힘을 잃어 이 민족이 이런 어려움은 없었을 텐데, 그 풀이 진흙이고 의사가 놔주는 침이 무화과 뭉치이고 우리 예수님이 다하신다고 말했더라면, 주의 종들의 가정의 자녀들이 정신을 잃고 장로님의 자녀들이 귀신에게 물려 정신을 놔버리고, 호랑이에게 물려갈 놈이라고 욕을 했으니, 당연히 물려야 되겠지요.

권사님 집사님의 가정과 자녀들이 어려움을 당하여 고통 속에서도 해결할 수 없는 것은 귀신이 하는데, 의사에게 가서 고쳐달라고 하니 의사가 째기는 해도 귀신은 못 보지요. 귀신의 전문가는 예수님이십니다. '이 더러운 귀신아! 사람에게서 나오라(막9:25) 해도 해도 이제까진 안 됐지요. 이제 금식하면서 해 보세요. 예수님께서 40일이나 금식을 본을 보이셨고(마6:16)

절에서 금식할 때에 당연히 해야 하는 금식을 하지 않고 있었던 것이지요. 해라 말아라. 말이 없으시고 할 때에 라는 것은 진행형의 말씀입니다 사단의 세상에서 배운 포도주와 독주를 빼버리고 우리 예수님이 다하신다고 말할 수 있어요.

진실로 다하십니다. 의사 자랑할 때, 내자랑할 때, 좋은 한의원 침쟁이 자랑할 때, 효소 만들 시간에 성경 읽고, 기도하시구요. 이제는 우리 예수님이 다하신다고 자랑하게 됩니다. 그리고 굉장한 보너스를 주십니다(잠9:1~).

참 지혜를 얻게 되어 집을 짓고, 일곱 기둥을 잘 세우고(훈련단계: 초등학교 6년, 중학교 3년, 고등학교 3년, 대학교 4~6년, 대학원 3년, 고시) 짐승 잡고요(귀신), 포도주 혼합하고(포도주, 독주 빼고, 잠12:1) 상을 갖추고 여종을 보내어 성중 높은 곳에서(귀한 사람 되어) 어리석은 자는 이리 돌이키

라, 지혜 없는 자에게 이르기를 너는 와서 내 식물을 먹으며, 내 혼합한 포
도주를 마시고, 어리석음을 버리고 생명을 얻으라. 명철의 길을 행하라 하
느니라(잠9:1~6).

세상의 것을 버리면 삼각형으로(P24) 명철하게 나를 살피면 생명(아름다
운 삶 능력의 삶)을 얻고 사랑하는 자들 앞에서 좋은 것을 대접하고 큰소리
치며 살게 된다는 말씀입니다. 제가 해보니까, 세상사람 자랑할 시간이 있
다면 그 시간에 예수님 자랑하고 내가 한 것은 다 아버지, 예수님, 성령님이
하셨다고 자랑했더니(잠9:1~6) 복을 주셨습니다.

한번 해 보세요. 습관 되어 지면 아주 쉽습니다. 우리 예수님이 나의 성
령님이 하셨습니다. 암요 우리 아버지가 하셨습니다. 영육 간에 복을 주십
니다.

7. 영의 사람과 육의 사람

그리스도께서 너희 안에 계시면 몸은 죄로 말미암아 죽은 것이나 영은 의로 말미암아 살아 있는 것이니라(롬8:10).

상대가 없으면 나를 분별 할 수 없습니다. 그 사람이 나의 시험지입니다. 아브라함의 믿음은 그의 조카 롯이 증명했습니다. 이삭은 이스마엘이 있어 영의 사람인 것을 말해주구요 그 뒤의 자녀 에서와 야곱도 에서(육)있어 야곱의 영의 사람이라는 것을 알고, 야곱 있어 그가 육의 사람이라는 것을 드러내 줍니다.

야곱의 자녀 12명을 봐도 가지각색의 색깔을 지닌 그의 자녀 중에 요셉이 두드러진 영의 사람으로서 변화시켜 사람들을 구원하는데 쓰임 받는 것을 봅니다(창37장~50장). 베드로와 야고보와 요한처럼, 예수님의 변화의 모습도 하나님의 대화의 모습도 볼 수 있고 하늘의 비밀을 많이 알아서 백성들을 복 받게 할 수 있습니다(막9:2). 하늘나라의 비밀을 아는 것은 있는데 다 더하는 것이요, 모르는 것은 있는 것도 빼앗기느니라(마13:10~13).

12제자 중에 이 세분이 쓴 책을 보면 영적으로 깊이 알고 쓰셨다는 것을 알 수 있으며, 그 중에 사도 요한은 성령님에 대하여 우리에게 깊이 일러주고 계시며 요한계시록을 통하여 성령님에 대하여 마무리하시며 우리가 성령께서 하시는 말씀을 알아듣기만 하면(계2:7,11, 17, 29, 3:6, 13, 22) 신부로서(제사장) 살면 천대까지 세세토록(영원)복을 받을 수 있다고 기록하셨습니다(계5:1~, 19:7~8, 22:17).

에스겔 43:12절에서는 높은 산은 거룩한 백성들을 위하여 거룩한 곳으로 예비하셨고, 라마 라욧은(삼상 19:19~20:1) 장소지정이 되어 특별한 선지자들이 그곳에서만 영의 일이 일어난다고 성경이 말하고 있습니다.

영의 사람은 육의 사람을 보호하는 일을 하나님이 만드신 자동 프로그램 속에서 하게 됩니다. 의인한명 때문에 세상을 구원할 수도 있고(창6:1~) 10명이 있으면 소돔과 고모라를 용서라리라(창18:32) 예루살렘 성중에 가증한 것들로 인하여 슬피 우는 자의 이마에 인치라(겔9:4) 하늘에서 바라볼 때 가증한 것이 무엇인지 알아야 되겠지요. 그래야 울지 않겠어요. 그래야만이 하나님의 인을 이마에 맞고 사는 반열에 들지 않겠어요.

한사람의 위로와 칭찬이 실의에 빠져 죽어가는 사람을 살리기도 했어요. 저의 불시험때, '원장님! 안돼요. 꼭 그곳에 계셔야해요. 원장님은 꼭 그곳에 계셔야해요.'

'뒤돌아 보지 말고 앞으로 전진' 하늘의 무서운 호령소리가 지금도 귀에 쟁쟁합니다.

이 땅에서도 잘살아야 되겠지만 천국까지 연결하여 세세토록 사는 사람이 되어야 우리의 인생의 마무리를 잘하지 않겠어요. 알코올중독, 마약중독, 컴퓨터 중독, 자살에 남녀관계의 혼란, 인격의 혼란 입술에 들어있는 온 갖 욕설에 이런 것들이 너무 오랫동안 우리의 삶에 함께 있어서 이 모든 것을 귀신들이 함에도 불구하고, 귀신들하고의 삶이 너무 자연스러워서 이제는 그런 일들에서 멀어져 사는 거룩한 백성이 희귀하여 원숭이처럼 바라보니, 이것이 가증한 일이 아닌지요.

주의 종들이 이러한 일이 교회 안에서도 속출하고 있는데도 쉬쉬하며 말하지 말라하고 말하는 종이 있으면 성도들은 배꼽이 배 밖으로 나왔어. 아니야 간댕이가 부었어. 쫓겨나고 싶어서 환장 한 거지, 하면서 당을 지어 쫓아내고 싸우고 사단의 사슬에 찢기며, 이러니 주의 종들은 쉬쉬하고 목 간수하기 바쁩니다.

우리 아버지께서 어디서부터 손을 써야할지 알지 못하여 탄식하며 울고 계시니 이제 우리가 울며 이러한 병폐와 죄를 회개하여 울고 계신 아버지의 눈물을 닦아 드려야 되지 않을까요? 큰 십자가를 지시고 피를 철철 흘리시며 불순종하고 있는 우리를 바라보시며 고통하고 계시는 우리 예수님! 이제는 그 무서운 십자가에서 내려 드려야하지 않겠어요. 순종해서 말이에요, 인격을 고쳐서 말이에요, 사랑하는 성령님은 이러한 우리 때문에 마음 성전에서 쫓겨나 밖에서 더위와 추위를 견디면서 자신의 성전 찾기를 위해서 애태우고 계시니(계3:20), 이제 순종하여 금식하고 기도하여 성전 닦고 성령님을 모셔드려야 하지 않겠어요? 어디서부터 손을 써야 할지도 불분명한 이 세대... 탄식의 소리 고통의 소리 아픔의 소리, 이제는 젖어 버려서 예수님을 잊어버리고 병나면 의사에게 달려가고 궁금하면 점쟁이 찾아가고, 아프면 술 먹고, 잡담하면 마치 해결되는 것처럼 착각하며 살고 있는 이 백성의 영혼의 소리! 아버지여! 어찌하오리이까?

(1) 먼저 금식하여 아버지와 대화부터 시작해야할 때입니다.

주의 종도 백성도 바쁘다고 하시면 할 말 없지요. 어차피 우리는 하루살이입니다. 교회일이 바쁘고 집안 일이 바쁘고 이리저리 왕래하며 쇼핑하느라 바쁘지요. 그러나 오늘 오라하시면 나는 가야합니다. 그 다음에 그들은 여전히 바쁩니다. 아내가 가도 남편이 살지요. 다른 여자 데려다 살지요. 남편이 가도 아내가 삽니다. 그냥 다른 남자 만나서 살아버리던데요. 자식들 때문에요? 부모 죽어도 잘 삽니다. 성도들 때문에 주의 종들이 금식을 못하신다구요. 글쎄요. 성도들 때문에 해야지요. 그렇게 프로그램 만들어서 돌리다가 어느 날 예수님께서 부르시면 뭐라 하실까? 나 너 모른다(마 25:12)고 하시면 어찌 하시려는지요. 먹고 싸고 씻고 닦고 하시느라고(전 8:15) 너무 바빠 예수님 잊어버리면 헛것입니다.

천국 가서만 만나려 하지 말고 살아서 살아계신 예수님을 만나고 성령님을 모시고 천국생활을 이 땅에서 하다가 천국에 가야 합니다(골3:1~3). 이 땅이 지옥이라면 천국갈 수 있을까요. 물과 성령으로 거듭나라 하나님 나라에 들어가게 될 것이니라(요3:1~5).

성령님을 모실 수 있는 기뻐하는 금식을 하게 되면(사58:6) 내 마음 성전에 흉악의 결박자(죄지어 들어온 치리자, 귀신)가 풀어져 나가고 내 마음 성전을 부수고 황폐하게 만들었던 귀신들이 나가면서 성전이 재건되며, 새 가죽 부대 운동이 일어나서 새 포도주를 담을 마음 성전이 만들어 집니다(눅 5:25~39). 그곳에 사랑하는 성령님 모시면 어머니 되신 나의 성령님이(갈 4:26) 온갖 참 지혜를(잠9:1~) 알려주시고 꿈ㆍ환상을 활발하게 하여 대화해 주시고 하늘나라의 비밀을 가르쳐주어서 영ㆍ육간에 복 받을 수 있는 온갖 지혜의 모략과 모사와 능력과 은총을 베풀어 주십니다.

그래서 사울과 같이 은총을 빼앗을 자의 반열에서 벗어날 수 있습니다(대상10:14) 사울은 묻지 않아서 죽었다고 하시거든요 우리가 죄 지을 수밖에 없을 때에 그리스도의 속량이 이루어져 마음은 죄를 지나 육신으로는 하나님의 법을 지킬 수 있도록 이끌어 주십니다(갈3:13). 거룩한 백성으로 살고 싶으세요. 아버지 기뻐하시는 바른 금식을 해보세요. 준비된 곳으로 오세요. 교회나 집이나 일터에서 금식하시면 일곱 귀신 더들어갑니다(마102:45).

준비된 기도원에서 지도자들의 지도를 받으면서 하셔야 합니다. 이제 내가 변하여 나라가 교회가 변해야 되지 않겠어요. 욕하던 입도 변하여 축복해야 하고(잠11:11) 남편을 구박하는 아내도 변해야하고 근면하지 못한 남편도 근면의 모습으로 변해야 합니다(잠11:16). 그래야 우리에게 소망이 생깁니다.

마음 성전이 터져서 온갖 귀신들이 다 들어와서 나와 내 삶을 다 찢고 있는데도 이대로 방치하시면 내 자식들도 위험하지 않겠어요(사58:12). 네가 내 율법을 버려 제사장이 되지 못하였으니, 나도 네 자식을 버린다(호4:6)는 말씀이 두렵지 않으세요. 성경은 족보 책입니다. 조상들의 덕이 자손을 잘되게 하고 자식은 부모의 행실을 그대로 닮습니다. 내가 먼저 해야 내 자식이 따라합니다.

(2) 먼저 내가 금식해 보세요.

자녀들의 성격, 병, 컴퓨터 문제, 성적 문제 다 해결됩니다. 교회도 자동으로 다니게 됩니다. 신기한 하늘나라 비밀을 알아낼 수 있는 것은 금식뿐입니다. 기적의 약이지요.

예수님은 40일 금식하셨습니다. 훌륭한 선지자 다윗 왕도 금식하여 훌륭하게 되셨습니다(시69:10~11). 지금도 마찬가지입니다. 이제까지 많이 먹고 병들어 모든 어려움이 왔습니다. 이제 그만 잡수시고 금식 좀 해 보세요.

먹어서 든 병 굶어서 치료합니다. 당뇨병 고혈압, 고지혈증, 폐암, 간암, 각종 암과 아토피와 피부병, 허리병, 뼈에 관계된 병(사58:8~11), 희귀병, 우울증, 의부증, 의처증 우리들의 불순종의 대가로 귀신들이 갖다 주는 것입니다. 조금씩 오래 금식하면 모두모두 귀신이 나가면서 치료받습니다. 해보세요 내 몸 성전이 새 가죽 부대로 바뀌면서 삶이 새로 바뀝니다. 새 것으로 그리고 영의 사람이 되어(롬8:13) 나만 잘되는 것이 아니라 나를 만난 모든 사람이 영·육의 복을 받습니다. 새 하늘과 새 땅을 보고 싶다고요. 내가 새 땅이 되면 새 하늘이 나에게 열려서 복을 주십니다(계21:1). 할렐루야! 사랑합니다.

8. 마음에 드는 한 여자

마음은 올무와 그물 같고 손은 포승 같은 여인은 사망보다 더 쓰다는 사실을 내가 알아내었도다 그러므로 하나님을 기쁘게 하는 자는 그 여인을 피하려니와 죄인은 그 여인에게 붙잡히리로다(전7:26).

솔로몬은 말년에 천명의 아내와 많은 백성과 사람들과 살면서 자신의 지혜로움 덕분에 얼마나 많은 사람들에게 칭송을 받았으나 자신의 마음에 드는 여자를 얻지 못했다는 이야기입니다. 사람은 찾았다고 되어 있습니다. 이게 무슨 뜻일까요. 마음에 드는 여자가 없고, 하나님께 잘하면 마음은 올무와 그물 같고 손은 포승 같은 여인, 사망보다 더 쓴 여인을 안 만나게 되려니와 하나님을 기쁘게 해드리지 못하면 시시때때로 마음에 올무와 그물을 치고 기다렸다가 때를 만나면 포승처럼 묶어서 사망으로 끌고 가는 여인을 만난다는 것이지요(전7:26) 저는 궁금해졌습니다. 그 많은 여인 중에 왜 찾지 모했을까?

　성령께서 하시는 말씀

　천명이라서 그러지, 한명이었다면 그 한명이 마음에 들었을 것이다. 천명의 여자가 서로 질투하고 시기하게하고 싸우게 만드는 것은 좋은 마음을 가진 여자라도 악하게 되는 것이지.

　그래서 한명을 데리고 산 이삭이 그렇게 평안한 삶을 살았을까요

　자신의 말년에 자신은 하나님을 기쁘시게 한 삶이 아니라는 것을 깨달은 것 이지요. 많은 아내를 얻어 자신이 기쁘게 살 수 없는 조건을 자신이 스스로 만들어 낸 것이 아닐까요? 지금 현재에도 이러한 부부들이 있는듯합니다. 내 아내가 마음에 안 들어서 순이 엄마 철수엄마 들먹거리면서 그 집을 그렇게 말하고 있는 당신은 몸은 아내에게 마음은 순이 엄마에게 있네요. 그렇다면 한 여자를 찾을 수 없겠지요.　아내도 마찬가지구요 많은 여자가 내 옆에 있겠으나 하나님이 주신 아내가 있다면 또 남편이 있다면 비교하지 말고, 그 사람에게서 좋은 것을 발견하려고 애쓰고 또 잘못된 것을 서로 고쳐 가면서 살기를 원한다면 솔로몬 왕과 같은 후회는 하지 않을 듯합니다.

(1) 첫째, 내 아내로 만족하세요.

　어떤 일에든지 진실하게 말하고 행동하면 좋겠지요. 남자들의 이상한 행동 중에 그때만 모면 하려고 자꾸 거짓말을 하기 때문에 이것이 한두번 들통이 나면서 믿음이 상실되고 화가 나는 것이지요. 아내들의 특성은 속에 다른 것이 있는데 그것을 말하지 않고 딴 트집을 잡기 때문에 어떻게 보면 본심을 알아보기가 어려운데요. 뭔가 있어서 그런다면 말하기 나름으로 금방 알아 낼 수 있겠지요. 남자들은 유들유들 거짓으로 넘기고 여자들은 그

것을 절대로 못견뎌합니다. 그렇게 안하시는 것이 가정을 아름답게 꾸리는 것이지요.

(2) 둘째, 최선을 다해야합니다.

서로 화합해보려고 무던히 애써야하는 것이지요. 내 사람이 따로 있는 것이 아니라 만들어야하는 겁니다. 사랑받으려고 애쓴다면 사랑받는 사람이 될 겁니다.

"살아있는 오늘"

솔이가 사랑이를 맡아서 기르면서 여러 가지 애로점 중에 사람들이 아이가 잘못하면 자신에게 와서 "이 아이가 왜이래요", "몰라요" 모든 사람들이 계속 그렇게 하니까 기분이 나쁘단다. 딸 왜 기분이 나쁠까? 그것이 네가 엄마의 대행을 하고 있기 때문에 묻는 것이고 그것이 네가 그 아이를 보살펴서 복 받고 있다는 말이야 . 잘 알아듣지 못합니다. "마리아! 주혜가 왜 그래요 주향이가 왜 그래요 수아는 왜 이렇게 소리를 꽥꽥질러요, 속상하겠지? 그러면 아이가 없으면 어떨까? 그런 소리 안 듣고 대신에 하나님 저 아이주세요. 눈물 흘리면서 기도하겠지 어떤 것이 좋을까? 엄마 알았어요. 오늘 하루에 기분 나쁜 말이든 일이든 소리들 많지요. 내가 남편이 있기 때문에 아내가 있기 때문이지요. 우리 안 목사는요 아버지! 나 장가 좀 가게 해줘요. 남들은 두 번도 가고 세 번도 가는데 나는 아직 한 번도 못 갔어요. 괜찮아보이세요. 나에게 남편, 아내 주어서 이런 저런 행복이죠. 아무도 없다면 이런 소리 안 듣겠지요. 그러면 나그네 인생길이 너무 외롭지 않겠어요. 나와 함께 있는 내 가족, 나의 사랑하는 형제 ,이웃은 바로 나에게 주신 최고의 선물이랍니다. 오늘 하루를 사는데 심심할까봐 이제 사람들이 나에게 뭐라 해도 살아있는 행복이라는 것이 깨달아 집니다. 아버지! 오늘 나 사람들에게 속상한 말 여러 번 들어서 기분 나빴어요. 그런데 감사합니다. 이 땅에 살아있어서 들었습니다. 이곳에 나에게 주신 가족과 자녀와 사랑하는 자들이 있어서 들었습니다. 천국은 그런 일이 없다면서요(전9:9~10). 사랑합니다. 할렐루야!

제 5 장

아버지께서 원하시는 교회는 어떤 곳일까

1. 싸우지 않는 교회

너희를 대면하면 유순하고 떠나 있으면 너희에 대하여 담대한 나 바울은
이제 그리스도의 온유와 관용으로 친히 너희를 권하고(고후10:1)

우리 아버지는 저에게 가정 목회하라 하십니다. 그것은 네가 부모가 되고
성도는 자식이 되어 돌보라는 것이지요. 그런데 우리는 성도들의 눈치 살
피기 바쁘고 그들이 다른 데로 갈까봐 가르쳐야 될 것을 가르치지 못하고
해야 할 말을 하지 못해서 교회가 성도가 어려움을 겪으면서 그리스도의 나
라를 확장해나가 아버지 기쁘게 하는 한 영혼 구원이 갈수록 어려움을 겪고
있습니다.

종은 교회의 아버지가 되어 사랑하는 아버지의 백성들을 돌보는 것이 해
야 할 일임에도 불구하고 무엇이 그들을 위해서 해야 할 일인지를 알지 못
한 채 고통을 당하고 있는 것이 현실입니다.

당신 자식이라면 어떻게 하시겠나요?

밥 먹이고 잠재우고 학교 보내고 평범하게 살다가 문제가 생겼을 때에 그의 말을 들어주고 그 문제에 대해서 해결 할 수 있도록 귀를 열어 들어줘서 다시 행복하게 살 수 있도록 해주는 것이 부모가 할 일이지요.

(1) 목회의 부모도 똑같이 해야 하지 않을까요?

직장 다니고 집안 살림하고 아이들 키우고 정규예배 나오도록 도와주며 평범하게 살다가 성도의 가정에 문제가 생겼을 때에 심방하거나 만나서 그 문제를 위해서 얘기를 들어주고, 그래서 그런 일이 생겼지 않느냐고 나무라지 말고 많이많이 들어줘서 마음에 고통이 해소될 수 있도록 도와주고, 하나님 앞에 꿈과 환상으로 응답받아서 처리할 수 있도록 돕는 것이 지극히 평안한 방법이 아닐까요.

아버지와 초점 맞추어 살 수 있도록 인도해줘야 되지 않을까요. 최선을 다했으나 교회를 떠나야 되는 상황이 생기거든 이유를 파악하여 꿈·환상으로 응답받아 보내주며, 복을 빌어주면 아버지께서 좋아하시지 않겠어요. 사랑은 나부터, 아버지께서 자신이 원하시는 교회와 단계적인 관리를 하시지 않겠어요. 초등학생, 유치원생, 중고등학생, 대학생, 대학원생, 고시생, 제사장까지(계1:5~6) 이렇게 여러 단계를 거쳐 있는 사람의 단계를 우리가 어찌 관리 하겠어요. 우리가 해야 할 일은 자유 함을 갖고 보내주고 사랑스럽게 받아주면 많은 교회가 하나처럼 움직인다면 무슨 걱정이 있겠어요. 꼭 필요해서 이웃집 교회 가서 예배도 한번 드릴 수도 있는 것이지요. 기도원도 가보고 싶을 때가 있을 것이고, 자신 양떼 지킨다면서 너무 철장을 치니 더 궁금해서 아주 떠나버리거나 이단에 빠지는 것은 아닐까요?

어떤 목사님은 나 떠나가면 죽는다고 저주하고 어떤 분은 나만 구원이 있다고도 하고 도대체 우리민족의 교회는 어디로 가야하는 거예요. 저는 수년 전에 그 목사님을 만나서 정말로 당신만 구원이 있느냐고 그러면 당신이 하나님이시냐고 했더니 그것은 아니라고 해서 그러면 다시 훈련받아서 제대로 하시라고 그래야 다음번에는 당신에게 맡겨주신 성도들이 떠나지 않을 것이라고 충고했어요.

하나님 아버지께서 보시고 오늘 내 아들은 대학을 가게 되었으니 내종은 고등학교 선생님이니 어디 어느 곳으로 보내야 되겠다고 결정 내시면 아무리 말려도 그는 가야지요. 그때 아버지의 뜻을 묻는 응답이 필요 한 것 이지요. 저도 교회를 바꾸어 주실 때 굉장했습니다. 요나를 배에서 내릴 때에 봄부터 교회에 소쩍새 소리가 굉장하여 장로님이 일꾼 집사들이 많이 떠날 때에 권사님들이 저에게 별일이 다 벌어져도 박 집사는 안 떠날거라고 하셨어요. 왜 떠나야 해요라고 대답했는데 연말에 사무연회 때에 결국은 목사님이 저를 놓고 거짓말을 하셨고 평시 같으면 목사님의 그런 처신이 너무나 사랑스럽게 받아들여졌을 텐데, 저는 참을 수 없었고, 목사님을 향하여 귀신이 잔뜩 들어가서 더 이상 바라볼 수 없어서, 방법은 교회를 떠나게 되면서 온갖 어려움을 당해가며 훈련을 받게 되었어요. 제가 다시 교회로 들어가서 신앙생활을 했다면 생각은 달라졌겠지만, 제가 주의 종이 되면서 주의 종 훈련 종으로 거듭나게 되어서 하늘나라의 일을 하는 목사가 되었답니다. 어찌 보면 제가 불순종해서 교회를 나왔기 때문이 아니냐고 말씀하실 수도 있으시겠지만, 그때 그곳에서 요나를 끌어내어 무서운 불속 훈련이 시작되었고 그 삶의 훈련7년 기도훈련 3년(7시간~12시간까지) 후 이곳에 도착했으며 지금은 아버지의 마음을 내 마음에 담고, 성령님의 인도하심 따라 때와 시기를 분별하여 만날 때와 헤어질 때, 때가 아니 되었는데도 움직이고자

하는 성도와 종들이 있다면 그것 또한 사랑스럽게 보내드리고 다음을 기약합니다. 항상 저의 인사는 "천국에서 만나자"입니다. 이 땅에서는 헤어져서 각자의 사명을 감당해야 하나 결국 마지막 길은 천국이라는 것은 인정하며 아무리 훌륭하고 똑똑하고 돈 많아도 나는 당신에게 미련이 없으며 아버지께서만 당신에게 최고의 관심이 있기 때문에 결국 천국에서 만나게 될 것이라는 전재 아래의 확실한 예언인 것 이지요 주의 종들이 아무리 백성을 사랑한들 아버지 마음 따라 갈 수 있을까요? 자신의 아들을 내어주신 그 사랑을 우리는 성도가 몇 명, 헌금이 얼마, 내 자식이 얼마나 잘되었는지를 자랑하며 우리 예수님이 하셨노라고 합니다. 그런데 아버지는 사실 그런 일에 별로 관심 없으시지요. 오로지 한사람의 영혼에게 관심이 있으시답니다. 그 영혼 때문에 목사를 두었고, 그 목사가 목사가 아닌 목자가 되고 아버지의 마음을 가지고 자식 보살펴주시길 원하시지만 우리는 외부적인 것에 관심이 많고 영혼에는 별관심이 없지는 않나 의심이 되지만 그렇진 않겠지요.

　목사를 위한 목사가 되지 말고,
　성공을 위한 목사가 되지 말고,
　아버지를 위한 목자가 되라(모든 성도를 아버지의 뜻에 따라 인도, 꿈ㆍ환상의 응답) 선한 목자의 길인 것이지요(요10:11~14).
　자식을 사랑하는 가정 목회를 하라(한사람을 내 자식을 사랑하듯이) 아버지의 간절한 소원에 우리가 다다르는 날이 있기를 위해서 이 하루를 가야하지 않을까요.

2. 목회에도 도덕이 있어야 합니다

형제들아 내가 하나님의 모든 자비하심으로 너희를 권하노니 너희 몸을 하나님이 기뻐하시는 거룩한 산 제물로 드리라 이는 너희가 드릴 영적 예배니라(롬12:1)

부모가 자식에게 자신의 고통이나 아픔과 사소한 이야기를 하지 않습니다. 이유는 부모의 무게를 자식들이 감당할 수 없어 쓰러지고 넘어집니다. 그와 같이 목사 부부가 성도들을 상대로 자신의 고통과 삶의 푸념을 하지 않는 것입니다. 당장 부모와 자식의 자리가 무너지면서 성도는 목사를 함부로 보게 되고, 그 무게를 견디지 못하는 성도는 쓰러지게 되는 것이지요. 그것은 목사님을 귀하게 보는 만큼 반대 급부적인 현상이 일어나기 때문입니다. 너무나 많은 문제거리인 듯합니다.

(1) 너무나 무리하게 돈을 빚지거나 저지르지 않습니다.

너무나 많은 부분을 미리 쓰고 댕겨 쓰고 빚으로 해결해나가다 보니 성도들의 마음이 너무나 무거워서 신앙생활이 재미있는 것이 아니라 돈 문제 해결하러 다니는 것 같은 느낌 때문에 마음을 붙이지 못하는 경우들이 너무나 많은 듯합니다. 조지 뮬러 목사님처럼 기다렸다가 받아서 하면 너무 행복합니다. 기다릴 때 힘이 듭니다. 그러나 빚지면 잘 안 갚아 주시더라고요. 받아 쓰면 아주 행복합니다. 성도들도 마음이 가볍게 신앙생활을 할 수 있습니다.

목사는 강대상이 자신의 삶이 현장이 되어 슬픈 일 기쁜 일 고통스러운 일이 성경과 매치되어 나와야하고 어떤 사건도 가지고 올라가서 잘못한 것은 회개하고 여러 가지의 일을 가지고 성령님과 사단의 역사를 성경을 통해서 풀어 가르치고 어떻게 하면 아버지 기뻐하시는 삶 속으로 함께 갈 것인지를 이끌어내면, 강대상이 나의 삶의 현장이기 때문에 뒤에서 수근 대는 일이 없어지고요. 질책이 있을 때에는 얼마든지 받아서 고치며 가면 아버지께서 너무 좋아하십니다.

(2) 목사님들의 사생활을 말하지 말라고 가르친다면서요.

그러니까 거꾸로 하더군요. 성도들에게 몰래 잘못하고 강대상에서는 거룩한 척 하는 것입니다. 거룩한 척한다고 거룩해지나요. 저의 아버지는 제가 강대상에 올라가면 과대광고를 하십니다. 제가 이런 죄를 졌다고 회개시키시고 설교하십니다. 제가 불만이 생겨 아버지! 말씀을 하시려면 과대광고를 마시고 그대로 하시라고 했더니, 너희들은 죄에 연달되어서 조그맣게 얘기하면 콧방귀도 안 끼기 때문에 그렇게 해야 한다고 하셨어요. 티끌만한 죄도 큰 것이라는 말씀이시지요. 크기는 달라도 죄는 다 큽니다. 아버지 보시는 입장이시지요. 그리고 죄가 회개되지 않으면 더러운 물이 말씀을 타고 흘러 내려서 영혼을 더럽히기 때문에 강대상은 죄 회개가 일번이라고 하셨어요. 소망은 큰데 조그맣게 말씀하십니다. 그런데 예배당은 3천평을 지으라고 하셔 놓고 손바닥보다 더 작은 접시로 보여주십니다. 그런데 왜 이렇게 작게 보여주시느냐고 했더니, 너무 크게 보여주면 네가 무서워서 안한다고 하면 안 되니까 가벼우라고 적게 보여주신답니다. 아버지의 놀라우신 배려하심과 우리의 마음을 너무나 잘 알고 계신다는 것을 깨달을 수 있는 일입니다.

어두움에 있는 것을 지붕위에서 말씀하시는(고전4:5), 아버지! 감춘다고 되겠습니까. 올해 초 성남에서 경찰차가 우리 집에 왔습니다. 제가 원래 죄가 많아서 왜 날 잡으러 오셨느냐고 했더니, 원장님 잡으러 온 것이 아니라 사람을 찾으러 왔노라고 하셔서 누구냐고 어떤 교회 사모님이라고 했습니다.

사연을 듣고 나서 다른데서 찾지 말고 그 지도자에게 가서 물으시고 마음 맞지 않은 남편하고 싸우고 어디 기도원에 가셔서 계시겠지요. 남편에게 가서 자세히 묻든가 성도들의 동태를 조심스럽게 살피면 곧 드러날 것이라고 조언을 해서 보냈습니다. 그런데 너무나 놀랍게도 오늘 그 남편이 아내를 상해해서 처참하게 만들었다는 소식을 들었습니다. 성령님 없이 목회하고 있는 그 사람이 살인자구나. 성령 아니 계신 사람 속에 귀신 밖에 더 있겠습니까. 이 땅에는 두 영 밖에 없어서 성령이 아니 계신 마음 성전에는 귀신의 전이 되는 것이고, 우리의 삶이 하나님의 말씀대로 살지 않으면, 귀신의 말대로 살면서 그에게 절하고 제사하는 것이 우리의 하루입니다(고전10:20, 롬12:1).

숨기고 싶은 것이 많은 것은 많은 잘못을 한 것이라고 해도 되겠지요. 죄 없는 사람이 있다면 예수님이 필요 없지요. 의인은 없나니 하나도 없다(롬 3:10, 전7:20)고 하셨으니까요.

죄 있는 사람이 부끄러운 것이 아니라 죄를 회개하지 않고 죄를 부끄럽다고 숨기다가 귀신의 밥이 되어서 이렇게 무서운 행동을 저지르는 것이 그리스도의 나라를 이루려는 아버지 앞에 얼마나 부끄러운 일이며, 그 일을 위해서 애쓰는 동역 자들과 백성들에게 얼굴을 들 수 없게 되는 것이지요. 회개하면 용서하시니 어떤 일이든지 말하고 고쳐나가는 것이 우리가 전해야하는 강대상의 메시지가 되어야 되지 않겠어요.

아버지여! 저를 고쳐 평안하게 해주소서(사57:19) 우리는 고쳐야 평안합니다. 고칠 문제가 생겼다면 그것이 회개거리인데 감추어 놓고서야 어떻게 고치겠어요. "고쳐줄게 내놔라"입니다. 의사가 고쳐달라고 내놓는 환자만 고쳐주지 않겠어요. 우리도 나를 적나라하게 내놓고 금식하며 애통하며(사 58:1~12) 고쳐 달라 해야 하지 않겠어요. 말씀대로 평안이 옵니다. 천국 가는 그날까지 그리해야지요.

저를 가르치사 나를 백성들을 평안으로 이끄는 종 되게 하옵소서, 나를 고쳐서 사람 만드신 그 방법 그대로 종들과 백성 한 사람 한 사람을 사랑해 주고 고쳐주며 평안으로 인도하여 가정이 평안하고 나라가 평안하고 교회가 안정되는 그 방법은 바로 명철입니다(전4:7, 28:11).

나를 보고 고치시는 의사이신 예수님에게 나를 수술하시고 사랑으로 감싸시고 배려하시며 많은 사람을 가져야 행복한 것이 아니라 내가 행복해야 되는 것입니다. 내가 행복하면 나를 만나는 모든 사람을 행복하게 해 드릴 수 있는 것입니다.

(3) 행복의 시작은 하나님과의 대화입니다
(「성경으로 해석하는 꿈과 환상」참조).

부부가 대화가 통하면 행복하듯이 아버지, 예수님 성령님과 대화가 통하면 행복해집니다. 마음 놓고 대화할 상대가 생긴 것입니다. 어려운 게 뭐냐구요? 아버지 일을 하면서 아버지와 대화한번 시원하게 못해보고 자신의 생각대로 목회하는 것 아니겠어요. 이제 해보세요. 대로가 열립니다. 고통스러운 모든 문제들이 해결됩니다.

사람은 만들어 질 때 누군가의 지시를 받으면 평안을 느끼고 행복을 느끼게 만들어진 것이지요. 두려움 때문이지요. 예언으로 지도받으면 사람의 종밖에 더되겠어요. 꿈·환상으로 대화하면 정확한 길과 나의 인생을 내 자신이 선지자 되어 인도해 주십니다(요14:6).

(4) 용서의 복음

- 나를 용서하신 그 방법대로 용서하라
- 나를 어떻게 용서 하셨는가
- 자신의 의를 갖고 있는 사람 상대를 용서하지 못 하더라
- 자신의 의를 갖고 있는 사람 회개도 안 되더라
- 그렇다면 내가 죄인이라는 것을 깨닫는 것이 지금 내가 해야 할 일
- 깨달아지지 않고 자칭의인을 주장한다면 오늘 죄를 지라 그리고 죄인이 되라 그리고 회개하면 예수님의 은혜의 빛이 나에게 내리게 될 것이며 예수님이 나의 예수님이 될 것이니까요.

형통한 날에는 기뻐하고 곤고한 날에는 되돌아 보아라

1. 심령이 가난해진 날

우리가 인생을 살아 갈 때에 내가 부자 되어 살아도 내가 그렇게 될 줄 모르고 내가 가난하게 살아도 내가 이렇게 될 줄 모르고 삽니다.

제가 어느 날 반 교만하여 열심히 특심 이다 보니 거짓말쟁이가 되어 있었습니다. 제가 가장 싫어해서 어려서부터 거기서 매를 맞아서 혼 줄이 나는 한이 있더라도 바른 소리하고 또 남들이 잘못해도 참지 못하여 훈계뿐만 아니라 책망하고 거기다 혼까지 내서 열심히 보통 특심이 아니라, 성경을 지내 쳐서 혼날 때도 많은데, 오! 예스 긍정에 사람이 되어야하고 말을 잘해서 복을 받아야 우리 예수님의 도를 전하고 전파하며 살 수 있다고 열변을 토하며 살아가는 오늘에 아연실색한 일이 벌어 진 것입니다.

거짓말쟁이 귀신에게 속아서 거짓말쟁이가 제가된 것 입니다. 너무나 어이 없는 당함에 나를 추스르는데도 건 한 달이라는 시간이 걸려 겨우 정신을 차리게 되었습니다. 아버지 말씀대로 형통한 날에는 기뻐하고 곤고한 날에는 되돌아보라고(전7:14) 말씀을 통해서 훈계하시니 돌아보기 시작했습니다.

문제는 항상 자신에게 있었습니다. 꿈 · 환상으로 예언, 생각나게 하심, 마음을 분별하고(행2:17) 남들이 나타내지 못하는 사도행전의 역사가 늘 있습니다. 그것은 금식으로 마음 성전을 씻고 닦아 남다르게 꿈 · 환상으로 응답받고 순종하는 방법과 그대로 하는 방법(창6:22, 요2:1~11)을 배우며 원칙을 정한 헌금 방법과 돈을 받아쓰는 법을 성경을 통해 알아서 정해놓고 그 룰을 벗어나지 않는 한도 내에서 최소한의 실수 외에 늘 그 방법을 고수하며 살다보니, 아버지의 특별하신 은혜가 있어서 늘 행복했습니다.

전국의 사랑하는 종들과 백성들이 저의 행복해하는 모습이 신기하고 자신들의 문제를 해결하지 못하여 문제의 해결을 위해서 다달이 금식하며 모이며 흩어진 숫자가 꽤 많았습니다(약90명).

자신들의 육체 성전에서 흉악의 결박이 금식으로 풀어져 나가는 만큼(사58:6) 문제는 하나씩 해결되 나갔으며, 또 궁극적인 자신들의 소망을 놓고 다달이 모이며 흩어지기를 계속하며 자신들의 인격을 저와 함께 돌아보고 잘된 것은 고쳐가며, 금식하는 중에 아버지께서 다음에 계획하신 예배당 3천 평의 돈을 이렇게 주마고 보여주신 액수에 문제가 생긴 것입니다. 어떤 사람이 거짓말을 했는데 저에게 말씀해주신 그 돈의 액수가 똑같았습니다. 신이 나서 바로 이렇게 주셔서 예배당을 지으려 하시는구나 하고 함께 기도하며 그렇게 하시옵소서하고 구한 것이 약1년이 넘어 서고 있었습니다. 그런데 어느 날 그것이 거짓말이라고 밝혀지면서 이제 나의 삶을 뒤돌아 볼 수 있는 시간이 주어진 것입니다.

이곳에 와서 햇수로 10년입니다. 별라 별 기적을 다 봤습니다. 농사도 아버지께서, 방이 뚫어져도 가르쳐주시고, 수돗물이 터진 것도 알려주시고, 선교헌금 안 받고 빌려 쓰지 않고 외상 하지 않겠다고 말하고 살아가는 저에게 실제로 그렇게 하지 않도록 도와주셨으며, 결국은 성장하여 선교비를 보내고 주의 종들을 기르는 귀한 사역의 자리에 있게 해주셨습니다. 세상 것을 버리고 오로지 금식과 기도로 꿈. 환상으로 저를 이끄셔서 기적이 기적이 아닌 삶을 살게 해주신 것입니다.

그런데 제가 거짓말 귀신에게 속았던 2009년~2010년 9월까지의 저의 삶은 나도 모르는 사이에 불순종이 일어나고 그렇게 기적같이 비를 주시고 비바람 속에서 보호받던 농사들도 보호받을 수없이 계속해서 비가 오고, 식구들도 실수해서 1200개나 심은 고추가 모두 죽어서 버릴 수밖에 없고, 아무리 생각해도 이해할 수 없는, 아버지께서 갑자기 나에게서 멀어지는 사건들이 생기기 시작했습니다.

비가 오다가도 제가 일하러 나가면 비가 그쳐서 우리가 입을 다물지 못하는 사건도 여러 번 있어, 하늘에서 내려다보시다가 우리의 움직임에 발맞추는 듯한 놀라운 일이기에 성경을 다시 볼 수밖에 없는 사건들, 이렇게 살아계셔서 우리와 함께 숨 쉬고 사시는 구나를 삶의 현장에서 보면서 살았던 저에게 작년의 한해는 제가 생각해도 이상한데 꿈 · 환상으로 알아볼 수 없었습니다.

하늘나라는 비유의 비밀이라서(마13:10~13) 불순종이 저질러지고 있는 저에게 해석될 수가 없는데다가 이미 엎질러진 물을 훈련의 도구로 사용하려하시니 나의 불순종을 책망하시려하신다면 그것은 절대 알아 볼 수 없게 되는 것입니다. 천국의 비밀은 너희에게는 허락되었으나 그들에게는 아니 되었나니 무릇 있는 자는 받아서 넉넉하게 되되 없는 자는 그 있는 것도 빼앗기리라(마13:10~13) 받아 넉넉하게 되는 천국의 비밀은 너희와 그들이 있는데 너희는 제자들이요 그들은 서기관과 바리새인들의 외식하며 육으로만 사는 사람들인데 그 둘이 바로 나라는 것입니다.

내가 순종하여 아버지 뜻대로 살면 너희가 되는 것이요, 아버지의 말씀에 위배되는 삶을 살면 내가 그들이 되는 원리, 저는 제가 너희이고 남들이 그들 인줄 알았습니다. 그런데 그 둘이 모두 저의 삶 속에서 이루어지는 나의 행위 따라 체크되어 복과 저주의 보응이라는 것을 이 사건을 통해서 알게 된 것입니다. 저의 낡은 성경을 버리고 새 성경을 여는 불시험의 현장입니다.

마음을 살피시는 이가 성령의 생각을 아시나니 이는 성령이 하나님의 뜻대로 성도를 위하여 간구하심이라(롬8:27).

이 말씀은 너를 위해서 간구하심이 항상 좋은 것 만 위해서 해주시는 것처럼 보이지만, 우리의 행위가 악하면 복 받을 자리에는 못 가게 보이시고, 우리의 행위가 합당하면 벌 받을 자리에 가지 말라고 보여주시고 계셨어요. 저는 꿈, 환상으로 성경을 배우고 나의 길을 지도 받아 가면서 홀딱 빠졌지요.

그러나 하늘의 비밀은 아는 것은 그럭저럭 하다 배워서 할 수 있는 것이 아니었어요. 언제나 혹독한 대가를 치르고 배울 수밖에 없는 일들이었습니다.

그런데 이번에 아프면 한 가지 더하는 아이처럼 또 귀한 보물을 얻게 되는 순간들이었습니다. 합력해서 선을 이루시는 로마서 8장 28절 말씀이 이루어지는 현장이었습니다. 강대상에서 정식으로 사과하고 용서를 구했습니다. 얼굴은 반죽임이 되었으나 나의 잘못을 묵과 할 수 없었습니다. 죄를 깨닫게 해 주시는 것이 은혜요, 그날을 주시는 것이 긍휼이며 그것을 내 손으로 내 입으로 해결 할 수 있도록 환경을 이끌어 주시는 것은 최고의 복입니다. 쓰러지거나 자살하거나 그 자리를 회피해 버리는 사람이 많기 때문입니다.

밤 기도 때에 아버지의 말씀,

“너 다운 회개를 하여라”

“저 다운 회개는 뭡니까?”

“아는 모든 사람에게 회개하고 용서를 빌라”

아침에 일어나자마자 문자 작성하여 여전히 하던 데로 4~500명의 전국에 이곳에 다녀가시고 또 저를 위해서 벧엘의 사역을 위해서 기도해주시는 귀한 분들에게 핸드폰 서신을 보냈습니다. 그리고 아침에 10시가 되어서 여전히 하던 데로 꿈 해석하러 나갔더니 어째 공기가 이상합니다. 몇 십 명이 금식하고 계셨는데 인상이 험악해져서 왔다 갔다 합니다. 이유를 물었더니 왜 그따위 회개를 하느냐는 것이었습니다.

강대상에서 했으면 되었지 굳이 많은 사람들에게 알려서 자신들을 부끄럽게 하느냐고 했습니다. 죄송합니다. 아버지의 뜻이시니 따를 수밖에요. 용서해주세요 하나님이 용서하지 않으실거라구 하십니다. 하나님은 놔두고 목사님만 용서하시면 됩니다. 저는 용서합니다. 그러시면 됐습니다. 감사합니다. 하나님은 저와의 관계이지요. 많은 분들이 나가시고 또 남은 분들은 웅성웅성합니다.

1998년도에 망해서 집이 넘어가려할 때 죽은 시체처럼 이리 끌려가고 저리 끌려 다니면서 내가 살아있는 것인지 아니면 죽은 것인지를 알 수 없었는데, 바로 그때와 같은 상황들이 다시 온 것 같습니다. 여러 사람이 나간 다음에 사건은 또 달라집니다. 거짓말에 욕에, 믿은 만큼 오겠지요. 믿지 못할 행동을 했기 때문에 또 다시 그들이 죄지을 수 있도록 꺼리를 제공해 주는 사람이 되고 만 것입니다.

사랑하는 형제들이 걸려 넘어지도록 돌무더기를 쌓은 결과가 온 것입니다. 하지도 않은 일은 왜 그렇게 많이 했다고 하는지, 원래 사람이 어려움을 당하면 상대가 말하는 대로 내가 그렇게 했더라고요. 그런데도 우리 벧엘의 가족들은 아무 얘기 안하고 자신들의 일만 묵묵하게 하고 있었습니다.

제가 맞을 매를 사랑하는 벧엘의 가족이 함께 맞아 주었고, '애야! 울타리가 없으니 울타리를 달라고 기도해라', '아버지 맞아요. 냇가에 울타리가 없어서 아주 위험합니다.' 이 울타리는 사람을 달라고 기도하라고 가르치시는 아버지 앞에 저는 냇가에 울타리 이야기하는 안 통하는 딸에게 이제는 저에 울타리를 40명이 넘게 주셔서 함께 먹고 함께 씻고 닦고 함께 쓰고, 함께 욕도 얻어먹게 해주셨습니다. 지금은 더 많아져서 50명이 또 넘어 섰습니다.

그렇게 뭐라고 하는데도 아무 일도 없었다는 듯이 사랑해주고 위로해주면서 자신들의 일을 하고 있는 사랑하는 우리 예수님의 제자들을 바라보며, 아버지 제가 정말 복을 많이 받은 딸입니다. 이렇게 귀한 사람들을 주셔서 예전에는 어려움 당할 때 쯤 되면 모두 도망가 버리던데 이제는 행여나 가나보고 있어도 갈 생각이 전혀 없이 이렇게 함께 매를 맞아주니 제가 너무나 안 아픕니다. 함께 맞아서 그런가 봅니다. 감사하고 죄송합니다.

아버지의 뜻을 이루는 도구들로 아름답게 사용하여주시고 최고의 엘리트 종들이 되어서 민족과 세계를 물과 성령으로 거듭나게 하는데 쓰임 받게 해주세요. 마음에 기도와 입의 축복이 핍박하면 할수록 더해지는 것을 볼 수 있었습니다.

유일하게 한분 남으신 유 목사님은 여전히 나를 위로하시고, 이분이 별종인가 왜 안가시고 하는 생각도 해봤습니다. 남들은 다 나가서 욕하고 이단이고, 속이 시원하실 건데 이분은 속이 없으신가? 왜 안 가시나하고 계속 지켜봐도 안가십니다.

나보다 더 곤욕을 치르십니다. 거기 붙어서 뭐하느냐고 형제들 동료들 벧엘에 대한 믿음이 아직도 그렇게 좋으냐고, 비아냥대며 자신들이 간 것에 대한 합리화하기위한 작업을 계속합니다. 어휴 그런데 그분은 결국은 안가십니다. 왜 안가세요 네! 끝까지 가보려고요. 벧엘의 하나님에 대한 확신이 대단한 거지요. 제 속에서 자동으로 말이 나옵니다. 별종이시구먼 크게 쓰임 받으시겠다.

심지가 견고한 자를 평강에 평강으로 인도하시리라(시 26:3).

2. 나를 용서하신 그 방법대로 용서하라

누구든지 하나님을 사랑하노라하고 그 형제를 미워하면 이는 거짓말하는 자니 보는바 그 형제를 사랑하지 아니하는 자는 보지 못하는바 하나님을 사랑할 수 없느니라(요일4:20).

말은 쉽습니다. 그러나 그 현장에 있으면 잘못을 보고 훈계하며 내 옆구리를 찌를 때, 나에게 해를 입힐 때, 나를 괴롭게 할 때, 용서할일이 생기지요, 그 때 어떻게 하느냐입니다. 용서 안 하더라고요. 그러면 나는 어떻게 했느냐, 나도 안 합니다.

전국의 시끄러운 소리를 들르면서 다 내 잘못이야 그러니 저를 불쌍히 여기시고 저들이 나를 훈련시키느라고 애쓰셨으니, 상응한 대가의 복을 주시라고 말하고 가르치고 이런 현장 실습이 어디 있겠어요. 99%가 주의 종들인 우리 집에 현장 실습이 이루어져서 종들을 훈련시키고 있었지요. 그런데 꿈에 내가 누군가에게 그가 때리니까 내가 돌려주는 것이 있다고 보이십니다. 아버지! 죄송합니다. 입은 되는데 마음이 그렇게 고통스러우니 한마디씩 툭툭 나가는 것을 보시고 그렇게 하면 큰상을(마5:12, 눅6:35, 히 10:35) 못 받는다고 가르치시는 겁니다.

잘못이 없이 핍박을 당하면 네가 억울하지만 네가 잘못해 놓고도 그것을 못 받으면 내가 너를 쓸 수 있겠느냐? 죄송합니다. 아버지! 잘못했습니다. 나에게 욕하는 모든 분들에게 100배로 갚아주세요. 사랑합니다를 연발하는 저를 보고 종들이 웃을 수밖에 없습니다.

아버지께서 사랑하는 예수님의 그 십자가로 나를 무엇을 용서하셨을까?

생각해 보아야지요 나를 용서하신 그 방법대로 사랑하는 형제를 용서할 수 있으니까요. 저는요. 초등학교 때부터 부모 거역, 친구 때리기, 욕하기, 시집와서는 시댁식구들에게 잘못하기 순종은커녕 죄다 업신여기고 윗사람과 아래 윗사람을 구분 못 한 것입니다. 가정을 깨고 또 집사 때도 사람을 때리고 깡패귀신이 들어와서 깡패 아닌 깡패가 된 것입니다.

사도바울께서 나는 죄인 중에 괴수(딤전1:15)라고 하셨는데 성경을 여러 번 읽다보니, 제가 진 죄는 하나도 안 졌더라고요. 저는 죄인중의 괴수×100이라고 해야 할까요? 사역 중에도 얼마나 많은 죄를 졌겠어요. 그래서요 제가 아무도 미워 할 수 없는 사람이 된 것입니다. 죄인이기 때문에 마치 우리 예수님은 병든 자라야 의원이 필요하다시며(마9:12) 이러한 저를 병든 자로 분류하시어 만나 주시고 사랑해주시고 온갖 좋은 사람 좋은 것 다갔다 주시니 제가 무슨 할 말이 있어서 누굴 용서하겠어요.

이 땅에 눈 씻고 닦고 봐도 제가 용서 할 사람은 한 사람도 없고 제가 용서 받을 사람만 있고, 아무리 돌아봐도 나처럼 죄 많이 진 사람이 없어 감히 누구를 용서할 수 있다는 말을 할 수 없고 오로지하여 그를 이해하고 참아주고 나와 같은 사람과 함께 있어주는 귀한 종들과 그의 자녀들에게 감사할 뿐입니다.

　저는 원래 죄가 없었습니다. 남이 안 진 죄를 졌나요. 남들이 다 지은 죄를 나도 진 것 이지요 그리고 남보다 훨씬 적게 졌다고 봐도 되지요 제가 사람 때리다 감옥에를 갔나요. 안 갔어요. 얼마나 감옥에 사람이 많아요. 시어른들도 나름대로 저를 사랑해 주셨고요. 주위사람들도 그랬지요. 나쁜 일보다는 좋은 일을 많이 했으니까요 그러니까 죄가 하나도 없지요. 제가 죄를 이렇게 생각했습니다. 어둠 속에서는 시커먼 죄를 볼 수 없지요. 성령께서 나에게 오시고 나의 옷이 희어지고 나의 성전이 밝아지기 시작하니까 자꾸 까만 것이 보이면서 또렷이 보여서 결국은 죄인이 된 것이지요. 죄가 없는 것이 아니라 은혜가 없는 것입니다. 이제는 아버지의 하늘의 은혜가 내려서 티끌도 보게 되고 깨닫게 해주시고 못 깨달으면 패서라도 알게 해주시는 사랑하는 나의 아버지께서 저를 안고 계신답니다.

(1) 용서 못할 사람이 있으신가요?

　그렇다면 당신은 자신이 예수피의 의인이 아니라 자칭의인이십니다. 많은 사람을 만나다보니 자신이 반듯하고 의를 행하고 사람들에게 잘못 된 것 지적 안하고 바람 안 피우고 술 안 먹으면 죄가 없는 줄 아는 사람이 너무 많았고요. 드러난 것만 죈 줄 아는 것이지요. 죄는 용서 못하는 죄가 회개할 줄 모르는 심령이 가장 큽니다. 하나님을 사랑할 수 없는 죄기 때문입니다(요일4:20). 저는 그런 분들에게 권면합니다. 가서 죄를 지고 죄인을 용서하라고 그리고 하나님을 만나라고 의인은 없나니 하나도 없다(롬3:10, 전7:20) 자신이 죄인이라고 말은 하는데 형제는 용서하지 못합니다. 용서하지 못하는 그것이 바로 자신이 의인이라는 증거입니다. 죄인은 죄인을 용서하지 않을 수 없습니다. 용서를 받았다면 용서해야합니다. 일곱 번씩 일흔 번이라도 용서하라고 하십니다. 7×70=490 이 땅에서 죽어서 완전한 구원이 이룰 때까지(마18:21~35) 용서 못한 사람은 다시 옥(귀신)에 가둡니다(마5:21~26). 자신이 용서받았다면 자신의 눈에 들보요 그의 눈에 티를 용서해야 되는 것입니다(마7:3~5). 모두 그럴 수 있다고 말할 수 있어야 되지 않을까요.

성경을 보니 의인이 있고 악인이 있습니다(잠21:18 외). 저는요 이런 사람입니다. 의인이라 하면 모두 나구요, 죄인이라 하면 예수 믿어도 내 맘에 안 드는 사람 아주 안 믿는 사람이라구요, 그런데 이번에 불 시험 통과 후에 의인도 죄인도 저라는 것을 알았습니다. 나의 죄를 깨달아 회개하면 의인이 되고 깨닫지 못하여 계속해서 그 일을 하면서도 모르면 그것은 악인이 되는 것이지요. 깨닫게 해주시느냐 그렇지 않느냐의 결정이 있는 것뿐 이지요 긍휼하심이 내리느냐 아니 내리느냐 예요 긍휼의 은혜는 깨닫게 해주시는 은총입니다.

어떤 분은 이렇게 말합니다. 갈대 없고 돈 없어서 온 사람들이 할 수 없이 안 간거라고 떠나간 종들과 함께 떠나지 않고 있는 벧엘의 사랑하는 종들을 보고 비아냥대며, 그런 거지들이나 되니까 안 갔다는 식이지요. 저는 그렇게 생각하지 않습니다. 사랑하는 종들은 자신들이 아버지와 꿈. 환상으로 응답을 받고 있기 때문에 모두 응답을 받았지요. 아무 일 없으니 걱정 말고 계속 간다고 그래서 안 간 거지. 요즈음 세상에 밥 못 먹어 주의 종 되나요. 벧엘에는 그런 사람 없습니다. 모두 사명이 있다는 것을 알고 방향을 어려움을 통해서 바꾸어서 종의 길을 준비하고 있는 것 이지요. 제가 어려울 때

울타리가 되어 주어서 그 누가 뭐라고 해도 흔들리지 않고 꿋꿋하게 벧엘의 하나님을 지켜 내준 자랑스러운 일꾼들이지요. 앞으로 훈련이 끝나면 민족과 세계를 물과 성령으로 거듭나게 하여 하나님나라에 들어가고 들어가게 하는(요3:1~5) 최고의 엘리트 종들이 될 것을 믿어 의심치 않습니다. 저보다 100배가 나은 종들이 되어서 그렇게 백성들을 거듭나게 하는데 쓰임을 받을 겁니다. 심지가 견고하게 의뢰하는 자는 다니엘의 세 친구처럼 구원을 받기 때문입니다(단3:28). 자신의 의가 강한 사람은 회개도 못합니다.

　용서받지 못할 죄(사망 이르는 죄, 요일5:17)
　① 성령 훼방 죄 : 성령이 하시는 일, 쓰임 받는 사람을 훼방하여 아버지의 영광이 드러나지 못하도록 하는 것(마12:31~37, 히6:1~6)
　② 실족시킨 죄(마8:6, 눅17:1)
　③ 회개치 않은 죄(마11:20~24) 소돔 땅이 너보다 견디기 쉬우리라

　이렇게 무서운 것이 회개치 않은 죄지요. 우리 아버지는 회개하는 심령에게(시 51:17) 너무나 마음이 약하셔서 죽인다고 화를 내셨다가도 잘못했어요라고 말만하고 돌이켜서 회개에 합당한 열매를 맺으면(마3:1~8) 그냥 봄눈 녹듯이 녹으셔서 우리에게 복을 주시는데, 자신이 의인이라고 생각하는 사람들은 회개 자체가 안 된다는 것을 알게 되었지요. 이 땅에 오줌 똥 싸고 사는 사람은 죄인 아닌 사람이 없습니다.

　우리가 예수 믿어 그의 피의 공로 의지하여 나의 회개를 통하여 가리워 주시는 것이지 실제로 날마다 죄를 먹고 마셔(고전11:29) 그리스도의 속량이 아니라면(갈3:13) 나 자신도 견딜 수 없는 죄 중에 빠지고 마는 것 이지요. 십자가의 그 공로가 지금도 그리스도의 사랑으로 지속되어 우리에게 성령의 열매를 맺을 수 있도록 도와주고 계시는 것입니다.

혹시라도 내가 뭔 죄를 졌어 라고 생각하시는 분이 있다면 죄를 실컷 지시고 라도 예수님을 찾는 역사가 있길 원합니다. 죄가 있는 곳에 은혜가 있습니다. 죄가 없는 것이 아니라 은혜가 없는 것이지요. 깨닫는 은혜와 긍휼이 내려지길 원합니다. 따스한 그 미소 따스한 그 손길 따사로운 그 품, 회개하는 자에게만 있습니다. 밧세바의 남편을 죽인 다윗도 회개했더니 솔로몬 왕 같은 지혜로운 아들을 주시지 않았어요(삼하12장). 그 사랑이 저와 여러분의 것이 되어서 날마다 행복한 삶이되시기를 간절히 소원합니다.

(2) 넘어진 형제

대저 의인은 일곱 번 넘어질지라도 다시 일어나려니와 악인은 재앙으로 말미암아 엎드러지느니라. 네 원수가 넘어질 때에 즐거워하지 말며 그가 엎드러질 때에 마음에 기뻐하지 말라 여호와께서 이것을 보시고 기뻐하지 아니 하사 그의 진노를 그에게 옳기실까 두려우니라(잠24:16~18).

나그네 인생길에 넘어짐이 없다면 환란도 곤고도 없을 것이고 형통한 날도 곤고한 날도 없겠지요. 그러나 수없이 넘어지고 일어나기를 거듭하면서 살 수 밖에 없이 만들어져있는 것이 인생이며, 그렇게 만들어져 있다고 말하고 있는 것이 성경입니다. 의인도 넘어지고(전8:14) 악인의 넘어짐은 당연한 이치입니다.

우리에 대한 성실하신 하나님의 대처는 우리를 괴롭게 하여 하나님의 법을 따르게 하여 복 주시는 것입니다(시119:75) 순종하면 잘되고 불순종하거나 말씀대로 살아드리지 못한 우리의 인격 때문에 얼마나 많은 날을 넘어지고 쓰러지고 곤고하게 살면서 우리 예수님의 십자가의 그 고난이 우리에게 부활로 다가오지 못하고 슬픔에 싸인 삶을 많이 살았던가요. 그런데 그러한 일들이 나 혼자 살짝 겪고 마는 것이 아니라 언제나 형제와 함께 살게 되어 있는 이 땅은 보고 듣고 그리고 말하게 되어 있습니다. 제가 해보면 그가 넘어지던 일어서든 죽든 나하고 상관없는 일이지요. 우리나라 속담에 남의 염병은 나의 감기만도 못하다는 말을 성경에서 이해하게 되었고 나를 보면서 알게 되었습니다.

일본에 그렇게 많은 사람이 지진 때문에 죽었는데 불쌍히 여겨달라는 말은 하는데 한 두 사람 빼고는 눈물 흘리는 사람이 별로 없었습니다. 어떻게 하면 우리나라에 해가 가지 않을까? 어떻게 하면 그들이 우리에게 한 대로 갚아주는 말을 할까? 그가 한 대로 갚아줄 수 있는 기회를 찾고 있는 저를 발견했습니다. 사람이 어떻게 이렇게 생겼을까요? 아버지께서 만드셨으니 제가 알 수 없으나 그런 움직임을 보면서 웃는 것이지요.

일본이 바닷물을 오염 시켰다고 소식을 들었습니다. 그 말을 듣고 제가 이렇게 기도했어요. 아버지 고기가 우리나라로 모두 도망 오게 해주셔서 그들이 우리에게 동태 한 마리에 만원씩 사다먹게 해 주세요. 속초에서 떠났던 오징어도 돌아오게 해주시구요 오징어 돌아올 때 많은 고기들이 함께 와서 일본에다가 그렇게 팔 수 있게 해달라고 기도하고 있는 저를 보면서 사람은 자기를 위해서 사는 것이지 많은 사람을 위해서 사는 것이 아니라는 것을 새삼 깨달은 것이지요.

저는 회개했습니다. 아버지 죄송합니다. 일본을 위해서 기도한 기도가 생각하나로 모두 무산 되었으니 말이에요. 일본을 구원하여 달라고 기도는 했는데 그들이 어려움을 당하니 돈벌어먹겠다는 속셈 아니고 뭐겠어요. 돈에 미쳤나봐요. 그 많은 사람들이 어려움을 당하고 있는데 저는 그들에게 동태 비싸게 팔아서 돈 벌 생각을 하고 있으니 말이에요. 제가 동태장사도 아닌데 무슨 동태를 팔겠어요. 언제나 제 가슴속에 제가 당한 것은 아니지만 우리를 괴롭히고 늘 전쟁을 좋아했던 그들을 미워하고 있는 저의 말이지요.

말을 연구하다가 일본의 잔재들이 너무나 많이 우리의 삶 속에서 우리 영혼을 좀먹고 있다는 것을 알았지요. 우리의 독도는 왜 자기네 땅이라고 우겨서 우리를 시험 들게 만드는 나라 예쁠 수가 없지요. 그러나 그리스도의 사랑은 몰라서 죄를 먹고 살고 있는 그들을 불쌍히 여겨야 하는 것인데 안 되는 것을 어찌하오리이까? 그래서 그런지 이번 사건을 통해서 제가 몹시도 일본을 싫어하고 있다는 것을 알게 되었어요. 회개하고 아버지여! 용서해주시는 은혜로 일본의 영혼들을 위해서 그곳에 금식기도원을 세워 사랑하는 영혼들이 저주에서 용서받고 예수님의 크신 은혜가 충만해지기를 애쓰겠습니다.

넘어져서 많은 것을 경험한 사람은 십자가의 팔이 넓어지는 것이요. 방안에서 아무것도 경험해보지 못한 사람은 사람을 이해하는 폭이 좁아서 많은 사람을 안을 수 없는 것입니다. 그래서 아버지께서는 우리에게 환란과 고난을 예비하셨다가 가끔씩은 주셔서 우리의 폭을 넓게 하고 계시진 않을까요? 그 환란의 시대에 죽이지 않고 다시 일으키는 것이 바로 의인은 일곱 번 넘어져도 다시 일어날 것이니까 넘어졌을 때에 너희들이 해야 할 일은 네 일이나 잘하지 그것을 가지고 좋아하거나 신나하지 말라 그의 진노가 너에게 넘어갈까 두려워하라(잠24:17~18)고 하십니다.

내 일이 아니기 때문에 너무나 쉽게 누가 말만해도 함께 맞장구를 치면서 죄인의 길에 서고 있는 저 자신을 보는 것입니다. 한 번 더 사랑하는 형제의 행위를 살펴 생각한다면 빠져나갈 수 있는 상황이 생깁니다.

12명의 정탐꾼 중에 10명의 말을 너무나 쉽게 들어버리는(민13:32~) 것이 바로 우리 아닌가 싶습니다. 생각해보지도 않고 기도해보지도 않고 그냥 상대가 그렇다고 하면 그 말을 쉽게 받아서 함께 욕하고 부정하고 성경의 좋지 않은 것이 자신에게 응하게 해주는 것입니다.

   아버지 앞에 꿈·환상으로 엄격한 분별을 그것이 그러한가를 알고 말하고 행동한다면 그 진노가 나에게서 멀어지지 않을까요. 가끔씩 오는 나의 고난은 그런 일들이 쌓여서 나에게 오고 있는지 어떻게 알겠어요. 넘어졌을 때는 회개하고 일어나서 행복하면 또 웃는 것이 인생이며 그것을 보고 함께 웃어주고 좋지 않은 일들이 나의 주위에 있을 때는 나도 함께 생각하며, 나를 살펴서 나도 그런 일을 당하지 않도록 대비하고 조심하며 아버지의 길을 간다면, 나의 삶이 남들 때문에 당하는 고초는 버리고 잘 갈 수 있는 형통한 삶이 우리에게 오게 될 것을 확신합니다. 사랑합니다.

3. 난 원래 그래

새 사람을 입었으니 이는 자기를 창조하신 이의 형상을 따라 지식에까지 새롭게 하심을 입은 자니라(골3:10).

너무나도 흔하게 있는 말들입니다.

몸이 약한 곳, 하고 있는 행동, 밥 먹는 습관 말하는 것 등 고쳤으면 좋겠는데 고치려하지 않고 할아버지, 할머니 아빠 엄마에게 배운 대로 하고 있는 행동을 비호하고 있는 말입니다. 너희가 알거니와 너희 조상이 물려 준 헛된 행실에서(벧전1:18상), 우리의 물려받은 행실인 것입니다. 우리에게는 창조 때의 나의 원 모습이 있는 것입니다. 원래 우리에게 그렇게 된 것은 없습니다. 누구에겐가 배워서 습관 되어져 있고 그것을 고치는 데는 모진 훈련이 필요한 것뿐입니다.

저는 세 살 때에 아빠가 우리를 놓고 집을 나가셨기 때문에 엄마 혼자서 어린 5남매를 키우셨습니다. 보지 않아도 얼마나 고생하셨을까 하는 것은 뻔합니다. 고향이 완도, 겨울에는 김을 합니다. 바다에서 뜯어다가 기계에 넣고 갈아서 민물에 빨아서 김을 만드는 겁니다. 우리는 초등학생, 큰 오빠는 20여살 정도, 얼마나 졸릴 때인가 잠 많아 아무리 엄마가 불러도 안 일어나는 오빠, 어쩔 땐 김을 뜯어다가 가공하지 못하여 썩혀서 버릴 때도 있어서 발을 동동 구르며 애태우는 엄마를 보았습니다. 행상에 남의 일에 안 하신 일이 없으셨고, 외가 식구들의 애태우는 보살핌이 있었으나, 우리를 먹이고 가르치시는 데는 언제나 역부족이었습니다.

작은 외할아버지네 방죽위의 산을 주셔서 일구어 먹으라고 하셨는지 초등학교 때에 나는 많은 날을 그 산에서 돌 던지기, 나무 뽑아 버리기 등을 하며 자라났습니다.

나중에 알고 보니 아버지가 재산을 모두 탕진하고 집을 나가셨기 때문에 그 큰 집을 팔아서 빚을 갚고 나니 산 밑의 위험하고 험한 곳에 단칸방으로 이사할 수밖에 없었던 것입니다.

저는 그 곳에 초등 1학년 2학기 때 이사가서 중학교 2학년 1학기를 다녔습니다. 10여년을 산 것 같습니다. 우리 엄마 닭 잡는 것, 부엌 만드신 것, 바다에 가시는 것, 농사짓는 것 등 엄마 혼자 온갖 궂은 일을 하시면서 우리를 키워내셨습니다.

저는 이곳에 와서 엄마한테 배운 것 다 써먹었습니다. 거친 일, 거친 말, 창조 하다시피 해야 하는 벧엘의 시작은 바로 우리 엄마가 스승이십니다. 물론 거친 말도 엄마의 것이었습니다. 닭 키워서 잡아먹는 것, 우리 엄마가 한 대로 부뚜막을 만들 때에도 우리 엄마의 작품, 아이들 보살피는 것도 엄마가 나를 보살핀 대로, 어떤 상황에서도 내 자식은 내가 보호합니다.

돌이켜보면 원래 내가 하고 있었거나 태어날 때 알고 나온 것은 젖 빠는 것과 우는 것 외에는 다 배운 것 같습니다. 그래서 우리는 다시 고칠 수도 있는 것입니다. 모두 배웠기 때문에 원래 그랬다고 생각되는 것을 버리고 더 좋은 방법을 새로 배울 수 있는 것이지요. 새로운 피조물은 옛 것을 버리고 금식하고 기도하므로 새로운 습관으로 다시 만들 수 있는 것이지요. 성령님이 도와주시고 예수님이 함께 하셔서 원래 아버지께서 창조하신 우리의 원 모습으로 말입니다.

(1) 사람을 알아야 합니다

온갖 것을 주의 쓰임에 적당하게 지으셨나니 악인도 악한 날에 적당하게 하셨느니라. 무릇 마음이 교만한 자를 여호와께서 미워하시나니, 피차 손을 잡을 지라도 벌을 면하지 못하리라(잠 16:4~5)

대통령, 판사, 검사, 경찰, 교수, 선생, 목사, 전도사 이 세상에 많은 자신의 직분이 있지요. 그러나 그것은 사람 위에 씌워진 껍데기지 사람 자체는 아닙니다. 사람들은 이렇게 말합니다. 목사가 어떻게 그럴 수 있느냐, 대통령이 어떻게 그럴 수 있느냐고 하지요. 그럴 수 있습니다. 사람이기 때문입니다.

이 많은 이름을 가진 모든 사람들이 아침이 되면 일제히 일어나고 일제히 씻고 모두 점심때가 되면 대통령궁이든 학교든 경찰서든 가정집이든 우리 집이든 모두 하던 일을 멈추고 점심 먹고 하자고 하며 점심 먹지요. 그리고 양치하고 화장실가고 또 일 시작… 저녁이 되면 모두 퇴근 준비 모두 집으로 돌아가서 저녁 먹고 가족하고 놀다가 9시뉴스 시간되면 다같이 TV켜고 뉴스 나오면 욕하든지 한숨 쉬든가 속상해하다가… 자자 하루가 지났다. 그 다음날 아침이 되면 똑같은 날을 시작하여… 다람쥐 쳇바퀴 도는 하루인 것이지요. 똑같이 합니다. 혹시 가난에 저주에 매여 어려움 당하여 노숙자로

버려졌든지 정상적인 가정에서 벗어난 사람 빼고는 모두 이렇게 살게 만들어놓으신 것이지요.

하나님께서 온갖 일에 쓰임 받기에 적당하게 어떤 사람은 아주 작은 것들을 잘 만들어서 사람을 기쁘게 할 수 있게 말이에요. 어떤 사람은 옷을 어떤 사람은 그릇을 어떤 사람은 양말을 어떤 사람은 속옷을 어떤 사람은 집을 어떤 사람은 지팡이를 또 다른 사람은 나무를 기릅니다. 그 외에도 얼마나 많은가 모두 나 하나를 위하여 만든 시스템인데 이 사건을 보면서 감탄을 아니 할 사람이 있는가요? 나 하나를 위하여 지구를 해와 달과 별을 그리고 짐승을 아름다운 사람들을 하나님, 예수님, 성령님이 계시다니 나하나 없으면 다 없고 나하나 있으면 모든 것이 가합니다. 그러나 가하다하여 다해서도 안 되고 모두 유익한 것이 아니라고 하셨지요(고전6:12, 10:23).

여호와께서 온갖 것을 그 쓰임에 적당하게 지으셨나니 악인도 악한 날에 적당하게 하셨느니라(잠16:4).

악인도 악한 날에 쓰려고 만드셨습니다.

우리가 잘못했을 때 치리하는 세 가지 기능 중에

① 말씀 듣고 ② 꿈 · 환상으로 ③ 인생채찍 사람막대기

세 번째 사람 막대기를 사용하실 때에 사용하는 사람, 양 같이 우리는 게으르고 조금만 좋은 일이 생기면 그냥 안주하려하고 그것이 좋다고 만지고 노는 형상이라서 그곳에 염소 같은 사람이 필요하여 뿔로 받아대면 어휴! 속상해 신경질 나 하면서 움직여서 기도하고 자신의 삶을 너무 지나치게 살찌우지 않고 꾸릴 수 있도록 하게하는 가시가 그것이 아닐까싶습니다.

어떤 사람에게는 병이고 어떤 사람에게는 나의 티끌 같은 죄를 물고 늘어져서 늘 괴롭히는 나의 사랑하는 이웃이며 자신의 괴로움 때문에 나를 필요

로 하는 가족일 수도 있고 사람 일수도 있는 것입니다. 그런데 그런 사람을 이해하지 못하고 너는 왜! 이래 나한테 왜! 그러느냐고 미워하고 손가락질하고 그를 욕하고 뒤에서 평안한 삶을 살지 못하는 사람은 교만하다 미련하다 우매하다(전7:1~)고 합니다(잠16:5).

아무리 능력 있고 나를 돈방석에 앉혀놓을 사람과 손을 잡는다 해도 벌을 면치 못한다고 하시니 우리가 아무리 잘되고자 해도 잘될 수 없는 것은 사람을 알지 못하는 것이며 또 사람을 알기 전에 나라는 사람을 아는 것이 더 중요한 것이 아닌가 싶습니다.

(2) 나를 알고 적을 알면 백전백승

나를 모르고 적을 알면 백전백패, 나도 모르고 너도 모른다면 그것을 말할 필요가 없이 거지되는 것이 아닐까요. 내가 갖고 있는 재능이 있어 아주 좋은 사람이 되었다면 이제는 하나님께서 온갖 쓰임에 적당하게 만드신 남자, 여자, 사람을 터득하여 너는 왜 그래! 하고 욕하지 않고 아! 나에게 유익하게 하시려고 이런 고난을 이 사람을 통하여 주시고 나를 유익하게 하시려고 남편과 아내를 주셨고 이런 사람을 주셨구나 하면서 이해하고 참아주고 사랑하면서 오늘을 행복하게 하는 프로그램과 말을 갖는다면 능력 없는 어떤 사람과 손을 잡는다 해도 다섯이 백을 쫓는 일이 생기지 않을까요(레 26:8). 할렐루야로 승리할 수 있답니다. 사랑합니다.

제 7 장

예수님을 푯대로 삼은 자의 상

1. 대상 받고 싶어요

나로 말미암아 핍박 받으면 욕하고 거스르고 거짓말하며 악한 말을 할 때에 너희에게 복이 있나니 기뻐하고 즐거워하라 하늘에서 너희의 상이 큼이라(마5:11~12).

아버지 큰 상 주세요. 큰 것 주세요. 큰 교회, 큰 집, 큰 차 주세요.

그런데 좀처럼 안 주시지요. 아니면 못 주시는 걸까요. 저는 이곳 포천시 내촌면 내리 올 때부터 이 땅이 제공되어 벧엘의 팻말을 세우기 전 이곳은 개들의 집이었습니다. 현 예배당 터에 작은 강아지 2~300마리, 밭에는 큰 개 세 마리, 남자숙소 터 7~8호실 자리에 개와 토끼 등을 키웠던 곳입니다. 그때 우리 집은 파리 떼 때문에 밥이 어떻게 입으로 들어가는지 조차 알 수 없을 정도였습니다

그런데 이웃의 것은 6개월 정도 걸쳐서 철수가 되었고 갈 곳이 없어서 콘

테이너 있는 밭에 또 개들의 집을 만들었다가 1년 정도 걸쳐 또 나갈 수밖에 없게 되었습니다. 그 뒤부터 그 집에서 나를 핍박하기 시작했습니다.

엘리야 산에 기도하러 올라가기만 해도, 조그만 소리만 나도, 쓰레기 버리는 문제, 집 짓는 문제, 조금이라도 트집거리가 생기기만 하면 면사무소에 아니면 시청에 계속 진정을 넣었기 때문에 면사무소나 시청에서도 우리가 골치덩이였을 것입니다.

또 얼마 전에는 정화조에서 무슨 냄새가 난다고 하길래 맡아보니 괜찮았다가 또 나는 것 같기도 했습니다. 이리저리 알아보고 있는데 시청에서 나와서 정화조 수질검사라는 것을 하더니 규정에 걸리면 벌금이 나온다면서 가더니 결국 120만원에 벌금이 나왔습니다.

그렇게 많이 핍박을 했어도 우리 잘못이니 그를 나무랄 수 없다고 가르치고 교회를 핍박했으니 꼭 천국에 가게해달라고 기도했습니다. 나온 벌금은 할 수 없이 내야 되는 것이었습니다. 아버지! 벌금 내게 돈 주세요하며 또 배우고 가르치며 지나갔는데 수련원 고마우신 장로님 힘드시다 하시어 농사 조금 도와드리는데, 포도 따는 철이 되어 식구들과 함께 가서 포도 따드리고 다듬어 드리는 중 둘째 날이었습니다.

잠시 가서 몇 개 땄는데 찻소리가 나서 옆을 보니 그 이웃집 아저씨가 아줌마하고 차를 타고 천천히 올라가는 겁니다. 그런데 말이 안 나옵니다. 몸을 두세 번 앞으로 움직이는 데도 말이 안 나오는 겁니다. 차는 천천히 올라갔고 저는 멍하니 쳐다 보며 마음 속에서 넘쳐나는 저주의 소리가 들려 왔습니다. '저래서야 복을 받을 수 있나, 천국갈 수 없어'라고 말하고 싶었습니다. 꼭 누르고 꼭 천국가게 해달라고 기도하고 나를 봤습니다.

나로 말미암아 핍박 받으면 욕하고 거스르고 거짓말하며 악한 말을 할 때에 너희에게 복이 있나니 기뻐하고 즐거워하라 하늘에서 너희의 상이 큼이라(마5:11~12)고 하셨는데, 나의 이런 행동을 보고 제가 이분을 미워하고 있다는 것을 알게 됐습니다.

그러므로 누구든지 이 계명 중에 지극히 작은 것 하나라도 버리고 또 그같이 사람을 가르치는 자는 천국에서 지극히 작다 일컬음을 받을 것이요. 누구든지 이를 행하며 가르치는 자는 천국에서 크다 일컬음을 받으리라(마5:19). 저는 큰 것을 원하는데 나의 행위는 너무나 작게 하고 있는 것이었습니다. 어떤 일을 하셔도 할렐루야!로 인사하고 말했었는데 느닷없이 그분이 나타나자 저의 본색이 드러난 것이었습니다. 갑자기 나타난 그 분에게 제가 하고 있는 행동은 미워하고 있는 저를 그대로 드러낸 것이었습니다. 명절에 과일을 돌려도 그 집은 꼭 빼놓았고, 말은 항상 웃으면서 했지만 마음은 아니었다는 것을 알았고 입으로는 복을 빌지만 마음은 늘 어려웠는데, 오늘 나의 실체가 그대로 나타나 지극히 작은 자의 행동이었고 상은 큰상을 원하고 있었던 것입니다. 이율배반적인 행동인 것입니다.

예수님은 십자가에서 여섯 시간 후에 돌아가실 때 자신을 죽이고 있는 십자가 밑의 사람들을 보고 어떤 생각을 하셨을까? 그 무섭고 긴 시간에 생각할 수도 없으셨을거야. 그러나 돌아가시기 전에 하신 말씀은 아버지여! 저들이 알지 못하여 그리하였사오니 용서해주소서(눅23:34)라고 하셨습니다. 마지막 말씀이셨지요. 그런데 저는 거꾸로 했습니다. 빈 수레가 요란하다고 소형 자동차가 노후되어 왕왕거리며 다닙니다. 마치 돈이 별로 없어서 고칠 수가 없었는데 그것이 마치 나의 행위처럼 느껴집니다.

아버지여! 이제 저에게 은혜를 내리소서 행하고 가르쳐서 천국의 큰 자가 되게 하시고 어떤 핍박이 오더라도 어떤 사람이 지속적으로 나를 거스르더라도 욕하더라도 거짓말하더라도 기뻐하고 즐거워하게 하시어 하늘의 큰상을 받게 해 주소서. 저를 통하여 아모스 예배당을 지으셔서 이 민족의 2000

만 명의 백성을 구원해주시고 2천명의 제사장(신부)을 내셔서 이 나라에 그리스도의 나라가 이루어지게 하시고 정의와 공의가 흐르는 나라 되게 하시고 물과 성령으로 거듭나 하나님의 나라에 들어가는 민족 되게 하소서(요 3:5).

너희는 택하신 족속이요 왕 같은 제사장들이요 거룩한 나라요 그의 소유된 백성이니 이는 너희를 어두운 데서 불러내어 그의 기이한 빛에 들어가게 하신 이의 아름다운 덕을 선포하게 하려 하심이라(벧전2:9).

이 말씀대로 이루시기 위하여 먼저 금식으로 씻고 닦아 온전케 하여 주시기를 원합니다. 사랑합니다. 하늘의 뜻을 땅에 이루는 도구 되게 하소서 사랑합니다. 아버지! 예수님! 성령님!

"상" 거스르지 않고 받아주고 살면(마 10:40~42)
"상" 예수님을 푯대 삼으면(빌3:14)
"큰상" 거슬러도 기뻐하고 즐거워하면(마5:11~12)

상의 뜻은 하와 중을 버리고 상(높은 곳)으로 올라온 자에게 주는 것입니다.

상을 받는 것은 너나 할 것 없이 모두 좋아하지요. 저도 매우 좋아합니다. 제가 초등학교 6학년 때에 상을 받았는데요. 여러 가지 상을 받는 중에 6년 개근상을 받았습니다. 선생님과 교장선생님께서 하시는 말씀이 전에도 없었고 후에도 있기 힘든 처음 있는 상이랍니다. 제가 어려서 몰랐는데 희귀한 상을 받은 것입니다. 그때는 다들 어려운 시절이라 학교를 못 다니는 아이들도 있었고 집안일 돕느라 학교를 빼먹기가 일쑤였던 시절이었기 때문입니다. 그렇게 식구들을 속 썩이고 애들을 때리고 야생마처럼 뛰어다니며 말썽을 부리는 중에 학교는 어떻게 그렇게 빠짐없이 다녔는지 저도 모릅니다.

돈 달라고 해서 안주면 집을 홀까닥 뒤집고 엄마를 있는 대로 약 올리고 완전한 이중인격을 가진 아이였습니다. 공부 잘하고 선생님께 사랑받고, 친구들하고 놀 때는 맘에 안 들면 막 패고 맞고 또 때리고, 집에서는 별로 좋을 때가 없는 여자아이인데 남자 같아서 여자 일은 안하고 남자같이 노니 얼마나 집안이 시끄러웠는지 지금 생각해도 아득합니다. 여자의 몸을 입었으면 여자면 얼마나 좋았을까요. 집 치우고 밥하고 고분고분하니 얼마나 사랑 받았을까요.

그런데 반대로 한다고 생각을 해 보세요. 집안 식구들이 어안이 벙벙해합니다. 어디를 돌아다니다 오는지 만날 다 저녁때 집에 들어오니 엄마는 자식들 벌어먹이시느라고 바쁜데 저는 아랑곳하지 않고 그냥 뛰어 돌아다니기만 하니 말입니다. 우리 엄마가 얼마나 힘드셨을지는 생각하지도 않았던 것입니다. 귀신이 들어갔었던 것입니다. 하고 싶고 먹고 싶고 갖고 싶은 것은 많은데 하나도 해줄 수 없는 환경이었습니다.

내 고향 삼두리 학교 뒤에 있던 집은 넓은 마당에 마음대로 달려 다닐 수 있었고, 마당에는 물이 시원스럽게 나오는 펌프도 있고, 마루에서 한참 뛰어 나가야 대문이 있는 큼지막한 마당에 안전한 화장실이 있던 집이었습니다.

초등학교 1학년 2학기 때에 느닷없이 이사 갔는데 산 밑에 바로 집이 있었는데 얼마나 무서웠던지 모릅니다. 화장실은 나무 두개 갖다놓고 판자 두개씩 올려 놓은게 전부였고, 화장실에서 산을 보면 무덤이 보였고, 집 뒤뜰로 가도 무덤이 바로 눈앞에 있었습니다. 집 앞에는 집 두 배도 훨씬 큰 방죽이 있었는데 깊이가 엄청 깊어 처음 보는 어린 저에게는 커다란 두려움이었습니다.

급작스러운 환경의 변화를 적응하지 못하여 귀신이 들어간 채로 초등학교 시절을 보내면서 고집불통으로 집안 식구들을 괴롭히는 아이였던 것입니다.

그랬던 골칫덩이 아이가 새사람 만드는 작업을 하는 금식기도원 원장이 되었답니다.

요즘도 저와 같은 아이들이 많이 있습니다. 지금의 어린 아이들을 보면서 이 아이는 이런 귀신 저런 귀신이 들어가서 엄마 아빠를 괴롭히고 있구나 생각하면서 아이들 금식시켜서 귀신을 내쫓아(부산스럽다, 아토피, 불순종, 공부 못하는 것, 우울증, 갖가지 병, 희귀병 욕 등) 아버지의 귀한 아이들로 만든답니다.

지금도 하늘의 상 받는 것을 늘 기대하며 어떻게 하면 상을 받아 아버지께 기쁨을 드릴까 연구하다보니 성경에 우리의 행위의 상이 많이 있고 행위의 책망도 너무나 많습니다. 몇 가지만 보기로 이야기 하겠습니다.

- 너희를 영접하는 자, 나를 영접하는 것이요, 나를 영접하는 자는 나를 보내신 이를 영접하는 것이니라(마10:40~42).
- 영접 : 영이신 아버지의 뜻대로 대접(받아주는 것) 하는 것
  → 누구든지 하나님의 자녀를 대접하면 상을 받는다는 말씀입니다.

- 선지자의 이름으로 선지자를 영접하는 자는 선지자의 상을 받을 것이요. 의인의 이름으로 의인을 영접하는 자는 의인의 상을 받을 것이요.
  → 선지자끼리 서로 사랑하며 대해야된다는 말씀이지요. 나는 이렇게 하는데 너는 왜 이렇게 예언하느냐고 다투지 마십시오.

영의 나이가 각각 다르기 때문에 어떤 선지자는 초보 선지자 노릇하고 어

떤 사람은 성장 선지자 노릇하는데 서로 헐뜯지 말고 높은 단계의 사람은 낮은 단계의 사람을 끌어안고 낮은 단계의 사람은 배워가면서 사랑스럽게 살라는 뜻입니다. 예수님을 믿어 의인이 되었다면 예수님을 위하여 우리가 서로 사랑스럽게 사는 것은 당연하지요.

• 또 누구든지 제자의 이름으로 이 작은 자 중 하나에게 냉수 한 그릇이라도 주는 자에게 결단코 상을 잃지 아니하시리라 하셨습니다.

→제자의 삶을 살며 냉수 한 그릇이라도 대접해야지요. 성경에는 제자의 삶에 대해서 마태복음 5장부터 말씀하고 계시는데, 말씀대로 살지 않고 마음대로 살든가 성장하여 말씀 따라 내가 어려운 것도 단단한 음식도 먹을 수 있는 사람이 되어야 만이 상을 받을 수 있다는 것이지요. 어떠한 위치에 있더라도 서로 사랑스럽게 살면 상을 받고 서로 거스르고 싸우면 온갖 좋다는 것을 다 대접하고 돈을 써도 결코 상은 없다는 것입니다. 결코 열매 맺는 삶이 없다는 것하고 같은 말입니다. 어떤 상황 속에서 물 흐르듯이 함께 가며 상 받기를 원합니다.

형제들아 나는 아직 내가 잡은 줄로 여기지 아니하고 오직 한 일 즉 뒤에 있는 것은 잊어버리고 앞에 있는 것을 잡으려고, 푯대를 향하여 그리스도 예수 안에서 하나님이 위에서 부르신 부름의 상을 위하여 달려가노라(빌 3:13~14).

우리가 예수 믿어 살면서도 늘 과거에 매달려서 용서하지도 잊지도 못하여 되새기며 고통스러워하고, 앞에 있는 그 소망을 잃어버리고 많은 사람들이 실의에 빠져 힘을 잃고 거기서 더 나아가면 자살시키는 귀신에게 속아서 지옥을 가고 있는 이 상황에 성령께서 가르치십니다.

진실로 악을 행하는 자들은 끊어질 것이나 여호와를 소망하는 자들은 땅을 차지하리로다(시37:9).

나의 오늘에 과거는 회개거리이며 나의 오늘의 행복한 삶을 나의 미래의 소망의 기대 때문이라고 하십니다. 사람들은 과거에 해봤기 때문에 아주 말하기 쉽고 되돌아보기 쉬워서 과거에 우리 집에 금송아지 있었고 나는 어제 이렇게 했다는 무용담이 많습니다. 그러면서 잘못한 사람들을 때리고 어제는 잘했다고 하는데, 오늘은 언제나 불행하여 원망하고 불평하며 기쁨을 갖지 못하고 있습니다.

그것은 미래의 불확실성 때문입니다. 오늘은 내가 그럭저럭 먹고 살았는데 내일은 어떻게 하느냐를 걱정하게 되는 것은 귀신들의 가르침에 귀를 기울인 것입니다. 여러분! 내일을 보셨나요? 내일은 글자만 있는 것이지 실제로 없습니다. 내일은 소망의 날이요, 기대의 날이지 현실은 오늘입니다. 내일이 없는 것입니다. 그런데 사단은 내일이 있다고 거짓말하면서 내일을 위해서 오늘 울어야하고, 내일을 위해서 걱정 근심해야하고 염려해야한다고 합니다.

성경은 내일은 염려하지 말고 걱정하지 말라고 하는데 말입니다.

내일 일을 위하여 염려하지 말라 내일 일은 내일이 염려할 것이요 한 날의 괴로움은 그 날로 족하니라(마6:34). 너는 내일 일을 자랑하지 말라 하루 동안에 무슨 일이 일어날는지 네가 알 수 없음이니라(잠27:1).

저는 새로 오늘 태어났습니다. 오늘 목사되고 오늘 원장되었습니다. 제가 오늘 구했고, 오늘 받았습니다. 또 오늘 죽어서 천국 가겠지요. 끊임없이 과거가 남고 오늘만 있습니다. 내일은 글자뿐이랍니다. 그래서 오늘 살았으면 그만입니다.

우리 아버지께서 이렇게 말씀하십니다. 옛날이 오늘보다 나은 것이 어찜

이냐 하지 말라 이렇게 묻는 것은 지혜가 아니니라(전7:10). 비겁장이들은 과거에 얽매여서 오늘을 망치고, 용감한 자는 미래 때문에 오늘 행복하다고, 비겁자는 과거를 이야기하고 용기 있는 자는 미래를 이야기 합니다.

더 아름다운 사람은 오늘 실천하는 사람입니다. 과거를 딛고 미래를 오늘 열어야 합니다. 과거에 집에 금송아지 없었던 사람은 하나도 없습니다. 그 과거에 얽매여서 과거 자랑하느라고 시간 허비하지 말아야 합니다. 과거는 해봤고 미래는 안 해봤기 때문에 자랑할 것이 없고 해보지 않은 일은 두렵고 어렵습니다. 사람이 마음으로 믿어 의에 이르고 입으로 시인하여 구원에 이르느니라(롬10:10). 믿는 자(모험가)는 두려움을 벗고 먼저 말하는 것이며 말할 때에 그것이 나의 것이 됩니다.

비겁자? 용감한 자?

과거를 거울삼고 미래를 예수그리스도로 푯대삼아 오늘을 열심히 살면 상을 주신 다잖아요 소망을 어떻게 갖느냐 입니다. 아버지께 여쭈어 보세요. 우리의 주인은 아버지이십니다. 꿈과 환상으로 보여 달라고 해보세요. 금방 보여주십니다. 기쁘신 자신의 뜻을 위해서 말입니다. 너희 안에서 행하시는 이는 하나님이시니 자기의 기쁘신 뜻을 위하여 너희에게 소원을 두고 행하게 하시나니(빌2:13). 우리 함께 상 받아요.

큰상 받고 싶진 않으세요? 나로 말미암아 너희를 욕하고 박해하고 거짓으로 너희를 거슬러 모든 악한 말을 할 때에는 너희에게 복이 있나니, 의를 위하여 박해를 받은 자는 복이 있나니 천국이 그들의 것임이라(마5:11~12). 상도 여러 가지가 있습니다. 그냥 상과 큰상으로 나뉘어져 있었습니다. 어디까지 이르렀든지 그대로 사랑하는 자들과 사는 사람은 꼭 상을 받습니다.

우리를 욕하고 박해하고 거짓하며 우리를 거슬러 모든 악한 말을 하는 사람에게 우리 예수님 때문에 같이 욕하지 못하고, 그에게 뭐라 하지 못하고 거짓도 못하고 거스르고 악하게 해도 아무 소리 못하는 사람이 상을 받습니다. 나아가 초대교회의 사도들처럼 실컷 얻어맞고 예수 이름을 말하지 못하게 하고 놓아주니 그의 이름을 위하여 능욕 받는 일에 합당한 자로 여기심을 기뻐하며 공회를 떠났던 것처럼 우리도 기뻐하고 즐거워하면 큰상을 주신다고 합니다.

그들이 옳게 여겨 사도들을 불러들여 채찍질하며 예수의 이름으로 말하는 것을 금하고 놓으니 사도들은 그 이름을 위하여 능욕 받는 일에 합당한 자로 여기심을 기뻐하면서 공회 앞을 떠나니라(행5:40~41). 여러분은 어떠세요?

제가 주의 종이 되어 보니 보통일이 아닙니다. 기도원 주변 주민들이 툭하면 시청에 신고하고, 욕설을 하기도 하지만 저는 대적하지 못합니다. 가만히 생각해 보니 예수님 때문에 못하는 것입니다. 나의 잘못으로 사랑하는 나의 예수님에게까지 욕 할까 겁이나 못하는 것입니다. 예전 같으면 차고 때리고 싸움이 벌어졌을 것입니다. 하지만 이제는 못합니다. 그랬더니 아버지께서 저와 저의 자녀들에게 큰상을 주셨습니다. 나를 괴롭히는 모든 사람들이 저를 큰상 받게 하는 것입니다. 남편도 아내도 자식도 나의 형제들도 나를 괴롭히고 있다면 바로 나에게 큰상을 주려고 시험하시는 것입니다. 이때! 크게 웃어 보세요. 고맙다고 나를 큰상 받게 해줘서 사랑한다고 말해보세요. 하나님께서 약속하신 큰상을 주신 답니다. 내가 뭔가 된 듯한 큰 마음 때문에 스스로 행복해집니다.

2. 약속

입과 혀를 지키는 자는 자기의 영혼을 환란에서 보전하느니라(잠21:23).

우리의 입에서 나오는 말은 씨가 되고 씨가 떨어지면 씨앗이 나오는데 상추씨 심으면 상추 나오고 배추씨 심으면 배추 나오고 감 씨를 심으면 감나무가 나오고 배씨를 심으면 배나무 나옵니다.

입술의 열매를 창조하는 자 여호와가 말하노라 먼 데 있는 자에게든지 가까운 데 있는 자에게든지 평강이 있을지어다 평강이 있을지어다 내가 그를 고치리라 하셨느니라(사57:19).

사람들과 사는 세상에 약속을 잘 지키는 사람은 신용 있는 사람입니다. 약속을 했는데도 시간관념이 없이 시간을 마음대로 하는 사람은 믿을 수 없는 사람이고 아예 잊어버리고 약속을 지키지 않는 사람은 정신이 없는 사람입니다. 만약 나라면 어떤 사람하고 사귀고 살겠습니까. 물론 신용 있는 사람이겠죠. 그러면 내가 먼저 그런 사람이 되어야 합니다.

우리 집은 예배시간 오 분 전에 오는 사람은 고화질의 사람, 정시에 오면 중화질의 사람 오 분 뒤에 오면 저화질에 사람이라고 부르며 우스갯소리를 합니다. 자신의 행위대로 이름이 붙여지는 것입니다. 우리는 쉽게 약속한 것들을 잊어버리고 사는데 약속을 잊어버리고 사는 것은 내 영혼을 환란에 내어버리는 것입니다. 성경이 요구하시는 약속(즉 말씀)을 잘 지켜야 합니다. 그런데 가만히 살펴보니 말씀은 지키려고 애를 쓰는데 개인적인 제약 부분에 있어서의 약속은 너무나 쉽게 잊어버리시는 것 같습니다.

저는 아버지께 두 가지의 약속을 했습니다. 사실은 시키신 것입니다.

- 첫째 : 돈을 빌려 쓰지 않겠습니다. 사람들에게 달라고 안하겠습니다. 빚지고 일하지 않겠습니다.
- 둘째 : 제 집에 들어온 사람을 쫓아내지 않겠습니다.

그런데 약속을 지키는 것이 그렇게 쉬운 일은 아니었습니다. 1998년도에 IMF가 터지면서 2200만원 빚 얻어 쓴 것이 이자가 20만원부터 시작해서 44만원까지 불어났고, 이자 감당을 못해서 집이 넘어가게 되었습니다. 언니도 있고 오빠도 있고, 글쎄 말은 안 해봤지만 집이 있으니 빌려달라고 했다면? 잘 모르겠지만 빌릴 수 있지 않았을까요?

그런데 아버지께 드린 약속이 있었지요. 게다가 세 들어 살고 있는 사람들의 성화가 시작되었습니다. 집이 넘어가면 약천만원 정도는 손해를 보게 된 것입니다. 빌려 보려고 생각을 해보니 만약 제가 약속을 하고 먼저 깨버리면 아버지께서 제가 뭔가를 부탁드렸을 때에 내가 "너를 어떻게 믿고 주니, 네가 그전에 약속을 해놓고 안 지키지 않았더냐", 돈 달라고 하면 "네가 거기다 쓴다고 해놓고 다른데다 쓰면 어떻게 하느냐 못 믿는다" 하시면 어쩌나 걱정이 되었습니다.

아버지께서 제게 주의 종을 하라고 하셨는데 아버지께서 저를 도와 주셔야 하는데 도와주시지 않는다는 생각이 계속 나서, 그렇게 되면 내가 아버지의 일을 전혀 할 수 없을 것이라는 것을 깨닫게 되었습니다.

돈을 안 빌리자니 아래층의 연약한 백성들의 돈을 주의 종이 되기도 전에 떼어먹는 결과가 되고, 돈을 빌리자니 아버지와의 약속이 깨져서 아버지 앞에 신용 불량자가 되니, 세상의 카드 쓰고 카드 불량자 되는 것 보다 아버지 앞에 불량자 되는 것이 더 무서웠습니다. 그래서 그냥 죽기로 작정을 했습니다.

일주일 금식하고 보식하려다가 조금 있는 쌀로 밥해서 아이들 먹이고 죽음의 금식을 시작했습니다. 나흘쯤 되었는데 세입자들이 친척들하고 함께 들이닥쳤습니다. 속으로 뭘 이렇게 많이 오시는지 그냥 한사람씩 와도 되는데 하며 웃고, 이제 마음껏 해 보세요 했더니 방을 내놓자, 집을 내놓자 의견이 분분했습니다. 이사 오자마자 집도 방도 다 내놨는데 아무도 안 오는 것이 문제라고 했더니 2층에 세든 아저씨가 3층 방을 다시 한 번 내놔 보자고 했습니다.

제가 지금 너무 어지러우니 아저씨가 그렇게 해보시라고 해놓고 그분들이 나가신 뒤, 작은 상 하나 놓은 강대상 쪽에 앉아서 '아버지! 이 방법도 아니라면 저를 그냥 데려가 주세요'라고 했더니 또렷이 들리는 음성이 있었습니다.

"친구를 위하여 생명을 버리는 것처럼 귀한 사랑이 없느니라"

"어떤 친구를 위해서 생명을 버린단 말인가요? 저는 그런 친구 없습니다."

그러고는 애라 모르겠다하고 있는데 2층에 세든 사람이 방을 얻을 사람 데려 왔다고 했습니다. 문을 열었더니 3층을 보겠다고 데리고 왔는데 새 건

물에다 4500만원 짜리를 3500만원에 내놨으니 보자마자 계약을 하게 된 것입니다.

전날 슈퍼에 나갔더니 우리 집 망했다고 동네에 소문이 쫙 퍼졌는데, 집 넘어가기 이틀 전에 아버지께서 이런 기적 같은 방법으로 집을 잡아주시고 해결하셔서 그 다음날 이집은 기적의 집이라고 소문나서 예수님의 살아계심을 증거 하게 해주셨습니다. 아버지께서 약속을 지키는지 안 지키는지 저를 두고 보신 것입니다.

사람이 감당할 시험 밖에는 너희가 당한 것이 없나니 오직 하나님은 미쁘사 너희가 감당하지 못할 시험 당함을 허락하지 아니하시고 시험 당할 즈음에 또한 피할 길을 내사 너희로 능히 감당하게 하시느니라(고전 10:13). 저는 그 말씀이 성경에 있는 말씀인 것을 13년이 지난 다음에 알게 되었답니다. 사람이 친구를 위하여 자기 목숨을 버리면 이보다 더 큰 사랑이 없나니, 너희는 내가 명하는 대로 행하면 곧 나의 친구라(요15:13~14).

돈 빌리지 않는 일을 예수님이 시키신 것을 누가 알았겠어요. 아버지와의 약속을 어기고 먼저 돈을 빌려 썼더라면 오늘의 벧엘은 없었을 것입니다. 교회 개척하며 돈 빌려서 할 수는 없었습니다. 아버지 일을 아버지께서 하셔야 하는 것이지 먹고 살기 위해서 아버지 일을 하기 위해서 돈을 빌리고 그것을 갚느라고 전전긍긍한다면 사단의 일은 될지언정 아버지의 일은 할 수 없다는 것을 아신 아버지께서 약속을 시키신 것입니다.

이제부터는 너희를 종이라 하지 아니하리니 종은 주인이 하는 것을 알지 못함이니라. 너희를 친구라 하였노니 내가 내 아버지께 들은 것을 다 너희에게 알게 하였음이라(요15:15).

저에게 하늘나라의 비밀을 알려주실 수 있었던 아주 중요한 열쇠의 말씀을 들은 지 오래 뒤에 알게 된 것입니다. 성경을 아무리 읽어도 열어주지 아니하시면 있는 것도 안 보이는 것이 하늘의 비밀인 것입니다(마13:1~13).

내 집에 들어온 사람하고 사는 것이 그렇게 어려운 줄 몰랐습니다. 3층은 애들이 살고 4층에서 예배당 겸 숙소 겸 살고 있을 때 집 넘어가는 문제 생기기 직전의 일이었습니다.

교회에 50이 넘은 여자 전도사님 한 분, 남자 집사님 한 분, 그리고 젊은 집사님 한분이 있었습니다. 이 세 사람이 어울려서 함께 저를 훈련을 시키셨던 것입니다. 그때는 몰랐습니다. 성경 읽고 함께 말씀 공부도 하고 해야 하는데 전도사님이 사람들을 데리고 63빌딩 구경 가고, 맛있는 거 사먹으러 다니고 하면서 내가 싫어하는 일들을 하고 있었습니다. 저는 마냥 놀러 다니고 맛있는 거 사먹으러 다니는 것을 제일 안 좋게 생각하는 사람이었거든요. 여러 번 이렇게 하니까 내 집에서 나가라고 하고 싶은데 아버지하고 약속을 했기 때문에 그렇게는 못하고 그날부터 날마다 기도하고 울었습니다.
'아버지! 어떻게 해요 가슴이 답답하고 죽을 것 같아요 싫은 사람을 보고 있는 것이 너무 힘듭니다.' 그렇게 한 일주일을 울었나 봅니다. 그랬더니 전도사님이 제게 미안하대요. 제가 우는 이유를 알았다는 것입니다.

여러분은 어떠세요? 개인적으로 약속한 것 못 지키고 있는 것 있으신가요? '어디 안 갈게요, 이거 안 할게요' 라든지 '헌금 드릴께요' 했다가 지키지 못한 일 같은 것 말입니다. 잊어버리고 계신다면 신용 없는 사람이 되어 있던가 미친 사람이 되어 있어서 아버지 앞에 되는 일이 없어진 것입니다.
아버지께서는 어려운데 그 약속을 지키는 것을 정말 좋아해주셨습니다.

그런데 지키는 것이 또 너무나 어려웠습니다. 생각에는 아무것도 아닌 것 같은데 쉬운 일이 아니더라는 겁니다. 그래서 생명도 내놔 보고, 계속 울기도 하면서 지금까지 지키느라고 애쓰고 있는데요, 가끔 실수도 합니다. 본의 아니게 자신의 마음에 들게 훈련하는 시간으로 사용하십니다. 지키려 애쓰고 있는 것을 기특하게 보시고 얼마나 사랑하시는지 모릅니다. 아버지께서는 저에게 약속하신 것도 다해주시고 남다른 복도 많이 주신답니다.

네 입으로 네 육체가 범죄하게 하지 말라 천사 앞에서 내가 서원한 것이 실수라고 말하지 말라 어찌 하나님께서 네 목소리로 말미암아 진노하사 네 손으로 한 것을 멸하시게 하랴(전5:6).

말씀의 약속이 아니더라도 내 입술의 혀로 작은 말이라도 했다면 그것을 지키는 것이 서원을 지키는 것이며 내 영혼이 잘되어서 환란을 벗어나는 것이라는 것을 알게 되었습니다.

한번 지켜보세요. 어려우니까 상도 큰 것입니다. 멋진 인생이 펼쳐집니다. 우리 아버지! 예수님! 성령님이 살아계셔서 나의 작은 약속도 다 듣고 계신답니다.

3. 믿음이 작은 자들아

예수께서 이르시되 어찌하여 무서워하느냐 믿음이 작은 자들아 하시고
곧 일어나사 바람과 바다를 꾸짖으시니 아주 잔잔하게 되거늘(마8:26).

큰 믿음이 없어서 애통하고 걱정하시나요?

풍랑이 이는 바다에서 구원받은 제자들, 우리의 인생의 항해 중에 풍랑이
일고 많은 고통의 시간들이 있어서 구원받지 못하고 큰 믿음이 없어서 구원
받지 못한다고 '큰 믿음을 주세요, 큰 능력을 주세요' 라고 기도하며 구하고
두려워 떨며 부르짖는 우리들에게 예수님께서는 '믿음이 작은 자들이라고
어찌하여 무서워하느냐' 고 하셨지만 곧 바람과 바다를 꾸짖어 잔잔케 하여
주십니다. 이 사건은 믿음이 작아도 구원받을 수 있다는 역이용이 됩니다.
무서워하며 두려워하며 죽게 되었을 때에 예수님을 깨우기만 하면 되는 것
입니다. 작은 믿음을 가져도 구원받을 수 있다는 것입니다.

제가 24살의 나이에 딸만 낳고 서른살 전에 죽는다는 역술인 말에 어떻게 하면 아들을 낳아서 그 여자의 말을 틀리다고 해줄 수 있을까? 궁리하며 여러 가지 방책을 구하는 중에 아무래도 안 될 것 같다는 한숨 소리 뒤에 눈을 들었는데 하늘이 보였고 중얼거리며 나의 생명을 구하기 위해서 한 말이 있습니다.

"혹시 하나님이 정말 계세요? 그렇다면 저에게 아들을 주세요. 그러면 제가 하나님을 믿겠습니다."

나 혼자 한 말이었고, 그 누구도 들을 수 없는 중얼거림이었는데 26살에 1980년 12월 11일 1시11분에 아들을 낳았습니다. '오! 정말 아들을 주셨네!' 몸조리를 마치고 그 다음해 27살 1981년 봄에 옆집에 사는 권사님에게 말씀드려서 교회에 데리고 가 달라고 했습니다. 그때 그 권사님께서 저를 데리고 간 교회가 청량리 동도교회였습니다. 아버지께서는 어떻게 알아들으셨을까요. 그렇게 혼자 중얼거리는 소리를 말입니다. 우연히 낳은 것이라고요? 저는 그렇게 생각하지 않습니다. 분명히 듣고 주신 것입니다.

28살에 죽어서 공중에 올라갔는데 풍선 같은 속에서 앉아 통곡하며 우리 아이들을 키워야하는데 어떻게 하느냐고 나는 가야한다고 3일을 울었더니, 뒤에서 울리는 듯한 멋있는 남자음성이 들렸습니다. '그럼 너는 가라! 그럼 너는 너의 애들 때문에 가라!' 하고 제가 깨어났습니다. 놀라우신 목소리, 어떻게 들으셨을까요?

43살에 이혼하고 아무것도 없이 되어 먹고 살 수가 없는데 자존심은 살아서 "아무에게도 돈을 빌리지 않고 꾸지 않겠다고 약속드렸습니다." 먹여 살려주시면 하나님의 일을 하겠다고 했는데 어떻게 들으셨는지, 지금까지도 이렇게 잘 먹이시고 입히시고 돌봐 주십니다.

여러분! 병고치고 기적을 베풀어 백성들을 인도하는 큰 믿음과 큰 능력의 사람들만 예수님 영광 나타내는 줄로 알았는데 저처럼 약하고 무서워하며 두려워 떠는 작은 믿음의 사람일지라도 예수님께서 구원하십니다. 구원받을 방법은 그의 이름을 부르기만 하면 되는 것입니다. 내 배 안에, 내 삶 안에, 내 가정안에, 내 교회 안에 주무시고 계시는 예수님을 깨우기만 하면 되는 것입니다. 작은 목소리로, 때로는 기도로, 금식으로 때로는 속으로 한 이야기도 다 들으시고 구원해 주십니다.

그때에는 나의 삶의 고통과 위협 속에서 찾았을 때 곧 해결해 주셨고, 지금은 저와 사랑하는 자들의 삶의 구원을 위해서 함께 깨우고 예수님을 찾고 있습니다. 아이들 학비도 식구들 먹을거리도 주셨고 예배당도 지어주시고, 제 딸이 아이를 가졌을 때 숙소가 어려워서 계속 잠에서 깨어나지 못하고 있으니 이 아이를 위해서 빨리 숙소를 지으라고 명령하셨습니다.

그 추운 겨울 1월에 30평짜리 숙소를 10일 만에 뚝딱 지어 주셨습니다. 지금은 제가 알지도 못하는 일도 계속 이루셔서 벧엘의 가족을 먹여 살려 주시고 계십니다. 공부 가르쳐 주시고 어떻게 잘 아시는지 숨소리가 거친지 편안한지 무엇 때문에 가슴앓이를 하고 있는지를 모두 다 알고 계십니다. 저와 함께 숨 쉬고 계시는 것이지요.

그리하면 네 빛이 새벽 같이 비칠 것이며 네 치유가 급속할 것이며 네 공의가 네 앞에 행하고 여호와의 영광이 네 뒤에 호위하리니(사 58:8, 급속한 치료, 삶, 몸). 지금은 금식과 기도로 합니다. 그렇게 하면 더욱 즉시 해결해 주신답니다.

사단에게 져서 빼앗겨버린 우리의 잃어버린 삶과 건강을 항소할 수 있는 것이 금식입니다(눅4:6, 호2:13). 예수님 구원해주세요 사랑합니다.

우리의 인사 이제 바꾸시면 어떨까요?

식사하셨어요... 할렐루야로

얼마나 힘드세요?

행복하시지요?

잘되시지요?

경제가 안 좋아요. 죽겠어요

잘되시지요?

잘되지요

잘될겁니다

사랑합니다

감사합니다 등으로

4. 내일의 행복을 위하여
오늘 긍정의 씨를 심으라

너는 내일 일을 자랑하지 말라 하루 동안에 무슨 일이 일어날는지 네가 알 수 없음이니라(잠27:1).

오늘 있는 그대로 행복하라. 우리는 내일을 위하여 준비할 것이 많습니다. 내일을 위해서 사과나무도 심어야하고 내일을 위해서 씨앗도 심어야 합니다. 그것이 잘 될지 잘 못 될지 알 수 없으나(전11:6) 늘 내일을 위해서 일해야 한다고 배웠습니다. 그런데 행복하진 않습니다. 늘 얼굴에는 그늘이 있고 늘 수심이 가득합니다. 내일 그것이 잘될지 안 될지 모르기 때문입니다. 그런데 이렇게 생각해 보세요.

오늘 사과나무 심는 재미로, 오늘 싹 나는 것 보는 재미로, 오늘 싹이 자라는 것 보는 재미로, 오늘 꽃이 피는 것을 보는 재미로, 오늘 열매 맺어 따는 재미로, 오늘 먹는 재미로, 오늘 그 식물들이 자라며 춤추며 너울거리는 것을 보는 재미로 하는 겁니다. 열매가 맺혀지는 재미 거기다 먹는 재미까지 다 먹었더니 이제 시들어서 베어다가 없애는 재미 오! 오늘 다 봤네요. 내일 볼 수 있는 것은 하나도 없습니다. 적금도 오늘 붓는 재미, 오늘 늘어나는 것을 보는 재미…

　내일하려 하지 말고 바로 오늘 심은 모든 것을 보고 먹고 하는 것입니다. 내일하려하지 말고 바로 오늘 말입니다. 오늘 내가 이것을 잘못했으니 내일을 잘해야지? 그냥 그 시간에 잘하시면 어떨까요. 내일은 없다니까요. 부족한 나, 잘못한 나 그 잘못 한 그 시간에 회개하여 돌이키면 되겠지요. 내일 한다고 하는 그 말 때문에 나는 오늘 나의 성장을 멈추게 되는 것이지요. 지금 이 순간에 돌이켜서 다시 하는 겁니다. 오늘, 지금 말입니다. 오늘밖에 없다는 것이 깨달아졌다면 나는 지금 웃으면 됩니다. 지금 웃지 않으면 나는 평생 웃을 수 없을 테니까요.

5. 능력있는 사람으로 키우려면
아이 때부터

　아버지의 귀한 아들, 다윗은 복덩이이며 나의 스승입니다. 2010년 12월 24일 밤 12시가 다 된 시간에 그래도 예수님 생신과 겹치지 않고 우람한 손자 다윗을 보았습니다. 얼마나 귀엽고 사랑스러운지 모르겠습니다. 그 아이를 낳아준 우리 딸 윤이는 또 얼마나 예쁜지 모르겠습니다.

　우리 예수님은 마구간에서 태어나셨고, 우리 다윗은 판넬 집에서 자랍니다. 아무래도 예수님은 따라 갈 수 없지요. 그런데 아이를 키우면서 보니 이상한 현상이 나타나기 시작했습니다.

　첫째, 아이에게 부정을 심어주면서 사랑하는데 '너 싫어'라고 말하며 키우고 있고,

　둘째, 성경을 그대로 위배하며 키워서 아연실색할 수밖에 없는 일과 말들이 일상생활에서 그대로 노출되어 이루어지고 있었습니다.

너무나 귀여운 손자이기에 아이를 보기만 하면 안아 주고 할렐루야! 복덩이 할렐루야! 장군이 할렐루야! 우리 왕자 우리 다윗이는 하늘나라 왕자요, 아빠도 왕자, 엄마는 공주, 고모도 공주, 할머니는 왕비랍니다. 우리 다윗은 하늘나라 보물 하나님의 사랑둥이지요. 우리 복덩이! 아버지 감사드립니다.

뭐라고 표현할 수 없이 이 아이는 지남철처럼 나를 잡아당겨서 아이 보러 방에 가면 시간가는 줄을 모르게 만들고, 우리 벧엘에서는 호랑이 원장인데 다윗에게만 가면 큰소리를 내면 아이가 울어버리니 목소리가 가늘어지고 그 아이를 웃기느라고 할머니가 애 앞에서 온갖 재롱을 다부리고 있답니다. 헤어질 때도 인사를 열 번도 더 합니다.

기도자리에서도 눈앞에 어른거려서 웃음이 나오고, 책 원고를 쓰다 보면 자꾸 가고 싶어서 억지로 의자에 앉아 있는 것이 얼마나 힘든지, 그냥 다윗 하고 쭉 놀고 만 싶은 겁니다. 아이 엄마 윤희는 너무 좋아하는 거예요. 제가 재롱을 부리면 입이 함박만 하게 벌려서 웃는 답니다. 다윗이가 제 아빠를 얼마나 좋아하고, 제 엄마를 보면서 얼마나 사랑스러워하는지 우리 다윗은 아빠를 닮아서 이렇게 멋쟁이이지? 이렇게 예쁜 엄마가 있어서 좋지? 우리 윤희가 도와달라고 말도 안하는데 억지로 시간을 내서 만날 쫓아간답니다.

나는 아버지 앞에서 어떻게 이런 복덩이가 되었을까? 모진 고통의 몇 년 의 시험에서 천천히 벗겨져가면서 엄마로 변해가고 있는 사랑스러운 딸입 니다. 예쁜 며늘아기, 내가 하도 시어른들한테 꼬박고박 달려들어서, 아버 지! 저 소원이 있는데요. 달려들지 않는 며느리 주시면 안 될까 했더니 한 번도 말대꾸 안하는 그렇게 사랑스러운 아이를 주셨습니다.

훈련 받는다고 귀신들에게 쫓겨서 다니면서 먹을 것 한번 제대로 못해준 아들 목사 저 먹을 때 언제나 같이 먹여주고 나의 모든 고통스러웠던 것들 을 보완하여 행복하게 해주셨습니다. 사랑하는 딸도 이제는 행복을 찾아가며 자신을 살피며 남편하고 맞추어 나가는 모습이며, 예쁜 아기 낳아서 엄마 가 되어 살아가며 아이 위해서 이유식 만들고 빨래하고 그 조그만 옷들을 만지며 날마다 그의 아들 솔로몬과 함께 깔깔대며 가르치고 배우며 행복해하는 소리를 날마다 듣고 본답니다. '할머니 소니도로(이태리어로 금꿈 꾸세요라는 뜻)' 그 어여쁜 입으로 인사하는 손자 손녀들, 인생의 행복을 돌려주셨어요.

사랑하는 벧엘의 가족을 주셔서 함께 살며, 이혼 했던 애들 아버지는 훈련받아 속초에 개척했다가 벧엘 영서학교에 필요하다 하시어 다시 돌아왔습니다. 이제 한곳에 머물러 있지 못하고 자꾸 돌아다니게 하는 귀신이 그 사람에게서 나가고 지금은 목사가 되었답니다. 금식을 통해서 아름다운 내일의 나의 변화된 모습을 위하여, 오늘 행복한 웃음을 웃으며 나를 바꾸느라고 애쓰고 있는 사랑하는 아버지의 종들, 우리 예수님의 제자들입니다. 어디를 보아도 제가 복덩이였나 봅니다. 순종하지 못했을 때 있었던 나의 고통의 삶은 흔적 없이 사라지고 이렇게 행복한 삶 속에서 날마다 살아가게 하시니 이 일이 어찌 사람의 뜻으로 될 수 있었을까요.
그런데 아이와 이렇게 자주 만나다 보니까 우리들의 말이 이상하다는 것을 알게 되었습니다.
'아이 손 타면 안 돼!' 이 말이 한두 번이 아니라 안아줄 때마다 엄마가 안아 줄때도 외할머니가 안아 줄때도 옆에 누군가가 안아 줄때도 늘 동일한 말들을 하고 있는 것이었습니다. 어느 날 저의 전문 직종이 발동 되었습니다. 뭐냐고요? 부정한 말이 귀에 걸리는 것이었습니다. 가만히 있어봐라, 그러면 손으로 안 키우면 아이를 발로 키운단 말이냐? 브레이크가 걸렸지요. 제가 짜증을 부리면서 생각을 해보니 계속 들었던 이야기인데 이게 무슨 말인가를 분별하기 시작했습니다.

우리는 모두 아이를 손으로 키우지 발로 키우는 사람은 없습니다. 왜 손으로 키워야하는 아이를 손으로 안으면서 손 타면 안 된다고 하여 아이 속에 부정을 넣고, 엄마의 사랑에서 아이를 밀어내는 말을 하고 있는 것일까요. 내가 너를 안아주면 팔이 아픈데 왜 안아주는지 모르겠어. 하면서 아이를 안아주고 있는 것이 마치 안 해야 될 일을 하는 것처럼 아이에게 긍정의 사고를 주는 것이 아니라 부정을 넣어 주고 있는 것입니다. 아이는 어떻게 생각할까요. 슬플 거예요. 엄마가 나를 안아줘서 나는 너무 좋은데 왜 안아주면 안 된다고 할까? 하며 아이는 마냥 슬픈 겁니다.

아이들이 모른다고요? 아닙니다. 모두 듣고 알고 있습니다. 반응하고 대답합니다. 제가 뭔가를 물으면 이 아이는 태어나자 마자부터 90%는 대답을 했습니다. 처음에는 우연히 무슨 소리를 내는 걸로 알았는데 대답을 하는 겁니다. 응응응 나만 보고 듣는 것이 아니라 모두 다 보고 놀랐답니다. 천재라서 그럴까요? 원래 알아듣게 만들어져서 나오는 것입니다.

하나님께서 창조 때부터 우리를 그렇게 만든 것입니다. 아이가 다 듣고 대답을 하는 겁니다. 이렇게 모든 것을 알고 있는 아이에게 우리는 '나 팔 아파, 그래서 너를 안아주면 안 돼, 그런데 할 수 없이 안아주는 거야' 라고 말하고 있는 겁니다.

아버지께서 꿈에 아이의 머리가 수세미가 된다고 보여주셨습니다. 저는 그때부터 아이에 대한 언어들에 대해서 기도했고 신경 쓰기 시작했습니다. 이런 부정한 언어 속에서 성장한 우리나라 아이들의 특징을 자기 의사 표시를 못하는 것입니다. 어려서부터 부정에 길들여있기 때문에 자기 생각하고 다른 것을 적응 시켜줄 수 있는 프로그램이 없어서 대부분의 아이들이 자신들의 의사 표시가 정확하지 않고, 말을 안 하면 어른들이 얌전하다고 하는 것입니다.

　제가 볼 때는 얌전한 것이 아니라 바보입니다. 자신의 마음속에 있는 것들을 말로 표현 못하면 그 사람은 사회생활에 문제가 있고 지도자가 되기가 어렵습니다. 많은 말도 중요하지만 긍정의 말과 긍정의 삶을 가르치고 본을 보여야 되지 않겠느냐는 것입니다. 긍정의 대화를 많이 할수록 언어능력이 발달 합니다. 자신을 거스르지 않기 때문에 속에 맺히는 것이 없겠지요. 그러면 자신의 의사를 표시하는데도 어려움이 없습니다. 많이 안아주시고 많은 대화를 정확한 언어로 구사하며 아이의 귀에 입력시켜 주세요. 천재아이가 탄생할 겁니다.

6. 아이의 울음소리는
곧 그의 의사표현입니다

다윗엄마가 다윗이가 우니까 '왜 울어, 웃으면서 말해' 이렇게 말합니다. '윤이야! 애기는 울음소리가 말이잖아, 이럴 때는 다윗! 배고파? 기저귀 갈아줄까? 졸려? 뭘까? 말해줘서 고마워로 받아야지' 라고 가르치니 곧 따라 합니다. 이틀 전엔가 그랬는데 오늘 다윗은 기저귀 갈아 달라고 울지 않고 계속 뭐라고 반복적으로 중얼거립니다. 윤이가 오줌 쌌다고 말하는 거래요 보니까 정말 오줌을 쌌어요. 이번 주 토요일이 백일짜리가 울음 대신에 자신의 언어구사가 되어 엄마하고 소통하고 있었습니다.

그렇지 않고 울어도 울음으로 자기의 의사 전달을 하고 있는 아이에게 왜 우느냐고 나무라면 벌써 그때부터 주눅이 들어서 크면 말하는데 어려움이 생기고 늘 질책형식의 말을 듣기 때문에 언어구사에 어려움이 오게 되겠지요. 우리 민족의 남자들의 언어에 어려움이 이때부터의 오는 것입니다. 우

리의 잘못된 교육 때문입니다. 이제는 아이에게 말해줘서 고맙다고 그 울음
에 대답해 줘야 합니다.

너는 정말 눈이 예뻐서 예뻐, 눈이 커서 예뻐, 코가 오뚝해서 예뻐 입이
정말 예뻐 그래서 예뻐, 자고 있는 아이를 들여다보면서 이렇게들 말하고
있었습니다.

사람이 예쁜 것은 그의 품행이 예쁘면 예쁜 것이지 눈이 예뻐서 예쁘거나
코가 예뻐서 예쁘거나 그것은 외형으로 나타난 것이지 성경은 아닙니다. 사
울은 다른 사람보다 키가 어깨 위보다 더 크고 준수했습니다(삼상9:2). 그런
데 하나님께 순종하지 않으므로 큰 키와 준수한 그의 용모가 복 받게 하지
않았고, 다윗의 아들 압살롬이 그렇게 머리가 아름답고 용모가 아름다웠어
도(삼하14:25~26) 자기 아버지를 징계하는데 쓰임을 받았습니다. 다윗은
말째로 태어나서 사무엘이 기름 바르길 원치 아니하였으나 아버지께서 그
를 택하신 것은 누구보다 키가 크고 뭐가 잘난 것은 아니지만 그의 순종과
회개(삼상22:14~) 아버지와 아름다운 관계를 유지하고, 찬양하는 사람으로
(시편, 삼하23:1) 아버지의 마음을 사로잡아 자손대대로 등불을 끄지 않을
수 있는 믿음의 줄을 타게 해준 왕이 됩니다.
아이 때부터 너는 뭐가 예뻐서 예쁜 것이 아니라 이 땅에 태어난 자체가
아름다운 것이며, 나의 자식이라서 나의 손자라서 아름다운 것이지 얼굴이
예뻐서 예쁜 것이 아닌 것입니다. 사람이라서 예쁜 것이지요. 아버지 최고
의 사랑작품(창1:26) 입니다.
그것을 설명했더니 우리 전도사들이 그 다음은 알아듣고 있었습니다.

"원장님! 그러겠네요. 만약에 이 아이가 눈이 커서 예쁘다고 했는데 눈이 더 큰 아이가 생기면 자신은 예쁘지 않다고 생각하겠네요, 입술이 예뻐서 예쁘다고 한다면 저보다 입술이 더 잘생겼다고 생각한다면 자신이 밉다고 생각 하겠네요."

"그렇지 바로 그거야 아이 때부터 자신을 다른 사람에게 대비하여 예쁘다고 밉다고 생각할 수 있는 꺼리 자체를 없애야 되는 거야"

이 지구상에 유일한 나하나, 유일하신 독생자 예수께서 나 하나를 위해서 돌아가신 것입니다. 우리 아버지의 작품인 60억이 넘는 인구 중에 나와 똑같은 작품이 없다는 것이 위대함입니다. 신기한 작품인 것이지요. 유일하신 나의 하나님만이 하실 수 있는 이 일에 대해서 우리가 부정하는 말로 역행해서는 안 됩니다. 하나를 지으셔서 너를 통하여 민족과 세계의 영혼들 앞에 서시길 원하시는 것입니다.

저의 딸, 솔로몬 엄마가 산 아주 멋진 책이 있었습니다.

우리 아가야 사랑해

너의 입을 사랑해

너의 코를 사랑해

너의 엉덩이를 사랑해

네가 기쁠 때도 사랑해

네가 슬플 때도 사랑해 너의 인생 자체, 생긴 자체를 사랑한다는 책인데 맞는 말입니다. 이제는 바꾸어야 합니다. 사람들이 성형을 왜 그렇게 기를 쓰고 하려고 하겠어요. 태어나서부터 이렇게 비교하게 해놨으니 사랑받으려면 계속 뜯어고치고 예뻐져야 한다고 생각하는 것입니다.

사람은 행위가 예쁘면 예쁜 것입니다. 사람 사는 방법을 아름답게 길들여

줘서 아버지에게 순종하여 칭찬 받고, 사람에게도 아름다워 칭찬 받을 수
있는 예수님처럼 자라며 사랑스러워가는 아이로 키워줘야 하는 책임감이
부모에게 있는 것입니다.

7. 아이가 넘어져서 울 때 하는 말

지혜 있는 자는 듣고 학식이 더할 것이요 명철한 자는 지략을 얻을 것이라(잠1:5).

"땟지~ 누가 그랬어?"

성경은 내가 복을 받고 저주를 받는 데 상대가 할 수 있는 것이 아니라 네가 행하는 대로 받습니다. 우리 민족이 자신의 잘못을 알아내지 못하기로 유명합니다. 명철의(잠4:7, 28:11) 지혜가 없는 것입니다. 땅에 사는 약은 명철입니다.

그래서 싸움이 많은 나라가 된 것입니다. 이렇게 태어나서부터 누가 그랬나는 것입니다. 아이가 울어도 넘어져도 내 탓이 아니고, 땅 탓이고 다른 사람 탓이라는 겁니다. 그렇기 때문에 자신을 볼 수 있는 눈이 사라져서 자기가 잘못해서 안 되는데도 나라 탓, 대통령 탓, 국회의원 탓, 아내 탓, 남편

탓, 자식 탓을 해가면서 성경을 역행하여 망해가는 것이 우리였습니다. 이 것이 어디서부터 왔는지 저는 몰랐습니다. 바로 낳자 마자부터 시작하고 있 었던 것입니다. 여러분만 그런 것이 아니라 저도 똑같이 하고 있었습니다. 배운 것이 그것이었으니 민족 전체의 일인 것입니다.

이제는 새롭게 길러야 합니다.

아이들이 울면 무슨 일인지 이야기를 나누어 보세요. 넘어졌으면 '다음부 턴 조심해야지. 이렇게 하면 넘어져서 아프지?' 맞고 왔거나 싸우고 왔으면 '뭘 잘못해서 싸웠니 또는 맞았니?' 하며 자신을 살펴주고 다음엔 그러지 않도록 지도한다면 회개하여 다윗왕처럼 복을 받을 것입니다(삼하 12:13~16).

계속해서 '땟지! 누가 그랬어?' 하고 가르치며 기르면 회개할지 모르고 합 리화하여 버림받은 사울처럼 됩니다. 평생 남이 잘못해서 내가 안 되는 줄 알고 남 욕하다가 망하는 사람이 됩니다. 남 잘되는 꼴 못보고 다른 사람 죽 이려고 쫓아다니다가 결국은 멸문을 당하고 마는 사람으로 길러지는 것입 니다. 이제 새롭게 해보겠습니다.

세탁기에서 세탁이 다 되었다는 음악소리가 나니 다윗이 엄마가 '세탁기 가 운다' 하면서 뛰어나갑니다. 다시 들어 왔기에 '윤희야! 세탁기가 노래하 는데 왜 울까?' 했더니 금방 알아듣고 '세탁기가 노래 한다' 로 다윗에게 고 쳐서 다시 알려줍니다.

우리 민족은 슬픈 민족인 것은 확실합니다. 새가 청아한 소리로 노래하고 있는데 '운다' 라고 합니다. 자신의 마음이 우는 것입니다. 바꾸어서 노래한 다고 말한다면 나의 삶이 슬픔이 변하여 노래하게 될 줄로 믿습니다.

다윗에게 젖을 먹이던 윤희가 젖 맛 알면 안 되는데 하며 걱정합니다. 윤희야~ 아이가 자라면 젖 맛을 알아야지 모르면 어떻게 성장을 할 수 있을까? 어디서 배운 것일까요. 이 아이도 어른들에게 배웠지요. 우리 모두의 공통 언어였던 것입니다. 저는 모르고 아이들을 키웠고 저의 은사가 말 고치는 것이다 보니, 이제 긍정의 말과 부정의 말을 분별할 수 있는 성령님의 은혜가 내린 것입니다. 가만해 생각해보니 아이를 키우면서 생길 모든 일에 대해서 미리 걱정하면서 아이를 근심하게 하고, 자신도 근심하면서 하나님 없이 자라 불안한 우리의 모습을 늘 보여 주었던 것입니다. 아이가 자라서 맛을 알고 걷고 걸으면 넘어지면 어떻게 하느냐고 또 근심 하게 되는 것입니다.

8. 이제는 이렇게 해보세요

예수께서 그들을 보시며 이르시되 사람으로는 할 수 없으나 하나님으로 서는 다 하실 수 있느니라(마19:26).

근심되는 모든 일은 아버지께 맡기는 말을 하는 겁니다. '다윗! 원래 인생은 그런거란다. 그래서 우리 예수님이 필요한 거야 우리 성령님이 다 해주실 거란다.'

아이가 자라면서 무슨 일은 안 겪겠습니까. 이것을 미리 근심하고 걱정하여 아이의 마음속에 소심성을 넣어주는 바람에 많은 문제들이 제기되고, 앞으로 나가지 못하고 근심하는 아이가 되는 것입니다. 어차피 우리는 할 수 없습니다. 그러나 우리 아버지는 우리의 아이들을 분명히 아름답고 훌륭하게 키워서 나라와 세계를 제패하여 사람 위에 우뚝 세우실 권능이 있으시다고 믿습니다.

남의 하인을 비판하는 너는 누구냐 그가 서 있는 것이나 넘어지는 것이 자기 주인에게 있으매 그가 세움을 받으리니 이는 그를 세우시는 권능이 주께 있음이라(롬14:4).

그렇다면 그대로 말하면 되겠네요. 그렇지요, 아버지는 다 하실 수 있다고 그러니 근심걱정하지 말고 오늘 행복하자고, 그리고 긍정으로 말하자고 우리 아버지는 다하실 수 있다고 말입니다.

아이가 어느 정도 성장할 때까지 엄마와 아기는 초상집, 결혼식, 아픈 사람 곁, 너무 어린 아이를 데리고 놀러 다니는 것은 삼가는 것이 좋습니다. 이런 곳은 아이가 감당할 수 없는 많은 영들이 모이는 곳입니다. 안 가는 것이 아이를 다치지 않게 키우는 영을 아는 사람들이 해야 할 일입니다.

그 외에도 많은 부정적인 이야기와 말들이 있습니다. 저의 둘째인 아들이 태어나서 일 년도 되기 전의 일입니다. 시아버지께서 아이를 예쁘다고 위아래로 흔들면서 '지랄한다' 고 합니다. 얼마나 놀랐는지 아이를 확 뺏어가지고 다음부터 이런 말씀을 아이에게 쓰시면 다시는 아이를 못 만지게 하겠다고 으름장을 놨습니다. 그 뒤로 아버님이 아이들 들고 또 '지' 까지 했는데 나와 눈이 마주치자 '랄' 자를 못 부치고 말았고, 그 후로는 들어 본적이 없습니다.

그래서 제가 해석을 했습니다. 할아버지가 '지' 자만 이야기했기 때문에 이 아이는 땅 부자로 살 것이라고 말입니다. 이렇게 말하면 안 되나요 말만 잘하면 그대로 이루어지는 세상에(사57:19) 왜 말이 그렇게 인색하신지 모르겠어요. 아들이 아들을 낳아서 안고 사진을 찍었는데 아빠는 그 멋진 입으로 뭔가 말하고 있고 어린 아들은 입을 오므리고 있습니다. 오! 하고 있습니다.제가 원래 꿈 해석가잖아요. 성령님의 은혜로 제가 사람들과 아들에게 해석을 해주었습니다. 아빠는 세계적인 설교가요, 아들은 우리 아빠가 최고라고 감탄하고 있는 중이라고 말입니다. 저의 아들은 웃지도 않고 그 말을 받습니다. 말로 키운 아들이거든요, 말만 잘하면 아버지께서 사람을 그대로 만들어 주십니다.

저는 아이들 어렸을 때부터 복덩이, 우리 복덩이, 우리 아들은 박사가 될 거야, 우리 아들은 복덩이야, 많은 사람이 보좌하는 아들이 될 거야라고 말했고 우리 딸은 엄마보다 백배가 났다고 복을 빌어줬더니 진짜 복덩이들이 되었습니다. 아버지의 종들이 되어 날마다 행복하게 사명감당하고 있습니다. 문제도 많이 제기됩니다. 사람이 살아있다는 것은 문제를 해결할 능력도 있는 것입니다. 키도 작고 몸도 연약한 제 아들을 어떻게 하면 복을 받고 살게 할까를 연구했는데, 제가 아무 것도 가진 것이 없어서 돈으로 뒷바라지도 못해 주고, 건강이 안 좋아서 아이들을 활발하게도 해줄 수가 없어서 말로 복을 빌어줄 수밖에 없었습니다. 그런데 그 복을 빌어준 말이 그대로 되어 복덩이가 되었습니다.

손자 다윗(만3세)과의 대화입니다.

"다윗 꿈꿨니?"

"문을 안열어 주셨어요."

꿈의 문을 안열어 주셨답니다.

배고프다는 아이에게 다윗 하나님께서 우리에게 복주셔서 맛있는 게 많으니 맛있게 먹고 어려운 사람들에게도 나누어주자고 했더니

"할머니! 우리가 복을 받았어."

놀라운 일이에요. 맞아요. 성경에 맞는 행동을 해서 우리가 복을 받았다는 거예요. 성경의 그 입에서 나옵니다.

다윗의 엄마가 "다윗 그러면 사람들이 싫어해~", 라고 다윗에게 말하면,

저는 "윤희야! 그러면 사람의 눈치를 보고 소심한 아이가 돼요"

이렇게 해보세요, 다윗 그런 행동은 하나님이 싫어하시고, 이렇게 하면 하나님이 복 주세요."

다윗은 가끔 소리를 지르곤 합니다.

"다윗! 하나님께서 싫어하세요"

그러면 입을 쭉 내밀고

"할머니 그러면 하나님이 복 안주서? 그럼 알았어요"

성경은 놀랍게도 이 어린아이의 혼에도 새겨져 성격적인 말과 행동 속에 저를 깜짝 깜짝 놀라게 합니다.

태양 받고 태어나도 달 받고 태어난 두 아이 친손자, 외손자의 택함을 기대해 봅니다.

우리 솔로몬이 "엄마! 사랑해!" 하며 엄마를 위로해 주기도 하며, 엄마와 아들 솔로몬이 서로를 위해 주는 것을 보면서 사람 기르는 하나님의 위대하신 성경과 하나님을 찬양합니다.

저의 아들딸은 자신의 원부모인 하늘의 아버지(요1:12), 어머니(성령님, 창27:13, 갈4:26), 예수님을 만나서 아주 행복한 하루를 꾸리는 방법을 0.8초로 훈련하면서 아주 훌륭한 종들로 오늘도 성장해가고 있습니다. 왜 이렇게 어렸을 때부터 부정에 길들여서 크게 될 우리의 보물들을 약화시키고 성경을 위배시켜 키울 수밖에 없는 일들이 생겼을까요.

첫째, 조상들의 우상 숭배한 죗값 때문입니다.

조상들이 우리에게 하나님 잘 섬겨 복을 내려준 미국 사람들 같았다면 우리도 사랑의 말에, 긍정에 말에 사람을 최우선으로 사랑하는 민족이 되었을 겁니다. 그런데 우리의 조상들은 그렇지 못함으로 하늘의 벌이 내려 우리를 복을 못 받게 하려는 계략이 사단으로부터 이루어진 것입니다. 이와 같은 부정 속에 길들여서 자신들의 모양을 만들고 결국은 복을 받을 수 없고 천국의 삶을 가질 수 없는 저주의 백성을 만드는 사단의 최고의 비결이 부정의 말이기 때문입니다.

이제 우리의 삶 속에 깊숙이 뿌리내려있는 부정의 말들과 저주의 말들을 찾아내서 고쳐야 만이 우리가 행복하고 능력 있는 사람 민족으로 성장하게 될 것입니다.

둘째, 저주란 주가 주신 밑으로 내려가는 것, 즉 지옥가는 것(영혼, 삶)
조상들의 우상 숭배한 죄를 따라하는 것입니다. 죄는 잘못된 행위입니다.

바로 부모님들이 하는 말과 행동을 그대로 따라하는 것이 죄를 따라하는 것입니다. '나는 바담풍(風) 해도 너는 바람풍(風) 해라' 는 속담이 있습니다. 자기는 제대로 못하면서 자녀들이나 남에게는 바르게 하라고 요구할 때 하는 말입니다. 이처럼 부모의 잘못으로 인한 벌이 죽죽 3~4대(300~400년, 창15:13)까지(출20:5)내려가고 있는 것입니다.

이제 부모로부터 배운 부정의 말, 저주의 말, 허망한 말들을 버리고(사58:9) 새롭게 긍정의 입술로 바꾸고 저주스러운 말들을 버리고 복 받는 말로 만들어서 나의 삶에 입술에서부터 새로운 삶이 시작되면 내 몸은 말하는 대로 따라 하기 때문에 자연히 복을 받게 됩니다.

천대까지의 복은 좋은 말과 행위를 그대로 훈련시켜서 성경에 맞추어 주면 그대로 천대를 갑니다. 오늘 내가 네게 명하는 이 말씀을 너는 마음에 새기고, 네 자녀에게 부지런히 가르치며 집에 앉았을 때에든지 길을 갈 때에든지 누워 있을 때에든지 일어날 때에든지 이 말씀을 강론할 것이며(신

6:6~7, 잠22:6). 자식에게 가르치고 가르치고 가르쳐서 나가고 그것을 훈련시켜서 물려주는 것이 바로 복이라는 말씀입니다. 재산 물려주면 그 재산이 고스란히 있던가요? 우리도 우리 민족도 이와 같이 삶 속에서 깊이 숨어 있는 조상들의 우상 숭배한 죄 값을 입과 행동에서 씻어 없애고(금식으로) 천대까지 복이 임하는 저와 여러분 되기를 간절히 소원합니다. 파이팅!

9. 회개에 합당한 열매를 맺어라

그러므로 회개에 합당한 열매를 맺고 속으로 아브라함이 우리 조상이라고 생각하지 말라 내가 너희에게 이르노니 하나님이 능히 이 돌들로도 아브라함의 자손이 되게 하시리라 이미 도끼가 나무 뿌리에 놓였으니 좋은 열매를 맺지 아니하는 나무마다 찍혀 불에 던져지리라(마3:8~10).

회개에 합당한 열매를 맺지 않으면 속으로 아무리 아브라함의 자손이라고 생각해도 그 복은 받을 수 없습니다. 회개에 합당한 열매를 맺는 사람만이 아브라함이 내려준 믿음의 복을 받는다는 말씀이지요. 열매 맺지 않은 나무마다 찍어내어 불에 던지신다고 하십니다. 그런데 던지기 전에 아버지께서는 회개하게 하기 위한 작업으로 세례 요한은 물로 세례를 베풀었고(겔 36:25~29 마3:13~14), 예수님은 성령과 불로 세례를 베푸셨습니다(마 3:11, 히12:29).

우리가 죄를 지으면 아버지의 원수가 됩니다. 그 죄에 주인이 귀신이기 때문에 하나님은 죄와 함께 하실 수 없는 것입니다. 죄를 지어 원수 되고 있는 우리에게 원수 되도록 그냥 놔두시는 것이 아니라 그 죄를 회개시켜서 사랑하는 관계로 이끌기 위한 장치를 만드신 것입니다.

(1) 회개는 어느 때에 할 것인가?

① 누가 깨우쳐주면(레4:23)

② 부정한 것을 깨달았을 때(레5:3~4)

③ 자주 책망을 받는 부분(잠29:1)이 죄인 것입니다.

사람에게 하나님께 책망을 받았을 때에 죄송합니다. 용서해주세요, 고칠 수 있게 도와주세요(기도).

그것을 깨우쳐 주었을 때(레4:23, 5:3~4) 미안합니다. 기도해주세요. 구약에서는 짐승을 드렸듯이 우리도 회개의 예물을 드려야 됩니다.

그보다 더 중요한 것은 그때에 회개의 씨를 심었습니다. 씨앗을 심으면 그것이 자라서 나물이 되고 열매가 맺혀지기까지 시간이 걸리듯이 이미 우리의 혼에 새겨져 나의 행동으로 습관된 나쁜 행동은 하루아침에 고쳐지는 것이 아닙니다. 자주 책망을 받으면서도 목이 곧은 사람은 갑자기 패망을 당하고 피하지 못하리라(잠29:1). 나쁜 행동은 많은 노력과 기도와 애씀이 있어야 만이 고칠 수 있는 것입니다. 그것이 바로 씨앗을 뿌려 열매 맺어지는 과정이 아닐까요(마3:10). 그 과정 속에 고치고자하는 몸부림이 있으나 쉽지는 않을 것입니다.

그러면 그러한 우리의 모습을 아버지는 어떻게 보실까요. 여러분의 자녀가 '엄마, 아빠, 잘못했어요, 용서해주시고 도와주세요' 해놓고 빨리 고쳐지지 않을 때 답답하겠지요. 우리 아버지도 답답하시지요. 빨리 고쳐서 의의 열매가 맺혀져서 상도 받고 아버지께서 우리를 찬송도 하시고 얼마나 좋으시겠어요. 그런데 아버지께서는 빨리 고쳐져서 의인이 되어 교만한 것보다 천천히 고쳐가며 겸손하게 아버지와도 사람과도 사는 것을 원하신 답니다.

우리가 고의성은 없으나 항상 죄를 짓고 사는 그런 죄인이잖아요. 주의 몸을 분별하지 못하고 먹고 마시는 자는 자기의 죄를 먹고 마시는 것이니라(고전11:29). 예수님의 보혈의 피로 우리의 죄를 가려 주셔서 의인이라 칭해주시는 것(롬4:5)이지 실제 의인이 아니니까요.

고쳐보려고 애쓰고 노력하는 그것을 기뻐하시고 또 잘못이 지적이 되었을 때는 또다시 아버지! 최선을 다하고 있긴 하지만 잘 안됩니다. 용서해주시고 지도해주세요라고 말씀드리고 웃으면 뭐라 하시겠어요. 애쓰고 수고하는 우리 때문에 기뻐하시지요. 회개에 합당한 열매를 맺을 때까지, 우리가 완전한 구원은 천국 가는 그날에만 있다고 하시네요. 부족한 채로 사랑해주신다는 말씀이기도 합니다.

또 사랑하는 남편, 아내, 자식, 형제들이 나와 같이 열매 맺느라고 땀을 흘릴 때에 참아주고 인내해주고 사랑해줘서 우리 예수님이 원하시는 알곡 되길 바라요. 그것을 고치려하지도 않고 애쓰지도 않고 사랑하는 자들이 애씀이 있는 곳에 참아주지도 않고 화내고 그것도 못 고치느냐고 질책한다면 우리가 예수님의 타작마당에 쭉정이 될까 두렵습니다(마3:12).

(2) 우리의 죄가 회개되기만 하면

병도 삶도 자녀도 가정도 모두 고쳐집니다(레26:1~13).

그래서 예수님께서 회개하라 천국이 가까웠느니라 병든 자를 고치고(마10:11), 네 죄 사함을 받았느니라(마9:5, 막2:1~12, 눅5:17~26).

그때 죄가 다 용서되니까 중풍병자도 일어난 것입니다. 병의 근원이 죄인 것이지요. 어떤 병이든지요.

죄가 회개되면 죄의 근원자인 귀신이 나가고 그 성전(육체)에 성령님이 오시면서 하나님의 나라가 내게 모셔지는 것입니다(요3:1~5, 눅17:20~21)

열매를 위하여 가는 것은 여정이 길지만 하루하루를 천년같이 천년이 하루같이(벧후3:8) 봄에 씨 뿌리며 물주고 가꾸고 나면 그 열매와 수고한 대가를 먹듯이 재미있게 행복하게 이끌면 열매 맺어지는 어느 날이 우리에게 있어질 줄로 믿습니다.

큰상을 주신다고 하시니까 박해하고 욕하는 사람에게 축복해주고 저주하지 말아야하는데 축복은 고사하고 입에서도 속에서도 저주가 나오고 욕해버리고 싶으니 어떻게 합니까?(마5:11)

잘 안 되는 정도가 아니라 안 되지요 왜 그러나 하고 생각해보니까. 축복을 해서 나를 욕하는 미운 사람이 복을 많이 받는 것이 싫은 겁니다. 그래서 생각해 본 결과 말을 만들어냈어요. 나를 위로해야하는 멘트가 필요했던 겁니다. 핍박하고 욕하고 거짓말로 사람을 괴롭히고 그냥 복 빌어 주면 속이 뒤 틀리지요. 아버지가 하라고 하니까 하긴 해야 하겠는데 마음이 안되니까 나를 위로 해줘야 되는 것입니다.

아버지! 저사람 불쌍히 여겨 복주세요.

그리고 저는 그 사람 보다 복을 백배나 더 주세요.

복을 빌었는데 내가 복을 더 받는다 생각하니 마음이 흐뭇해집니다.

그런데 악한 것 들이 하는 행위를 따라한다는 것을 알게 되면 진짜 불쌍하잖아요.

그가 나를 거슬러 거짓말 할 때에 그가 그런다고 나까지 저주하면 둘 다 망합니다. 그가 그렇게 나를 어렵게 할 때 마음잡고 입술잡고 강제로라도 축복해주면 그는 그의 행위대로 벌을 받습니다. 그러나 복 빌어준 나는 강제였으나 성경이 응해서 큰상 받습니다. 그러면 나중에 그 또한 건져줄 수 있는 사람이 되지 않겠어요. 많은 사람을 옳은 길로 인도하는 사람이 되려면 먼저 나 건지는 사람부터 되어야하겠지요.

(3) 최고의 심리학자

어떤 사람이 남에 나쁜 말을 나에게 전해주는 것은 자신이 하고 싶은 말을 그 사람이 했다고 말하고 있다고 생각하면 됩니다. 전해준 그 사람보다 나를 나쁘게 말한 그 사람이 더밉지요 어떻게 하면 좋을까요. 전해준 그 사람 앞에서 그 상대를 마음껏 말로 짓밟고 욕해버리면 속은 시원하겠는데 그렇게 하면 그 사람이 가서 100배 부풀려서 말을 옮겨가지고 크게 어려움을 당할 것입니다.

이렇게 해보세요.

전달해 준 사람에게는 내가 뭔가 잘못했나보네요. 그런다고 마음이 수그러지진 않지요 다시기도자리로 옮겨야지요. 아버지 앞에 조그맣게 여쭤보세요. 이런 마음을 어떻게 처리해야하느냐고, 간단한 대답이지요. 그가 그렇게 안했어 부풀려 자기의 말을 한 것이지, 아버지 그가 그렇게 했다 할지라고 용서해주세요. 몰라서 그러는 것이니까요 결국 알게 되는 날 진정한 회개를 할 거예요. 그때까지 아버지께서 용서해주세요하면 그도 잘되고 나도 잘됩니다. 성경적인 의로운 행위는 아버지의 찬송됩니다(빌1:11).

남의 약점을 들어서 농담하는 것(농담: 고름이 생기는 말)

이것이 다른 사람의 고통이 자신에게는 농담거리 밖에 안 된다는 것 저주의 입술위에 있는 우리 민족의 고통입니다. 고쳐내야 되겠지요.

제 8 장

능숙한 사람

1. 생각이 바뀌면 행동이 바뀌어요

네가 자기의 일에 능숙한 사람을 보았느냐 이러한 사람은 왕 앞에 설 것이요 천한 자 앞에 서지 아니하리라(잠22:29).

(1) 하나의 생각을 바꾸는데 13년의 시간이 걸린 요셉(창13:1~50)

생각이 바뀌면 행동이 바뀝니다.

형들에게 미움을 산 요셉은 꿈꾸는 사람이었으나 형들과 사랑스럽게 살지 못하는 바람에 애굽으로 팔려 보디발의 집으로 가게 되었습니다. 그런데 그곳에서 또 감옥으로 가는 사건을 보면 그것은 하나님 앞에 득죄하지 않으려고 보디발의 아내를 거절하는 데에서 생기는 이해할 수 없는 사건입니다.

하나님이 요셉을 형통케 한 사람인데 못 보실 리가 없는데 죄를 범하지 않기 위해서 거절한 보디발의 아내 때문에 그는 깊은 감옥으로 가게 된 것입니다. 어느 날 아버지께서 저에게 물으셨어요.

"왜 그랬을까?"

"몰라요 그런데 아버지 왜 그랬을까요? 제가 모르겠어요. 가르쳐 주세요."

"자신의 형들을 용서하지 못해서 그랬지"

진실로 네게 이르노니 네가 한 푼이라도 남김이 없이 다 갚기 전에는 결코 거기서 나오지 못하리라(마5:26, 눅12:59)는 말씀을 생각해 보세요. 그의 형들을 용서 못한 것입니다. 여러분 같으면 용서가 되겠어요. 요셉이 생각할 때 자신은 아무 잘못이 없습니다. 형들을 아버지께 고자질한 것도 당연한 것입니다. 왜냐구요? 잘못했으니까요. 채색 옷을 입혀 왕자처럼 길러 주었던 것도 당연합니다. 그가 자신이 무엇을 잘못해서 형들에게 팔릴 정도의 일을 했을 거라는 생각을 할 수 없는 것입니다.

이해가 되지 않으면 용서가 되지 않고 이를 득득 갈게 되는 것입니다. 저를 보니까 그렇습니다. 얼마나 악한지요. 저를 가만히 보고 있으면 하고 있는 행동 전체가 악하고 악합니다. 뭐라고 말할 수 없습니다.

나를 조금만 건드리는 사람들을 아무리 미워하지 않으려 해도 미워하고 있습니다. 꿈 · 환상으로 보여주시니까 압니다. 가끔은 보여주지 않으셔도 깨닫게 하십니다. 그러니 명철이 지략이라고(잠 1:5) 자동으로 끈을 주시니 요셉이 왜 감옥으로 가게 되었는가를 알게 되었습니다. 용서하지 못하여 보디발의 집보다 더 어려운 감옥으로 들어가게 된 것입니다. 그곳에서도 형통했지만 똑같은 형통이라면 종이 낫지 감옥생활이 낫겠어요.

두 곳에서의 생활에서 13년이라는 시간이 지났는데요. 마지막에는 그들의 꿈을 해석해줬지만 결국 그들은 요셉의 청을 들어주지 않았지요. 술 맡은 관원장이 그를 잊었더라(창40:23)라고 했습니다. 왜 잊었을까요? 그것은 아직도 형을 용서하지 못하고 있었던 것입니다. 만나기만 해봐라 절대 용서하지 않으리라 그런데 시간이 가면서 미움이 퇴색 되었고 미움을 끈을 놓게 되지 않았겠어요. 네 저를 보고 압니다. 저도 그렇게 많은 사람들을 용서하며 용서받고 살고 있지 않겠어요. 별것도 아닌 것 들을 가지고 서로 잘 났다고 미워하고 진리 싸움을 하고 네가 옳으니 네가 그르니.... 그러나 시간이 가니까? 모두 이해가 되고 용서가 되면서 저의 삶이 풀어지고(마 18:18) 그것이 이렇게 중요하게 성경에서 다루고 있지 않겠어요. 호리라도 (머리카락끝)남김없이, 사람을 미워하고 혐의를 둔다는 것은 그런 것 이라는 것을 우리에게 가르치는 중요한 말씀이셨어요. 용서하지 않으면 결단코 옥에서 나올 수 없다는 것 이지요. 귀신이 내 속에 들어가서 그가 나올 수 없는 것이 것이지요. 여러분도 누구 미운 사람 있으세요. 없으시다면 얼마나 좋겠어요. 형통하시겠어요. 그러나 나에 삶에 불통이 왔다면 한번 돌아보시지요. 행여나 용서하지 못하는 사람이 있어서 나의 삶이 사단의 품에서 머물고 있는 것은 아닌지 남들은 잘되는데 나는 왜 안 되는지 그것이 사람과의 사이에 이러한 성경이 작용을 하고 있어서 요셉도 그것을 이해하게 되기까지 오래 걸렸고요. 저도 마찬가지입니다. 사람은 이해 안 되면 절대로 움직일 수 없더라고요 이해만 되면 그냥용서도 되고 오래 참아지기도 하더라고요. 요셉같이 오래 걸리지 말고 용서하시고 옥에서 나오시기 바랍니다.

(2) 사람들이 나를 아프게 하면 살아있는 증거입니다.

죽은 자는 말이 없지요. 제가 산에서 살다보니 무덤이 많이 있습니다. 그런데 아무 말이 없어요. 죽으면 아무도 말 안 합니다. 무서워서 무덤근처에도 안 가려 합니다. 죽으니까 이상하지요 그러나 살아있는 자는 얼마나 많은 사람으로부터 아픔을 당하고 아프게 하는지 모릅니다. 당하기만 하는 것이 아니라 그렇게 아프게도 많이 합니다. 내가 아픈 만큼 상대를 아프게 했다고 생각을 하면 되겠지요. 나는 잘했고 그만 잘못했다고 생각하니까 아픈 것 이지요 살아계신 것을 축하드립니다. 행복한 것이지요. 모든 산자들 중에 들어 있는 자에게는 누구나 소망이 있음은 산개가 죽은 사자보다 낫기 때문이라 산 자는 죽을 줄을 알되 죽은 자들은 아무 것도 모르며 그들이 다시는 상을 받지 못하는 것은 그들의 이름이 잊어버린바 됨이니라(전 9:4~5).

요셉은 아버지 닮은 유덕자였습니다.

창세기27장부터 요셉의 아버지 야곱의 이야기가 나옵니다. 야곱이 형의 장자권을 빼앗을 때에 어머니가 도우셨지요. 그 후 외삼촌께 도망하였을 때도, 아내를 얻을 때도(창29:20) 자신의 삶을 재미있게 끄는 사람이었지요. 외삼촌에게서 자신의 재산을 늘릴 때에도(창30:25~) 지혜와 유덕을 겸비하고 있었지요(잠11:16). 삼촌하고 헤어질 때에는 아버지께서 약속에 따라 그를 보호하습니다(창31:24).

자신을 죽이려고 오고 있는 형을 만날 때에도 그는 만반의 준비를 갖추는 하나님의 지혜의 사람인 것과 사랑스럽고 유덕한 때에 맞는 말로 형의 마음을 품니다(창33:3~4). 이러한 과정을 통하여 야곱이 열두 아들을 살리고 본인도 살았듯이 보디발의 집에서 외국인으로서 장군의 눈에 들었다는 것은 많은 사람들과 살아보지 못한 사람은 그것이 얼마나 어려운지 알 수 없습니다.

많은 사람들과 부대낀 사람은 사람을 보면 조금 보입니다. 그리고 한참 살면 그 사람이 어떤 사람이라는 것도 알게 되지요. 여러 사람하고 살기 때문에 이 사람이 이 말하고, 저 사람이 저 말하고 사람들의 입에 좋고 나쁜 것이 오르내립니다. 그런데 요셉은 보디발의 눈에 들었어요. 뒤에서 말할 수 있게 사람들을 치지도 않았고 그 함께한 사람들이 주인에게 나쁜 말을 전달하도록 행동을 안 한 것이지요. 그리고 똑같이 감옥에서도 형통하게 하셨다고 합니다(창39:23).

말이 유덕(부드럽고 덕스러운)한 사람은 사람들로부터 칭찬을 받습니다. 자신을 찌르거나 아프게 하는 것이 아니라 자신을 늘 살펴주고 보살피는 식의 대화를 하기 때문에 누구나가 좋아하지요. 여러분은 어떠세요. 저는 그런 사람이 좋던데 그러면 본인도 그렇게 하시면 됩니다. 바로 요셉은 아버지에게 배워서 유덕한 입술과 지혜를 가지고 있었던 것입니다. 다른 형제들은 멀리 가서 양을 먹여야했고 아버지께 사랑받았던 요셉은 아버지 가까이에서 채색 옷을 입고 아버지의 유덕과 지혜를 그대로 배웠던 것입니다. 그의 아들 유다도 그것을 닮은 아들이라고 보면 됩니다. 부모가 자식을 사랑하면 자식이 형통하고 복받는다고 봐도 되겠지요.

저주스러운 말도 배워서 하는 것이고 복된 말도 배워서 하는 것입니다. 그렇다면 다시 유덕의 말로 바뀔 수도 있겠네요. 사람들이 나를 싫어한다고요. 남편 아내 자식들이 바로 내말이 유덕하지 못하고 안 돼! 못해! 안 할 거야 너무 노가 많은 것이 아닌가. 살펴보세요. 요셉이 감옥에서 13년 만에 나와서 바로 앞에 갔을 때에 바로와 그의 모든 신하들이 이일을 좋게 여긴지라(창41:37) 그때 한사람이라도 제고해 보아야 합니다. 왕이시여! 이렇게 말했으면 어떻게 되었을까요? 총리가 못되는 것이지요. 그런데 왜 이렇게 좋게 여겼을까요? 제가 해봐서 압니다. 아무리 좋은 꿈을 꾸어도 그것을 해석해주는 사람의 말투가 퉁명스럽거나 건방지거나 지혜롭지 못하면 그 꿈의 해석을 사려하지 않거든요. 그 사람의 진리를 사려 하지 않는 것이지요. 그 사람의 말과 행동이 맘에 안들어서요. 그런데 저는 보통사람하고 하는데도 그런데요, 요셉은 바로와 그 신하들 나라를 다스리는 능력자들이잖아요.

그 앞에서 통과 시켰다는 것은 국회에 가서 나라일 통과시키는 것하고 똑같습니다. 시끄럽지요 왜 그러냐고요 능력 있어서요. 나라 일을 그렇게 함부로 통과 시키거나 아무렇게나하면 되겠어요. 그러면 안 되지요 그래서 시끄러운 것이지요. 당연한 것 아닌가요. 그런데 요셉이 외국인으로서 그렇게 통과가 되어 총리가 된 것은 그의 유덕하고 지혜로운 많은 어려움 속에서 살아남은 아버지의 말과 지혜를 닮았던 것이지요. 복도 내려가면 더하고요. 저주도 내려가면 더하더라고요. 위에서 먼저 고쳐야 되겠지요. 윗물이 많아야 아랫물도 맑지요 그래야 우리 민족도 세계를 제패하는 아이들이 탄생하고 능력 있는 나라가 되지 않겠어요.

때에 맞는 아름다운 말은 은쟁반에 금사과입니다(잠25:11).

그의 훈련의 13년은 그의 미움을 제거하며 많은 것을 알게 하셨고 감옥에서 나온 날 그는 다시는 감옥에 갈필요가 없었습니다. 총리가 되어서도 아무런 말썽 없이 자신의 일을 하면서 자신의 가족을 살렸습니다. 서른 살에 정식으로 하나님 앞에 와서 지금까지 유덕의 훈련을 받았고요. 이 책이 나가고 있는 것은 그 훈련을 마쳤다고 보시면 되겠습니다. 우리도 유덕과(기름) 지혜의 근본자이신 거룩하신 성령님모시고 나도 내 가족도 살리고 내 민족도 살리는 귀한 종이요 백성들이 되시기를 원합니다.

(3) 나의 기쁨이며 면류관인 사랑하는 자들아!

그러므로 나의 사랑하고 사모하는 형제들, 나의 기쁨이요 면류관인 사랑하는 자들아 이와 같이 주 안에 서라(빌4:1).

잘해주고, 못해준 모든 것은 나중에 보면 나를 괴롭히는 사람이 나의 스승인 것입니다. 저 사람 좀 가고 없으면 살 것 같아 왜 이렇게 안 되는 거야 왜 이렇게 사람을 들들 볶는 것일까? 좀 조용히 하고 살면 안 될까? 이런 사람들이 많지요 그런데 나중에 보니까 말썽을 부리지 않는 사람보다 말썽을 부린 사람이 저에게 더 많은 성경과 더 많은 하늘나라의 일을 가르쳐준 사람이었어요. 힘드니까 더 많이 기도했고, 모르겠으니까? 더 많이 여쭸고요 하다 보니 더 많이 배우고 익히는 일을 하게 되고 그 사람이 바로 나의 스승이었고요. 나의 가장 머리 아프고 안 풀리는 부분이 바로 나의 은사가 되어서 사랑하는 자들과 살아갈 수 있는 도구로 바뀌게 되었답니다. 힘드신 부분이 계신가요. 그것이 바로 나의 달란트로 바뀝니다. 힘을 내서서 하나님 아버지를 꼭 잡으세요 여쭤보세요. 꿈·환상으로 대답하십니다.

(4) 나를 위해 존재하는 세상

나없으면 없는 세상이 모두 나를 위해 준비되었다고 생각을 해보세요. 행복하지 않으세요. 이 세상의 많은 것들이 나를 위해서 만들어졌다고 생각해보세요. 흥분되지 않으세요. 그래서 살맛이 나지 않겠어요.

(5) 자신이 가지고 있는 기질을

갈고 닦고
두들기고 패서 달련시키고
뾰족하게 갈고 닦아서 도구를 만든 후
그 도구 사용법을 터득
사람에게 사용하여 사랑의 도구되게까지

(6) 나의 주위에 있는 모든 사람은 모두모두 나를 위하여

어떤 사람은 사랑의 도구

어떤 사람은 채찍의 도구
어떤 사람은 행복의 도구
어떤 사람은 스승 되고
어떤 사람은 부모 되고
어떤 사람은 자식 되고
어떤 사람은 형제 되고
그래서 모두모두 사랑스런 나의 기쁨이며 나의 면류관(빌4:1)
성경을 모르고 어기면 언제나 우는 오늘이 있고, 성경의 법을 배워서 대
처하면 웃는 오늘이 있습니다.

(7) 가장 아름다운 삶이란

꿈을 가지고 하루를 재미있게 즐기는 사람
일을 놀이같이 놀이를 일 같이하는 사람

(8) 하나님을 믿으라

나를 믿지 마
사람 믿지 마
믿고 나서 어떻게 그렇게 할 수 있느냐고 말하지 말라
어떻게 그렇게 할 수 있느냐고 욕하고 화내고 손가락질 하면 벌 받아요
하나님을 믿으면 복 받아요

(9) 저주 없다고 왜 뛰는가

　　(저주 : 주가 내리는 밑으로 가는 것, 지옥의 삶과 죽어가는 지옥)
회개코자 하는 것이다

복 받지 못한 우리를 복 주려 하시는데 있다하고 고치시면 받아보지 못한 복을 받습니다.

(10) 말

나의 말이 상대에게 정확하게 전달하도록 해야 한다.

그러나 의견 접수가 안 될 때에는 단순하게 포기하고 화내지 않는다.

알아서 해주길 바라는 것은 저주의 생각이다. 말하지 않는데 알 수 있는 사람은 한 사람도 없다. 하나님도 그렇게 안 하신다 구하실 때까지 기다리신다(겔36:37, 마7:7~12).

그래서 아버지께서도 알려주시고 구하게 하신다(암3:7).

(11) 누군가에게 뭔가를 해줘야 한다는 생각

자식이니까, 남편이니까 아내이니까 나의 최고의 삶은 남의 도움을 받지 않는 것

상대가 나에게 도움을 원할 때 언제라도 해주는 것이 최고의 전문인(잠 22:29).

도움을 청하지 않을 때 도와줘야한다는 생각은 나를 싸구려로 만든다.

그런 생각을 버리고 도움을 청할 때는 아낌없이 십리를 같이 가라(마 5:38~42).

(12) 우리의 행동

똑같이 하면 못난 것 같은 생각에 특이하게 하다고 나쁜 짓한다(잠18:1).

무리에게서 스스로 갈라지는 자는 자기 소욕을 따르는 자라 온갖 참 지혜를 배척하느니라(잠18:1).

(13) 위인전은 많이 읽어도 나와 내 자식은 위인되길 원치 않는다.

(14) 두려워한 어느날
해본 것은 그대로 하면 되고 안해본 것은 해 보면 되지.

(15) 믿음의 방향을 바꾸자
돈 빌려 쓰는 믿음, 미리 땡겨 쓰는 믿음을 과감히 버리고 기다렸다 받아
쓰는 믿음으로 바꾸자

(16) 참다운 지도자
앞에서 힘껏 끌어 하나되게 해야한다.
그 날에 실갱이 한 한사람을 위로하여 미안하다고 말할 수 있어야 한다.
짐승도 마음이 통하면 따라간다. 사람은 백배가 더하다.

(17) 저주는 부정만 가르치는 것
하나님은 부정과 긍정을 함께 가르치신다.
부정만 가르치면 아무것도 못하게 되고 긍정과 부정을 가르치면 회개거
리가 줄어든다.
잘못한 것은 지적하지 않고 잘못한 방향을 움직일 수 있는 긍정의 방향으
로 말해준다.

(18) 노하는 자의 해결(잠22:24)
노를 품고만 있으면 음식을 끓이기만 하고 그것을 말하여 해결하면 음식
을 먹게 된다.

(19) 돈

모으려 하면 작은 구멍이 열리고, 쓸 데를 준비하면 큰 구멍이 열린다.
합당하면.

(20) 크게 갖는 법

감을 보지 말고 감나무를 보고, 감을 갖지 말고 감나무를 갖자.

(21) 전도, 봉사

없는 자에게 허리 굽히면 섬기는 겸손이고,
있는 자에게 허리 굽히면 비겁이라 생각한다.
심령 가난은 있는 자나 없는 자나 똑같다.
없는 자는 육신의 가난일 수 있고,
있는 자는 심령 가난에 적합 할 수 있다.

(22) 선과 악

남이 하는 것을 좋은 것이나 나쁜것이나 하나쯤 안해보면 좋이 좀 흐뭇하
지 않을까

(23) 열매는 하나님이 우리를 찬송하게 된다(빌1:11, 사5:1).

순종하는 내가 열매,
하나님과의 대화(응답)가 열매,
금식이 열매,
회개가 열매다.

(24) 하늘이 못해줄 것이 없는 사람

① 꺽는 자(고전9:27)

② 믿는 자(히11:1)

③ 믿고 말하는 자(사57:19, 잠25:11)

(25) 성도들이 교회를 옮기거나 그만두는 이유

사람을 기대하기 때문에

(26) 아들에게 자동차 사주기로 마음 먹은 날

다른 사람을 위해서 뭘하면 믿음이 좋아보이고,

가족을 위해서 뭔가를 하려하면 믿음이 없어보인다.

'이런 귀신 나가라'

이제 가족을 위해서 더 많은 일을 하는 이스라엘이 될 것이다.

예수 이름으로 떠나라

믿음의 선한 싸움을 싸우리라

(27) 선한 싸움 싸우라는 것이 성경(빌전2:15, 20)

비방하지 않고 자신을 광고하여 승리하면 최고

(28) 말(전10:16~17)

맛있다: 현재 음식 만족

맛있는 것 해먹자 : 음식 만족 못하는 말

배고프다 먹자 : 성경이 원하는 말

(29) 포도원 그물 치는 날

든든하게 잘쳐야 한다. 사람 안들어가게

성령님 말씀

짐승은 사람이 그물쳐서 막고,

사람(도둑)은 하나님께서 막아주신다.

(30) 잘되기를 평안을 원하시지요(행15:29)

먹지 말아야 할 것을 먹으면서 믿음이라 한다.

– 피. 목 메어 죽인 것(개고기)

– 음행, 우상의 제물

– 커피 등 카페인 들어 있는 것

– 발효식품 등

성령님께서 너무 싫어하세요

내 몸이 자신의 것이기 때문에 거룩하길 원하시기 때문에

잘못된 믿음을 버려야 되겠지요.

예수님을 예수님답게 능력 있게 해드리려면 우리의 행위를 고쳐서 아름
다운 그리스도의 편지로 나타나면 됩니다(고후3:3).

(31) 전문인

부모로서 최고의 전문인이 되어 줘야 자식이 그것보고 그대로 합니다.

자식에게 최고의 스승은 부모이다

말과 행동을 가려해야 하며 잘못 배웠으면 고쳐서 다시 해야 합니다

하나님의 사람이 돈으로 사람을 사로잡으려 한다면 그것처럼 어리석은 일은 없다 바른 진리로 사야 한다. 아버지, 예수님, 성령님을 가르치고 싫다고 하면 놔두면 된다. 나에게 배워야한다면 언젠가는 또 보내시겠지 그것이 아버지의 뜻이라면 맛있는 것이 있다면 언젠가 또 먹으러 오겠지, 식당에 밥이 맛있으면 또 사먹으러 가듯이 자유하여 아버지의 원하시는 뜻을 이 땅에 이루어 드려야 하지 않을까요?

노인은 인정표가 통한다. 젊은이는 진리로 사야한다.

성령이 진리(요8:32), 말씀이 진리(요17:7), 금식은 죽음(딤후2:11~12), 꿈·환상이 형통이다(행2:17).

나를 괴롭게 한사람 내가 용서할 수 있는 것이 아니라 그가 나를 괴롭게 하여 회개에 이르게 해준 것에 대하여 감사해야 한다.

아무리 성전을 탄탄하게 지었어도 문 잘못 달면 도둑이 들어오듯이 마음 성전을 아무리 탄탄하게 해도 입이 잘못열리면 귀신을 모두 불러들이는 결과를 가져 옵니다. 예수님은 양의 문이시다(요10:1~). 우리 삶의 문이 바로 입인 것입니다. 문을 통하여 성에 들어 갈 권세 얻습니다(계22:14). 말 잘해야 되겠지요.

이 땅에 누구에게든지 내가 가르칠 수 있는 사람이 있겠는가? 그러나 이 땅에 그 누구에게든지 나는 배울 것이 있습니다. 어린아이든지 어른이든지 그것을 기본으로 가지고 있으면 사람으로 존중받으며 행복하게 살 수 있습니다.

- 회개 : 돌이키며 다시 안하는 것
- 후회 : 잘못된 것을 돌이키지 않고 계속하며 말만하는 것

아버지의 가르침과 귀신의 가르침

아버지의 가르침 성경	귀신의 가르침
형제와 내가 어려운 일을 당하면	
① 나를 보고 　나를 보고(명철, 잠1:2, 9:10, 28:11) ② 위로하고 　위로받고 ③ 훈계하고 책망해준다 　책망과 훈계를 받는다(잠12:1). ④ 기도해주고 쓰러지지 않도록 돌봐 　준다 　기도하고 회개하고 다시 일어난다 　(잠24:16). ⑤ 나하고 얽혀있다면 무조건 용서한 　다(마18:18). 　함께하고 있는 가깝고 먼 형제들에 　게 용서를 빈다(잠6:2).	① 화내고 책망하고 찢어 욕 한다. 　남을 보고 너 때문이라고 한다. ② 안면을 엄장하게 하여 외면한다. 　책망하여 훈계하는 사람을 네까짓 게 　뭔데 그러느냐고 욕해버리고 듣지 않 　는다. ③ 아주 찢어 흉보고 책망하여 헐뜯는다. 　훈계해주는 사람을 죽이려하고 악을 　다시 돌려준다. ④ 기도는 해도 안 통할거야 　기도만하면 된다. ⑤ 아주 밟아 없앤다. 그래야 내가 잘 　될거니까 밟는 사람을 저주한다.

2. 존경하고 최고인 분도 예수님 뿐

혹시 그들이 넘어지면 하나가 그 동무를 붙들어 일으키려니와 홀로 있어 넘어지고 붙들어 일으킬 자가 없는 자에게는 화가 있으리라(전4:10).

때를 만나 밟아 버리면 그 사람은 회개의 기회를 주지 않는 것입니다.

예수님의 피에 역행입니다.

사람을 존경한다고 말하지 말자.

사람을 귀한 분이라고 말하지 말자.

사람을 최고라고 말하지 말자.

그 사람을 쓰고 계시는 하나님 예수님 성령님을 존경한다고 최고라고 말하자.

오직 귀하신 분은 오직 우리 예수 그리스도 한분뿐이십니다. 그 예수님이 나를 귀하다고 해 줄 수는 있습니다(사43:4). 우리는 사람 속에 있는 그 진리를 보고 감사해야 합니다.

우리가 예수님을 구주로 고백하면 하늘 아버지는 내 아버지 되고(요1:12), 성령님은 내 어머니 되고(창27:13, 요14:18, 갈4:26), 최고의 복을 받는 것입니다.(요3:1~5)

오늘을 행복하게 사는 방법을 터득하는 것이 내가 할 일이고,
오늘을 행복하게 사는 방법을 터득시키는 것이 주의 종이 할 일입니다.

3. 성령님의 지혜

유덕한 여자는 존영을 얻고 근면한 남자는 재물을 얻느니라(잠11:16)

예수님은 자신을 버리셔서 우리를 살리신 것입니다.

육체의 병도 고쳐주시고 영혼도 구원하신 것입니다.

예수님을 하나님의 아들로 우리의 구주로 믿는 믿음은 사람을 살리는 것이라야 합니다. 그래서 병원에도(1차 은혜) 십자가가 있습니다.

그때그때 상황에 다르게 행동함에 있어 사람들의 질타를 두려워해서는 안 됩니다. 성령님의 놀라우신 은혜는 유덕하십니다. 성경의 은혜 안에서 빡빡하지 않은 유함이 있으시다는 것입니다. 그때그때 다른 인도하심에 우리는 익숙해져야하며 만약에 성령님의 인도하심을 잘못 받았다고 인지가 되었다면 모든 일에 합력하여 선을 이루시는 성령의 역사를 믿으라(롬 8:27). 우리의 삶에 자유가 주어집니다.

나를 본받으라(사도바울)

사도 바울은 많이 배우고 가진 것이 많아 분토같이 버릴 것이 많았는데 나는 그분의 배움의 지위 아무 것도 없으니 버릴 것은 없고 날마다 두들겨 맞으면서 고칠 것밖에 없었다, 입과 행동을 그래도 나는 예수 믿는 것이 행복합니다. 목사된 것은 더욱 행복합니다. 이런 귀하고 자유하는 일이 없기 때문입니다.

자식에게 복 받는 방법을 가르쳐야 합니다.

그 자식에게 저주 받을 행동을 가르쳐야 합니다.

복을 받는 것은 저주 받는 자리에서 벗어나야 복이 완성될 수 있기 때문입니다. 저주 받는 것을 모르기 때문에 복을 못 받고 있다는 것을 알아야 합니다.

사람은 나를 보호하는 것이, 이 땅에 살아있는 것이 최고의 사명이며 최고의 행복입니다.

① 투덜대거나 원망하지 않습니다.

② 이웃이 어려움 당할 때 내 힘이 모자라면 그 이웃의 도움을 빌어서라도 도와줍니다. 돈을 빌려다주고 이자 받는 것은 하지 않습니다.

③ 욕하며 저주하지 않습니다.

④ 예수님의 이름을 내 입에 내 삶에 살려야 합니다.

　(예수 믿으세요, 예수님이 하셨어요).

⑤ 행복하시지요? 잘 되시지요? 평안하시지요?라고 인사합니다.

　(얼마나 힘드세요, 얼마나 어려우세요, 부정의 인사를 뺍니다.).

일체의 비결

나는 비천에 처할 줄도 알고 풍부에 처할 줄도 알아 모든 일 곧 배부름과 배고픔과 풍부와 궁핍에도 처할 줄 아는 일체의 비결을 배웠노라(빌4:12).

일체를 해보고 그 마음이 단련된 후에 그 비결이 터득됨을 압니다. 목회에서 어떠한 일을 당해도 무관하며 비천에 처해져야 별말을 다 해도 때려도 고통을 줘도 그보다 더한 일은 없기 때문에 별 감각이 없이 초연하게 모든 일을 대처하며 받아드릴 수 있습니다.

호들갑스러운 사람, 조그만 일에도 큰일처럼 느껴서 상처를 받고 고통스러워 자신의 일을 제대로 못하는 상태로 갑니다. 마음에 든든한 무게를 갖게 되는 것입니다. 어떤 무서운 사건이 닥쳐도 담담하게 대처합니다. 이것은 많은 전쟁을 치러 본 사람이 장군이 되듯이 말입니다.

4. 불 시험

나로 말미암아 너희를 욕하고 박해하고 거짓으로 너희를 거슬러 모든 악한 말을 할 때에는 너희에게 복이 있나니(마5:11).

작년의 엄청난 고통은 나를 정금처럼 만들기 위한 불의 시험이었습니다. 나를 핍박하는 자들에게 대처하는 실습의 현장이었습니다.

우리에게는 삶의 훈련이 필요합니다. 큰 그릇으로 쓰시려면 먼저 정금 만드는 작업, 불시험이 오지요(말3:3, 히9:4). 항상 좋던 사람도 자신의 생각과 맞지 않거나 자신에게 해를 끼쳤다고 생각이 들면 금방 원수가 됩니다. 왜 가룟 유다가 예수님을 팔 수 밖에 없었겠어요. 마리아 향유사건 때에 왜 그 비싼 향유를 팔아서 가난 한자에게 나누어 주지 않느냐고 예수님께 말씀드렸을 때에 예수님께서는 그의 말이 틀리다고 말씀하셨어요, 도둑질하려고 그러는 것이라고 나무라셨지요. 자신의 생각과 다르게 말씀하신 것입니다(요12:1~8).

그때 이후에 대제사장을 찾았고 은 삼십을 달아주거늘 그가 예수를 넘겨줄 기회를 찾더라고 합니다(마26:6~16). 자신의 생각과 다른 것 때문에 자신의 스승을 팔아먹은 것입니다.

우리도 같습니다. 서로 사랑하다가도 자신의 생각과 무엇인가 안 맞으면 금방 돌아서서 욕하고 헐뜯고 하는 것이 아주 좋지 않은 습성인 것 같습니다. 가룟 유다의 기질이 우리 모두에게 있는 것입니다. 맞으면 너무 좋은데 틀린 것이 있을 때에 조율하지 못하고 대적해버리는 아주 안 좋은 습성들인 것입니다. 귀신들의 가르침입니다. 고쳐나가야지요. 오죽하면 아버지께서 평생 친구 없고 평생 원수 없다고 하였겠어요.

사람은 사랑할 대상이지 믿음의 대상이 아니라고 늘 가르치시고 그렇게 살게 하십니다. 작년의 나의 행위는 질책 받아 마땅한 일을 했기 때문에 말할 거리가 없어서 친구 인척하는 것이지, 말할 거리가 생기면 아낌없이 핍박하고 짓 밝는 것이 사람이며 성경이 없이 길들여진 우리 민족의 오류이기도 합니다. 저는 혼자가 아니라 예수님의 제자들과 함께 삽니다. 어린 자녀들도 있어서 제가 이곳의 책임자라서 저의 행동 하나하나가 그들의 행동을 어떻게 유도하느냐의 중요한 키워드가 됩니다. 갑자기 원수가 된 친구들이 거짓과 자신들에게 고통을 준 대가를 톡톡히 하며 들려오는 소리들이 복잡했습니다.

그럴 때마다 예수님은 자신의 제자들에게 꿈. 환상으로 계속 분별하여 보여주십니다. 혼나는 광경, 앞으로 될 일들, 저는 그럴 때 마다 반응을 해주어야합니다. 아버지! 제가 잘못했으니 그들이 그렇게 하는 것이 당연합니다. 그러니 저에게 주시려했던 복을 그대로 주시면 그들은 용서할 것이니 벌을 더디 하시고 복을 속히 하셔서 그들에게도 복주세요. 현장 실습인데 빠르고 신속하게 생중계하시는 것 같습니다.

엄청난 잘못인데 오는 데로 계속 그렇게 대처했더니 한 달 만에 하늘에서 수습이 끝나고 땅에서도 안정을 찾게 되었습니다. 꿈: 온 집에 불이 붙었는데 신속하게 꺼주시고 저에 몸을 치려고 달려드는 사단을 신속하게 몰아내 주셨습니다.

그 불시험이 나의 육체 찌꺼기를 정리해줘서 하늘을 꿈·환상을 가지고 성경과 접목하여 환히 봐서 삶으로 접목할 수 있는 최고의 날이었습니다. 그 사건을 주도해주시고 불시험을 통과할 때 죽지 않게 하시고 육을 죽여 자신의 성전을 만들어 주신 내아버지 예수님 성령님을 찬양합니다. 할렐루야!

(1) 넘어진 형제를 일으켜주라

네 형제의 나귀나 소가 길에 넘어진 것을 보거든 못 본 체하지 말고 너는 반드시 형제를 도와 그것들을 일으킬지니라(신22:4).

소나 나귀가 넘어져도 일으켜주라 하셨는데 사람이야 당연하지 않겠어요. 그런데 말씀대로 쉽게 되면 얼마나 좋겠어요. 나에게 해를 끼쳤고 나에게 거짓말을 했다고 생각이 되는데도 그렇게 할 수 있는 사람이 있다면 그 사람은 이미 예수님을 닮아 가고 있는 것입니다. 우리가 그렇게 되지 않기 때문에 예수님이 우리에게 필요하고 성령님의 도움이 필요한 연약한 존재인 것입니다. 그러나 아버지는 안 되는 것을 되게 해야 하고 그래야 하늘의 복을 받는 사람이 된다고 말씀하시니 안 되는 것을 되도록 우리가 최선을 다해야하지 않겠어요.

나하고 아무 상관없다면 넘어지던 자빠지던 모르는 것입니다. 그러나 나의 사랑하는 자들로서 함께 살며 부대끼는 사이라면 어떠한 사건이 있어도 함께 가야하지 않겠어요.

전도 한사람하려고 10년씩 공을 들이고 3~4년은 보통이지요. 여러분도 그러시리라 믿어요. 그가 나쁜 일 해도 나는 모른 척해야하고 그가 욕해도 모른 척해야하고 예수님 때문입니다. 우리 예수님은 십자가에 달려 돌아가시기까지 했는데 나에게 해를 좀 끼쳤기로 그것을 가지고 형제를 밟아 일어나지 못하게 한다면 그것은 잘못된 것입니다. 본성은 밟고 싶으나 예수님이 하지 말라하시니 우리도 나의 사랑하는 형제며 친구며 누구든지 어려움을 당할 때에 도와주진 못할망정 죽으라고 밟진 말아야 될 줄로 압니다. 아버지께서도 내가 어려운 일 당하면 그렇게 해버리지 않겠어요. 아버지의 뜻대로 사는 것이 어렵지만 하다보면 되는 날도 있지요.

삶의 지혜가 터득되는 순간이 바로 넘어졌다 일어날 때입니다.

왜 그리도 아버지께서 원하시는 것은 터득이 안 되는지요. 그러나 이리 깨지고 저리 터지고 언젠가는 터득이 되는 날이 있습니다. 바로 그날 우리가 자유로 일어나서 할렐루야를 부르게 될 것입니다.

사람 속에 하나님의 영이신 성령을 모시면 사랑하는 사랑의 도구가 되고, 사람 속에 불순종의 영이 사마귀가 들어가면 미움의 사람이 되어 많은 사람을 죽음의 길로 몰아넣는 사람이 됩니다.

(2) 우상 숭배

이스라엘 백성의 우상숭배나 우리의 우상숭배나 우리 아버지가 싫어하시는 것은 똑같지요 그가 귀고리와 패물로 장식하고 그가 사랑하는 자를 따라가서 나를 잊어버리고 향을 살라 바알들을 섬긴 시일대로 내가 그에게 벌을 주리라(호4:13) 화가 나서 벌을 주겠다고 하시고서, 그러므로 내가 그를 개

유(설득)하여 거친 들로 데리고 가서 말로 위로하고 거기서 비로소 그에 포
도원을 그에게 주고 아골 골짜기로 소망의 문을 삼아 주리니 그가 거기서
응대하기를 어렸을 때 애굽 땅에서 올라오던 날과 같이 하리라(호2:14~15)
우상 숭배한 죄로 벌을 주려하시는데 위로는 해주시는데 돈 주고 하시면 얼
마나 좋겠어요. 말로만 위로해 주시고요. 그래도 포도원을 비로소 주시는데
그 포도원이 아골 골짜기로(죽음) 소망의 문을 삼아 준다 하시오니 우리의
우상 숭배한 죄 값은 우리의 삶(포도원)에서 환난과 고통을 통하여 소망을
다시 얻게 되고 그 아골 골짜기의 발 아프고 다리 아프고 죽음의 골짜기 끝
에(레26:14~의 저주가 끊어지는 기간) 바로 소망에 문이 있어 그동안 회개
의 아름다운 열매를 맺는 기간이 되겠지요.

그 기간 동안에 첫 사랑을 회복하며 복음의 진정한 고난을 깨닫는 시간도
되지요. 그 다음에 소망의 문에 다다라 형통한 삶이 우리에게 주어진다는
복된 말씀입니다. 우상 숭배한 죄 값이 3~4대(창15:13~16. 300~400년)가
는데(출20:5) 금식하고 기도하면 3년 정도면 이런 행복한 날이 옵니다 우리
의 아골 골짜기를 앞당겨 끝내고 소망의 문에 속히 다다르는 방법이 금식이
며 사단에게 져버린 우리의 삶을 항소할 수 있는 기회를 주시는 것이 금식
입니다. 화이팅! 이제 이겨봐야지요

(3) 상대가 말하는 대로 믿고 그대로 행동합니다.

우리는 상대의 마음을 훔칠 때가 굉장히 많습니다. 저 사람 나한테 이런
것 아니야 저런 나쁜 생각을 갖고 있는 것 같아, 아마 그럴 거야, 많이 해 보
셨지요. 그런데 아닌 거지요. 상대가 말하지도 않았는데 맞을 수도 있고 틀
릴 수도 있으나 그것은 옳은 일이 아닙니다. 상대가 아니라고 하면 아니고,
그렇다고 하면 그런 것이지요. 남의 마음을 훔치는 행위입니다. 훔치는 것

은 도둑이고 도둑질은 4배나 갚아야 하는 것입니다. 귀신의 행동입니다(눅 19:8).

그러면 어떻게 할까요?

미리 생각하지 말고 그가 말하고 행동하는 대로 그대로 믿어주고 그대로 대답합니다. 그대로 사랑해주는 것을 훈련해야죠. 그러면 그도 나도 평안합 니다.

오직 너희 말이 옳다 옳다 아니라 아니라 하라 이에서 지나는 것은 악으 로부터 나느니라(마5:37). 이웃이 네 곁에서 안연히 안연히 살거든 그를 해 하려고 꾀하지 말며(잠3:29)

5. 예수님은 나의 최고의 스승

우리 인생에 많은 스승님들이 있습니다. 제가 살다보니 모두가 스승이었습니다. 나를 나아서 길러준 엄마 아빠 그대로 따라합니다. 언니 오빠와 치고 받으면서 성장하고, 친구들 사이에서 반장도 하고 대장을 삼아주셔서 어릴 적부터 저를 이렇게 사는 기초삼아 주셨습니다.

저의 남편은 술 많이 먹어서 기도하게 해줬고 우리 아이들은 수없는 기쁨과 함께 아버지의 사랑을 깨닫게 해주었습니다. 주의 종이 되어서 벧엘에서는 이 귀한 종들과 가족을 보내주셔서 해보게 하시고 꿈·환상으로 서로 봐주면서 많은 성경을 깨닫게 해주셨고요. 손자 다윗이 태어나더니 우리 민족이 부정적이고 욕 잘하고 사람 사랑하지 못하고 주저주저하며 크게 되지 못한 이유를 알려준 최고의 스승입니다.

아이 키우는 엄마들을 가르쳐서 처음부터 아이들을 크게 키우는 법을 알게 해주셨으니까요. 그래서 우리는 배우며 모방하며 살게 되어있는데 천국

가는 그날까지 배우며 가야하는 것이지요.

그럴 때 사람의 스승(위아래 나를 만나는 모든 사람)은 항상 배워서 좋은 것은 받아서 더 좋게 만들고 나쁜 것은 아낌없이 버리고 승리하는 하루로 살아 드려야 되겠습니다.

(1) 모세를 여호수아가 보완하여 승리의 인도자 되어 백성들을 가나안으로 인도했습니다.

출애굽부터 광야 40년의 기간 동안 얼마나 원망 불평을 했는지 우리는 출애굽기에서 신명기까지의 기사를 통하여 많이 배워서 압니다. 모세가 죽고 여호수아서에서 하나님의 명령이 떨어졌는데 그가 백성에게 한 가지 추가하여 명령을 내립니다. 너는 외치지 말며 나희 음성을 들리게 말며 너희 입에서 아무 말도 내지 말라 그리하다가 내가 너희에게 명령하여 외치라 하는 날에 외칠지니라(수6:10). 이것은 하나님이 시키시지 않았는데 말했습니다. 이것 때문에 여리고 성을 무너뜨릴 수 있는 중요한 키가 되었습니다. 40년 동안 이선에서 보며 배우며 보좌했습니다.

백성들의 수많은 원망 불평 때문에 지도자 모세가 결국은 가나안에 들어갈 수 없는 사건을 만들어 내게까지 했지요. 그것이 원망 불평의 말이라는 것을 안 여호수아는 자신이 지도자가 된 이후에 아예 아무 말도 하지 말라고, 좋은 말이든 나쁜 말이건 세 번에 걸쳐서 말한 것은 완전하게 하지 말라고 한 것입니다. 말하게 되면 뭔가 징계가 있었으나 성경에는 나와 있지 않습니다.

무사히 6일 동안의 여리고 성 돌기를 마칠 수 있었던 것입니다. 하루에 2시간 반 정도를 군사들이 도는 동안에(수6:3) 이러한 방책이 아니면 돌 수 없었을 겁니다. 발 아프다 머리 아프다 목마르다 말을 다했을 테고 돌지 않은 백성들도 분명하게 그냥 있지 않았을 것입니다. 그들의 습관이 원망불평이었으니까요(민14:36, 40) 그들은 가나안에 들어갈 수 없었을 겁니다. 모세의 사역을 완전히 보완하여 승리해 낸 것입니다.

(2) 엘리사는 엘리야의 사역을 보완했습니다.

엘리야는 가장 악한 왕이었던 아합왕 때에 선지자입니다. 우리는 하늘의 불을 내리고 도랑물을 태운, 그에 말이 비가 오지 않겠다하면 안 오고 오겠다고 하면 오는 엘리야의 능력을 주소서! 많은 종들이 부러워합니다.(왕상 17장, 19장). 저도 늘 구합니다.

엘리사도 엘리야의 갑절의 능력을 달라고 엘리야를 산채로 하늘로 올리우실 때에 구했고 그대로 이루어졌지요(왕하1, 2장) 제일 먼저의 기적은 토산이 익지 못하고 떨어져버리는 물 근원을 고쳤구요(왕하2:19~22). 우리도 주의 종이 되면 나라사랑하는 것은 기본이 되어야지요. 기도와 긍정의 말과 헌신으로 백성들을 잘되게 하면 나라가 잘됩니다(잠29:2).

그리고 벧엘로 올라가다가 작은 아이들이 성읍에서 나와서 대머리라고 놀려서 아이들을 보고 저주했는데 암곰 두 마리가 나와서 42명의 아이들을 찢었더라. 엘리사가 거기서 갈멜산으로 가고 거기서 사마리아로 돌아왔더라(왕하2:23~25). 엘리사가 아이들이 찢겨 죽을 줄 알았을까요. 몰랐을겁니다.

자신의 스승 엘리야가 악한 왕하고 살면서 450인의 바알 선지자들을 죽이고 말하는 데로 비가 오기도 하고 안 오기도 하고, 아하시야 왕이 보낸 50부장의 군사들을 두 번씩이나 하늘에서 불이 내려오게 하여 죽이기도 하고(왕하1:10~12) 그런 스승 밑에서 배웠습니다. 기분이 아주 좋았을까요. 자신이 능력이 있어서 말입니다. 그는 분명히 벧엘로 간다고 했는데 갈멜산으로 갔습니다. 자신의 스승이 450명의 바알 선지자들을 죽인 곳으로(왕상 18:40) 왜 갔을까요? 자신이 능력을 받은 것은 좋은데 사람을 죽인 것은 너무나 놀랜 것이지요. 그래서 자신의 스승을 연구하지 않았을까요. 엘리야 선지자는 왜 살아있는 채로 데려가셨을까요. 다른 선지자들을 다 죽은 다음에 데려가셨는데요. 너무 능력이 있어서 좋아서 그러셨을까요.

악한 왕과 대적시키기 위해서 큰 능력을 주셨으나 나중에는 그 능력으로 50부장의 부하들을 두 번이나 하늘에서 불이 내려 죽인 사건은 아버지 보시기에 어땠을까요. 이제 죄 없는 백성까지 죽이고 있잖아요. 자신에게 주신 하나님의 것을 가지고 자신의 백성을 죽이니 이것은 아니라고 생각을 하지 않으셨을까요. 그래서 데려가시지 않았겠어요. 우리도 강대권 줬다고 사람 저주하여 다치게 하면 내 생명에 위험이 있다는 것 또한 알아야 될 줄로 압니다.

엘리사가 스승의 흉내를 나도 모르는 사이에 따라했다가 너무나 놀랬습니다. 그리고 따라서 그렇게 저주하면 안 된다는 것을 깨닫고 벧엘로 가지 않고 다시 사마리아로 와서 그다음의 사역을 보면 나라에도 개인에게도 적군들까지도 죽이지 않고 자신의 주인들에게 돌려보내는(왕하3~8장) 능력 있고 사랑 넘치는 선지자가 되어 있었습니다. 벧엘은 왜 가려했을까요. 벧엘이 죄의 온상이었습니다. 아합왕이 살고 송아지 우상 만든 곳 혹시 그곳에 가서 또 엘리야처럼 사람죽이려하진 않았을까요. 그런데 그는 자신의 스승을 따라하지 않고 선한 도구로 쓰임 받는 그 스승의 사역을 완전하게 보완하여서 사랑의 선지자가 되었습니다.

우리도 잘못하고 있는 스승들을 욕하고 나무라는 데에만 급급하지 말고 그들이 하신 일에 대하여 연구하고 기도하여 더 잘하고, 잘못한 것은 고쳐서 우리가 잘한다면 아버지 기쁨이 될 것이 분명합니다.

우리 예수님은 어떻게 닮아야 할까요?

나를 사랑하신 그 방법을 꿈·환상으로 보이십니다. 영이 어릴 때, 조금 자랐을 때 투정할 때 잘했을 때, 그 자상하신 아버지의 음성, 나 같은 죄인에게 어찌 이리도 사랑을 하시는지… 우리 예수님은 늘 저와 함께 일하시는데 언제나 말없이 모든 일을 대처해주시고 묵묵히 따라하게 하십니다.

사랑하는 나의 성령님, 늘 어머니로 나타나셔서 진자리 마른자리 갈아 주시며 가르쳐 주시고 이끌어주시며 바른 길로 지도하여 아버지 마음 거스르지 않도록 이끌어 주시지요. 나의 삶과 사역에서 사랑을 나타내고 있는 것은 이러한 삼위일체 내 아버지께서 나에게 보여주시고 들려주시고 도와주신 그 방법대로 제가 흉내를 내고 있는 겁니다. 겨우 흉내만 낼 수밖에 없습니다. 완전히 따라 할 수는 없습니다. 그래도 살아가는데 불편 없이 화목한 목회하게 되었답니다. 그래도 닮을 수만 있다면 이 땅에 그런 사람은 없습니다.

우리가 사람 따라하면 그 사람 종 밖에 더 되지 않겠어요. 예언해주고 자신의 것처럼 삼아서 사는 사람들이 얼마나 많은가요.

우리는 예수님의 종이니까 예수님 따라 해서 예수님의 흉내만 내어도 사랑이 마음에 가득해 집니다. 나를 사랑하신 그 방법대로 닮아서 나도 그대로 사랑해야 합니다. 아주 행복합니다. 그래서 뵐 수 있는 꿈·환상이 중요한 것입니다.

6. 최고의 기초 복은 무엇일까요

하나님이 이르시되 우리의 형상을 따라 우리의 모양대로 우리가 사람을 만들고 그들로 바다의 물고기와 하늘의 새와 가축과 온 땅과 땅에 기는 모든 것을 다스리게 하자 하시고(창1:26).

결혼하여 애기 낳는 생육 번성 프로그램입니다. 하나님이 이르시되 우리의 형상을 따라 우리의 모양대로 우리가 사람을 만들고 하나님께서 이 땅을 창조하시고 생육하고 번성하라 하셨습니다. 그런데 요즈음에 보니 이 프로그램에 문제가 생긴듯합니다. 결혼이 무슨 영화 찍는 것 인줄 알고 집 좋고 차 좋고 돈 많고 이런 사람을 찾다보니 육신적인 보이는 것에만 초점을 맞추다 보니 결혼이 늦어지다 못해 아주 못해버린 사람도 너무 많아 보통일이 아닌 듯합니다. 최고의 저주입니다. 결혼 정녕기가 넘어서면 아예 아이를 못 낳기 때문입니다. 방 한 칸에서도 사랑만 있으면 되는데 요즈음에는 너무나 많은 것을 바라다보니 결혼자체를 생각 못하는 사람도 많은 듯합니다.

젊은 시절 저는 너무나 가난하고 어려웠는데 그때 결혼을 안했더라면 우리 아이들이 저에게 없을 거잖아요. 그런데 고생스러웠지만 아들 하나, 딸 하나 낳아서 별일을 다 겪으면서 키웠는데 지금은 결혼해서 아들은 아들 낳고 딸 낳고 또 가졌고 딸도 아들을 낳았답니다. 이것 외에 제가 자랑할 것이 무엇인가요. 내 아들 내 딸 고생할까봐 못시킨 다구요 그 생각이 저주의 생각입니다.

그냥 앉아 있는 것도 고생입니다. 오장육보가 계속 움직여서 고생시키고 있지 않나요. 인생을 그렇게 생각하면 그것은 때를 놓치고 나중에 시집장가 못 보냈다고 울며불며 애써도 이미 때가 늦어서 되는 일이 없지요. 적기에 부모가 서둘러서 보내야 되는 것이 성경적인 결혼입니다. 제가 우리아버지 예수님 성령님의 사랑둥이이며 자랑둥이입니다. 무엇이 자랑일까요 우리 아이들이 건강하고 행복하게 살고 그 아이들 하고 부대끼며 사는 하루의 이야기가 자랑거리랍니다. 먹여준 이야기 도와주신 이야기 키워주신 이야기 학교 보내주신 이야기 이 땅에 자식이 없으면 무슨 재미가 있나요 예쁜 것도 한때요 연애하는 것도 한때며 모든 것이 일장춘몽이라잖아요 그런데 남은 것은 자식밖에 없고 우리아버지의 귀하신 은혜는 자식에게서 나옵니다. 천국을 향하여 가고 있는 오늘에 자랑거리는 그런 거지요. 그런데 예수 믿지 않는 사람들만 그런 것이 아니라 예수 믿고 있는 우리의 생각과 주의 종들의 생각에 큰 문제가 있는 것을 발견합니다. 어떤 목사님은 자신이 데리고 있는 종에게 결혼을 다음에 하고 지금은 사명을 감당해야한다는 겁니다. 나이가 40이 넘었는데 말이에요 수년 내에 상당한 고통이 따를 것으로 압니다. 가정 없이 사명을 감당하느라고 다니는 그 사람을 보고 지도자가 행복할 수 있을까요 행복하다면 정신이 좀 이상하시지요. 자신은 자식들 다

놓고서는 행복하게 살며 사명 감당하면서 왜 그는 안해야 되냐는 거죠. 누구를 위해서 그렇게 일을 해야 하는지 저는 도대체 이해가 안 됩니다. 이상한 일입니다. 땅의 복은 결혼이며 자식을 갖는 것이고 하늘 복은 천국 가는 것입니다. 하나님께서 정해놓으신 고자는 할 수 없으나 주의 종들이 잘못해서 그렇게 만들어서는 안 된다는 것입니다. 사명을 잘못 이해하고 계시는 것 같습니다.

(1) 저의 아버지는 이렇게 가르치십니다.

첫째 사명, 이 땅에 살아있는 것입니다.

둘째 사명, 결혼하여 기본을 하는 것입니다. 아기 둘이 기본이요, 셋이면 하나 더 낳아 이 땅을 채우면 하늘나라 공로자가 됩니다. 그것이 자신의 행복인 것입니다. 교회 짓는 것만 공로자 인가요 사람이 없으면 영국처럼 개 교회를 만들려하시나요 아니면 사람을 로봇처럼 찍어 내려하시나요 모든 것은 때가 있습니다.

셋째 사명, 그 사람들을 천국보내기 위해서 주의 종 되는 것입니다.

넷째 사명, 그들을 치료하고 나를 보호하기 위해 '더러운 귀신아 사람에게서 나가라' 예수이름으로, 능력입니다.

우리가 생명 바쳐 아버지 앞에 헌신하는 것은 세 번째입니다.

많은 종들의 생각이 일하는 데에만 초점이 맞추어져 있는데 이것은 저주받을 생각이며 큰 책망이 이미 내려져 있다는 것을 알 수 있을 것입니다. 가정이 없는 이미 30이 넘어서 40이 되어버린 젊은이들의 얼굴이 어떻던가요. 결혼해야지라고 말해서 위로로 통하던가요. 사명만 부르짖으면 그가 행복해서 웃던가요.

예수의 아이들이 아닌 아이들 데려다가 예수의 아이들로 만들기도 해야 되겠지만 그 청년들이 결혼하여 믿음의 자녀들을 낳으면 얼마나 아름다운 예수의 아이들로 성장하겠어요. 남의 자식 300명 데려가 구원하려말고 네 자식 낳아서 모세, 베드로, 엘리사 만들거라 개인의 생각도 바꾸어야겠지만 주의 종들의 생각도 바뀌어야 되지 않겠어요. 어떤 기도원이 무너지기 시작할 때에 애기가진 엄마를 일 해야 하니까 애기 지우라하여 지운 뒤에 그 기도원에 하나님의 진노가 내려 지금은 많이 사장되어 버린 것을 봅니다.

제가 이곳에 많은 사람들을 봅니다. 이혼문제, 싸움, 병, 자식 안됨, 죽음 병 등(레26:14~36) 저주에 고통당하는 백성들 보지만 가장 불쌍한 사람은 40이 넘어서 결혼하지 못하고 혼자 돌아다니는 사람입니다.

기초 복이 깨진 것입니다. 젊은이들은 30전후에 꼭 결혼시켜야하고 너무 훌륭하고 돈 많은 사람 찾지 말고 적당한 사람 찾아서 시키면 행복이 돈이나 차에 있는 것이 아닌 것입니다. 결혼 잘했다고 집을 멋지게 만들어 놓고 남편하고 아내는 따로 돈 버느라고 만날 시간도 없고 또 그 시간에 다른 사람 만나고 이런 것이 행복인가요. 솔로몬처럼 천명의 여자 중에 한 여자도 자기 마음에 드는 여자가 없었다고(전7:28)하는데 이삭처럼 한 여자 남자라도 평안하고 행복하면 되지 않겠어요.

그것은 물질에 있는 것이 아니었습니다. 우리 정신을 바짝 차려서 젊은이들을 결혼시키고 부모들도 주의 종들도 생각을 바꾸어서 기도하며 행동으로 옮겨서 이 나라 이 땅에 노인 보다 아이들이 많아지는 나라로 만들어 나갑시다. 아이들의 결혼이 안 되고 안하려 한다고요. 금식하세요. 본인도 부모도 그러면 저주가 풀려서 결혼을 할 수 있게 됩니다. 우리 아버지께서 기뻐하시며 이 땅에 복 많이 주실 줄 믿습니다. 사랑합니다.

예전에는 팔만 꺾었는데 허리까지 꺾어서 크게 잘되었더라(고전 9:27).

당하기 싫어도 당하는 것은 저주의 고난이요. 모든 것을 할 수 있는 능력이 있어도 하지 않고 아버지를 위해서 당하는 고난은 복음의 고난입니다.

안목사가 꾼 꿈입니다. 저와 벧엘의 관계를 말씀하고 계십니다. 제가 안 되고 가정이 깨지고 거지가 되어서 하는 수 없이 아버지 앞에 팔을 드리고 이곳에 와서 아버지 원하시는 일이라면 기쁨으로 감당하며 지금까지 왔지요 무서운 세 번의 시험과 변화를 겪으면서 교회와는 다르게 한 집에서 한 솥밥을 먹고 돈도 함께 쓰면서 40~50명씩 함께 살리는 약5년, 그전의 6년은 10~20명 정도의 식구와 살았습니다. 왜 내가 그래야 하는지 이유도 별로 모른 채 이러한 생활을 약 10여년을 했습니다.

금식 들어오는 식구들과 모두 합치면 많아야 7~80명 특별한 예배 때에 약 120명 정도 최고 모인 숫자입니다. 아버지여! 이 민족은 택한 족속이요 왕 같은 제사장이요 거룩한 나라로(벧전 2:9) 택하셨사오니 주의 종들과 백성들을 금식시켜 달라고 애태워 기도하는 중에 주마다 밖에서 금식하러 온 식구 보다 안에 넣어서 훈련시키는 종들의 숫자가 많아서 주시는 데로 먹고 주시는 데로 가르치고 주시는 데로 일하면서 그렇게 살아 왔습니다.

처음에는 너무 어려웠는데 지금은 한 식구처럼 움직이고 한 식구로 사랑하며 별 무리 없이 살게 되었는데, 제가 하고 있는 일이 아버지 앞에 팔을 꺽은 일이랍니다. 세상에서 사업한답시고 제대로 하지도 못하면서 돈만 많이 까먹고 다 망해서 할 수 없이 꺾어서 드린 것입니다.

팔을 꺾는 것은 하고 싶지 않은데 순종 하느라고 억지로 했고 허리를 꺾는 것은 그 와중에 그리스도의 사랑의 생명이 성령의 법으로(롬8:2) 내 마음에 오셔서 나를 사랑으로 온전하게 하시고 주는 그리스도시요 하나님의 아들이시니이다(마16:16). 의 신앙 고백을 아버지께서 가르치셔서 하게 하시고 그 반석 믿음 위에 교회를 세우시는 중에 깨닫게 되었지요. 깨달은 즉 허리가 꺾이고 스스로 섬기는 자의 자리에 서게 된 것입니다.

강제로 섬길 때는 언사가 불평하였으나 스스로 서는 자리야 말할 이유가 없겠지요. 주위에 많은 사람들의 질책과 질타를 사랑의 말과 행동으로 받고 나를 쳐 복종하기를 날마다 애쓰고 수고하게 하십니다.

사랑하는 자들을 구원했다면 내 영혼 구원은 당연하다며 기쁨으로 우리 아버지를 섬겼더니 이제 더 크게 잘되게 해주시겠다는 말씀이십니다. 저는 우리 아버지께서 꿈 · 환상으로 보이시고 분별된 예언으로 말씀하신 것이 그대로 될 줄로 믿고 따라합니다(행27:25). 깨달아진 그대로(요2:5).

잘되는 것은 제가 돈이 많아 목욕탕가고 좋은 옷 사 입고 좋은 밥 먹는 것이 아니라 이 민족의 종들과 백성들이 금식하고 기도하여 거룩하게 되어 거룩하신 하나님께서 주시는 복을 영육 간에 받는 것입니다. 그리고 복음이 능력 있게 전파되어 제 시대에 2천만 명을 구원하시겠다는 아버지의 뜻을 이루어 드리는 것입니다. 그 일을 잘되게 해주시겠다는 꿈이었습니다.

우리 모두 십자가의 고난 위에 스스로 자천하여 봉사 충성하고 복음 전하여 복 받으시길 원합니다.

(2) 딸과 어머니

내가 온 것은 사람이 그 아버지와, 딸이 어머니와, 며느리가 시어머니와 불화하게 하려 함이니 사람의 원수가 자기 집안 식구리라(마10:35~3).

왜! 이 두 사람은 티격태격을 잘할까? 어떤 사람은 질투해서 그런다고 하고, 어떤 사람은 동성이라서 그런다고 하고, 말을 만들면 얼마든지 많이 있겠으나, 어머니가 습관대로 딸을 지도하고 있기 때문은 아닌가!

아들을 낳은 딸에게도 나는 여전히 가르치고 명령하고, 딸은 내 생각대로 해보고 싶은데 그것을 하도록 두지 않고 계속 가르치고 싶어 하는 어머니와 딸! 이렇게 해보면 어떨까요? 사랑스럽게 물을 수만 있다면 이제 딸과 어머니는 토닥이는 너무나 사랑스러운 관계로 바뀌어 화목의 제물이 될 수 있으리(롬3:25). 이제 가족이 원수가 아니라 사랑스런 공동체가 될 것입니다(마10:36).

7. 약속을 기업들로 받을 자들

게으르지 아니하고 믿음과 오래 참음으로 말미암아 약속들을 기업으로 받는 자들을 본받는 자 되게 하려는 것이니라(히6:12).

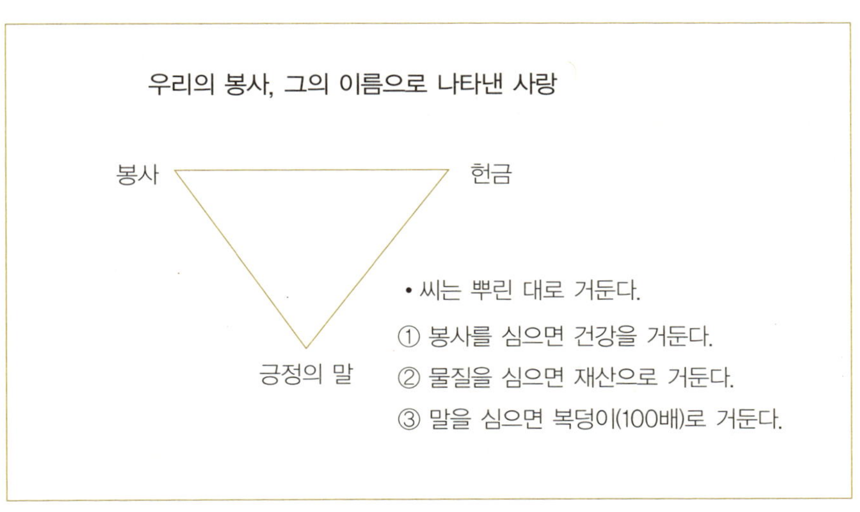

• 완전으로 나아가는 방법

내가 율법이나 선지자를 폐하러 온 줄로 생각하지 말라 폐하러 온 것이
아니요 완전하게 하려 함이라(마5:17).

씨는 뿌린 대로 거둔다.

• 봉사 : 우리가 예수 믿어 하나님이 내 아버지 되어(요1:12) 그의 상속자
가 되었다면 고난도 함께 하라고(롬8:17)하셨는데 이국땅에 가서 순교할 수
도 없는 것이고 어떻게 하는 것이 좋을까요.

첫째, 내 집을 잘 섬기고 아내 남편 자식 형제자매 부모(행1:8, 예루살렘)

둘째, 교회에서 내 눈에 보이는 일을 잘 처리하고 청소나 화장실이나 주
방이나 쓰레기는 허드렛일은 어떤 특정인이나 하는 것처럼 생각하지 말고
내 눈에 보이는 것을 말없이 해결하고

셋째, 구원의 은혜가 좋다고 전도할 사람에게만 봉사한다고 찾지 말고 구
원된 예수의 형제들이 어려움을 당했을 때에 더 부지런히 움직여 물질의 봉
사 뿐 아니라 몸의 봉사도 게으르지 말고 부지런히 섬기고 또한 찾아야하고

넷째, 불신자들을 위해서도 특별한 날이 아니라도 평 삶을 통하여 가는데
마다 식당이며 슈퍼며 길거리에서도 아름다운 말과 행동을 통하여 그리스
도인의 향기를 풍겨주며 할렐루야! 평안하시지요. 복 받으세요. 예쁘시네
요. 아주 좋습니다. 내가 돈쓰는 주체자라고 신경질부리고 욕하고 또는 이
상한 포즈를 취하고 이것은 정승같이 벌어서 개같이 쓰는 것이고 식당에 들
려 요기하느라고 갔는데 옆 테이블의 어떤 권사님이 기도원 다녀온다고 온
갖 수다를 다 떨고 개새끼 소새끼 있는 대로 욕은 입에서 나오고 어떤 남자
는 식당에 가니 몸비슷하게 누워서 고개로 뭐달라고 거들먹거리며 교만한
태도를 취하니 그 뒤 누군가가 그곳에 전도하러오면 그 주인들이 뭐라 할까
요. 우리의 스쳐간 자리에 예수의 향기를(고후2:15) 두고 간다면 그처럼 아

름다운 봉사가 또 있을까요

다섯째, 또 땅 끝에도 아끼고 절약하여 열심히 선교하여 이민족이 어두울 때 받았던 그 사랑을 연약한 나라에 갚는 것이 당연하다 생각합니다. 그러나 이곳에도 질서가 있어야하지 않나싶습니다

먼저 내 가정, 교회에 빚부터 청산하도록 애써야 되지 않을까요. 산더미 같은 빚 위에 가정과 교회를 놓고는 생각해봐야 되지 않나 싶습니다. 내 사랑하는 자들의 평안을 먼저 돌아봐야 되지 않을까요.

좋은 일이 있으면 좋은 말할거야. 때가 늦겠지요. 먼저 좋은 말을 하면 먼저 웃으면 그 바라는 좋은 일이 오지 않을까요. 돈은 의무이며 말은 사랑입니다.

(1) 열 번의 훈계가 아니라 한 번으로 끝낼 수 있는 방법
(칭찬과 훈계를 함께 하면)

기도 10년 하지 말고 말 한마디로 훈계하라. 조상들로부터 물려받은 성경이 아닌 우리의 인격을 고치는 데에는 많은 지혜가 필요한듯합니다. 훈계 책망 경계 경책(잠24:25, 딤후4:2)을 성경이 원하고 있으나 참았다가 포악하고 흉보고 끙끙대며 고쳐달라고 울며 기도만하지 말고 앞에서 사랑스럽게 말하고 기도하면 2~3일 뒤면 고쳐집니다. 엄청난 에너지 소비를 막는 것입니다.

고치라고 훈계와 책망을 할 때는 많은 것 중에 하나이지 모두가 아닙니다. 아홉 개를 칭찬하고 하나를 고치라고 하면 쉽겠지요. 어떤 사람이 설교하고 내려오니 설교에 은혜 받았다고 하니 모두가 그런 줄 알고 교만하지 말고 그 한사람이 그런 것이지 모두가 아니잖아요.

또 나를 훈계하는 어떤 사람이 있다면 그 한 가지를 고치라고 하는 것이

지 아홉 개가 틀렸다고 하는 것이 아닙니다. 다 틀렸다고 하는 줄 알고 상처 받고 화내고 속상하면 그렇게 사람들의 말을 받으면 나에게는 충성된 권고를 해줄 수 있는 친구가 사라지겠지요(잠27:9). 나를 칭찬해도 교만할 수 없는 이유와 나를 나무래도 넘어지거나 화낼 필요가 없이 능력 있는 하루로 파이팅!

변화는 죽음이다 그러나 갖는 자가 생명을(영생) 얻는다(요12:24~25).

(2) 이단이 많은 이유는 무엇일까요

자신을 분별하지 못하고 마음을 믿기(대상22:7,8 잠4:21, 19:21 전2:10 겔28:6) 때문입니다.

내 마음에 오고가는 것을 믿을 수 없습니다. 유다의 죄는 금강석 철필로 기록되었으되 그들의 마음 판에 그들의 제단 뿔에(머리) 새겨져(렘17:1) 이처럼 새겨져 있기 때문입니다. 누군가 나에게 꿈도 꾸고 환상도 봐서 어디를 가자고 해도 여쭤보고 이것이 나의 영혼을 노리는 귀신인지 하나님인지를 알아 봐야 되지 않겠어요.

영원하신 성령으로 말미암아 흠 없는 자기를 하나님께 드린 그리스도의 피가 어찌 너희 양심을 죽은 행실에서 깨끗하게 하고 살아 계신 하나님을 섬기게 하지 못하겠느냐(히9:14), 화인 맞은 우리의 양심과 행실을 치료하실 줄 믿습니다(딤전4:2).

(「성경으로 보는 꿈과 환상」 참고)

(3) 말씀과 삶을 연계하지 못하는 성경 때문입니다.

말씀이 삶으로 가지 못하고 성경으로 나를 볼 수 있는 장치가 없어서 입니다. 자신의 잘못을 알아서 먼저 우는 것이 우선인듯합니다(겔9:6).

명철하게 나를 봐서 그것을 고치려고 울면(겔9:4) 이단은 나하고 안녕이지요. 남만 고쳐주려고 하고 나는 완전하다 생각하니 망하는 길이 자꾸 열립니다. 하나님이 노하시기 때문입니다(잠23:14). 명철이 지식이며 나의 주소가 되어야 참지혜자의 복을 받을 것 같습니다(잠8:12~14).

(4) 진리를 사되 팔지는 말며 지혜와 훈계와 명철도 그리하니라(잠 23:23).

진리는 참이며 생명이며 말씀이며(요15:26, 17:17, 14:6) 사면 팔지 말라 하셨는데 우리는 금방 팔아먹지요 생명의 말씀과 성령이 우리에게 오셔도 그 행위를 따라하지 않기 때문에 팔아먹는 것입니다. 말씀이 응하면 복도 받고 저주도 받습니다. 복을 받길 원하나 나의 인격이 진리를 팔아버리기 때문에 하나님이 우리를 찬송하지 못하십니다(사5:1, 빌1:11). 이제 한번 하나님이 우리를 노래하시고 찬송하시게 해보시겠어요. 고치면 됩니다. 귀신이 하는 모든 말과 행동을 버리고 진리(말씀)대로 우리의 마음(혼)밭에(살전5:23) 새기면 됩니다.

0.8초의 변화의 훈련 어떻게 할 것인가?

① 왕과 귀족의 부모와 자식으로 훈련할 것이냐(전10: 17)

② 마음대로 먹고 행하고자하는 어린 아이로 할 것이냐(10:16)

자신이 훈련된 대로 갚아주십니다.

①번은 왕자 같은 삶으로, 다윗(딤후2:12, 계5:10)

②번은 망하는 솔로몬의 아들 르호보암이 될 것이냐(왕하12:6~19) 내 삶은 훈련시키는 것은 나의 자유의 선택입니다.

하나님 아버지께서 나의 선택에 의하여 복과 저주를 내려 주시는 것이 성경입니다. 모두 1번과 같이 멋지게 훈련하여 0.8초로 사랑해요, 감사합니

다. 왕 같은 삶을 이 땅에서 누리며 예수님 자랑하길 원합니다(벧전2:9, 계 5:10)

(5) 내 몸에 그리스도께서 존귀케 되기를 원하노라(빌1:20).

아름다운 능력의 훈련을 통하여 (먹고 마시고 입고 자고하는 일)(전 10:16~17)

나의 삶이 아름답고 자랑거리가 생기면 내 몸에 그리스도께서 존귀케 되시는 겁니다. 우리 모두 훈련하여 해보세요.

(6) 당연한 일을 가지고 왜 놀라십니까?

아이들을 키우다보면 여러 가지 일이 많이 생기지요. 그때 잠깐 생각해보세요.

아이를 택할 것인지, 그 사건을 택할 것인지 말입니다.

① 아이를 택한 사람

'애야! 괜찮아 성장하면서 다 그럴 수 있는거야' 라고 위로해 주고 미래의 행동에 대한 가르침을 주고 뒷수습을 해주는 사람입니다.

② 사건과 물건을 택한 사람

'왜 이 녀석아 창피하게 이런 일을 저질렀느냐' 라고 화내고 질책하여 아이를 눌러버리고 고통을 당하면서 뒷수습하는 사람입니다.

①번은 큰아이로, 용기 있는 능력의 사람으로 키워 상당한 보응을 받아 성문에서 내 자식을 자랑하게 될 것입니다.

②번은 창피하게 생각한 만큼 그 자식은 창피하게 되어 평생 그 자식을 잘되게 해달라고 울기만 할 것입니다.

그렇게 하기 싫으시다면 순간의 선택을 잘하여 우리 아이들 어지간한 것은 해 보게해 주고 그 뒷수습은 1과 같이 해준다면 민족과 세계를 자신의 품안에 안고 능력 있고 행복하게 살아갈 것입니다. 나의 자랑거리가 될 것입니다. 화이팅!

(7) 종편 단편 개국(꿈)

종으로서 하나님 편이 되어 일편단심으로 그 길을 계속가고 있는 저와 벧엘의 식구들에게 주신 훈장 같은 말씀이십니다.

사람에게 잘 보여서 무엇인가 잘 되어보려는 사람들이 많이 있는듯합니다. 우리 아버지는 나하나 만 바라보라하시고 그분만을 바라보는 저와 그 행위를 지켜보며 배우며 가는 사랑하는 종들에게 주신은혜입니다. 이길 뿐이라는 것입니다.

첫째, 꿈 · 환상으로 응답을 받으며 아버지를 바라보며 따라오게 하셨고

둘째, 목사나 장로나 전도사가 되기 전에 먼저 사람이 되는 혼에 아름다운 훈련을 통하여 사람을 이해하고 하나님과 사람을 이기는 야곱과 같이(창32:28)하게 하셨습니다.

나의 마음의 경영을 말로 응답하셔서 바른길 가게 하는 것은 나의 생명입니다(요14:6). 사람으로서 해야 될 일과 하지 않아야 될 일을 가르치시고 거기에 순종케 하는(전10:16~17) 훈련을 통과케 하신 이후에 저희를 칭찬하십니다. 아름다운 구원의 삶이(행2:21) 우리에게 오게 된 것입니다.

사람의 가르치는 길을 버리고 아버지께서 지도해주신 꿈 · 환상을 따라오게 하신 하나님 아버지의 귀하신 승리이십니다. 우리도 한번 해 보실래요. 파이팅!

제9장

택한 복된 나라 성령의 나라 대한민국

1. 택한 복된 성령의 나라

어머니가 그에게 이르되 내 아들아! 저주는 내게 돌리리니 내 말만 따르고 내게 가져오라(창27:13).

야곱과 그의 어머니 리브가의 대화입니다. 그 형의 발꿈치를 잡고 나온 야곱, 그 아들들이 그의 태 속에서 서로 싸우는지라(창25:22~23).

태어나기도 전에 야곱은 사랑하였고 에서는 미워하였더라(말1:2~3).

이스라엘은 장자권을 대단해 중요하게 여기는 나라입니다. 하나님의 복을 물려받는 것이니까요. 그런데 그 어머니가 아버지의 뜻을 이루어 드리기 위해서 자신이 저주를 자처하며 야곱을 장자의 축복을 받게 하여 이스라엘의 12지파를 만들어 내게 하였고, 백성들의 수를 많아지게 하는 역사를 만드십니다.

복을 받고 싶기는 하지만 아버지의 축복이 없으면 안 되는 것입니다. 야곱이 라헬 얻기를 위해서 애썼는데(창29:18~20) 그 외에 세 명의 아내를 덤으로 주셨고, 삼촌 것도 뺏어서 주시며 복을 더해주시는 것을 볼 수 있습니다.

어머니의 헌신이 야곱의 복을 완성시켜 주는 것을 봅니다. 이때부터 이미 육신의 이스라엘 나라가 장자이나 그 장자가 바뀔 것을 대해서 말씀을 예고하고 계셨습니다. 그가 태어나기도 전에 사랑하신 야곱, 우리가 알지도 못할 때에 이미 두 번째 나라가 있었는데 그 나라가 바로 우리나라 야곱의 나라가 아닌가요.

세계의 영계를 보니 다른 나라에는 하늘을 사모하는 움직임이 전혀 없고 오로지 우리나라에만 무서운 사모함이 있어 영계에 물에 서로 들어가려고 애쓰고 있음을 보여 주셨습니다.

어머니가 저주를 자처하고 야곱을 복 받게 해준 사건은 성령 어머니의 사랑이 바로 이 민족을 복 받게 해주고 있는 것만 봐도 너무나 비슷합니다. 우연일까요. 아버지의 계획하심이 우리 민족에게 이루어지고 있는 것입니다.

말세에 크게 쓰시려고 가는 곳 마다 교회 짓는 민족, 더운 나라나 추운나라나 어려울 때나 좋을 때나 아무 곳에서나 살아나는 민족, 가는 곳마다 십자가 세워 사랑하시는 자들을 구원하여 아버지께 드리고 있는 복된 사람들, 거저 되는 일이 아닙니다. 긍휼하심과 택하심에 의해서 되고 있는 것입니다.

그리스도께서 우리를 위하여 저주를 받은 바 되사 율법의 저주에서 우리를 속량하셨으니 기록된 바 나무에 달린 자마다 저주 아래에 있는 자라 하였음이라(갈3:13).

그렇다면 야곱의 어머니처럼 그리스도께서 율법의 저주에서 지금도 우리를 생명의 성령의 법으로 죄와 사망의 법에서 해방시켜주고 계시는 진행형의 속량을 계속해주시면서 복을 받을 수 있도록 하셨습니다. 이스라엘이 장자요 우리가 차자로서 장자 되어 복을 이어가고 있는 민족인 것입니다.

하나님이 원 가지들도 아끼지 아니하셨은즉 너도 아끼지 아니하시리라(롬11:21).

원가지가 장자요 다음가지가 차자인데 우리인 것입니다. 우리 예수님의 그 귀하신 은혜가 이 민족에게 이처럼 야곱의 복으로 흘러 우리가 받고 싶지 않아도 자동으로 주시는 은혜가 있는 것입니다.

에서의 복은 땅의 기름이 뜨고(창27:39~40) 야곱의 복은 땅에 기름지다(창27:28~29).

이처럼 백성을 택하시고 왕 같은 제사장의 나라로 거룩한 나라로(벧전2:9) 삼으셨으니 이제 우리는 금식하고 기도하여 야곱의 어머니 리브가처럼 지금도 우리의 죄를 속량해 주시는 어머니 성령님의 놀라우신 은혜를 입어 내 나라를 살리고 세계도 함께 살려 물과 성령으로 거듭나고 거듭나게(요3:1~3) 하는 거룩한 나라로 종으로 백성으로 야곱의 복이 땅에 임하길 원하며 하나님 아버지의 기쁨으로 사용 받는 저와 이민족의 귀한 종들과 백성들이 되시기를 간절히 간절히 소원합니다. 사랑합니다. 화이팅!

◎ 벧엘 금식기도원교회

• 전 성도가 금식하고 꿈 · 환상으로 응답받는 금식기도원교회
• 전국에 사랑하는 종들과 백성들을 하나님 기뻐하는 금식을 하게 하고(사58:6), 아름다운 미소와 봉사로 섬기는 행복한 종들과 백성들이 훈련하여 사는 기도원.

Tel) 031-531-5549 | E-mail) is0224@hanmail.net

주소) 경기도 포천시 내촌면 내리 232번지

도로명 주소) 경기도 포천시 내촌면 내촌로 175번지 19-8